富媒体 智能化

高等教育财经类核心课程系列教材
高等院校应用技能型精品规划教材
高等院校教育教学改革融合创新型教材

国际贸易理论与实务

INTERNATIONAL TRADE THEORY AND PRACTICE

（第三版）

应用·技能·案例·实训

李 贺◎主 编

视频版·课程思政

上海财经大学出版社
SHANGHAI UNIVERSITY OF FINANCE & ECONOMICS PRESS
上海学术·经济学出版中心

图书在版编目(CIP)数据

国际贸易理论与实务：应用·技能·案例·实训 / 李贺主编. -- 3 版. -- 上海：上海财经大学出版社, 2024. 8. -- (高等教育财经类核心课程系列教材) (高等院校应用技能型精品规划教材) (高等院校教育教学改革融合创新型教材). --ISBN 978-7-5642-4442-2

Ⅰ.F740

中国国家版本馆 CIP 数据核字第 2024PQ6840 号

□ 责任编辑　汝　涛
□ 封面设计　贺加贝

国际贸易理论与实务
——应用·技能·案例·实训
（第三版）
李　贺　主编

上海财经大学出版社出版发行
（上海市中山北一路 369 号　邮编 200083）
网　　址：http://www.sufep.com
电子邮箱：webmaster@sufep.com
全国新华书店经销
上海叶大印务发展有限公司印刷装订
2024 年 8 月第 3 版　2024 年 8 月第 1 次印刷

787mm×1092mm　1/16　20.5 印张　565 千字
印数：9 001—12 000　　定价：65.00 元

前　言

当前，中国经济和世界经济高度相互依存，“一带一路”的互联互通将推动沿线各国发展战略的对接与耦合，国际贸易是世界各国经济联系的基础，对外贸易是各国对外经济的核心。国际贸易作为一门学科，它是伴随着国际贸易理论与实践的发展而逐渐成熟起来的。为了满足我国对外贸易事业的需求，培养更多的应用技能型人才，编者以习近平新时代中国特色社会主义思想为指导思想，深入贯彻党的二十大精神，以教育部《关于印发〈高等学校课程思政建设指导纲要〉的通知》（教高〔2020〕3 号）为指导依据，修订了这本实用性很强并具有一定前瞻性的富媒体·智能化教材——《国际贸易理论与实务》（第三版）。在本次修订中融入课程思政的内容，以增强学生的理想与信念，并结合当前教育部对高校教学改革的要求，以工作过程为导向，注重理论联系实际，依照“原理先行、实务跟进、案例同步、实训到位”的原则进行编写。

本着二十大精神进教材的立场，第三版教材把知识要素、技能要素、素质要素和思政要素落实到具体内容中，实现了课堂教学与实践应用的零距离对接，以二十大精神中的新思想、新观点和新论断融入教材，以习近平新时代中国特色社会主义思想启智润心。同时，编者力求在内容上有所突破，在注重培养的同时，把社会主义核心价值观教育融入教材内容，以课程思政贯穿全过程，营造全员育人环境，全面提升人文素养，强化职业道德素质。本书分为上、下两篇：上篇，国际贸易理论；下篇，国际贸易实务。全书涵盖 11 个项目、43 个任务。编者在结构安排上，尽可能考虑经济类和非商贸类专业的不同层次需求，每一个项目都有知识目标、技能目标、素质目标、课程思政、思政目标、项目引例、知识支撑；内容上含有视野拓展、案例应用、做中学、学中做、提示、注意；课后编排了应知考核（包括单项选择题、多项选择题、简述题、专业技能题、计算题、综合题等）、应会考核（包括观念应用、技能应用、案例分析）、项目实训（包括实训项目、实训情境、实训任务、实训报告）。

根据财经类应用技能型人才培养的需要，本书力求体现以下特色：

1. 结构合理，体系规范。本书针对高等院校经济类和非商贸类专业课程的特点，将内容庞杂的国际贸易理论与实务基础知识系统性地呈现出来，力求做到理论知识“必需”“够用”，实践业务“突出”“真实”，以便读者进行比较、分析，增强其发现问题、分析问题和解决问题的能力。

2. 内容求新，应用性强。本书从高等院校教育教学规律出发，与实际接轨，第三版中增加了数字贸易、区域经济一体化理论、跨境电子商务、INCOTERMS 2020、UPC 600、《中华人民共和国民法典》《中华人民共和国关税法》等内容，介绍了最新的理论知识和实践案例，在注重国际贸易必要理论的同时，强调国际贸易实务基本技能的应用；主要引导学生“学中做”和“做中学”，以学促做，做学合一，一边学理论，一边将理论知识加以应用，实现理论和实训一体化。

3. 栏目丰富，形式生动。本书栏目形式丰富多样，每个项目均设有知识目标、技能目标、素质目标、思政目标、项目引例、课程思政、视野拓展、案例应用、应知考核、应会考核、项目实训、实训报告等栏目，并添加了二维码解析等，丰富了教材内容与知识体系，也为教师教学和学生更好地掌握知识提供了首尾呼应、层层递进的可操作性方法。

4. 校企合作，接近实际。为培养应用技能型人才，践行知行合一，第三版教材以校、企、行联合编写为依托，把实践环节作为本次教材修订的关键，推动校、企、行共同开发理实一体化的新形态教材。教材对接最新的职业标准、行业标准和岗位规范，组织开发和修订以融合职业岗位能力所需的知识和技能。

5. 课证融合，双证融通。本教材以外贸资格考试认证及 1＋X 证书为目标，在注重实践操作能力的同时，与考证相关内容相配套，在每个项目后设计了与考证对接的相关习题及实训题目，从而为资格认证打下基础；另外，与外贸竞赛对接，凸显工匠精神，营造真实工作环境，学以致用，融通了“考证对接”“课程融合”“岗课赛证”。

6. 理实一体，素能共育。本教材在强化应用技能型教育特色的同时，特别注重学生人文素养的培育。编者力求在内容上有所突破，将中国传统文化、习近平新时代中国特色社会主义思想等思政内容与各项目进行有机结合，旨在体现并弘扬以爱国主义为核心的民族精神、以改革创新为核心的时代精神。

7. 课程资源，配套上网。为了配合课堂教学，编者精心设计和制作了教学资源（含有教师课件、教师教案、参考答案、教学大纲、模拟试卷、课程标准等）并实现网上运行，为学生学成技能培养配备了以“主要的纸质教材为主体，线上学习平台为载体”，多种教学资源混合（课件、教学视频、教学案例等）的立体化教学资源体系。

本教材由李贺主编。赵昂、李明明、李虹、王海涛、王玉春、李洪福 6 人负责全书教学资源包的制作。本教材适用于高等教育和应用技能型教育层次的国际经济与贸易、国际商务、工商管理等财经类专业的学生，同时也可作为自学考试的辅助教材。

本教材得到了出版单位的大力支持，在编写过程中参阅了参考文献中作者的教材、著作，以及相关的法律法规和相关网站等，同时得到了中国铁路沈阳局集团有限公司职工培训基地货运教研室王海涛、中国铁路沈阳局集团有限公司裕国站刘昊和中国外运辽宁有限公司赵毅的大力支持，特别致谢的是本书获得了上海学术经济学出版中心的数字媒体融合重大项目的大力支持。对于以上的贡献，谨此一并表示衷心的感谢！由于编写时间仓促，加之编者水平有限，书中难免存在一些不足之处，恳请专家、学者、教师和读者对本书中存在的错误和不足之处给予意见和指正，以便不断地更新、改进与完善。

内容更新与修订

学习指南与习题指导

联合国国际货物销售合同公约

跟单信用证统一惯例600号

编 者

2024 年 8 月

目　录

上篇　国际贸易理论

下篇　国际贸易实务

上篇

国际贸易理论

International Trade Theory and Practice

项目一　国际贸易导论

● 知识目标

理解：国际贸易的产生与发展；国际贸易的作用。

熟知：国际贸易的概念和特点；国际贸易的研究对象、范围和方法。

掌握：国际贸易的分类；国际贸易的相关概念。

● 技能目标

能够深入了解国际贸易的产生与发展、当前国际贸易的发展状况，并具有对国际贸易的相关概念进行辨析的能力，以便在学习中及未来职业生涯中更好地参与国际贸易业务活动。

● 素质目标

能够具有运用国际贸易基础知识发现国际市场发展趋势的能力；能够认识到国际贸易在全球经济中的作用和意义，关注世界经济与贸易，提高从事国际贸易活动的兴趣。

● 思政目标

能够深入了解国际经贸关系，激发学生的爱国情怀，凸显社会主义核心价值观；理解中国在全球贸易中的角色和地位，以及中国特色社会主义在国际贸易中的具体体现；在今后的国际贸易职业生涯中，既有专业知识，又有国际责任感，做有担当的新时代青年，为推动构建人类命运共同体贡献力量。

● 项目引例

我国对外贸易结构更优动力更足

2023 年，面对复杂严峻的外部环境，我国采取积极措施推动外贸稳规模、优结构。在前期高基数的基础上，出口实现正增长，外贸运行总体稳定，实现促稳提质目标，彰显出强大韧性。当前，我国外贸发展的有利条件强于不利因素，应把握机遇，在更高水平上推动贸易强国建设迈出新步伐。

（1）顶住压力稳住规模。2023 年，我国全年货物进出口总额 41.76 万亿元，比 2022 年增长 0.2%。进出口相抵，贸易顺差 5.79 万亿元。实现了出口规模稳中略增，外贸质量稳步提升。我国外贸增速表现要好于主要外向型经济体。我国国际市场份额基本稳定，贸易活跃度保持较高水平，彰显了经济的强大韧性。2023 年，我国出口在高基数上再创新高，不仅实现了量的合理增长，而且保持了份额的整体稳定，更在增长动能、区域格局等方面实现了质的有效提升。从出口看，全球出口份额稳定保持较高水平，中国制造竞争优势依然稳固。从进口看，2023 年我国进口值下降是受商品价格水平下行影响，进口数量仍在增加，反映我国生产持续回升、消费需求旺盛。

(2)结构优化动能换挡。稳规模、提质量，外贸结构呈现不少新亮点。外贸出口市场更加多元化，外贸机电产品占比稳步提升，民营企业成为外贸出口主力军。出口动能"换挡"活跃，国内国际双循环相互促进的特点更为突出。我国超大规模市场优势显现，内需扩大拉动进口。2023 年，我国同世界各国尤其是与新兴市场贸易关系更加紧密。我国积极拓展国际经贸合作，高质量共建"一带一路"，国际循环的范围更广、层次更深。2023 年，我国对共建"一带一路"国家进出口占比提升至 46.6%。2023 年，《区域全面经济伙伴关系协定》(RCEP)对 15 个成员国全面生效，我国还与厄瓜多尔、尼加拉瓜、塞尔维亚、新加坡等新签或升级了自贸协定，自贸伙伴已增至 29 个，与自贸伙伴贸易额占外贸总额比重超过 1/3。此外，我国国际经贸规则话语权和影响力持续增强。我国深入参与世贸组织改革，引领完成《促进发展的投资便利化协定》文本谈判；在 G20、APEC、金砖国家、上合组织等机制下推动达成多项经贸成果；联合多国共同发布《数字经济和绿色发展国际经贸合作框架倡议》。

(3)提质增效挖掘潜力。当前，外贸发展面临不少困难挑战，但回稳向好的积极因素仍在不断集聚，外贸提质增效潜力不小。培育外贸新动能，推动贸易数字化、绿色化，巩固外贸外资基本盘，加快建设贸易强国。我国长期向好的经济基本面、强大的生产能力、广阔的创新空间、超大规模的市场、完善的基础设施等优势，为建设贸易强国奠定了基础。

2024 年，外贸高质量发展具备了一些有利条件。一方面，跨境电商、海外仓、保税维修等新业态新模式蓬勃发展，带来贸易新机遇。同时，"新三样"、储能产品等引领绿色低碳转型升级的产品契合全球能源发展需要，机器人等数字赋能的智慧产品深受消费者喜爱，市场空间很大。另一方面，随着一系列自贸协定升级、共建"一带一路"合作成果落地显效，多边、双边经贸合作将迎来更加广阔的发展空间，不断增强企业开拓国际市场的信心。外部需求的持续低迷仍是制约我国出口增长的主要因素。同时，保护主义、单边主义等也将对我国外贸造成影响。应通过加大政策支持、发挥产业优势、集聚各方努力等举措，进一步发挥我国外贸综合竞争优势。

资料来源：冯其予："对外贸易结构更优动力更足"，《经济日报》，2024 年 1 月 21 日。

- **引例讨论**

请分析：我国贸易发展如何夯实进出口稳增长、提质量、增效益。

【课程思政】通过本项目的学习，培养学生的全球视野，增强社会责任感，了解在参与国际经济活动中应秉持的道德原则；具有国家意识和战略思维，提高跨文化沟通能力，减少贸易摩擦和冲突，促进国际经济合作，为在未来的国际经济活动中发挥积极作用奠定基础。

- **知识支撑**

任务一 国际贸易概述

动漫视频

国际贸易

一、国际贸易的概念

在商品经济世界里，经济上相互联系、相互依赖的最基本表现形式是商品交换，而对国际表现形式来说主要是国际贸易。国际贸易(International Trade)，是指国际商品和劳务交换的活动，它是各国之间分工的表现形式，由各国、各地区的对外贸易构成，是世界各国对外贸易的总和。此外，国际贸易泛指国与国之间的商品交换，这既包括本国与他国之间的贸易，也包括他国之间的贸易。从全球范围来看，国际贸易也被称为世界贸易(World Trade)或全球贸易(Global Trade)。

如果要从某个国家(或地区)的角度来看这种商品交换活动，则有“对外贸易”(Foreign Trade)这一概念，它是指一国(或地区)同别国(或地区)进行的商品交换活动，有时也可称为“外部贸易”(External Trade)。而对一些海洋岛国，或者对外贸易活动主要依靠海运的国家(如英国、日本等)来说，它们会将本国的对外贸易称为“海外贸易”(Oversea Trade)。此外，对外贸易又是由商品的进口和出口两部分构成的，有时也称作“进出口贸易”(Import and Export Trade)。

【注意】国际贸易与对外贸易属于同一类活动，只是从国际角度看时称为国际贸易，而从一个国家的角度看时，则称为对外贸易。

【提示】广义的对外贸易包括货物贸易和服务贸易；狭义的对外贸易则只包含货物贸易的内容。目前，国际贸易的主要构成部分仍然是货物贸易。

视野拓展 1—1　　国际贸易与国内贸易的区别

国际贸易与国内贸易的区别主要表现在以下方面：

(1)实现经济联系的范围不同。国际贸易是实现国内外经济联系的纽带和桥梁；国内贸易是实现国内各部门、各单位及个人之间经济联系的纽带和桥梁。

(2)生产要素流通受限制的程度不同。国际贸易在两国或多国之间进行，受到来自不同国家(地区)的种种限制，流动性差，经营与合作比较困难；国内贸易则不然，其生产要素流动性强，经营与合作比较容易。

(3)经营复杂程度不同。国际贸易由于国别、法律、语言和风俗习惯等不同，因而在洽谈、电信联系、合同签订和单证处理上，不仅要使用同一种语言，还要考虑到诸如民族特性、宗教信仰、适用法律以及选择哪种货币进行结算等，否则可能会出现纠纷；国内贸易则要简单得多。

(4)风险大小不同。国际贸易涉及不同国家或地区，可能发生的风险很大，如资信风险、商业风险、汇兑风险、运输风险、价格风险、政治风险等；相反，国内贸易的风险要小得多。

二、国际贸易的产生与发展

(一)国际贸易的产生

国际贸易是在一定的历史条件下产生和发展起来的。当人类的生产有了剩余产品后，不同产品之间就有了交换。当产品归属私人所有后，交换就成了贸易。大约在公元前 3000 年，在古埃及、幼发拉底河和底格里斯河流域出现了国家的雏形，同时也产生了国际贸易。由此可见，国际贸易的产生必须同时具备两个条件：①各个国家之间有可供国际交换的剩余产品，即国际分工的存在；②在各自为政的社会实体之间进行产品交换。从根本上说，社会生产力的发展和社会分工的扩大，是国际贸易产生和发展的基础。

在原始社会初期，人类处于自然分工状态，生产力水平极度低下，没有剩余产品和私有制，没有阶级和国家，因而也就不存在超越国界的国际贸易。到了封建社会和资本主义社会，社会生产力得到了极大的发展，商品的流通超出国界，才产生了国际贸易。

(二)国际贸易的发展

1. 奴隶社会的国际贸易

在自然经济占统治地位的奴隶社会，商品生产微不足道，只有有限的商品进入流通领域。当时落后的生产技术、简陋的交通运输条件使对外贸易的发展受到很大限制。奴隶社会的国际贸易中心有腓尼基(现在黎巴嫩境内,以染色布出口为主)、埃及、罗马、希腊等;在亚洲主要有中国和印度。贸易的商品主要是王室和奴隶主阶级追求的奢侈品,如宝石、装饰品、各种织物、香料等,此外还有奴隶主阶级的生产工具——奴隶。

2. 封建社会的国际贸易

封建社会的国际贸易有了较大的发展。奢侈品仍是国际贸易中的主要商品。早在西汉时期,中国就已有了与中东、欧洲贸易往来的著名的“丝绸之路”。当时中国主要“出口”的产品是丝绸、茶叶、瓷器等,“进口”的产品是宝石、香料等。海上贸易的重要发展阶段是明朝时期,郑和七次下西洋,通过海路扩大国际贸易。这些都曾是中国贸易史上闪光的篇章。由于中国封建生产关系的稳定性和历代王朝的重农抑商政策,中国的对外贸易始终没有发展起来。欧洲国家的对外贸易虽然在古罗马、古希腊已经出现,但真正称得上“国际贸易”的,是在 11 世纪之后。“十字军”东征(公元 1096—1291 年),对于加强东西方的贸易起了很大作用。15 世纪末至 16 世纪中期的“地理大发现”(哥伦布发现新大陆、达·迦马从欧洲经由好望角到达亚洲、麦哲伦完成环球航行),扩大了世界市场,给欧洲各国的商业和工业带来了空前的刺激。当时,英国就成立了许多对外贸易的特许公司,与许多国家进行着广泛的贸易活动。这一时期,西欧其他各国也在不同的条件下,借助武力侵略陆续发展了对亚洲、非洲和拉丁美洲各国的贸易。

3. 资本主义社会的国际贸易

国际贸易的历史虽然悠久,但真正出现大发展并开始形成世界市场,则是在资本主义生产关系出现尤其在工业革命发生之后。对外贸易一方面作为商品销售和资本积累的方式,促进了资本主义的发展;另一方面作为资本主义社会化生产方式的必然产物而被不断扩大。工业革命从技术上使国际贸易变得更有必要、更有可能。工业革命不但大大提高了劳动生产力,创造出更多、更好的产品可以用来交换,也大大促进了交通的发展,使国际贸易变得更加迅速、方便。最主要的是,工业革命使世界从单一的农业社会转向以工业生产为主的现代经济。与农产品和其他初级产品不同,工业产品的种类繁多、变化多样,任何一国都不能自己生产全部的工业产品,都不可能达到农业社会时的那种“自给自足”。各国都只能生产一部分产品,然后用自己的产品与外国的产品进行交换。国际范围内的分工和交换即国际贸易逐渐成为现代经济中必不可少的一部分。工业革命以后,国际贸易有了很大发展。在 19 世纪的前 70 年中,世界贸易总额增长了 6 倍多。

4. 当代的国际贸易

当代的国际贸易通常是指第二次世界大战以后的国际贸易。在第三次科技革命的影响下,国际贸易出现了飞速增长,国际贸易发生了如下变化:

(1)国际贸易功能多元化。“二战”后相对和平的国际贸易环境给国际贸易的平衡发展提供了良好的条件。实践证明,国际贸易的发展不但推动了世界经济的迅速增长,而且在带动各国产业结构的调整和优化、增加劳动就业、扩大财政收入、加速资金积累以及企业加强管理、改进技术、提高经济效率、增强经济竞争力等诸多方面显示出其独特的功能。2023 年,面对海外需求放缓和全球供应链重构压力,虽然以美元计价的中国出口总值下降,但以人民币计价的出口总值仍然保持正增长,占全球总出口的份额还是超过了“新冠”疫情前的 2019 年,展现了很强的韧性。

(2)国际贸易格局集团化。“二战”以后,国际竞争日益激烈,世界主要贸易国为了保持其在国际市场的竞争力,不断寻求与其他国家联合,通过各种方式组建区域贸易集团,实现在区域内的贸易自由化。自 20 世纪 90 年代以来,区域经济合作不断向深度和广度推进,区域内贸易集团化步伐进一步加快,贸易集团激增,区域内贸易日益活跃和扩大。欧盟(EU)、北美自由贸易区(NAFTA)

和亚太经合组织(APEC)是世界上最大的三个区域性集团。[①] 全球区域贸易额已占世界贸易总额的50%以上。世界贸易组织2024年4月10日发布报告预测,2024年全球货物贸易量将增长2.6%,2025年全球货物贸易量将延续复苏势头,预计增长3.3%。

(3)国际贸易方式多样化、内容丰富化。随着世界科学技术的进步、社会生产力的发展,国际分工不断向广度、深度发展,国与国之间在资金、技术、服务、科研和知识产权等方面进行合作,促进了国际经济合作形式和国际贸易方式的多样化,使国际贸易在形式和内容上都有很大的突破。数字技术深刻改变了全球分工格局和国际贸易方式。数字贸易快速发展不断为全球贸易注入新的动能,成为当前全球贸易竞争与合作的新领域,也是中国加快建设贸易强国的重要引擎。数字贸易是数字经济的重要组成部分,也是数字经济国际竞争力的重要体现。发展数字贸易,对于培育外贸新优势新动能,稳定外贸规模、优化贸易结构、提升贸易效率、助力产业升级等具有重要意义。

(4)国际服务贸易迅速发展。自20世纪70年代以来,服务贸易摆脱了附属于商品贸易的地位,作为一种相对独立的国际贸易,比国际商品贸易增长得更快。1979年,全球服务贸易以24%的增长速度超过了增幅为21.7%的货物贸易,这是服务贸易的增长速度首次超过货物贸易的增长速度。自20世纪80年代以来,为了应对全球市场竞争,跨国公司不断调整资源配置和公司经营战略,按照成本和收益原则剥离非核心的后勤与生产服务业务,再加上技术的飞速发展,大大增强了服务的可贸易性,服务贸易增长异军突起,服务产品的生产也成为国际投资的重要领域。2024年6月,我国国际收支货物和服务贸易进出口规模达39 961亿元,同比增长2%。其中,货物贸易出口19 304亿元,进口15 252亿元,顺差4 052亿元;服务贸易出口2 125亿元,进口3 280亿元,逆差1 155亿元。服务贸易主要项目为:旅行服务进出口规模1 420亿元,运输服务进出口规模1 586亿元,其他商业服务进出口规模946亿元,电信、计算机和信息服务进出口规模526亿元。

(5)跨国公司成为国际贸易主力军。跨国公司在"二战"后得到迅速发展。自20世纪60年代以后,跨国公司的增长速度超过了国际贸易的增长速度,主宰全球经济局面的仍然是那些跨国公司。随着国际化大生产的发展,跨国公司在世界经济全球化中所起的作用越来越大。根据商务部数据显示,2024年1月,外国投资者在华投资新设外资企业4 588家,同比增幅高达74.4%。外资企业在中国经济发展中扮演着重要的角色,仅2012年至2022年这十年,外资企业为中国贡献了22.5%的工业增加值、16%的税收、38.7%的进出口、20.7%的研发投入和接近10%的城镇就业岗位。在2024年,"高水平对外开放"仍然是我国经济发展的关键词,制度型开放将推出新举措,也将取得新进展,外企在华发展也将迎来新机遇。

案例应用1—1　中国"组合拳"加力吸引外资

案例精析

案例应用1-1

积极吸引和利用外商投资,是推进高水平对外开放、构建开放型经济新体制的重要内容。2023年以来,众多跨国公司高管密集访华,他们普遍表示,中国市场不是"可选项",而是"必选项",将持续加码在华投资、深耕中国市场。跨国企业加码在华投资,是对中国经济前景和中国市场发展潜力的持续看好。欧盟委员会执行副主席东布罗夫斯基斯在外滩金融峰会开幕式上发表主题演讲时表示,作为世界第二大经济体、第一制造业大国和第一货物贸易大国,中国在全球价值链中发挥着重要作用。中国经济走势将影响全球经济,过去几十年的全球经济增长一直受到中国经济强劲增长的支撑。

资料来源:李金磊:"中国"组合拳"加力吸引外资",《长江日报》,2023年9月26日。

---

① 欧盟是经济政治一体化的区域集团,一体化的水平最高;北美自由贸易区是第一个由发达国家和发展中国家共同组成的自由贸易区,也是世界上最大的区域经济集团组织;亚太经合组织是一个跨区域的国际经济组织,具有松散性和开放性。

请问：对于跨国公司在华投资，我们应如何拥抱未来，携手开拓更多机遇？

视野拓展 1—2　一季度我国进出口同比增长 5%，外贸发展质量稳步提升

2024 年一季度，我国经济运行持续回升向好，外贸发展质量稳步提升、进出口规模再上新台阶。主要有以下五个方面的特点：

(1)进出口规模历史同期首次突破 10 万亿元，进出口增速创 6 个季度以来新高。据海关统计，一季度，我国货物贸易进出口总值 10.17 万亿元人民币，同比(下同)增长 5%。其中，出口 5.74 万亿元，增长 4.9%；进口 4.43 万亿元，增长 5%；出口和进口分别较去年四季度加快 4.1、2.3 个百分点。

(2)对共建“一带一路”国家、其他金砖国家进出口增速均高于整体。一季度，我国对共建“一带一路”国家进出口 4.82 万亿元，增长 5.5%，占进出口总值的 47.4%，同比提升 0.2 个百分点。其中，对东盟进出口 1.6 万亿元，增长 6.4%。同期，对其他 9 个金砖国家进出口 1.49 万亿元，增长 11.3%，占 14.7%。此外，对欧盟、美国、韩国、日本分别进出口 1.27 万亿、1.07 万亿、5 354.8 亿、5 182 亿元，合计占 33.4%。

(3)民营企业进出口保持两位数增长。一季度，我国民营企业进出口 5.53 万亿元，增长 10.7%，占进出口总值的 54.3%。同期，外商投资企业进出口 2.97 万亿元，占 29.3%；国有企业进出口 1.64 万亿元，占 16.1%。

(4)机电产品和劳动密集型产品出口势头良好。一季度，我国机电产品出口 3.39 万亿元，增长 6.8%，占出口总值的 59.2%；其中，计算机及其零部件、汽车、船舶分别增长 8.6%、21.7%、113.1%。同期，劳动密集型产品出口 9 757.2 亿元，增长 9.1%，其中，纺织服装、塑料制品、家具及其零件分别增长 5.4%、14%、23.5%。

(5)大宗商品和民生消费品进口稳步扩大。一季度，我国能源、金属矿砂、粮食等大宗商品进口量增加 6.2%。其中，原油、天然气和煤炭等能源产品 2.86 亿吨，增加 8%；铁、铝等金属矿砂 3.74 亿吨，增加 5%；粮食 3 841.6 万吨，增加 5.1%。同期，机电产品进口增长 9.6%，其中电子元件进口增长 13%。此外，纺织服装、干鲜瓜果及坚果进口分别增长 12.6%、18%。

总体来看，一季度我国外贸开局有力、起势良好，为实现全年“质升量稳”目标打下坚实基础。当前，国际环境发生深刻变化，世界经济发展面临许多严峻挑战，这些都将给我国外贸带来更大的考验。但同时更要看到的是，我国经济基本面持续向好，外贸的综合竞争优势更加巩固，进出口持续向好具有坚实支撑。

资料来源：何春中：“一季度出口、进口分别增长 4.9%、5%　我国外贸开局有力起势良好”，《中国青年报》，2024 年 4 月 13 日。

三、国际贸易的作用

(一)调节各国市场的供求关系

通过交换，可以互通有无，调节各国的供求。各国国内既存在产品供不应求的状况，又存在各种形式的产品过剩状况。而通过国际贸易不仅可以增加国内短缺产品的市场供给量，满足消费者的需求，而且为各国国内市场的过剩产品提供了新的出路，在一定程度上缓解了市场供求的矛盾。

(二)促进生产要素的充分利用

随着服务贸易的发展，富余劳动力的国家会大量输出劳务到国外，一些富裕的石油国家会充分利用本国的矿藏资源换取“面包”。通过国际贸易，可以用国内富裕的生产要素与其他国家交换国内短缺的生产要素或用本国丰裕生产要素生产的产品交换国内短缺生产要素生产的产品。

（三）发挥比较优势，提高生产率，优化国内产业结构

每个国家都会生产自己占优势的产品换取对本国来说不太占优势的产品，从而起到优化本国产业的作用；通过进口别国的技术，提高本国的技术水平，从而提高本国的生产力水平。

（四）增加财政收入，提高国民福利水平

税收是财政收入的主要部分。政府可从对过往关境的货物征收关税、对进出口货物征收国内税、为过境货物提供各种服务等方面获得大量财政收入。贸易的增加，使得财政收入增加，从而使得国民财富增加，提高人民的福利水平。

（五）加强各国经济联系，促进经济发展

通过贸易，可以增强各国间的联系，并且随着贸易的发展，每个国家的对外贸易依存度越来越高。对外贸易依存度又称对外贸易系数，是指一国进出口总额与其国内生产总值或国民生产总值之比。随着世界经济一体化的发展，大多数国家的对外贸易依存度不断提高。

四、国际贸易的特点

（一）国家干预，限制严格

国际贸易的主体具有双重性，即个别主体与国家主体，它既是厂商与厂商之间的贸易，又是国家与国家之间的贸易。国家为了保持国际收支平衡，保护民族工业发展以及保证正常的社会生活秩序等，往往采取一些政策和措施对国际贸易进行干预，或鼓励出口，或限制进口。由于国际贸易受国家干预，所以在对外贸易时，要了解和研究相关国家的对外贸易政策与措施，以便更好地制订进出口商品方案。

（二）情况复杂，风险很大

(1)政策变化风险。从我国国内来说，加入 WTO 后，国家出台了一系列政策，以履行自己的承诺。如，逐步降低进口产品的关税，逐步取消配额、许可证贸易等。从国外来说，相应国家必将重新调整对中国的贸易政策，在降低或取消关税壁垒及非关税壁垒（如技术壁垒、产品壁垒及政府补贴等）后，为扩大本国产品对中国的出口并控制中国商品对自己国内市场的冲击，势必要采取一些政策和手段，如提出反倾销法案等，使中国进入了国际贸易摩擦的新时代。

(2)信用风险。在国际贸易中，从磋商交易到订立合同，再到卖方交货与买方付款，需要经过一段相当长的时间。在此期间，买卖双方的财务状况可能发生变化，有时危及履约，给对方造成损失。同时，卖方交货、买方付款存在着时间差，如果信誉不足就可能受骗上当，货款两空。一旦发生这类事情，双方又在不同的国家，打起官司颇为麻烦。

(3)汇率风险。在国际贸易中，由于各国货币制度不同，买卖双方必定有一方要用外国货币进行计价、结算和支付，这就发生了两种货币按照怎样的比率进行兑换的问题。这样，从订立合同到支付货款期间的汇率变动，必然会给交易者的某一方带来货物本身以外的汇兑损失。因此，在磋商交易时，用什么货币计价、结算、支付是交易者必须认真考虑的问题。

(4)价格风险。在国际贸易中，从订约到卖方发货和买方收货往往需要较长的一段时间，而世界市场上的商品价格是经常变动的，交易者有可能由于该期间的价格变动而遭受损失。这种价格的风险，相对于国内贸易来讲，国际贸易要突出得多。

(5)运输风险。一般来说，国际贸易中的运输里程比国内贸易长得多，情况也复杂得多，所以其运输风险要大得多。

(6)政治风险。这主要是指贸易对象国发生动乱或革命、政府更替、政策改变以及两国关系突然恶化等政治原因给交易者造成的损失。

（三）强手如云，竞争激烈

国际贸易与国内贸易相比，有着更广阔的空间范围，这一方面有利于厂商在更大的范围内挖掘资源，开辟市场，另一方面也使其遇到的竞争更加激烈。在国际贸易中，遇到的竞争手段也更多、更复杂。这不仅需要凭借个体实力的竞争，而且需要国家的支持；不仅有价格的竞争，而且有非价格的竞争，各种手段纷繁复杂。

（四）地区制约，需求多样

（1）经济发展水平对市场的影响。不同类型的国家，市场容量不一样。发达国家的绝大多数消费者已解决了温饱问题，生活上追求享受，对商品的需求表现为高质量、高档次和优质服务；发展中国家的大多数消费者则首先要解决生存或温饱问题，对商品需求更多地倾向于经济实用。

（2）风俗习惯、宗教信仰和文化传统对市场的影响。不同的国家、民族具有不同的风俗习惯、宗教信仰和文化传统，主要表现为语言、文字、图案、颜色、数字等对市场的影响。比如，伊斯兰国家对一些商品的图案和商标有忌讳，欧美国家对某些数字有不同喜好或忌讳。这种风俗习惯、宗教信仰和文化传统的不同，造成了需求差异。作为交易者要尽量了解贸易对象国的风俗习惯、宗教信仰和文化传统，避免出现文化冲突给交易造成不良的影响和损失。

学中做 1-1　推动数字贸易改革创新，培育外贸新优势

党的二十大报告明确提出，要推动货物贸易优化升级，加快建设贸易强国。2023 年中央经济工作会议也提出，加快培育外贸新动能，巩固外贸外资基本盘，拓展中间品贸易、服务贸易、数字贸易、跨境电商出口。这充分体现了国家对数字贸易的高度重视，对数字贸易在培育外贸新优势新动能、加快建设贸易强国进程中发挥重要引擎作用寄予了厚望。

国家相关部门和各级政府持续为数字贸易发展创造有利条件。2023 年 9 月 28 日，国家互联网信息办公室发布《规范和促进数据跨境流动规定（征求意见稿）》，其中对数据跨境流动作了更加细化的规定，对部分不需要申报数据出境安全评估、订立个人信息出境标准合同、通过个人信息保护认证的场景作了明确，赋予地方开展数据跨境流动试点的权力，极大提振了数字贸易企业开展国际贸易的信心。2023 年 12 月 4 日，商务部发布公告，数字贸易行业标准化技术委员会正式成立。这是落实中央有关推进规则、规制、管理、标准制度型开放的重要举措，也是促进数字贸易发展的重要方式，数字贸易行业标委会将在促进数字贸易业态创新发展、提升外贸企业数字化能力、应对海外数字贸易壁垒、衔接国际数字贸易规则等方面发挥重要作用。北京、上海、杭州、广州等数字贸易发达地区，不断出台数字贸易改革创新文件，在搭建数字贸易发展平台、开展数据跨境流动试点、推动贸易数字化等方面持续优化政策环境，不断加大对数字贸易发展的促进力度。我国数字贸易发展成效显著，从国内发展来看，数字贸易已成为我国外贸稳定发展的重要支撑力量。海关数据显示，2023 年我国跨境电商进出口 2.38 万亿元，增长 15.6%，远高于同期外贸增长速度。我国数字贸易发展水平全球领先，近年来我国持续推进跨境电商提质升级，利用数字技术为跨境电商全链条全环节赋能，在大外贸大数据营销、智慧物流、数字供应链、智能通关、数字支付等环节不断创新应用水平，以跨境电商为引领，我国贸易数字化走在世界前列。根据商务部研究院国际服务贸易研究所的研究，中国数字贸易综合发展水平居发展中经济体第一位、全球第四位。从分项指标看，电子商务、数字贸易产业基础等方面表现优异，而数字服务贸易、数字贸易综合环境（包括开放程度、数字营商环境）等方面还有一定差距。

分析提示

学中做1-1

资料来源：李俊："推动数字贸易改革创新 培育外贸新优势"，新华社，2024 年 2 月 22 日。

请结合二十大精神实质，分析说明我国数字贸易发展面对的机遇和挑战，以及推进我国数字贸

易发展的路径建议。

任务二　国际贸易的研究对象、范围和方法

一、国际贸易的研究对象

国际贸易作为一门学科，它的研究对象是具有各自经济利益的不同关税区，即不同国家或地区之间的商品和服务的交换活动。通过研究这些商品和服务交换活动的产生、发展过程，以及贸易利益的产生和分配，揭示这种交换活动的特点和规律。

二、国际贸易的研究范围

（一）关于国际贸易理论与学说

在探索国际贸易发展及贸易利益的原因与结果时，形成了不同的国际贸易理论与学说。在资本主义原始积累时期有重商主义；在资本主义自由竞争时期，英国古典学派经济学家亚当·斯密和大卫·李嘉图提出自由贸易学说，德国历史学派李斯特提出动态的保护贸易学说；20 世纪 30 年代，瑞典经济学家俄林等提出要素比例贸易学说；第二次世界大战后，国际贸易理论又有了新的发展，逐步出现了战略性贸易政策学说、超保护贸易学说等。

（二）关于对外贸易政策与措施

为了通过对外贸易促进本国的经济发展，各国都制定了有利于本国对外贸易的政策，诸如自由贸易政策、保护贸易政策。各国为执行贸易政策都采取了相应的措施，如关税和非关税措施、鼓励出口和缔结贸易条约与协定。通过研究各国的对外贸易政策与措施，可以更好地促进本国的对外贸易发展，充分发挥对外贸易在国民经济发展中的作用。

（三）关于当代国际贸易的影响因素

国际贸易受诸多的经济因素、经济现象的影响，当这些影响国际贸易的因素发生变化时，国际贸易的基础和模式也随之发生变化。在诸多的影响因素中，本书主要分析生产要素的国际转移及其对国际贸易的影响、区域经济一体化及其对国际贸易的影响、世界贸易组织及其对国际贸易的影响。

三、国际贸易的研究方法

（一）实证分析与规范分析相结合

从研究的性质来看，国际贸易理论像经济学一样，可以分为实证（Positive）分析和规范（Normative）理论。所谓实证分析，主要是揭示各种经济变量之间的关系，分析各种贸易行为和政策的前因后果而不去评论好坏对错。所谓规范理论，则会对实证分析的结果做出判断、评论，而这种判断、评论在很大程度上反映了不同的认识和价值观。例如，在分析进口关税结果时，实证分析将揭示这一政策所造成的消费者、生产者和整个国家的得失，至于怎样来看待这些利益和损失，以及这些得失的重要性如何，则是规范理论的问题。不过在任何一项具体研究中，这两者都是密切相连、不可分割的。实证分析为规范理论提供基础，离开实证分析的理论往往是缺乏说服力的；仅仅有实证分析而没有规范研究则会失去经济学的社会意义。因此，整个国际贸易理论体系是实证和规范的统一。

（二）动态分析与静态分析相结合

静态分析就是分析经济现象的均衡状态以及有关经济变量达到均衡状态所需要具备的条件，

是静止地、孤立地考察某些经济现象的方法。动态分析是对经济变动的实际过程进行分析，考虑时间因素的影响，把经济现象的变化当作一个连续的过程来看待。在国际贸易的研究中，要采用动态分析与静态分析相结合的方法。例如，国际贸易额、进出口商品结构的分析既要采用静态分析方法来说明，也要采用动态分析方法来说明其变化规律。国际贸易理论的研究逐步由静态分析转向动态分析。

任务三 国际贸易的分类

国际贸易的内容十分广泛，性质也非常复杂，为了更好地把握国际贸易的内涵，可以从不同角度对国际贸易进行考察，以不同的标准对国际贸易进行分类。

一、按货物移动方向分类，分为出口贸易、进口贸易和过境贸易

（一）出口贸易

出口贸易(Export Trade)，是指将本国生产和加工的商品运往国外市场销售的活动。

（二）进口贸易

进口贸易(Import Trade)，是指将外国生产和加工的商品输入本国市场销售的活动。

【注意】在国际贸易中，对卖方而言，是出口贸易；对买方而言，是进口贸易。

【提示】在国际贸易中，一国对从外国进口的商品不经任何实质性加工处理又输出到国外，如进口货物的退货等，称为复出口(Re-export)。一国的产品销往外国后未经加工改制又输入国内，如在国外未售出的寄售商品运回国内等，称为复进口(Re-import)。

【注意】造成复进口的原因主要是销路不畅或货物破损等方面的问题，经济体制方面的原因也有可能偶尔造成复进口。

（三）过境贸易

过境贸易(Transit Trade)，是指货物通过一国国境，不经加工处理运往另一国的贸易活动。例如，甲国出口到乙国的货物经由丙国的国境运送时，对丙国而言，便是过境贸易。

【注意】过境贸易中货物不经过境国海关保税仓库存放，完全为了转运的过境，为直接过境贸易；而由于种种原因，如商品需要分类包装、暂时的转运困难、购销当事人的意愿中途变更等，把货物先存放在过境国的海关仓库，未经加工改制从仓库提出运往国外，这就是间接过境贸易。

二、按国境和关境分类，分为总贸易和专门贸易

（一）总贸易

总贸易(General Trade)，是指以国境为标准划分进出口而统计的国际贸易。它说明一国在国际货物流通中所处的地位和所起的作用。凡进入国境的商品一律列为进口，即总进口(General Import)；凡离开国境的商品一律列入出口，即总出口(General Export)。总出口额与总进口额之和就是一国的总贸易额。过境贸易列入总贸易。采用这种标准的国家有中国、美国、日本、英国、加拿大、澳大利亚、俄罗斯等。

（二）专门贸易

专门贸易(Special Trade)，是指以关境为标准划分进出口而统计的国际贸易。它说明一国作为生产者和消费者在国际货物贸易中具有的意义。从国外进入关境和从保税仓库提出进入关境的商品，列为进口，称专门进口(Special Import)。从国内运出关境的本国产品以及进口后未经加工运出关境的商品，列为出口，称专门出口(Special Export)。专门出口额与专门进口额之和，即为专

门贸易额。过境贸易不列入专门贸易。采用这种划分方法的国家有美国、德国、法国、意大利、瑞士等。

总贸易与专门贸易主要有以下区别:①总贸易与专门贸易的数额不同,这主要是因为关境和国境的划分不同以及两者对某些特殊形式的贸易处理方式不同。一般来讲,一国关境与国境是一致的,在这种情况下,依照关境还是依照国境对进出口货物进行统计,或者说依照总贸易还是依照专门贸易进行货物贸易统计是没有差别的。但是在现实中,一些国家在国境内设立自由贸易区、保税区、出口加工区等经济特区,还有的国家通过签署协议建立关税同盟,这些都使得关境与国境出现不一致的现象。前者是关境小于国境,后者是关境大于国境,因而相关国家或地区是采用总贸易还是采用专门贸易对进出口货物进行统计就会有很大的不同。②总贸易和专门贸易反映的问题不同。总贸易包括所有进出入该国的商品,主要反映一国在国际商品流通中所处的地位;专门贸易只包括那些进口是用于该国生产和消费的商品,出口是由该国生产和制造的商品,主要反映一国作为生产者和消费者在国际贸易中所起的作用。

【提示】 鉴于现实中存在关境与国境不一致的现象,各国在进行货物贸易统计时采用方法的不同就有着实际的意义,所以国际机构发表的各国对外货物贸易额的统计数字,一般注明是按何种贸易统计体系编制的。目前,世界上多于半数的国家采用总贸易体系。

三、按商品形态分类,分为货物贸易和服务贸易

(一)货物贸易

货物贸易(Goods Trade)即通常意义上的商品购销活动。因为货物或商品具有看得见、摸得着的物质属性,故称有形贸易(Visible Trade)。国际贸易的有形商品种类繁多,为便于国与国之间进行协调统计,联合国 1977 年修订了 1950 年版的《联合国国际贸易标准分类》(Standard International Trade Classification,SITC),世界各国大多采用这个分类对国际贸易货物进行统计,划分进出口货物的结构。在该版本中,国际贸易货物被分为十大类、63 章、233 组、786 个分组和 1 924 个基本项目。该分类目录编号采用五位数,一位数表示类,两位数表示章,三位数表示组,四位数表示分组,五位数表示项目。

十大类货物分别为:食品及主要供食用的活动物(0),饮料及烟草(1),燃料以外的非食用粗原料(2),矿物燃料、润滑油及有关原料(3),动植物油脂及油脂(4),未列名化学品及有关产品(5),主要按原料分类的制成品(6),机械及运输设备(7),杂项制品(8),没有分类的其他货物(9)。在国际贸易统计中,一般把 0～4 类货物称为初级产品,把 5～9 类货物称为制成品。

例如,活山羊在标准分类中的目录编号为 001.22,其含义为 0 类,食品及主要供食用的活动物;00 章,主要供食用的活动物;001.2 分组,活绵羊及山羊;001.22 项目,活山羊。

(二)服务贸易

根据世界贸易组织《服务贸易总协定》(General Agreement on Trade in Service,GATS)的定义,服务贸易(Trade in Services)是指:①过境交付(Cross Border Supply)又称跨境交付,即从一成员的境内向另一成员境内提供服务(过境交付,不构成人员、资金的流动,如卫星发射、邮电服务);②境外消费(Consumption Abroad),即从一成员的境内向另一成员的服务消费者提供服务(境外消费,如接待外国游客和留学生、诊疗国外病人);③商业存在(Commercial Presence),即通过一成员的法人在另一成员境内的商业性存在提供服务(商业存在,如中资在国外开办银行、开商店、设立中介机构);④自然人流动(Movement of Natural Persons),即由一成员的自然人在另一成员境内提供服务(自然人存在,指医生、教师、艺术家等出国提供服务,不同于移民)。服务贸易是以无形商品为交易对象的贸易活动,因此也称为无形贸易(Invisible Trade)。

世界贸易组织提出了以部门为中心的服务贸易分类方法，将服务贸易分为如下十二大类：商业性服务，通信服务，建筑服务，销售服务，教育服务，环境服务，金融服务，健康及社会服务，旅游及相关服务，文化、娱乐及体育服务，交通运输服务，其他服务。

【注意】一般认为，货物贸易和服务贸易的主要区别是：货物的进出口经过海关手续，从而表现在海关的贸易统计上，这是国际收支中的重要项目；而服务贸易则不经过海关手续，通常不显示在海关的贸易统计上，但它也是国际收支的组成部分。

四、按有无第三方参加分类，分为直接贸易、间接贸易和转口贸易

（一）直接贸易

直接贸易（Direct Trade），是指贸易商品由生产国直接运销到消费国，没有第三方参与的贸易活动。商品从生产国直接销售到消费国，对生产国来说是直接出口，对消费国来说是直接进口。

（二）间接贸易

间接贸易（Indirect Trade），是指通过第三国或其他中间环节，把商品从生产国运销到消费国的贸易活动。商品通过第三国销售到消费国，对生产国来说是间接出口，对消费国来说是间接进口。

（三）转口贸易

转口贸易（Entrepot Trade），又称中转贸易，是指一国（或地区）进口某种商品不是以消费为目的，而是将其作为商品再向别国出口的贸易活动。商品生产国与消费国通过第三国进行的贸易对生产国和消费国而言是间接贸易，对第三国而言，则是转口贸易。转口贸易可分为两种：一种是直接转口贸易，即转口商人参与交易过程，但货物直接从生产国运往消费国；另一种是间接转口贸易，即货物由生产国输入转口商人的国家，再输往消费国。

【提示】从事转口贸易的大多是地理位置优越、运输便利、信息灵通、贸易限制少的国家或地区，如新加坡、中国香港、伦敦、鹿特丹等。

五、按货物运送方式不同分类，分为陆路贸易、海路贸易、空运贸易和邮购贸易

（一）陆路贸易

陆路贸易（Trade by Roadway），是指采用陆路运送货物的贸易。陆地相邻国家通常采用陆路运送货物开展贸易，运输工具主要是火车、汽车等，如美国与加拿大之间的贸易。

（二）海路贸易

海路贸易（Trade by Seaway），是指通过海上运输货物的贸易。国际贸易大部分属于此类，运输工具主要是各种船舶。

（三）空运贸易

空运贸易（Trade by Airway），贵重或数量小的货物，为了争取时间，赶上销售季节，而采用航空运输。由于运费较贵，一般不采用。采用空运多为体积小、重量轻、价格贵、时间紧、须快速运输的商品。

（四）邮购贸易

邮购贸易（Trade by Mail Order），一般是指数量不多的交易，采用邮政包裹方式寄送。邮购的货物，通常是比较急需的；比空运来得慢些，但邮费较之便宜一些。

六、按清偿工具的不同分类，分为自由结汇方式贸易和易货方式贸易

（一）自由结汇方式贸易

自由结汇方式贸易（Free-Liquidation Trade），是指在国际贸易中，以货币作为清偿工具的贸

易。目前,在国际贸易中可直接作为支付工具的货币主要是美元、欧元、日元等。

(二)易货方式贸易

易货方式贸易(Barter Trade),是指在国际贸易中,以经过计价的货物作为清偿工具的贸易。它的特点是,进口与出口相联系,以货换货,进出基本平衡,可以不用现汇支付。这就解决了那些缺乏外汇的国家想开展对外贸易的问题。加上现在各国的相互依赖性加强,即使有支付能力的国家也不得不接受这种贸易方式。

七、按经济发展水平分类,分为水平贸易和垂直贸易

(一)水平贸易

水平贸易(Horizontal Trade),是指经济发展水平比较接近的国家之间开展的贸易活动,例如南南之间、北北之间以及区域集团内的国际贸易。这里,“南”是指发展中国家,“北”是指发达国家。因此,南南贸易(South-South Trade)是指发展中国家之间的贸易活动,北北贸易(North-North Trade)是指发达国家之间的贸易活动。

(二)垂直贸易

垂直贸易(Vertical Trade),是指经济发展水平不同的国家之间的贸易活动。发达国家与发展中国家之间所进行的贸易,大多属于这种类型。发达国家从发展中国家进口农产品和工业原料,并向其出口工业制成品。这两类国家在国际分工中所处的地位相差甚远,如南北之间的贸易一般属于此类。

【提示】 垂直贸易主要是由生产力水平上的差距造成的。

八、按对外贸易政策的不同分类,分为自由贸易和保护贸易

(一)自由贸易

自由贸易(Free Trade),是指国家对进出口贸易活动不加干预和限制,商品可自由出入,并在国内外市场上自由竞争。自由贸易可加强竞争,减少垄断,提高经济效益;可提高利润率,促进资本积累;可阻止国内利润率下降的趋势,通过商品进出口的调节,降低成本,提高收入水平,增加资本积累,使经济得以不断发展。

(二)保护贸易

保护贸易(Protective Trade),是指国家运用权力,通过高额关税及进口许可证、外汇管制等各种限制进口措施来保护本国市场、防止外国商品竞争,同时对本国的出口商品给予津贴和优惠待遇,鼓励出口。

九、按贸易方式的不同分类,分为协定贸易、易货贸易、补偿贸易、租赁贸易和寄售贸易

(一)协定贸易

协定贸易(Agreement Trade),是指以贸易协定和支付协定为依据而进行的贸易。

(二)易货贸易

易货贸易(Barter Trade),是指两国间不使用货币的商品交换,进出口结合,换货的品种相当,总金额相等。

(三)补偿贸易

补偿贸易(Compensation Trade),是指买方在信贷的基础上,从国外厂商进口机器、设备、技术,以及某些原材料,约定在一定期限内,用产品或劳务等偿还的一种贸易方式。对缺乏技术和外汇的国家,利用这种贸易方式可以用外资买入先进技术和设备,以加速本国的经济发展,增强

出口能力。

（四）租赁贸易

租赁贸易（Lease Trade），是指由出租方以租赁形式将商品交付给承租方使用，按期收取资金的一种贸易方式。

（五）寄售贸易

寄售贸易（Consignment Trade），是指对外贸易中委托销售的贸易方式。通常由出口商将商品运交到进口国的代理人或当地专营寄售业务的经纪人，按照双方签订的寄售合同规定的条件，由受托人在当地市场销售；商品售出后，将所得货款扣除佣金和其他费用后汇交委托人。

十、按有无纸质单证分类，分为有纸贸易和无纸贸易

（一）有纸贸易

有纸贸易（Paper Trade），是指在国际贸易交易过程中，通过单证等商业文件的交接进行结算支付并履行合同的一种贸易方式。由于在国际贸易中买卖双方相距较远，一般来说，很难做到"现钱现货"的买卖，这样单据的买卖就成为双方履行权利和义务的依据。

（二）无纸贸易

无纸贸易（Paperless Trade），即电子数据交换（EDI），是一种将贸易、运输、保险、海关、银行等部门的信息通过电子信息系统实现各有关部门间的数据交换，利用计算机，按国际统一规定进行商务处理的新型方式。EDI 在欧盟、美国、日本等发达国家和地区已得到普遍应用，我国也正在积极采用并推广 EDI 技术。

任务四 国际贸易的相关概念

一、国际贸易额、对外贸易额与对外贸易量

（一）国际贸易额

从世界范围来看，由于一国的出口就是其他有关国家的进口，为了避免重复计算，把世界上一定时期所有国家和地区的进口总额或出口总额按同一种货币单位换算后加在一起，即得到国际贸易额（Value of International Trade）又称国际贸易值，即世界进口（贸易）总额或世界出口（贸易）总额，是用来反映不同时期世界经济贸易总体形势的重要指标。从世界范围来看，所有国家和地区进口总额合计应等于所有国家和地区出口总额合计。因此，计算一国对外贸易额占世界贸易额的比重时，通常只能用本国的出口贸易额与世界贸易额相比较得出。但由于各国在进行贸易统计时，出口额一般以 FOB 价进行统计，而进口额按 CIF 价进行统计，进口统计包括了运输费及保险费，所以世界出口总额小于世界进口总额。

【提示】 在世界贸易统计中，世界贸易为各国或地区出口额的总和。

（二）对外贸易额

对外贸易额（Value of Foreign Trade）又称对外贸易值，是以货币表示的一国对外贸易的大小。各国一般用本国货币表示对外贸易额，为了便于国际比较，许多国家同时又用美元计算。一定时期内一国从国外进口货物或服务的全部价值，称为进口（贸易）总额。一国向国外出口货物或服务的全部价值，称为出口（贸易）总额。这两者的和即为对外贸易额，是反映一国对外贸易规模的主要指标。

（二）对外贸易量

对外贸易量（Quantum of Foreign Trade）是以商品的计量单位（如数量、重量等）表示贸易规

模的指标。贸易量比贸易额更真实地反映贸易规模，因为贸易额会受价格变化的影响。贸易额增加了，贸易量不一定增加，反而有可能减少。但对一个国家成千上万种进出口商品来说，无法用这类计量单位来表示一国对外贸易的总和。为剔除价格变动对以货币表示的对外贸易额的影响，准确地反映一国对外贸易的实际规模，往往用一定年份为基期计算的进口价格或出口价格指数乘以当时的进口总量或出口总量，得到相当于按不变价格计算的进口额或出口额。通过这种方法计算出来的单纯反映对外贸易的量，就是对外贸易量。再用一定时期为基期的贸易量指数与各个时期的贸易量指数比较，就可以得到正确反映贸易实际规模的贸易量。计算公式如下：

$$\text{比较期价格指数}=\sum P_1Q_1/\sum P_0Q_1\times 100\%$$

$$\text{比较期贸易量}=\text{比较期贸易值}/\text{比较期价格指数}$$

$$\text{比较期贸易量指数}=\sum P_0Q_1/\sum P_0Q_0\times 100\%$$

式中：P_1 为比较期价格；Q_1 为比较期数量；P_0 为基期价格；Q_0 为基期数量。

做中学 1—1

假设某国的出口值 2023 年为 5 757 亿美元，2024 年为 9 938 亿美元；出口价格指数 2023 年为 100%，2024 年为 180%。试计算 2024 年的贸易量指数。

解析：2024 年贸易量＝9 938÷180%＝5 521.11（亿美元）

2024 年贸易量指数＝5 521.11÷5 757×100%＝95.9%

通过以上计算可以看出，按贸易值计算，该国的出口规模比 2023 年扩大了；但按贸易量指数计算，该国的出口规模与 2023 年相比，没有扩大，反而缩小了。

二、净进口与净出口

（一）净进口

净进口（Net Import）是指在一定时期内，一国或一地区在某种商品大类的对外贸易中，进口量大于出口量的超出部分。

（二）净出口

净出口（Net Export）是指在一定时期内，一国或一地区在某种商品大类的对外贸易中，出口量大于进口量的超出部分。

在国际贸易中，由于一国对某种商品各品种的生产和需求不一定一致，因此在同类商品上往往既有出口也有进口。如果一国对某类商品的生产能力大于需求能力，则该国在该类商品的外贸中会出现净出口；反之，则出现净进口。另外，这两个指标也反映了一国某种商品在国际贸易中所处的地位，即净出口表示处于有利地位，净进口表示处于不利地位。

【提示】净出口和净进口一般以实物数量表示。

三、贸易差额与国际收支

（一）贸易差额

动漫视频

贸易差额

贸易差额（Balance of Trade），是指一个国家在一定时期内（通常为一年）出口总额与进口总额之间的差额，用以表明一国对外贸易的收支状况。一般来说，贸易顺差表明一国在对外贸易收支上处于有利地位，反映出其产品在国际市场竞争中处于优势；贸易逆差则反映了一国在对外贸易收支上处于不利地位，其产品在国际市场竞争中处于劣势。

1. 贸易顺差

贸易顺差(Favorable Balance of Trade),又称出超(Excess of Export over Import)或贸易盈余(Trade Surplus),表示一定时期的出口额大于进口额。一国在一定时期内某种或某类商品的进口和出口比较的差额,如果出口大于进口,其差额就称为净出口额(Net Export)。

2. 贸易逆差

贸易逆差(Unfavorable Balance of Trade),又称入超(Excess of Import over Export)或贸易赤字(Trade Deficit),表示一定时期的出口额小于进口额。一国在一定时期内某种或某类商品的进口和出口比较的差额,如果进口大于出口,其差额就称为净进口额(Net Import)。

【提示】净出口额和净进口额是反映一国或某一产业在不同时期发展状况的重要指标。

一般来说,贸易顺差表明一国在对外贸易收支上处于有利地位,贸易逆差则表明该国处于不利地位。争取贸易顺差的手段首先是扩大出口。但是,贸易长期顺差不一定是好事。这是因为,要长期赚取贸易顺差就必须把国内大量的商品和劳务让外国人享受和使用,手中只留有充当国际清偿手段的外汇,这样一来本国可用的经济资源反而相对减少,降低了广大国民的经济福利。同时,长期顺差往往易于引发同他国的经济摩擦,给本国今后的外贸发展增加了障碍和困难。同样,贸易逆差也并非绝对是坏事。贸易逆差若是发生于为加速经济发展而适度举借外债、引进先进技术及生产资料,也不是坏事。况且,逆差也是减少长期顺差的手段。因此,从长期趋势来看,一国的进出口贸易应保持基本平衡。

3. 贸易平衡

贸易平衡(Trade Balance),是指一定时期的出口额等于进口额。一般认为,贸易顺差可以推进经济增长、增加就业,因此各国无不追求贸易顺差。但是,大量的顺差往往会导致贸易纠纷,如美国以巨大的货物贸易逆差为借口挑起中美双边贸易摩擦,并以此为由在贸易和投资等领域出台一系列措施压制中国,中国随即反制。总之,要理性看待和应对中美经贸摩擦。

【注意】一国无论是长期处于贸易顺差还是长期处于贸易逆差都不是好事情,追求国际收支平衡才是世界各国的理想目标。

(二)国际收支

国际收支(Balance of Payment),是指在一定时期内,一国居民与非居民之间经济交易的系统记录。如果收入大于支出,称作国际收支顺差(或黑字);支出大于收入,称作国际收支逆差(或赤字);收支相等,称作国际收支平衡。国际收支反映了国内外经济联系的情况及其相互影响。国际收支平衡表由经常项目、资本和金融项目、错误与遗漏项目等组成。对外贸易收支是经常项目的主要内容。因此,贸易差额对国际收支具有重要影响。

四、贸易条件

贸易条件(Terms of Trade,TOT),又称交换比价或贸易比价,是指出口商品价格与进口商品价格之间的比率,用来表示出口一单位商品能够换回多少单位的进口商品。很显然,换回的进口商品越多越有利。贸易条件在不同时期的变化通常是用贸易条件指数(TOT)来表示。TOT 的计算值有三种结果:①TOT 大于 100,即贸易条件改善;②TOT 小于 100,即贸易条件恶化;③TOT 等于 100,即贸易条件不变。贸易条件受到多种因素的影响,如国际市场价格、国内外经济发展水平、政策调整等。贸易条件的好转对国家经济发展有积极作用,可以提高国家的贸易地位,促进国内产业升级和国民收入增长。因此,各国政府在国际贸易中通常寻求改善贸易条件,以实现国家利益的最大化。

在国际贸易中,贸易条件指数有以下四种:

(一)净贸易条件指数

净贸易条件指数(Net Trade Conditions Index)又称价格贸易条件指数,是出口价格指数和进口价格指数的比值。如果贸易条件指数大于 100,说明出口价格比进口价格相对上涨,出口同量商品能换回比原来更多的进口商品,该国的该年度贸易条件比基期有利,即得到改善;如果贸易条件指数小于 100 ,说明出口价格比进口价格相对下跌 ,出口同量商品能换回的进口商品比原来减少,该国的该年度贸易条件比基期不利,即恶化了。其计算方法为:

$$N=\frac{P_x}{P_m}\times 100$$

其中,P_x 为出口价格指数,P_m 为进口价格指数。

做中学 1—2

假定某国净贸易条件以 2013 年为基期是 100,2023 年出口价格指数下降 5%,为 95;进口价格指数上升 10%,为 110,那么,这个国家 2023 年的净贸易条件指数为:

$$N=\frac{95}{110}\times 100=86.36$$

这表明该国从 2013 年到 2023 年,净贸易条件从 2013 年的 100 下降到 2023 年的 86.36,2023 年与 2013 年相比,贸易条件恶化了 13.64。

(二)收入贸易条件指数或购买力贸易条件指数

收入贸易条件指数(Income Terms of Trade)或购买力贸易条件指数,是在净贸易条件指数的基础上,把贸易量指数考虑进来。收入贸易条件指数的上升或下降可表示出口贸易量的变化对进口能力的扩大(出口购买力的增加),或对进口能力的缩减(出口购买力的减弱)。前者为有利的收入贸易条件,后者为不利的收入贸易条件。其计算方法为:

$$I=\frac{P_x}{P_m}\times Q_x$$

即

$$I=N\times Q_x$$

其中,Q_x 为出口数量指数。

做中学 1—3

假定某国净贸易条件以 2013 年为基期是 100,2023 年时出口价格指数下降 5%,为 95;进口价格指数上升 10%,为 110;该国的出口数量指数从 2013 年的 100 提高到 2023 年的 120,在这种情况下,该国 2023 年收入贸易条件指数为:

$$I=\frac{95}{110}\times 120=103.63$$

这说明该国尽管贸易条件恶化了,但由于出口量的上升,本身的出口能力在 2023 年比 2013 年增加了 3.63,也就是收入贸易条件好转了。

(三)单项因素贸易条件指数

单项因素贸易条件指数(Single Factorial Terms of Trade Index),是指在净贸易条件的基础上,考虑出口商品劳动生产率提高或降低后贸易条件的变化。其计算方法为:

$$S=\frac{P_x}{P_m}\times Z_x$$

其中，Z_x 为出口商品劳动生产率指数。

做中学 1-4

假定某国净贸易条件以 2013 年为基期是 100，2023 年时出口价格指数下降 5%，为 95；进口价格指数上升 10%，为 110；该国出口商品的劳动生产率由 2013 年的 100 提高到 2023 年的 130，则该国的单项因素贸易条件指数为：

$$S=\frac{95}{110}\times 130=112.27$$

这说明 2013—2023 年，尽管贸易条件恶化了，但此期间出口商品劳动生产率提高，不仅弥补了净贸易条件的恶化，而且使前项因素贸易条件好转。它说明了出口商品劳动生产率提高在贸易条件改善中的作用。

（四）双因素贸易条件指数

双因素贸易条件指数（Double Factorial Terms of Trade Index）不仅考虑出口商品劳动生产率的变化，而且考虑进口商品的劳动生产率变化。以一定时期为基期，先计算出基期的进出口价格比率并作为 100，再计算出比较期的进出口价格比率。然后以之与基期相比，如大于 100，表明贸易条件比基期有利；如小于 100，则表明贸易条件比基期不利，交换效益劣于基期。其计算方法为：

$$D=\frac{P_x}{P_m}\times\frac{Z_x}{Z_m}\times 100$$

其中，Z_m 为进口商品劳动生产率指数。

做中学 1-5

假定某国净贸易条件以 2013 年为基期是 100，2023 年时出口价格指数下降 5%，为 95；进口价格指数上升 10%，为 110；该国出口商品的劳动生产率由 2013 年的 100 提高到 2023 年的 130，进口劳动生产率的指数从 2013 年的 100 提高到 2023 年的 105，则双因素贸易条件指数为：

$$D=\frac{95}{110}\times\frac{130}{105}\times 100=106.92$$

这说明如果出口商品劳动生产率指数在同期内高于进口商品劳动生产率指数，则贸易条件仍会改善。

通过以上四种贸易条件指数的分析，我们可以得知：

（1）商品贸易条件下降不一定导致一国贸易利益的减少。

（2）在劳动生产率提高的基础上，一国主动降低商品贸易条件，有助于扩大市场占有率，获得更大利益。

（3）如果一国商品贸易条件下降的幅度超过了要素生产率上升的幅度，贸易利益就会减少。这时，随着贸易量的扩张，实际收入水平反而会下降，出现“贫困化增长”的现象。

在现实经济生活中，往往会遇到这样两难的选择：要扩大出口，增加外汇收入，需要降低出口商品价格以扩大市场，但这会使商品贸易条件恶化。而要保持比较有利的贸易条件，出口量又不容易增加，不能满足日益增加的进口对外汇的需求。解决这个矛盾的根本途径是提高劳动生产率，不断改善出口商品结构。

五、对外贸易结构

对外贸易结构（Composition of Foreign Trade），是指各类商品贸易在一国对外贸易或国际贸易中所占的比重，如货物贸易占总贸易额的比重、服务贸易占总贸易额的比重。对外贸易结构可以反映出一国或世界的经济发展水平、产业结构状况和产业发展水平等。

贸易结构有广义和狭义之分。广义的贸易结构主要是指一定时期内贸易中的货物贸易和服务贸易的构成情况，一般称为贸易结构。狭义的贸易结构主要是指一定时期内货物贸易中的各种商品的构成情况，一般称为货物贸易结构。货物贸易结构又分为对外货物贸易结构和国际货物贸易结构。①对外货物贸易结构(Composition of Foreign Merchandise Trade)是指一国在一定时期内各类商品在一国对外贸易总额中所占的比重，即某大类或某种货物的进出口贸易额与该国的对外贸易总额之比，以份额表示。它是反映一国经济发展状况、产业结构状况和工业生产水平的重要指标。②国际货物贸易结构(Composition of International Merchandise Trade)是指一定时期内各类商品在国际贸易总额中所占的比重，即用各类商品的贸易额在整个世界贸易额中所占比重来表示，它反映了某一时期内国际经济的发展状况和工业生产水平。

国际上采用统一的划分标准，即按照前文介绍的“联合国国际贸易标准分类”(SITC)来划分表示国际贸易商品构成。一般将0～4类商品列为初级产品(未经加工或经简单加工的农、林、牧、渔、矿产品)，将5～9类商品列为制成品(经机器加工的产品，如机器设备、化学制成品和其他工业产品等)。计算公式如下：

制成品在商品贸易中的比重＝5～8类商品/0～9类商品×100%

初级产品在商品贸易中的比重＝0～4类商品/0～9类商品×100%

某类商品在商品贸易中的比重＝某类商品/大类商品×100%

一个国家对外贸易货物结构可以反映出该国的经济发展水平、产业结构状况、科技发展水平等。国际贸易货物结构可以反映出整个世界的经济发展水平、产业结构状况和科技发展水平等。

六、对外贸易地理方向与国际贸易地理方向

(一)对外贸易地理方向

对外贸易地理方向(Direction of Foreign Trade)又称对外贸易地区分布或国别结构，是指一定时期内各个国家或国家集团在一个国家对外贸易中所占有的地位。通常以它们在该国进、出口总额中的比重来表示。对外贸易地理方向指明一个国家出口货物的去向和进口货物的来源，从而反映一个国家与其他国家或国家集团之间经济贸易联系的程度。一个国家的对外贸易地理方向通常受经济互补性、国际分工的形式与贸易政策的影响。

(二)国际贸易地理方向

国际贸易地理方向(Direction of International Trade)又称国际贸易地区分布，它表明世界各国或各个国家集团在国际贸易中所占的地位。计算各国在国际贸易中的比重，既可以计算各国的进出口额在世界进出口总额中的比重，也可以计算各国的进出口额在国际贸易总额(世界进出口总额)中所占的比重。

七、对外贸易依存度

动漫视频

对外贸易依存度

对外贸易依存度(Degree of Dependence on Foreign Trade)又称对外贸易系数，是指一国货物和服务进出口额与其国内生产总值或国民生产总值的比，即一个国家的全部国民生产总值中有多少是由对外贸易创造的。计算公式如下：

进口依存度＝进口总额/(GDP或GNI)×100%

出口依存度＝出口总额/(GDP或GNI)×100%

对外贸易依存度＝进出口总额/(GDP或GNI)×100%

对外贸易依存度表明一国的经济对外贸的依赖程度,也表明一国经济国际化的程度。它在一定程度上反映了一国对外贸易在国民经济中的重要性。对外贸易依存度受一国人口的多少、地域辽阔与否、自然资源多寡等多种要素的影响。应该辩证地看待对外贸易依存度,对外贸易依存度大,一方面可以获得更多的比较利益,另一方面也容易接受国际负传递,把别国的失业和通货膨胀转移过来。同时,依存度大的国家容易受世界市场风云变幻的冲击。随着经济一体化进程的加速,世界各国经济发展过程中相互依赖、相互影响的程度越来越高,因此世界各国对外贸易依存度呈上升趋势。

做中学 1—6

某国 2023 年进口总额为 800 亿美元,出口总额为 1 000 亿美元,该国 GDP 为 2 000 亿美元。试计算:(1)该国是顺差还是逆差,差额是多少?(2)该国的对外贸易依存度、出口依存度、进口依存度。

解析:

(1)出口总额大于进口总额,因此为贸易顺差,差额为 1 000－800＝200 亿美元

(2)对外贸易依存度＝进出口总额/该国 GDP(国内生产总值)×100%

＝(1 000＋800)/2 000×100%＝90%

出口依存度＝出口总额/该国 GDP(国内生产总值)＝1 000/2 000×100%＝50%

进口依存度＝进口总额/该国 GDP(国内生产总值)＝800/2 000×100%＝40%

应知考核

一、单项选择题

1. 国际贸易额是指用货币表示的一定时期内世界各国的(　　)的总和。

A. 对外贸易额　　B. 商品贸易额　　C. 进口贸易额　　D. 出口贸易额

2. 我国商品进出口总额是指实际进出我国(　　)的商品总金额。

A. 关境　　B. 保税区　　C. 自由贸易区　　D. 国境

3. 商品生产国与消费国通过第三国进行交易,对第三国来说这属于(　　)。

A. 三边贸易　　B. 转口贸易　　C. 易货贸易　　D. 直接贸易

4. 贸易逆差是指一个国家或地区(　　)。

A. 本年度进口额高于上年度进口额　　B. 出口总额小于进口总额

C. 进口总额小于出口总额　　D. 本年度出口额高于上年度出口额

5. 对外贸易的地理方向反映(　　)。

A. 各国或各地区的出口贸易额占世界出口总额的比重

B. 各国或各地区的进口贸易额占世界进口总额的比重

C. 一国各类出口商品在世界出口总额中所占的比重

D. 一国的出口商品去向和进口商品来源

6. 国际贸易商品结构是指(　　)。

A. 各种商品在一国进口总额或出口总额中所占的比重

B. 各国或各地区的出口贸易额或进口贸易额占世界出口总额或进口总额的比重

C. 各类商品在世界出口总额或进口总额中所占的比重

D. 一国的出口商品去向和进口商品来源

7. 对外贸易依存度是指一国在一定时期内的(　　)的比重。

A. 进出口总额占该国国内生产总值　　B. 出口贸易额占对外贸易总额

C. 对外贸易总额占国际贸易额　　D. 外商投资总额占该国国内生产总值

8. 对外贸易量是以(　　)来表示的。

A. 不变价格计算的对外贸易额　　B. 对外贸易额的增长比率

C. 对外贸易额占国内生产总值的比重　　D. 现价计算的对外贸易额

9. 某年世界出口贸易额为 3.5 万亿美元,进口贸易额为 3.7 万亿美元,服务贸易额为 7 000 亿美元,当年国际贸易总额为(　　)万亿美元。

A. 7.9　　B. 3.5　　C. 7.2　　D. 3.7

10. (　　)不反映在海关的贸易统计上。

A. 现汇贸易　　B. 间接贸易　　C. 无形贸易　　D. 有形贸易

二、多项选择题

1. 国际贸易按其商品形态划分,应包括(　　)。

A. 直接贸易　　B. 间接贸易　　C. 无形贸易　　D. 有形贸易

2. 国际贸易与国内贸易的共同性表现为(　　)。

A. 都是商品和服务的交换　　B. 都需要进行外汇交易

C. 交易过程大同小异　　D. 经营目的都是取得利润

3. 国际贸易比国内贸易的制约因素较多,表现为(　　)。

A. 语言不同　　B. 法律、风俗习惯不同

C. 贸易障碍多　　D. 市场调查困难

4. 国际贸易产生必须具备的条件有(　　)。

A. 可供交换的剩余产品　　B. 各自为政的社会实体

C. 没有阶级和国家　　D. 社会成员处于自然分工状态

5. 某国对外贸易规模为出口 482 亿美元,进口 412 亿美元,则该国贸易状况为(　　)。

A. 顺差 70 亿美元　　B. 逆差 70 亿美元

C. 贸易总额 894 亿美元　　D. 净出口 70 亿美元

三、简述题

1. 简述当代国际贸易的发展趋势。

2. 简述国际贸易的作用。

3. 简述国际贸易的特点。

4. 简述国际贸易的研究范围。

5. 简述国际贸易的研究方法。

四、计算题

1. 某年,中国进出口商品总额为 1.8 万亿美元,其中农产品、矿产品等初级产品为 0.36 万亿美元,零部件、工业原材料等中间产品为 0.64 万亿美元,最终制成品为 0.8 万亿美元。试计算在中国对外贸易中,初级产品、中间产品、最终制成品的结构(各自的百分比重)。(计算结果保留到整数)

2. 某年,中国的外贸货物贸易额是 1.82 万亿美元,中国的外贸服务贸易额是 0.18 万亿美元。

试计算在中国对外贸易中，货物贸易与服务贸易的结构（百分比重）。

3. 某国2023年进口总额为800亿美元，出口总额为1 000亿美元，该国GDP为2 000亿美元。请计算：(1)该国是顺差还是逆差，差额是多少？(2)该国的出口依存度和进口依存度分别是多少？

4. 假定以某国2013年为基期，2023年的出口商品价格指数为97%，进口商品价格指数为95%，出口商品的数量指数为130%。请计算该国2023年的收入贸易条件，并说明其含义。（计算结果保留到百分数的整数位）

应会考核

■ 观念应用

【背景资料】

“在一个国家的经济发展中，对外贸易是出超好还是入超好，要根据具体情况而定。”这种论点对不对？为什么？

【考核要求】

请结合所学的内容分析此观点。

■ 技能应用

2023年我国外贸进出口报告

2023年是全面贯彻党的二十大精神的开局之年，我国进出口总值41.76万亿元人民币，同比增长0.2%。其中，出口23.77万亿元，增长0.6%；进口17.99万亿元，下降0.3%。主要有以下6个方面的特点：

(1)外贸运行总体平稳，四季度向好态势明显。进出口规模逐季抬升，一个季度比一个季度强。一季度为9.69万亿元，到二、三、四季度都在10万亿元以上。到第四季度又是一个月比一个月强，同比分别增长了0.8%、1.3%、2.8%，12月份达到了3.81万亿元，这是一个月度规模的历史新高。

(2)经营主体活力充足，民营企业主力作用增强。2023年，我国有进出口记录的外贸经营主体首次突破60万家。其中，民营企业55.6万家，合计进出口22.36万亿元，增长6.3%，占进出口总值的53.5%，提升3.1个百分点。同期，外商投资企业进出口12.61万亿元，占30.2%；国有企业进出口6.68万亿元，占16%。

(3)贸易伙伴多元共进，“一带一路”占比提升。2023年，我国对共建“一带一路”国家进出口19.47万亿元，增长2.8%，占进出口总值的46.6%，提升1.2个百分点。对拉美、非洲分别进出口3.44万亿和1.98万亿元，分别增长6.8%和7.1%。第四季度对欧盟、美国进出口回暖，全年分别进出口5.51万亿、4.67万亿元，分别占13.2%、11.2%。

(4)产品竞争优势稳固，出口动能丰富活跃。2023年，我国出口机电产品13.92万亿元，增长了2.9%，占出口总值的58.6%；同期劳动密集型产品出口4.11万亿元，占出口总值的17.3%。机电产品中，电动载人汽车、锂离子蓄电池和太阳能电池，这三个称作“新三样”。“新三样”产品合计出口1.06万亿元，首次突破万亿元大关，增长了29.9%。船舶和家用电器的出口分别增长35.4%和9.9%。出口动能体现了从中国制造向中国创造的迈进。

(5)国内需求持续恢复，大宗、民生商品进口有序扩大。2023年，我国能源、金属矿砂、粮食等大宗商品进口量增加15.3%。其中，进口原油、天然气、煤炭等能源产品11.58亿吨，增加27.2%；铁、铝等金属矿砂14.58亿吨，增加7.6%。同期，进口农产品1.64万亿元，增长5%；纺织、衣着鞋帽类消费品进口增长5.6%，首饰、钟表进口分别增长63%、17.2%。

(6)高水平开放稳步推进,新平台新业态发展势头良好。2023 年,我国自由贸易试验区数量已扩大至 22 个,合计进出口 7.67 万亿元,增长 2.7%,占进出口总值的 18.4%;海南自由贸易港建设深入推进,年度进出口连续三年保持两位数增长。初步统计,2023 年我国跨境电商进出口 2.38 万亿元,增长 15.6%。

资料来源:宓迪:“2023 年我国进出口总值 41.76 万亿元 外贸运行总体平稳”,央广网,2024 年 1 月 12 日。

【技能要求】

(1)谈一谈我国出口产品结构的变化。

(2)谈一谈我国一般贸易状况。

(3)谈一谈我国民营企业在对外贸易中的作用。

(4)谈一谈“一带一路”给我国外贸带来的趋势。

(5)谈一谈我国的主要贸易伙伴国有哪些。

■ 案例分析

中国式现代化视角下我国对外贸易高质量发展

在中国式现代化的指导下,我国对外贸易的规模和结构取得了新突破。一方面,我国的外贸规模持续扩大,年度贸易总额不断增长。中国是全球最大的货物贸易国和服务贸易进口国,出口和进口额创下历史新高。另一方面,我国外贸结构也在不断优化升级。逐渐从传统的劳动密集型产品向技术密集型产品、知识密集型服务和高附加值产品转型,提高了我国在全球价值链中的地位。我国对外贸易规模和结构在近年来取得了新的突破。首先,我国的对外贸易总额不断增长,在全球贸易中占据着重要地位。随着消费升级和市场多元化需求的增加,我国出口产品从低端劳动密集型向中高端技术密集型升级,提高了产品附加值和质量水平。同时,我国进口结构也在优化,从资源性产品为主转向技术设备、高端消费品等中高端产品,满足了国内市场的需求,促进了产业结构的升级和经济的可持续发展。此外,我国积极拓展新兴市场,加强与发展中国家的贸易合作,减少对传统市场的依赖,提高了对外贸易风险的抵御能力。

资料来源:梁炜昊:“中国式现代化视角下我国对外贸易高质量发展研究”,《价格月刊》,2023 年第 11 期。

【分析要求】

中国式现代化视角下研究我国对外贸易高质量发展的重要性和目的性。

项目实训

【实训项目】

对国际市场发展变化进行调研分析。

【实训情境】

● 目标。该项练习帮助学生掌握国际贸易的一般理论知识,增强学生针对国际市场发展变化进行调研分析的能力。

● 内容。在学校所在地选择出口企业进行调查,了解改革开放 40 多年来出口企业的发展状况和美国金融危机爆发后,对中国不同类型出口企业冲击程度的差异,提出关于中国出口产业、产品、地区、价格等方面的调整建议。

● 时间。在讲完本项目内容之后,选择周末休息日或节假日进行。

【实训任务】

1. 任务要求

(1)将班级学生根据调研的需要分成若干小组，每组确定正、副组长各1人。

(2)对出口企业进行类型划分，确定调研范围，对每个调查组进行分工和培训。

(3)指导学生拟定调研提纲，并联系好调研的有关企业。

(4)学生按照分工进入不同类型的企业进行调研，并将调研情况详细记录下来。

(5)各组写出调研报告。

(6)各组在班级交流、讨论。

(7)汇总各组调研资料，写出总体的调研报告，总结出口成功企业的经验，提出出口不畅企业的问题，分析原因，提出建议。

(8)如果调研报告写得很有价值，可提交有关部门作为决策参考，也可以在报刊上发表。

2. 撰写《对国际市场发展变化进行调研分析》实训报告。

<table>
<tr><th colspan="3">《对国际市场发展变化进行调研分析》实训报告</th></tr>
<tr><td>项目实训班级：</td><td>项目小组：</td><td>项目组成员：</td></tr>
<tr><td>实训时间：　　年　　月　　日</td><td>实训地点：</td><td>实训成绩：</td></tr>
<tr><td colspan="3">实训目的：</td></tr>
<tr><td colspan="3">实训步骤：</td></tr>
<tr><td colspan="3">实训结果：</td></tr>
<tr><td colspan="3">实训感言：</td></tr>
</table>

项目二　国际分工与世界市场

● 知识目标

理解：国际分工的概念；世界市场的概念；国际价值的概念与形成。

熟知：国际分工的发展阶段；国际分工的类型；当代世界市场的构成；国际市场价格的种类。

掌握：影响国际分工形成与发展的因素；国际分工对国际贸易的影响；当代世界市场的特征；影响国际价值的因素。

● 技能目标

学生在认识国际分工的基础上，能够分析世界市场的形成和发展，以及国际价值的形成。

● 素质目标

学生能够具有较强的分析归纳能力，能够对相关经贸关系进行分析，能够认识国际分工是国际贸易的基础，分析当今世界市场的热点问题，思考如何在国际分工中找到自己的定位，如何通过创新提高本国在国际市场中的竞争力，认识国际分工带来的好处，形成全面的世界观。

● 思政目标

培养学生的国际视野和责任感，增强国家意识，能够认识到每个国家在全球经济中的地位和作用，具有国家自豪感和责任感；以促进和平与发展为主题，增进国与国之间的理解和友谊；提升道德素养，提高学生的国际伦理观。

● 项目引例

更加积极地参与国际分工

习近平总书记指出："在新发展格局下，中国的对外合作将不断深化，同世界各国实现互利共赢。我们将更加积极地参与国际分工，更加有效地融入全球产业链、供应链、价值链，更加主动地扩大对外交流合作。"构建新发展格局，中国开放的大门不会关闭，只会越开越大。

"百年未有之大变局"，乃是近三百年来以工业化为主线、以大国驱动为特征的国际分工演进的路径之变。一段时间以来，西方一些国家出现了逆全球化思潮，突如其来的"新冠"疫情严重冲击世界经济，不少国家已经开始自我调整、自我革新，以比较优势和规模报酬递增为基础的经济全球化动力被撼动。当前国际分工体系进入系统性重构期，正在发生大调整、大变革，最突出的表现就是美国作为分工体系主导者的“激进内卷”，即从美资跨国公司全球建链扩张转为美国政府主导的破链重构，疯狂炒作“经济脱钩”、制造“政治隔断”，试图人为切断全球产业链供应链，这种违背市场规律的“破坏性重构”，必将导致高成本、低效率的后果，让已陷入衰退的世界经济雪上加霜。相比之下，我国和广大新兴经济体的快速工业化所带来的全球生产格局变化，则是推动国际分工体系大调整大变革的基本力量。基于这两股力量的博弈，国际分工体系有望形成一种“先内卷，再外延”的重塑平衡模式。

在新发展格局下，面对国际分工体系的大调整、大变革，我国要树立更加理性、更加宏大、更加包容的世界观，坚持和平发展、坚持互利共赢，推动构建人类命运共同体，着眼于新体系、新秩序构建的合作效应。从融入既有分工体系转向携手构建一个新型分工体系，努力建立一个更为多元、更有活力、更加公平的国际分工新秩序；从被世界包容到包容世界，继而通过双向包容实现更高水平的合作共赢。我国要立足国际分工演进规律，统筹思考参与国际分工的新目标新优势新角色，更好把握分工重构的主动权与合作发展的新机遇。

资料来源：马涛：“更加积极地参与国际分工”，《学习时报》，2021 年 4 月 24 日。

● 引例讨论

请分析：在新发展格局下，构建强大的国内循环，实现国内国际双循环相互促进，就分工目标、分工优势和分工角色而论，应该怎么做？谈谈你的看法。

【课程思政】通过本项目的学习，引导学生领悟国际分工的发展与影响，认识世界市场的形成与发展规律；具有国际竞争与合作意识，注重分析国际分工中的利益分配与公平正义问题，思考如何在世界市场中实现共赢发展，培养全球责任感与担当精神。

● 知识支撑

任务一 国际分工

一、国际分工的概念

分工(Division)是一种社会范畴，是指劳动分工，即各种社会劳动的划分。在人类历史发展的过程中，劳动分工经历了自然分工、社会分工和国际分工等不同的发展阶段。劳动分工是各种社会形态所共有的现象，最早追溯到人类原始社会家庭或氏族内部的自然分工。随着生产力的发展，人类发展史上曾出现了三次意义重大的社会分工：农业和畜牧业的分工、手工业和农业的分工、商业和手工业的分工。随着社会生产力的进一步发展，特别是随着资本主义经济制度的确立与扩张，社会分工开始超越国家的界限，从经济上把整个世界联为一体形成了国际专业化生产与合作，这便是国际分工。

国际分工(International Division of Labor)，是指世界各国之间的劳动分工。国际分工是社会分工发展到一定阶段以后，国民经济内部分工跨越国家界限广泛发展的结果。国际分工是国际贸易和世界市场的基础，没有分工就没有国际贸易和世界市场，国际贸易和世界市场是随着国际分工的发展而发展的。当然，国际贸易的发展，世界市场的形成和扩大，对国际分工的发展也起着有力的推动作用。

动漫视频

国际分工

二、国际分工的发展阶段

国际分工的发展历史漫长，经历了萌芽、形成、发展和深化四个阶段。

（一）国际分工的萌芽阶段

15 世纪末至 16 世纪初的“地理大发现”到 18 世纪 60 年代的第一次产业革命之前，是国际分工的萌芽阶段。“地理大发现”是在当时西欧资本主义生产方式的产生和商品货币关系的推动下发生的，它在世界经济发展史上是一个重要的里程碑，不仅促进了欧洲国家的个体手工业向工场手工业的过渡，为国际分工提供了地理条件，还在一定程度上推动了世界市场的形成与发展。世界市场的萌芽和国际贸易的迅速扩大促进了生产力的发展和手工业生产向工场手工业生产的过渡，从而使以工场手工业为基础的、具有地域性的、面向国外市场的专业化生产产生，国际分工进入萌芽阶段。

在这个时期，西欧国家推行殖民政策，发展了以奴隶劳动为基础的、为世界市场而生产的农场主制度，从而建立起早期的国际专业化生产和最初形式的分工——宗主国与殖民地之间的分工。

（二）国际分工的形成阶段

18 世纪开始的第一次产业革命开始了国际分工的形成阶段。大机器工业的建立使原来在一国范围内的城市与农村的分工、工业部门与农业部门之间的分工，逐步演变成世界城市与世界农村的分离与对立，演变成以先进技术为基础的工业国与以自然条件为基础的农业国之间的分工，即形成了世界城市与世界农村对立下的一种“垂直式”的国际分工体系。

这一时期的国际分工形式基本上是以英国为中心的宗主国与殖民地之间的分工。这是由于英国最早完成产业革命，其社会生产力迅速提高，在国际分工体系中处于中心地位。

（三）国际分工的发展阶段

第二次产业革命开始了国际分工的发展阶段。19 世纪 70 年代至 20 世纪初发生了第二次产业革命，特别是发电机、电动机、内燃机的发明及其广泛应用，生产力得到更大提高，分工更加精细。这次科技革命是在英、美、德等国进行的，其他国家在引进技术与机器设备的推动下，某些基础设施与某些轻工业和采矿业有一定发展，但仍不同程度地处于初级产品供应国的地位。垄断代替了自由竞争，资本输出成为主要的经济特征之一。世界生产力巨大发展，国际分工向深度和广度发展，形成了门类比较齐全的国际分工体系。

这一阶段国际分工的特征表现为：一方面，前一阶段宗主国与殖民地之间的“垂直型”分工继续向深度和广度发展，分工的中心从英国一国变为一组国家，前一时期已经开始的世界城市与世界农村的对立进一步扩大。另一方面，工业国之间发展成一种“水平型”的分工，即工业部门之间的分工。例如，英国侧重于材料工业的钢铁生产，德国侧重于发展化学工业，挪威着重开展铝的专业化生产，芬兰则主要生产木材加工产品。

（四）国际分工的深化阶段

第二次世界大战以后，国际分工进入深化发展阶段。科学技术的进步、通信交通工具的革新、跨国公司的发展、殖民体系的瓦解和民族主义国家（地区）的经济发展等是促进战后国际分工深入发展的重要因素。

“二战”后，在世界生产力和国际生产关系变化的条件下，当代国际分工出现了一些新的特征。第一，国际分工格局发生了很大变化，即工业国之间的水平分工在国际分工格局中居于主要地位。第二，国际分工的形式有了很大改变。经济和科技的迅速发展，使国际分工从垂直型分工日益走向水平型分工，从产业各部门间的分工发展到各产业内部的分工。第三，参与国际分工国家的类型和经济制度有显著变化。参与国际分工的既有资本主义国家，也有社会主义国家，既有发达国家，也有发展中国家。第四，区域经济集团成员国之间的分工逐步加强。欧盟、北美自由贸易区、东盟和亚太经济合作组织，在区域贸易和投资一体化中起着重要的作用。一般来说，这些经贸集团存在着不同程度的内向性和排他性。对内逐步降低和取消关税，减少或撤除非关税壁垒措施，促进集团内成员之间商品贸易、服务贸易与投资的自由化，对外继续采取关税与非关税等排他性措施，在不同程度上阻碍着经贸集团与非成员之间分工与贸易的发展，导致经济贸易集团内部成员之间分工和贸易发展趋势的加强。第五，跨国公司的内部分工成为国际分工的重要组成部分。跨国公司迅速发展，其中发达国家集中了跨国公司对外直接投资的75%以上，使得发达国家之间的分工和协作不断加强，并促进了它们之间贸易的发展。另外，跨国公司的发展和跨国公司的内部分工也是这一时期国际分工的一个特点。跨国公司在世界范围内进行专业化生产和协作，它们的内部分工已成为国际分工的一个相当重要的组成部分。第六，国际分工领域从货物扩展到服务领域并相互融合。随着科技进步，各国服务业迅速发展，服务业几乎渗透到社会再生产过程的各个领域，促进了生产国际化和服务国际化交织发展，出现了商品生产的国际分工和服务业的国际分工相互结合、相互渗透的趋势。这个趋势又推进了整个国际分工进一步深化发展。由于各国经济发展不平衡和服务要素的差异，发达国家知识、技术密集型服务业发展迅速，并以高技术、资本密集型服务参加服务业的国际分工，如商业性服务、通信服务、运输服务、金融保险服务等。发展中国家劳动密集型服务业发展较快，因而以建筑工程承包、劳务输出等劳动密集型服务参加服务业国际分工。

做中学 2—1　　工业革命影响国际分工

从英国发明并推广使用蒸汽机开始，全球先后经历了四次工业革命，每一次工业革命都推动了全球范围的产业大转移和经贸格局的洗牌。

18世纪60年代，随着蒸汽机的发明和大规模使用，英国实现了机械化生产。第一次工业革命助推英国成为世界工厂。蒸汽动力应用于远洋运输领域，使得发达国家与非发达国家间能进行制成品和原材料的交换，促使国际分工和贸易发生巨大变化，国际贸易模式表现为产业间贸易。

19世纪70年代，随着电力和内燃机的使用，美国进入电气时代，实现了标准化大规模生产，第二次工业革命爆发，英国的全球经济霸主地位被美国取代。受益于电力及内燃机的使用，美国企业生产效率大幅提升，使得国内要素和商品市场饱和，生产成本上升，需要进行对外扩张。此时，跨国公司主导的对外投资便成为国际生产分工和贸易的主驱动力，以价值链为基础的产业内贸易成为国际贸易的主要模式。20世纪40年代至50年代的第三次工业革命，美国在原子能、电子计算机等领域取得重大突破，实现了自动化生产。在跨国公司主导的全球价值链分工体系的背景下，赫克歇尔和俄林的要素禀赋理论、波特的价值链理论成为当时国际贸易模式的主要支撑理论。

第二次世界大战后，美国产业大规模向日本和德国转移，推动了日本和德国迅速发展为工业化国家。先发国家在20世纪80年代开始大力发展高新技术、信息技术产业等，计算机、手机、互联网等被广泛使用，全球步入信息时代。世界得以互联互通，跨境电商的出现改变了全球价值链上企业间的互动模式，减少了“搜寻匹配”环节和成本，服务的生产和消费也可以分离，逐渐成为重要的贸易内容，产业内和企业内贸易成为国际生产分工和贸易的主要形式。进入21世纪初，全球智能时代到来，人工智能已经渗透到各行业、各层级的产业模块，深刻地改变了生产、消费、流通各环节，链条式分工模式转向蛛网形态，全球国际分工和经贸格局迎来大调整。

当前，中国正面临产业高低两端的全球激烈竞争，发达国家推动高端制造业回流，以期抢占新一轮工业革命的制高点；发展中国家积极吸引外资，争取成为中低端制造环节的主要流入地。与此

分析提示

做中学2-1

同时，外部发展环境的不确定性叠加科技革命的内在影响，使得中国在国际分工格局中遭遇一些挑战。中国应该积极发挥现有优势，应对新一轮工业革命对中国国际分工格局的冲击。

资料来源：关建波、王绍媛主编：《国际贸易教学案例》，东北财经大学出版社 2023 年版。

请问：不同时代的国际分工导致哪种国际贸易模式？

三、国际分工的类型

根据分工的具体内容，国际分工大致可分为以下几种类型：

（一）垂直型国际分工

垂直型国际分工（Vertical International Division of Labor），是指经济技术发展水平相差悬殊的国家之间进行的国际分工。从历史上看，19 世纪形成的国际分工是一种垂直型的国际分工。当时英国等少数国家是工业国，绝大多数不发达的殖民地、半殖民地成为农业国，工业国按自己的需要强迫落后的农业国进行分工，形成工业国支配农业国、农业国依附工业国的国际分工格局。迄今为止，工业发达国家从发展中国家进口原料而向其出口工业制成品的情况依然存在。

【提示】垂直型的国际分工仍然是工业发达国家与发展中国家之间的一种重要的分工形式。

（二）水平型国际分工

水平型国际分工（Horizontal International Division of labor），是指经济发展水平相同或接近的国家之间在工业制成品生产上的国际分工。当代发达国家的相互贸易主要是建立在水平型国际分工的基础上的。随着科学技术和经济的发展，工业部门内部专业化生产程度越来越高，部门内部的分工、产品零部件的分工、各种加工工艺间的分工越来越细。这种部门内水平分工不仅存在于国内，而且广泛地存在于国与国之间。由于发达资本主义国家的工业发展有先有后，侧重的工业部门有所不同，各国技术水平和发展状况存在差别，因此，各类工业部门生产方面的国际分工日趋重要。各国以其重点工业部门的产品去换取非重点工业部门的产品。工业制成品生产之间的分工不断向纵深发展，由此形成水平型国际分工。

（三）混合型国际分工

混合型国际分工（Mixed International Division of Labor），是就一国的情况来看的，是指一个国家参加国际分工既采取了垂直型分工方式，又采取了水平型分工方式。世界上多数国家参加国际分工所采取的方式，实际上都属于混合型国际分工。例如，发展中国家在向发达国家出口原材料并进口工业制成品时，属于垂直型分工；而在与其他发展中国家或发达国家互相出口工业制成品时，则属于水平型分工。发达国家参与国际分工的情况也是如此，它们同发达国家交换产品，多属于水平型分工；而同发展中国家交换产品，则多属于垂直型分工。例如，德国既向美国出口汽车，又从美国进口不同型号的汽车，进行水平型国际分工活动；同时，德国也从发展中国家和地区大量进口原材料并向其出口工业制成品，从事垂直型国际分工活动。

四、影响国际分工形成与发展的因素

（一）自然条件对国际分工的产生和发展起着重要作用

自然条件包括一个国家的气候、土壤、国土面积、矿藏资源、地理位置等。它是国际分工产生和发展的基础，为国际分工提供了可能性，也使国际分工随其变化而变化。但必须指出，自然条件对国际分工的产生和发展固然重要，但不是决定因素。另外，随着生产力的发展，自然条件对国际分工的作用逐渐相对减弱。自然条件只提供国际分工的可能性，并不提供现实性，要把可能性变成现实性，还需要一定的生产力条件。

(二)社会生产力是国际分工形成与发展的决定性因素

生产力发展对国际分工发展的决定性作用表现在科学技术的重要作用上。各国生产力水平决定其在国际分工中的地位。社会生产力的提高是促使分工发展的内在动因,生产力的发展制约着国际分工类型的演变并决定了国际分工的产品内容和范围。随着生产力的发展,国际分工的形式日益多样化,从“垂直型”向“水平型”和“混合型”过渡,出现了多类型、多层次的分工形式。

(三)人口数量、劳动规模和市场规模制约着国际分工的发展

人口数量直接影响劳动力的供给,因而影响国际分工,并且人口分布的不均衡会使分工和贸易成为一种需要。随着劳动规模越来越大,分工就越来越细,任何一个国家都不可能包揽所有的生产,必须参与国际分工。市场规模越大,交易效率就越高,从而分工发展得越细,国际分工的程度也越高。

(四)国际生产关系决定国际分工的性质

国际分工总是与一定的国际生产关系联系在一起的,哪里有国际分工的联系,哪里就有国际生产关系。国际分工的性质正是由国际生产关系的性质决定的。国际分工是各国生产关系超出国家和民族界限形成的。例如,资本主义国际分工打破了各个民族闭关锁国的状态,使各个国家在经济上联合起来,促进了生产力的发展。

(五)上层建筑可以推进和延缓国际分工的形成与发展

各国普遍借助于上层建筑,包括政策、法令、规章、制度、条约、协定等手段形成有利于自己的国际分工。如建立超国家的经济组织,调节相互经济贸易政策,促进国际分工的发展。各国的上层建筑也能延缓国际分工的发展,例如,一国长期实行相对封闭的政策和措施,则会延缓这个国家参与国际分工的进程。

五、国际分工对国际贸易的影响

国际分工是国际贸易和世界市场的基础,国际贸易和世界市场是随着国际分工的发展而发展的。国际分工主要是通过以下五个方面对国际贸易产生重要的影响。

(一)国际分工影响国际贸易的发展速度

国际贸易的发展与国际分工的发展是同向的。据记载,国际分工发展较快的时期,国际贸易一般发展也较快,相反,在国际分工发展缓慢时期,国际贸易发展也较慢,甚至处于停滞状态。在资本主义自由竞争时期,由于以英国为中心的国际分工的形成与发展,国际贸易迅速发展,其增长速度超过了世界生产的增长速度。而在两次世界大战期间,世界生产发展缓慢,国际分工处于停滞状态,国际贸易量在该时期的年平均增长率仅为0.7%。“二战”后,随着国际分工的深化发展,国际贸易的增长率又超过了世界生产的增长率。

(二)国际分工影响国际贸易的市场结构

国际分工通过制约各国的对外贸易地理方向和国际贸易地区分布而影响国际贸易市场结构。一国的对外贸易地理方向与其他国家的分工程度有关,国际贸易的总流向与国际分工的形式、深度及其广度有关。19世纪,与殖民主义宗主国和殖民地落后国家之间的垂直型分工相应的是宗主国和殖民地落后国家之间的贸易。“二战”后,随着国际分工由垂直型向水平型转变,发达国家间的贸易占据了主要地位,而发达国家与发展中国家之间的贸易则相对下降。各贸易国在国际市场上的地位则与其在国际分工中所处的地位有关。一般在国际分工中处于中心地位的国家,其在国际贸易中也占据主要地位。

(三)国际分工影响国际贸易的商品结构

由于国际分工发展的作用,国际贸易商品结构不断地发生变化。尤其是“二战”后,国际分工的

深化发展，使国际贸易商品结构发生了显著的变化：随着水平型国际分工的发展，在国际贸易中工业制成品所占比重超过了初级产品所占的比重；随着发达国家与发展中国家分工形式的变化，发展中国家出口中的工业制成品不断增加；随着国际分工的深化和跨国公司在国际分工中的地位和作用的加强，产业内贸易、中间型机械产品贸易比重不断提高，服务贸易发展也很迅速。

（四）国际分工影响国际贸易的利益分配

国际分工可使分工参与国扬长避短，有利于世界资源的合理配置，节约社会劳动，提高世界生产力。但由于国际分工的形成与发展是在资本主义生产方式内进行的，所以它既代表了生产力发展的进步过程，也体现了资本主义的生产关系。传统的国际分工是在殖民主义国家与殖民地半殖民地、落后国家之间不平等的中心与外围的分工关系。这种不平等的分工决定了殖民主义国家与殖民地、半殖民地、落后国家之间的不平等的贸易关系。“二战”后，随着发展中国家的发展，其在国际分工中的地位有所改善，贸易利益随之增加。

（五）国际分工影响一国对外贸易依存度和世界贸易依存度

对外贸易依存度是衡量一国国民经济对对外贸易的依赖程度的重要指标。一般来说，对外贸易依存度越高，表明该国经济发展对外贸的依赖程度越大，同时表明对外贸易在该国国民经济中的地位越重要。一国经济对对外贸易的依赖程度、世界经济对国际贸易的依赖程度与国际分工有很大关系。国际分工的发展，使各国对外贸易依存度和世界贸易依存度不断提高。根据博鳌亚洲论坛《亚洲经济前景及一体化进程》和《可持续发展的亚洲与世界》的报告显示：亚洲经济体对亚洲的贸易依存度普遍较高，亚洲贸易份额均占到一半及以上，区域化特征明显。东盟国家对亚洲整体的依存度相对最高，依存度高达 70%以上；其次是韩国和日本，分别为 63%和 58%。亚洲主要经济体对东盟和中国的贸易依存度普遍较高，表明中国和东盟在亚洲贸易中居于核心位置。东盟成员国之间的依存度相对最高，依存度高达 22.35%；中国、日本和韩国对东盟的依存度则在 15%左右。韩国和日本对中国的依存度在 20%以上，而东盟和 CPTPP 国家① TPP 国家②对中国的依存度则在 15%以上。

案例应用 2—1　中国如何跨越全球价值链的“功能分工陷阱”

当前，全球经济活动组织模式的数字化变革正在加速，从研发、制造直至最终消费等价值链不同环节的数字化水平都显著提高，全球价值链分工的功能模块化和碎片化趋势日益突出。发达国家利用其在新一代技术领域的优势不断强化其垄断地位，而发展中国家则被进一步锁定在中低端的“制造”环节，陷入“功能分工陷阱”的风险随着数字化转型推进加快凸显。中国能否成功跨越全球价值链的“功能分工陷阱”，克服被功能锁定的风险，推动经济向价值链更高端转型发展，仍面临着诸多不确定性和新挑战，亟须深化产业、创新、区域、投资、规划等方面的改革。

案例精析

案例应用2-1

请问：数字化转型新趋势的原因？中国面对跨越全球价值链“功能分工陷阱”的应对建议。

① 全面与进步跨太平洋伙伴关系协定(Comprehensive and Progressive Agreement for Trans-Pacific Partnership，简称 CPTPP)，是亚太国家组成的自由贸易区，是美国退出跨太平洋伙伴关系协定(TPP)后该协定的新名字。2021 年 9 月 16 日，中国正式提出申请加入《全面与进步跨太平洋伙伴关系协定》，2023 年 3 月 31 日，英国已获准加入《全面与进步跨太平洋伙伴关系协定》。随着英国的加入，成员国增至 12 国。

② 跨太平洋伙伴关系协定(Trans-Pacific Partnership Agreement)，是重要的国际多边经济谈判组织，前身是跨太平洋战略经济伙伴关系协定(Trans-Pacific Strategic Economic Partnership Agreement)，是由亚太经济合作组织成员国中的新西兰、新加坡、智利和文莱四国发起，从 2002 年开始酝酿的一组多边关系的自由贸易协定，原名亚太自由贸易区，旨在促进亚太地区的贸易自由化。

任务二 世界市场

一、世界市场的概念

动漫视频

世界市场

世界市场(World Market)又称国际市场(International Market),是指世界各国相互间进行商品服务和科技交换的场所,是由世界范围内通过对外贸易联系起来的各国商品流通领域的总和。它是在各个贸易国家的国内市场基础上形成的,是资本主义生产方式的历史产物。

【注意】从世界市场与国际分工的关系来说,世界市场是国际分工的表现,国际分工是世界市场的基础。国际分工的发展决定世界市场的发展,而世界市场的发展又影响国际分工的发展。

世界市场是资本主义发展到一定阶段的产物,它的形成和发展过程是完全与资本主义形成和发展过程相适应的。当资本主义交换方式越出国家界限,在世界范围得到发展,在各国国内市场之间建立起经常而普遍的商品联系时,各国国内市场就连接成为世界市场。

二、世界市场的形成过程

(一)"地理大发现"促进了近代国际分工的萌芽

在资本主义以前时期,由于社会生产力水平较低,自然经济占主导地位,商品生产很不发达。虽然当时也存在着一些国际贸易,但总的来说不存在现代意义上的国际分工。

15 世纪末至 16 世纪上半期的"地理大发现",促使欧洲一些国家的手工业生产向工场手工业生产过渡,同时也为近代国际分工提供了地理条件并准备了国际市场。当时的欧洲殖民主义者用暴力手段在他们所能到达的美洲、非洲和亚洲进行掠夺和贸易,在殖民地发展了以奴隶劳动为基础的面向国外市场的专业化生产,建立种植棉花、烟草、甘蔗等农作物的庄园,开发矿山,生产金银,并把生产出来的农作物和金银运回本国,出现了宗主国与殖民地之间的最初的分工形式。但是,由于当时产业革命尚未发生,自然经济在各国仍占统治地位,当时的那种国际分工和交换与整个社会生产相比并不具有决定性影响,而且明显带有地域分工的性质。因此,我们可以把"地理大发现"后出现的那种国际专业化生产看作近代国际分工的萌芽。

(二)18 世纪产业革命使近代国际分工形成

18 世纪下半叶从英国开始的产业革命,使人类的生产力获得空前发展。蒸汽机、纺纱机、织布机的发明和应用,使工场手工业发展到了机器大工业,于是以小生产为基础的自然经济开始崩溃。机器大工业使社会生产的规模不断扩大,原先自然经济条件下的民族孤立性开始消失,各国开始被纳入国际分工的轨道。

大机器工业巨大的生产能力产生了两方面的要求:一方面,大量生产出来的商品很快使国内市场饱和,因此迅速扩大的生产能力需要不断扩大的销售市场与之相匹配;另一方面,大机器工业又引起了对生产原料的大量需求,要求开辟新的廉价的原料来源。大机器工业生产出来的物美价廉的商品、高效率的新运输工具,成为资产阶级征服国外市场的有力武器。它打破了一切落后国家闭关锁国的企图,打开了一个又一个新的国外销售市场,建立了一个又一个新的国外原料来源地。由于英国最早完成了产业革命,当时英国与殖民地之间的国际分工是最具代表性的。当时的印度已成为向英国提供棉花、羊毛、亚麻、黄麻、蓝靛的地方,而澳大利亚则成为专门为英国生产羊毛的殖民地。英国生产的棉纱、棉布、毛呢则行销世界各地。原来在一国范围内的城市与农村的分工、工业部门与农业部门之间的分工,现在逐渐变成世界城市与世界农村的分离与对立。当时的英国作为“世界的工厂”，它所生产的钢铁、煤炭、机器、纺织品均在世界上占有极大的比重；它的商船队几乎垄断了当时世界的航运；它的工业产品畅销全球。而其殖民地、附属国则成为英国工业品的销售市场和专门向它提供原料、农产品的基地。这是一种资本主义宗主国对殖民地、半殖民地国家与地区进行侵略、掠夺、剥削结合在一起的不平等的国际分工。

（三）19 世纪末的垄断资本主义使国际分工进一步发展

从 19 世纪末至 20 世纪初，自由竞争的资本主义开始过渡到垄断资本主义，即开始进入帝国主义时期。这个时期的国际分工得到了进一步发展。在英国产业革命的带动下，西欧、北美的许多国家在 19 世纪中期也纷纷开始了产业革命。德国、法国等欧洲大陆国家在 19 世纪中期开始在工业生产中推广应用蒸汽机，并开始掀起修筑铁路的高潮。轮船在海上开始逐渐取代帆船，电报的运用极大地便利了贸易。于是，交通、通信工具的发展，运输费用的下降，使越来越多的地区卷入现代国际分工体系中。在没有铁路的时代，除了沿河、沿海的城镇和地区以外，各大陆内地的产品由于昂贵的运费很难销售到海外。在铁路网建设起来以后，低廉的运费使内地的产品与沿河、沿海的港口联系起来，进口的产品也比较容易到内地销售。可以说，正是铁路、轮船、电报等的发展，才有可能使各国的国内市场融合成为一个世界市场。

从 19 世纪 70 年代开始的新的工业技术革命，使这些资本主义强国的经济进一步得到加强。化学工业、电力工业、精密仪器等一系列新的工业部门产生了。各个资本主义强国分别在一个或几个工业部门形成了自己的优势。比如，作为后起的资本主义国家——德国，在化学工业及电器、精密仪器等方面比较领先，而英国在钢铁、机械等部门保持领先地位。于是在这些工业化的资本主义国家之间开始发展成一种“水平式”的国际分工。到 19 世纪末、20 世纪初时，这种“水平式”的国际分工已在世界上占有重要地位，当时的资本主义已进入帝国主义阶段，出现了一系列的垄断组织，并通过资本输出，把资本主义生产方式扩大到殖民地半殖民地。发达资本主义国家通过强制手段和资本输出，使亚、非、拉国家成为片面发展一种或少数几种产品出口的典型殖民地“单一经济”。这些殖民地半殖民地国家的经济高度依赖一种或几种产品的生产，其收入状况高度依赖这些产品在世界市场上的行情。

总体来看，这一时期，发达资本主义国家与殖民地半殖民地之间的垂直分工进一步深化，殖民地半殖民地对发达国家的经济依赖性进一步加强了。同时，发达资本主义之间的水平分工开始得到发展，各个发达国家在某些工业部门的发展上各自显示出自己的优势，它们出口自己具有优势的工业产品，形成一种彼此依赖的国际分工格局。

（四）第二次世界大战之后国际分工的新变化

1. 发达国家之间的国际分工发展迅速，并在现代国际分工中居主导地位

在第二次世界大战前的国际分工中，发达国家与发展中国家的垂直分工居主导地位，发达国家之间的水平分工居次要地位。在第二次世界大战前的 1938 年，发达国家之间的贸易额占资本主义世界国际贸易总值的 39.5%，发达国家与发展中国家的贸易额占 49%，发展中国家之间的贸易额占 12.5%。而 1980 年，上述几种类型的国际贸易额占资本主义世界国际贸易总值的比重分别为 53%、39%和 8%。可见，发达国家之间的国际分工在第二次世界大战后已成为国际分工的主流。造成这种情况的原因有许多，其中一个很重要的原因是第二次世界大战后新的科学技术革命。大量新的科学技术转化为生产力，需要大量的研究开发资金和巨大的人力、物力投入。可以说，没有一个国家的企业能够不依赖外部条件而单独进行这么多耗资巨大的新技术研究开发工作。这样就迫使发达国家之间在研究与开发项目上进行国际合作。在这个过程中，不同发达国家会各自在某些工业部门里具有领先地位，从而使发达国家的工业部门之间的分工得到发展。

2. 第二次世界大战后发达国家之间除了工业部门之间的分工，还发展了工业部门内部的分工

由于技术的发展，一个工业部门的内部分工变得更为精细，因而发达国家的某一工业部门的生产也需通过国际分工来进行。某国生产的工业品，如汽车、船舶、机械等装上外国生产的零部件是十分普遍的现象。部门内的分工还表现在一个国家既进口又出口某些同类产品，如一个国家可能既出口汽车、电器、服装，又进口这些产品。这是因为技术的发展使产品的差异化得到发展。比如，汽车刚发明时其规格和型号是比较简单的，但现在已有许多种规格和型号。即使同一档次的汽车还有外观、商标上的差别，因此一个国家不可能满足国内市场所有种类的汽车需求。同时，这些产品生产上的规模经济效应，也会使一些国家着重发展某些规格和型号的汽车，而另一些国家着重发展其他一些规格和型号的汽车，它们都是为了满足世界市场的需求，因而都能以较大的规模生产，以取得规模经济的效果。

3. 发达国家与发展中国家的分工也有了变化

第二次世界大战后大批殖民地国家独立，它们要求在经济上摆脱对单一经济的依赖，发展民族工业，因此传统的垂直分工开始削弱。发展中国家开始发展自己的民族制造业，逐步完成本国的工业化过程，最终使本国与发达国家在国际分工中取得平等的地位。第二次世界大战后的世界经济表明，有一部分发展中国家在实行工业化过程中取得了成功，如韩国、墨西哥、巴西等，所以有人把它们称为“新兴工业化国家”。但是从总体上看，广大亚、非、拉发展中国家尚未完成工业化过程。

4. 第二次世界大战后参加国际分工的国家的经济所有制形式呈现多样化

在第二次世界大战以前，虽然已有一个社会主义国家——苏联，但当时的苏联基本上没有参加国际分工。第二次世界大战之后，出现了一批社会主义国家。为了发展生产力，这些社会主义国家也参加了国际分工，只是在开始的时候社会主义国家主要是在彼此之间开展分工。我国改革开放后，广泛而深入地参加国际分工，使我国的社会主义建设事业获得前所未有的高速发展。事实表明，社会主义国家，特别是像中国这样幅员辽阔、人口众多的大国，在维护本国独立、主权的前提下可以积极地参加国际分工，并从这种国际分工中获得自己的利益。国际分工并不一定出现一方得益、另一方受损的情况，也有可能出现各方都得益的“多赢”的格局。

三、世界市场形成的特点和标志

（一）世界市场形成的特点

18 世纪 60 年代在英国开始的产业革命，标志着资本主义生产方式的胜利。产业资本取代了商业资本的地位，开始在世界市场上占据统治地位。世界市场的发展进入了一个新的时期。

(1)大机器工业只有在经常扩大生产，夺取新市场的条件下才能生存。这种扩大再生产的压力驱使资产阶级超越已有的市场范围去寻找新市场。生产技术和工艺的发展与进步意味着需要更大的市场来容纳新的生产力。事实表明，19 世纪资本主义国家每一次新的工业快速增长都是与国外新市场的开辟，即世界市场的扩大同时发生的。

(2)机器大工业既需要不断扩大的世界销售市场，也需要不断扩大其原材料的供应来源。机器大工业成为吸纳各种农产品和矿产品原料的巨大市场。英国等国家产业革命以后工业迅速发展，使它们越来越多地到世界市场，特别是到殖民地、半殖民地购买生产所需的原材料。这样，资本主义机器大工业把越来越多的原料来源卷入世界市场中。

(3)出现了许多大工业中心城市。产业革命以后，工厂规模和数量的扩大使人口不断向城市集中，在发达资本主义国家形成了许多大工业中心城市。这些工业中心城市所需的大量食品及其他消费品，已不可能单靠国内生产来供应，因而需要不断从世界市场去采购输入。

(4)社会生产力的快速增长，加快了人们对荒芜原野的开发。19 世纪国际移民运动有了极大的发展，数以百万计的欧洲移民到了北美、大洋洲及其他地方。中国、印度等国的大批劳动力也以各种形式移往世界各地。这种国际劳动力市场的发展，无疑促进了世界各国之间的贸易规模不断扩大。

(5)机器大工业为加强国内各地之间以及国际上的经济联系所需的交通运输工具提供了物质技术基础。大工业需要对大量原材料及产品作远距离的运输。蒸汽机的发明和应用，推动了铁路的大发展，轮船取代了帆船；电报的发明极大地便利了世界市场各部分之间的联系。商品的生产和交换越来越具有世界规模，世界各国之间的经济联系以及它们之间的相互依赖程度都加强了。

(二)世界市场形成的标志

(1)帝国主义列强已把世界瓜分完毕。20 世纪初，全球任何一个国家或地区都已处在资本主义生产关系的支配之下。欧洲一些国家和美国在 19 世纪中期开始的新科技革命中迅速地发展了自己的生产力，使它们的生产力水平开始接近最早实现工业化的英国。到 19 世纪末、20 世纪初，美国、德国的经济实力已超过英国。这些发达资本主义国家进入垄断阶段以后，加强了资本输出。为了保证本国产品的销售市场和原料产地，帝国主义纷纷掠夺殖民地，在世界上划分势力范围。到 20 世纪初，世界上已没有什么国家和地区可以脱离世界市场去进行经济活动了。

(2)多边贸易、多边支付体系的形成。19 世纪末，随着国际分工的发展，西欧大陆各国和美国等发达资本主义国家从不发达国家和地区进口农产品和原材料越来越多，而不发达国家和地区从西欧大陆和北美进口的数量则相对较少，因而欧洲大陆的工业国和美国对不发达国家有大量的贸易赤字。与此同时，英国因实行自由贸易政策，从西欧大陆工业国和美国输入的工农业产品持续增长，出现了英国对这些新兴工业化国家的贸易赤字。当时世界上不发达国家和地区进口的工业品，很大部分来自英国，因此又存在着不发达国家和地区对英国贸易的赤字。这样就出现了对多边支付的需求。英国需要用其对不发达国家的贸易顺差来弥补对西欧大陆和美国的贸易逆差；不发达国家和地区需要用它们对西欧大陆工业国和美国的贸易顺差来弥补其对英国贸易的逆差；西欧大陆工业国和美国则需要用它们对英国的贸易顺差，来弥补对不发达国家和地区的贸易逆差。由于英国作为一个老牌资本主义国家在海外拥有大量的投资收入需要汇回，它的航运业、银行业、保险业每年也从世界各地赚得大量收入，这就使当时的英国成为世界多边贸易、多边支付体系的中心，伦敦因此成为国际金融中心。这使得国际贸易参加国都可以在伦敦完成国际上债权和债务的清偿，有助于资本输出和国际资金流动。

(3)国际金本位制度的建立与世界货币的形成。世界市场与世界货币是密切相关的，两者相互促进、相辅相成。所谓世界货币，是指在世界各国都能通用的、担任一般等价物的商品，它为参加世界市场的人们所接受。早期的世界货币是黄金和白银并用，是一种复本位制。1816 年，英国过渡到单一的金本位制，但国际金本位制的建立则是在 1873—1897 年间的事。当时欧洲许多国家和美国、日本等主要资本主义国家纷纷放弃复本位制而采用单一的金本位制。到 20 世纪初，世界上大多数国家实行了金本位制。国际金本位制的好处在于：①它使世界市场上各国货币价值的相互比较有了一个尺度，并使各国货币之间的汇率保持稳定。②它给世界市场上各国的商品价格提供了一个互相比较的尺度，使人们很容易把商品价格从用一种货币表示转换为用另一种货币表示，有利于把各国的价格结构联系在一起。国际金本位货币制度的建立，使当时的多边支付体系顺利发挥了作用，是世界市场机制的重要组成部分。

(4)各国共同受世界市场行情变化的影响。在 19 世纪末、20 世纪初，世界上已形成了许多大型的商品交易所，不少地方举办的博览会把世界各地的客商及产品汇集到一起。这一切都使世界各地的同类产品的价格有趋于一致的倾向，形成了许多产品的世界市场行情。这有利于航运、保险、银行及各种机构的健全，以及交通设施和运输工具的进一步完善。并且，人们通过长期的实践，已在世界市场上大体形成了一整套有利于各国贸易往来的规则和惯例，这保障了国际贸易的顺利进行。这一切都使世界市场的各个部分紧密结合在一起，各国的进出口贸易，无不受到世界市场行情变化的影响。

四、当代世界市场的构成

（一）国家和地区

按照经济发展类型，参加世界市场活动的国家和地区可分为三个主要类别：发达国家、发展中国家、经济转型国家。按照主要出口商品的类别，发展中国家又可分为三个类型，即主要石油出口国家、主要制成品出口国家、其他国家和地区。按照主要特征，发展中国家又可分为最不发达国家、内陆国家和沉重负债的国家。由于发达国家占有国际货物贸易、服务贸易和要素流动的绝大部分比重，它们成为世界市场的主体，在世界市场上起着主导作用。

（二）订约人

当代世界市场的订约人既有以追求商业利润为目的而进行经济活动的企业，也有为促进私营企业扩大出口而建立并代表企业家集团利益的企业主联合会，还有经政府授权进行外贸活动的国家机关和机构。活动目的和性质互不相同的三类订约人在世界市场上组成国家间商品和服务交换的主体。

（三）商品

当代世界市场上交换的商品主要包括货物和服务。货物贸易主要包括三大类产品，即初级产品、制成品和其他产品。服务贸易按《服务贸易总协定》规定，由十二大类构成，即商业服务、通信、建筑及相关工程、销售、教育、环境、金融、健康、社会旅游及相关服务、文化娱乐体育、运输、其他。当代世界市场上的商品中制成品比重不断上升，初级产品比重不断下降，无形商品和服务性商品贸易迅速增加。

（四）商品市场

从世界商品市场特征来看，既有开放性市场，也有垄断性市场。从组织形式来看，既有有固定组织形式的国际商品市场，也有无固定组织形式的国际商品市场。前者包括商品交易所、国际商品拍卖中心、国际博览会和展销会、国际贸易中心等，后者包括补偿贸易、加工贸易、招标与投标、租赁贸易等。

（五）商品销售渠道构成

销售渠道是指商品从生产者到消费者手中所经过的路线。世界市场上的销售渠道通常由三部分构成：一是出口国的销售渠道，包括生产企业或贸易企业；二是出口国与进口国之间的销售渠道，包括贸易双方的中间商；三是进口国国内的销售渠道，包括经销商、批发商和零售商。

（六）运输网络

运输网络由铁路运输网、公路运输网、海运运输网、管道运输网、航空运输网等组成。在国际贸易运输中，海运运输占第一位，铁路运输占第二位。

（七）信息网络

信息网络是世界市场的中枢，它是由国际电话、电报、电传、电视、广播、报刊、通信卫星系统、计算机互联网络组成的。2023 年世界互联网大会乌镇峰会开幕，中国网络空间研究院发布了《世界互联网发展报告 2023》，报告选取五大洲具有代表性的 52 个国家，对其互联网发展情况的各项指标进行分析计算，综合指数显示，美国和中国的互联网发展水平仍处于领先地位，位列世界第一、第二；新加坡、荷兰、芬兰、瑞典等国家排名靠前；欧洲国家互联网发展实力普遍较强；中亚和非洲地区仍有较大提升空间。

五、世界市场的作用

(一)促进资源优化配置

世界市场使得不同国家和地区能够充分利用自身优势资源,通过国际分工和国际贸易,实现资源优化配置。例如,一些国家拥有丰富的自然资源,可以通过出口这些资源获取收益;一些国家擅长高科技产品的研发和生产,可以通过出口这些产品获取高额利润。这种优势互补的方式有助于提高全球整体经济效益。

(二)推动技术创新和产业升级

世界市场对于技术创新和产业升级有着积极的推动作用。为了在全球市场中获得竞争优势,各国和企业需要不断进行技术创新和产业升级,提高产品质量和服务水平。这不仅可以满足消费者的需求,而且有助于提升自身的竞争力。

(三)促进经济发展和繁荣

世界市场为各国提供了一个广阔的市场空间,有利于促进各国的经济发展和繁荣。通过参与国际贸易,各国可以增加出口,获取外汇收入,从而刺激国内经济发展。此外,世界市场还可以吸引外资流入,促进投资和就业,提高人民生活水平。

(四)促进国际关系的发展

世界市场是各国之间经济联系的重要纽带,也是国际关系发展的重要基础。通过参与世界市场,各国可以加深彼此的经济联系,增进相互的理解和信任,从而有利于推动国际关系的发展。同时,世界市场也为解决国际争端和问题提供了重要的平台和途径。

六、当代世界市场的特征

(一)世界市场容量迅速扩大

科技革命蓬勃发展,社会生产力持续提高,国际分工进一步向纵深发展,使得世界市场的容量迅速扩大。这主要表现为世界市场地理范围和联系内容的扩大,以及国际贸易额、国际贸易量和贸易商品种类的增加。

(二)世界市场的垄断性不断加强

各国政府对国外市场的干预不断加强,使世界市场的垄断性呈增强之势。各国政府通过与他国组建区域经济集团控制市场;通过跨国公司进行大规模资本输出,绕过他国贸易壁垒,从内部控制市场;通过制定奖出限入的对外贸易政策和对外援助争夺市场。

(三)世界市场的竞争日益加剧

世界市场由卖方市场转向买方市场,垄断性不断加强,使世界市场上的竞争性更为激烈。为了争夺世界市场,各国在设置关税壁垒的同时,竞相采取各种各样的非关税壁垒措施限制进口、扩大出口。在竞争手段上,由价格竞争向价格竞争与非价格竞争并举发展。

(四)世界市场的国际协调与管理逐步发展

各国一方面采取各种国内政策和对外贸易政策手段来干预和影响世界市场,另一方面又通过缔结政府间协定、一体化和国际经济组织政府首脑定期会谈等形式对世界商品、资本、劳务市场进行协调和管理。

(五)世界市场的投机日益加剧

世界市场上大多数商品在多数时间里处于相对过剩状态,但同时存在着结构性的商品供给不足。这种状况虽然为各国企业进入世界市场提供了机遇,却又促成了国际投机的加剧和价格的波动。

学中做 2-1　　用好两个市场两种资源 促进国内国际双循环

中国的发展与世界密不可分。党的二十大报告提出，坚持高水平对外开放，加快构建以国内大循环为主体、国内国际双循环相互促进的新发展格局。习近平总书记强调，“中国开放的大门不会关闭，只会越开越大。以国内大循环为主体，绝不是关起门来封闭运行，而是通过发挥内需潜力，使国内市场和国际市场更好联通，更好利用国际国内两个市场、两种资源”。这为我们有效统筹国内国际两个大局，持续增强国内国际两个市场、两种资源联动效应，加快构建新发展格局，提供了根本遵循。

分析提示

学中做2-1

请问：你是如何理解两个市场两种资源的基本内涵的？充分认识用好两个市场两种资源的重要意义是什么？

任务三　国际价值和国际价格

一、国际价值的概念与形成

任何商品都具有价值和使用价值。商品的价值是人类凝结在商品中的一般抽象劳动。资本主义商品生产是建立在大工业基础上的，此后，分工发展为国际分工，市场发展为世界市场，货币发展为世界货币，商品交换发展为世界性的交换。这样，社会劳动便获得了全面的发展，它不仅作为个别国家的劳动，而且被看作世界劳动的一部分，同样，商品的价值也具有国际性质，即具有了国际价值。

国际价值是指在世界经济现有条件下，按照世界平均劳动强度和熟练程度生产某种使用价值所需要的劳动时间。商品的国际价值是在国别价值的基础上形成的。在国内市场上，商品按国别价值进行交换，国别价值是一国范围内的社会价值。它是由该国生产商品时消耗的社会必要劳动时间决定的。社会必要劳动时间是在现存的社会正常的生产条件下，在社会平均劳动熟练程度和劳动强度下制造某种使用价值所需要的劳动时间。由于各国经济发展程度不同，平均劳动熟练程度和劳动强度不同，所以生产商品所耗费的社会必要劳动时间也不同。因此，在世界市场上，各国之间的商品交换不能按照各自的国内价值为基础，而应以生产该商品的国际价值为基础。

二、影响国际价值量的因素

（一）劳动生产率

国际价值量随着国际社会必要劳动时间的变化而变动。国际社会必要劳动时间是随着世界各国的社会必要劳动时间变化而变动的。各国生产商品的社会必要劳动时间是随着劳动生产率的改变而改变的。劳动生产率越高，单位时间内生产的商品越多，则生产单位商品所需要的社会必要劳动时间便越少，单位商品的价值量便越小；反之，劳动生产率越低，单位时间内生产的商品越少，则生产单位商品所需要的社会必要劳动时间便越多，单位商品的价值量便越大。

（二）劳动强度

劳动强度是指劳动的紧张程度，也就是指同一时间内劳动力消耗的程度。一般来说，劳动强度越大，商品价值量越高。

（三）贸易参加国的贸易量

国际社会必要劳动时间的形成与参加国际贸易国家的贸易量有密切关系，即国际价值是由产生绝大多数国际贸易量的那部分商品来调节的。

（四）劳动者的知识水平和劳动过程、对象的知识含量

单位时间内同等复杂劳动创造的价值量往往是简单劳动创造出的价值量的几倍甚至几十倍，劳动中的知识含量则是复杂劳动的体现。劳动过程需要越多的知识含量，生产出的产品价值量就越高。

三、影响国际市场价格的主要因素

（一）供求关系

供求关系是引起国际市场价格发生变动的直接原因。当供给大于需求时，价格会下跌；反之，价格会上涨。

（二）国际市场上的竞争

在国际市场上，竞争规律发生着作用，影响着价格走势。如各国卖主之间的竞争、买主之间的竞争、买主与卖主之间的竞争、替代品与被替代品之间的竞争等。

（三）垄断

垄断对国际市场价格的影响取决于多种因素。首先，取决于对市场的垄断程度（表现为生产和贸易的集中程度）。生产企业越少、规模越大，越容易产生垄断。其次，取决于进入该行业市场障碍的大小。技术和资金越密集的行业，越容易产生垄断。最后，取决于该产品是否由大型跨国公司生产。大型跨国公司可以在全球范围内销售，从而影响国际市场价格的变动。

（四）经济周期的变化

世界经济的发展具有周期性，每个周期大体包括危机、萧条、复苏、高涨四个阶段。这种周期性的变动制约着供求状况的变动，从而影响市场价格的变化。如在危机阶段，大批商品积压，价格下降；而在高涨阶段，需求急剧增加，使商品出现暂时的短缺，此时的价格出现上涨的态势。原料性产品的价格对经济周期的反应更加敏感。

（五）政府干预

政府干预价格的措施，如关税政策、进出口管制政策、外汇管制政策、货币政策等，都在不同程度上影响着国际市场价格的走向。

（六）非经济因素的出现

如自然灾害、局部战争、政治动乱、季节性投机等因素会改变市场的供求关系，从而对国际市场价格产生一定的影响。

四、国际市场价格的种类

国际市场价格根据其形成状态可分为：世界“自由市场”价格和世界“封闭市场”价格。前者是由不受垄断等因素的干扰、由独立经营的买卖双方进行交易达成的价格；后者是买卖双方在一定的特殊关系下形成的价格，它包括跨国公司为避税等原因制定的调拨价格、垄断组织采取的垄断价格、区域性经济贸易集团内部制定的价格和国际商品协定下的协定价格。

（一）世界“自由市场”价格

世界“自由市场”价格是指在国际上不受垄断或国家垄断力量干扰的条件下，由独立经营的买者与卖者之间进行交易的价格。国际供求关系是这种价格形成的客观基础。

“自由市场”是由较多的买主和卖主集中在固定的地点，按一定的规则，在规定的时间进行的交易。尽管这种市场也会受到国际垄断和国家干预的影响，但是，由于商品价格在这里是通过买卖双方公开竞争而形成的。所以，它常常较客观地反映了商品供求关系的变化。在联合国贸易发展会议所发表的统计中，把美国谷物交易所的小麦价格、玉米（阿根廷）的英国到岸价格、大米（泰国）的

曼谷离岸价格、咖啡的纽约港交货价格等36种初级产品的价格列为世界“自由市场”价格。

（二）世界“封闭市场”价格

世界“封闭市场”价格是买卖双方在一定的约束关系下形成的价格。商品在国际上的供求关系，一般对它不会产生实质性的影响。世界“封闭市场”价格一般包括以下几种：

（1）调拨价格。调拨价格又称转移价格，是指跨国公司为了最大限度地减轻税负，逃避东道国的外汇管制等目的，在公司内部规定的购买商品的价格。

（2）垄断价格。垄断价格是指国际垄断组织利用其经济力量和市场控制力量决定的价格。在世界市场上，国际垄断价格有两种：一种是卖方垄断价格；另一种是买方垄断价格。前者是高于商品的国际价值的价格；后者是低于商品的国际价值的价格。在两种垄断价格下，均可取得垄断超额利润。垄断价格的上限取决于世界市场对国际垄断组织所销售的商品的需求量，下限取决于生产费用加国际垄断组织所在国的平均利润。由于垄断并不排除竞争，故垄断价格也有一个客观规定的界限。

此外，在世界市场上，由于各国政府通过各种途径对价格进行干预，所以出现了国家垄断价格或管理价格。

（3）区域性经济贸易集团内的价格。第二次世界大战后，成立了许多区域性的经济贸易集团。在这些经济贸易集团内部，形成了区域性经济贸易集团内的价格，如欧洲经济共同体的共同农业政策中的共同价格。共同农产品价格的主要内容是：①共同体内部农产品实行自由贸易；②对许多农产品实行统一价格来支持农场主的收入；③通过规定最低的进口价格来保证农产品价格稳定，并对内部生产提供一定优惠幅度；④征收进口差价税以保证最低价格的实施；⑤以最低价格进行农产品支持性采购；⑥对过剩农产品采用补贴出口和加速国内消费。

（4）国际商品协定下的协定价格。国际商品协定通常采用最低价格和最高价格等办法来稳定商品价格。当有关商品价格降到最低价格以下时，会减少出口，或用缓冲基金收购商品；当市价超过最高价格时，则扩大出口或抛售缓冲存货。

视野拓展2—1　　划拨价格

划拨价格也称转移价格，是跨国公司的内部定价策略，是其总公司与海外子公司之间在销售商品时的排他性的内部价格，根据子公司在进驻国和母公司本部所在国的具体环境来制定。跨国公司通过将各种名目的费用（零部件价格、设备厂房折旧、知识产权使用费、贷款利息、代理费、管理费、保险费）列入划拨价格之内，来调整母公司与子公司间的经营成本，转移利润；人为地控制进出口价格，利用不同国家和地区的税差达到避税的目的，从而降低成本，增加利润，使整个公司在价格竞争中占据优势，击败对手，占领市场。划拨价格是跨国公司为了达到全球战略目标而人为确定的国际贸易价格，它不仅与生产价格相背离，而且不受国际市场价格的影响，从而达到利润最大化的目的。

应知考核

一、单项选择题

1. 经济发展水平不同的国家之间进行的国际分工是（　　）。

A. 替代型国际分工　　B. 混合型国际分工

C. 水平型国际分工　　D. 垂直型国际分工

2. 统一的世界市场形成于（　　）。

A. 地理大发现时期
B. 18 世纪 60 年代至 19 世纪中叶
C. 19 世纪末、20 世纪初
D. 第二次世界大战后

3. 国际分工形成于（　　）。
A. 15 世纪末到 16 世纪上半叶
B. 18 世纪产业革命
C. 19 世纪末垄断资本主义
D. 第二次世界大战后

4. 可以对国际分工起到延缓或推动双重作用的是（　　）。
A. 上层建筑　B. 资本流动　C. 社会生产力　D. 社会制度

5. 下列不属于第二次世界大战后国际分工新变化的是（　　）。
A. 发达国家之间的国际分工在现代国际分工中居主导地位
B. 工业部门内部分工的出现
C. 参与国际分工国家的经济所有制形式呈多样化
D. 发达国家与发展中国家的分工有了变化，传统的水平分工开始强化

6. 自然条件为国际分工提供了（　　）。
A. 可能性
B. 现实性
C. 可能性和现实性
D. 两者皆不提供

7. 在世界市场供求规律的支配下，通过买卖双方公开竞争而形成的商品价格是一种（　　）。
A. 自由市场价格
B. 封闭市场价格
C. 调拨价格
D. 垄断价格

8. 买卖双方在一定约束下形成的价格是（　　）。
A. 自由市场价格
B. 封闭市场价格
C. 供求决定价格
D. 竞争价格

9. 国际分工形成和发展的决定性因素是（　　）。
A. 自然条件　B. 社会生产力　C. 资本流动　D. 上层建筑

10. 在国际分工格局中，居于主导地位的是（　　）。
A. 工业国与工业国间的分工
B. 工业制成品生产国与初级产品生产国间的分工
C. 农业国与农业国间的分工
D. 纺织国与纺织国间的分工

二、多项选择题

1. 按照参加分工各国的经济发展水平来分，国际分工可分为（　　）。
A. 产业内国际分工
B. 产业间国际分工
C. 垂直型国际分工
D. 水平型国际分工

2. 第二次世界大战后，国际贸易商品结构发生变化表现为（　　）。
A. 发展中国家出口工业制成品所占比重不断下降
B. 发展中国家出口初级产品所占比重不断下降
C. 工业制成品在世界贸易中所占比重超过初级产品
D. 中间性机械产品的比重提高

3. 影响国际分工的因素有（　　）。
A. 社会生产力是国际分工形成和发展的决定性因素
B. 自然条件对国际分工具有重要的影响

C. 人口、劳动力规模和市场制约着国际分工的发展

D. 上层建筑可以推进和延缓国际分工的形成与发展

4. 世界市场的特征是(　　)。

A. 世界市场容量迅速扩大，成为统一的、开放的和高速发展的市场

B. 世界市场的垄断性不断加强

C. 世界市场的竞争日益加剧

D. 世界市场的国际协调与管理逐步发展

5. 世界"封闭市场"价格一般包括(　　)。

A. 调拨价格　　B. 垄断价格

C. 区域性经济贸易集团内部制定的价格　　D. 国际商品协定下的协定价格

三、简述题

1. 简述影响国际分工形成与发展的因素。

2. 简述国际分工对国际贸易的影响。

3. 简述世界市场形成的特点。

4. 简述影响国际价值的因素。

5. 简述影响国际市场价格的主要因素。

应会考核

■ 观念应用

【背景资料】

从全国"两会"看"机遇中国"

2024 年"两会"期间，国际社会再次聚焦中国，观察政策走向和行动方案，了解全过程人民民主，感受经济高质量发展脉搏，探究中国与各国合作机遇，期待中国为世界注入更多稳定性和确定性。从国际舆论反应看，经济引擎、科技创新、能源转型、共建"一带一路"和对外开放等领域的"机遇中国"声音更集中、反响更热烈，对中国与世界未来发展的影响也更加突出。经济机遇：中国经济是全球经济复苏的重要引擎。2024 年《政府工作报告》提出的 5%左右的年度 GDP 增长目标，释放出积极信号，传递了发展信心，让外界感知到即使内部外部环境依然困难，但是中国消费市场规模庞大、供应链基础设施先进、创新能力日益强大，中国将持续成为跨国企业最重要的市场之一。

2023 年我国以 5.2%的经济增速在世界主要经济体中名列前茅，对世界经济增长的贡献率有望超过 30%，是世界经济增长的最大引擎。中国经济为世界经济带来难得稳定性。作为全球第二大经济体，中国经济已经形成了长期向好的基本面。

资料来源：孙明、张昱："国际舆论从全国两会看'机遇中国'"，新华网，2024 年 3 月 9 日。

【考核要求】

请分析：世界各国共享中国发展机遇，中国的发展离不开世界，世界的繁荣也需要中国。

■ 技能应用

中国参与国际分工的多层次战略

"入世"以来，中国通过广泛参与全球化生产获得经济发展的机遇，同时也面临了更多的发展难

题，如何提高对外开放的水平，如何从更高层次上参与国际分工，实现国家利益的最大化，如何把握21世纪全球产业转移的新趋势，利用集聚在中国的各种要素，如何在全球生产中培育中国的国家竞争要素，实现自主创新，这都要求我们必须改变长期以来单纯依赖廉价劳动力低水平地参与全球生产的旧方式，实行多层次、全方位参与国际分工的新战略。

中国是世界上最大的发展中国家，其经济发展模式和发展基础都具有与其他发展中国家不同的独特性。目前中国生产力发展水平具有多层次性，与大多数发展中国家相比，中国在基础产业和技术密集型产业领域已形成较强的经济基础，在某些高科技领域也取得了比较先进的国际地位，世界要素向中国市场集聚，中国国内要素条件发生深刻变化。因此与之相适应地，所谓中国多层次参与国际分工的发展战略，就是要变被动地参与全球化为主动地参与全球化，既要继续保持在制造业上的国际比较优势，充分利用本国富余劳动力的优势，加快对外资的消化吸收和利用，并紧密抓住国际产业转移的新动向；同时又要在关系国民经济命脉和国家经济安全关键性的技术密集型产业上，加大自主创新和二次创新的能力，培育要素的核心竞争能力，实现国际分工地位的提升。

【技能要求】

请结合本项目的内容，分析中国参与国际分工多层次的策略。

■ 案例分析

为什么要发展新质生产力？

2023年9月，习近平总书记在考察黑龙江省期间提出了“新质生产力”这一具有深刻理论内涵和重要现实意义的全新理念。新质生产力是把马克思主义政治经济学基本原理同中国发展实际和时代特征相结合的最新理论创新成果，进一步丰富和发展了马克思主义生产力理论。

新质生产力的竞争力是国际产业链分工话语权的体现。从世界历史来看，每一次科技革命中，积极发展相关产业并掌握先进技术的国家都获得了巨大的话语权，成为国际分工的领头羊。掌握了新质生产力的经济体能够在国际分工中获取更有利的位置，从而决定着全球价值链中资源、资本和信息的流动方式，进而塑造全球产业结构和国际经济关系。发展新质生产力不仅能够提供技术创新、产业升级的动力源泉，而且有助于提升我国相关国际经济规则制定与协商的话语权。

资料来源：盖凯程、韩文龙：《新质生产力》，中国社会科学出版社2024年版。

【分析要求】

请分析：你是如何理解新质生产力这一概念的？阐述发展新质生产力是建设现代化强国的关键所在和提升国际竞争力的重要支撑这一科学论断的现实意义。

项目实训

【实训项目】

国际分工。

【实训情境】

● 目标。在实践中了解国际分工的理论，根据国际分工理论分析国际贸易活动的规律。

● 内容。查资料：http://www.ccpit.org.cn，分析为什么某企业的产品可以出口。

● 时间。在讲完本项目内容之后，选择周末休息日或节假日进行。

【实训任务】

1. 任务要求

(1)将班级学生根据调研的需要分成若干小组，每组确定正、副组长各1人。

(2)各组写出调研报告。

(3)各组在班级交流、讨论,进行专题发言。

2.撰写《国际分工》实训报告。

《国际分工》实训报告		
项目实训班级:	项目小组:	项目组成员:
实训时间: 年 月 日	实训地点:	实训成绩:
实训目的:		
实训步骤:		
实训结果:		
实训感言:		

项目三　国际贸易理论

● 知识目标

理解：重商主义理论的基本内容；绝对成本理论和比较成本理论的主要观点。

熟知：国际相互需求理论；早、晚期重商主义的异同。

掌握：生产要素禀赋理论；凯恩斯超贸易保护理论；国际贸易新理论。

● 技能目标

学生能够按照国际生产要素需求和现状合理开发国际商品市场，根据国际商品生产流向规律来从事国际贸易活动。

● 素质目标

学生能够从国际贸易产生的根本动因来把握国际交换的实质和背景，处理好国际经贸关系；能够利用自由贸易理论，冲破保护贸易障碍，参与国际市场竞争。

● 思政目标

引导学生树立科学发展观，激发学生参与创新，树立扎根行业的责任感和使命感，认识维护国家正当贸易利益的重要性；通过不同的国际贸易理论学说帮助学生形成全面、深入的国际视野，理解国际贸易的多样性和复杂性，培养对国家利益和全球责任的认识。

● 项目引例

中国制造业的竞争优势

党的二十大报告提出，高质量发展是全面建设社会主义现代化国家的首要任务。经济发展从高速增长阶段转向高质量发展阶段，这对产业发展提出了更高的要求。新发展格局以现代化产业体系为基础，构建自主可控的现代化产业体系，保证关键核心技术的安全可靠、保障产业链供应链的安全稳定，对于国民经济循环畅通、推动经济高质量发展有着重要意义。制造业作为我国发展的重要支柱产业，是立国之本、兴国之器、强国之基，是现代化产业体系的重要内容，也是经济增长的主要引擎；推动制造业高质量发展是建设现代化产业体系的关键所在，是实现经济高质量发展的重要依托，也是中国式现代化道路的必然选择。要充分认识新阶段下制造业发展所面临的问题与挑战，把握制造业高质量发展的内在逻辑，积极探索制造业高质量发展的可能路径，多措并举推动制造业高质量发展。

创新是引领发展的第一动力。现代经济增长理论的普遍共识,即一国经济体在经历了前期资本深化发展阶段之后,经济增长的唯一源泉就是全要素生产率(TFP)的提高,而提高全要素生产率的关键就是依靠科技创新技术进步。科技创新既是经济增长速度的源泉,又是结构转型升级的动能。制造业作为科技创新的主阵地,将提供未来中国式现代化的物质技术基础。近年来,随着生产要素价格变化,中国制造业发展中的传统成本优势在减弱。叠加外部复杂因素影响,部分无法适应的制造业企业开始谋求产业转移,这是新发展阶段中国制造业发展中面临的新问题。中国政府多年来一直致力于扶持制造业发展,努力降低各种生产要素成本上升的不利影响。

近年来,中美贸易摩擦与中国经济开放如影随形。在贸易摩擦中,我国外向型制造业企业首当其冲,尤其是出口导向型企业和劳动密集型企业。从行业分布来看,受影响较大的包括重工业、轻工业、高新技术行业、批发业等,相关企业的出口量和利润在短期内可能会受到影响。根据海关总署公布的数据,2023 年 1—7 月,我国对美国进出口总额累计同比下降 15.4%,其中出口下降 18.6%,可以说中美的"脱钩"对两国的贸易往来已经有非常明显的负面影响。而我国与欧盟和日本等的贸易额同样下降明显,2023 年 1—7 月,我国对日本贸易总额同比累计下降 12.0%,其中出口下降 6.8%,进口更是下降了 16.7%;对欧盟贸易总额累计同比下降 6.6%,其中出口下降 8.9%。

从传统发展模式看,中国制造业的竞争优势主要体现在三个方面,即规模优势、成本优势、后发优势。无论是从内部因素看还是从外部因素看,中国制造业发展的传统优势其绝对优势水平依然存在,但是相对领先优势从变化趋势上看是在逐步缩小的,未来中国制造业高质量发展阶段需要依靠技术制度等新要素禀赋形成新的比较优势。

资料来源:燕翔."中国制造业高质量发展:逻辑、路径、政策",《经济研究参考》,2023 年第 10 期。

● **引例讨论**

请分析:从规模优势、成本优势、后发优势三个视角分析中国制造业的竞争优势。

【课程思政】通过本项目的学习,深入理解国际贸易的经典理论与现实应用;引导学生加深对自由贸易理论、保护贸易理论和国际贸易新理论的认识,能够以开放、包容、合作的视角看待世界经济;注重国际贸易在促进国家发展、增进全球福祉中的重要作用,并激发学生为推动构建开放型世界经济贡献力量。

国际贸易政策是在国际贸易理论的指导下制定的。由于各个国家经济发展水平的差距比较大,生活在不同国度的经济学家们,往往站在本国经济发展的角度进行研究,从而产生了两种相反的国际贸易理论,即自由贸易理论和保护贸易理论。

● **知识支撑**

任务一 自由贸易理论

自由贸易理论认为,各国可以按照自然条件、比较利益和生产要素优劣状况,专心生产对其最有利和相对有利的产品,促成各国的专业化,国际分工可以带来巨大的贸易利益。

一、亚当·斯密的绝对成本理论

动漫视频

绝对优势

亚当·斯密(Adam Smith)是资产阶级古典经济学的主要奠基人之一,是英国著名的经济学家。亚当·斯密在他 1776 年出版的代表作《国民财富的性质和原因的研究》(简称《国富论》)中反对重商主义,要求自由放任,系统地提出了绝对成本说,因此成为自由贸易理论的倡导者。他从自由贸易思想出发,否定了重商主义贸易保护理论后,从其分工理论着手阐述了以地域分工为基础的绝对成本理论。绝对成本理论也称绝对优势理论(Theory of Absolute Advantage),是指在与世界各国的比较中,各国都专门生产其生产效率最高、花费劳动最少、成本最低的占绝对优势的产品,然后各国之间相互交换,大家都得益。

亚当·斯密认为,国际贸易发生的基础是地域分工,也就是根据各国最有利的资源条件,形成各国都只生产本国最有利的产品的自然分工。因为如果各国都根据对自己最有利的条件,生产劳动成本比别的国家绝对低的产品,那么每个国家所得到的劳动产品,都比过去"闭关"生产时多。所以他主张,只要外国产品比自己国内生产的便宜,就不应该自己来生产,而应从外国购买。他认为,实行地域分工以后,通过国际贸易各国皆可同时受益,利益来自各自发挥生产中的绝对优势使劳动生产率提高而增加的产品量,或者说绝对利益是产生国际贸易的原因。

下面用英国与法国生产生铁、小麦为例进行说明。每吨产品两国分别投入的劳动见表3—1。英国生产生铁每吨需要50个劳动日,比法国少50个劳动日,而生产小麦每吨比法国多50个劳动日,英国生产生铁具有绝对优势,应该分工生产生铁;相反,法国生产小麦的成本低于英国,生产生铁的成本高于英国,所以法国生产小麦具有绝对优势,应该分工生产小麦。

表3—1　　英国与法国生产中的绝对成本差异

	英、法两国分工前每吨产品投入劳动时间		英、法两国分工生产后产量		英、法两国交换后	
	生铁(天)	小麦(天)	生铁(吨)	小麦(吨)	生铁(吨)	小麦(吨)
英国	50	100	(50+100)÷50=3		3—1=2	1
法国	100	50		(50+100)÷50=3	1	3—1=2

从表3—1可见,英国分工生产生铁,即把生产小麦的劳动也用来生产生铁,共生产生铁3吨;同理,法国生产小麦,共生产3吨。可见分工生产后,投入的劳动总量没有变化,但两种产品的产量都各增加了1吨,这是分工给各自带来的利益。

从表3—1还可看出,分工生产并交换后,英国得到2吨生铁和1吨小麦,比分工前多得1吨生铁;法国得到2吨小麦和1吨生铁,比分工前多得1吨小麦。分工和交换后,两国都比以前获得了更多的利益。

绝对成本理论的基本前提是,参加交换的国家必须各自都有在生产方面占绝对优势的产品。但是,该理论不能回答这样的问题,即如果某国拿不出一种在生产上占绝对优势的产品,那么,它是采取保护贸易政策限制进口呢,还是采取不干涉政策,听任外国产品进口,以至于扼杀国内民族工业的萌芽和发展呢?斯密的绝对成本理论回答不了这样的问题。可见,绝对成本理论有其合理性的一面,也有其局限性的一面。

二、大卫·李嘉图的比较成本理论

动漫视频

比较优势理论

针对绝对成本理论不能回答的问题,大卫·李嘉图(David Ricardo)的比较成本理论(Theory of Comparative Cost)(后人称为"比较优势理论")作了回答。李嘉图的主要经济学代表作是1817年完成的《政治经济学及赋税原理》。他认为,只要各国从事生产本国生产条件有比较优势而不是有绝对优势、成本比较低廉的产品,与其他国家交换本国所需的、国内生产条件低劣、成本高的产品,同样可从中得到好处。按照"两优取重,两劣择轻"的原则进行国际分工与国际贸易,同样不仅会增加社会财富,而且交易双方也都能获得利益。李嘉图的比较成本理论继承和发展了斯密的自由贸易理论。现用英国和葡萄牙生产酒、呢绒为例来加以说明。

假定英国与葡萄牙两国同时生产酒和呢绒,其成本见表3—2。葡萄牙生产单位呢绒需要劳动时间 90 天，生产单位酒需要劳动时间 80 天，而英国则分别需要 100 天和 120 天。即使在这种情况下，两国仍能进行对双方都有利的贸易。葡萄牙与英国间呢绒和酒的成本比率分别是：90/100＝0.9，80/120＝0.67。

表 3—2　英国与葡萄牙生产中的比较成本差异

	英、葡两国分工前单位产品生产各自需要的劳动时间		英、葡两国分工后产量		英、葡两国交换后	
	呢绒	酒	呢绒	酒	呢绒	酒
葡萄牙	90 天	80 天		(80＋90)÷80＝2.125	1.1	2.125－1.1＝1.025
英国	100 天	120 天	(100＋120)÷100＝2.2		2.2－1.1＝1.1	1.1

对上述两项比率结果进行比较：葡萄牙生产酒的成本最低，优势较大，所以应该分工生产酒，以酒换英国的呢绒；相反，英国生产这两种产品成本均较高，都处于劣势，但对两种产品进行比较发现，呢绒的生产成本相对较低，所以应该分工生产呢绒，以呢绒交换葡萄牙的酒更有利。这样葡萄牙用 170 天(80＋90)的时间去生产酒，英国用 220 天(100＋120)的时间去生产呢绒，结果双方酒和呢绒的产量比分工之前都增加了。

如果将单位呢绒与单位酒在两国间进行交换，交换后，英国得到 1.1 单位的呢绒和 1.1 单位的酒；葡萄牙得到 1.1 单位的呢绒和 1.025 单位的酒。两国两种产品的数量都比分工之前增加了。可见，经过成本比较后分工生产对两国都有利。

比较成本理论在历史上曾起过进步作用，它为自由贸易政策提供了理论基础，推动了当时英国资本积累和生产力的发展。比较成本理论只提出国际分工的一个依据，未能揭示出国际分工形成和发展的主要原因。成本、自然条件等因素对国际分工的形成有一定的影响，但不是唯一的和根本的因素。实际上，生产力、科学技术、社会条件等都对国际分工有重要的影响。比较成本理论未能揭示出国际商品交换所依据的规律，即价值规律的国际内容。

做中学 3—1

A、B 两国每小时生产的产品见表 3—3。请问两国如何利用绝对成本理论和比较成本理论进行分工，分工后各自获得了多少贸易利益？

表 3—3　A、B 两国每小时生产的产品

	假设一		假设二	
	A 国	B 国	A 国	B 国
小麦(千克/小时)	8	2	4	1
布(尺/小时)	2	4	3	2

【分析提示】假设一：按绝对成本理论进行分工，见表 3—4。

表 3—4　A、B 两国生产中的绝对成本差异

	A、B 两国分工前每单位产品投入劳动时间		A、B 两国分工后产量		A、B 两国交换后	
	小麦(千克)	布(尺)	小麦(千克)	布(尺)	小麦(千克)	布(尺)
A 国	1/8	1/2	5		5－1＝4	1

续表

	A、B两国分工前每单位产品投入劳动时间		A、B两国分工后产量		A、B两国交换后	
	小麦(千克)	布(尺)	小麦(千克)	布(尺)	小麦(千克)	布(尺)
B国	1/2	1/4		3	1	3－1＝2

结论:分工后,A国同样劳动量多获得了3千克(4－1)小麦,B国同样劳动量多获得了1尺(2－1)布。

假设二:按比较成本理论进行分工,见表3－5。

表3－5　　A、B两国生产中的比较成本差异

	A、B两国分工前每单位产品投入劳动时间		A、B两国分工后产量		A、B两国交换后	
	小麦(千克)	布(尺)	小麦(千克)	布(尺)	小麦(千克)	布(尺)
A国	1/4	1/3	2.33		2.33－1.1＝1.23	1.1
B国	1	1/2		3	1.1	3－1.1＝1.9

结论:分工后,A国同样劳动量多获得了0.23千克(1.23－1)小麦、0.1尺(1.1－1)布;B国同样劳动量多获得了0.1千克(1.1－1)小麦、0.9尺(1.9－1)布。

学中做3－1

分析提示

学中做3-1

假设A国有120名劳动力,B国有50名劳动力,如果生产棉花的话,A国的人均产量是2吨,B国也是2吨;要是生产大米的话,A国的人均产量是10吨,B国则是16吨。

请分析:两国中哪一国拥有生产大米的绝对优势?哪一国拥有生产大米的比较优势?

三、约翰·穆勒的国际相互需求理论

约翰·穆勒(John Mill)是19世纪中叶英国一位很有影响力的经济学家。在国际贸易理论方面,约翰·穆勒承上启下,他继承了李嘉图的比较成本理论并做了重要的补充,对其做了深入的探讨和研究,并在国际商品交换的比率和各国对商品需要之间的数量关系方面,丰富、深化了比较成本理论,提出了相互需求原理(Theory of Reciprocal Demand)。

具体来说,穆勒承认按比较成本理论进行交换对各国都是有利的。但是,交换双方从交换中获得的利益是相互平分呢,还是一方获利更多呢?如果是一方获利较多,而另一方获利较少,这又是根据什么原则来确定的呢?这就是两国间商品交换的比率问题。

穆勒指出,在由比较成本决定的范围内,实际交换的比率值是由两国对商品的相互需求决定的。对另一国产品消费需求高的国家,交换比率的变化于己不利;反之,交换比率就会朝着有利于自己的方向变化。交换比率稳定了,两国的贸易也就达到了平衡。

相互需求理论说明商品的供求关系决定商品的价值,进口商品的价值不取决于产地的劳动消耗,而取决于当地为偿付进口需要而出口的商品数量。国际交换条件(交换比率)取决于国际需求方程式。

(一)国际交换比率以国内交换比率为界限

假设在英、德两国国内交换比率为:英国,10 码呢绒=15 码麻布;德国,10 码呢绒=20 码麻布。当两国开展贸易后,英国不愿以 10 码呢绒换回小于 15 码的麻布,德国也不愿为 10 码呢绒付出比 20 码更多的麻布。可见,两国能够接受的国际交换比率以两国的国内交换比率为界限,这个界限在 15~20 码麻布之间的任何一个数与 10 码呢绒之间波动。

(二)国际需求方程式

国际交换比率必须等于两国需求对方产品数量之比。假设,国际交换比率为 10∶17,进口需求麻布 17 码时,英国提供 10 码呢绒就可以成交。同样,德国出口 17 码麻布就能换回英国的 10 码呢绒。双方进出口价值平衡,此时双方交换的国际需求方程式为 10∶17。

假如其中一方需求发生变化,英国对麻布的需求减少,这时德国对呢绒的需求大于英国对麻布的需求,呢绒的价格上升。假定交换比率上升到 10∶18,德国因呢绒涨价,对呢绒的需求减少,英国因麻布跌价,对麻布的需求上涨。这时双方对产品的需求重新达到均衡,交换比率稳定在国际需求关系 10∶18 上。

【提示】在国际需求贸易中,国际交换比率越接近本国国内交换比率,对本国越不利;反之,越接近对方国内交换比率,对本国越有利。

四、赫克歇尔—俄林的生产要素禀赋理论

动漫视频

要素禀赋

赫克歇尔和俄林都是瑞典经济学家,1919 年,赫克歇尔在纪念经济学家戴维的文集中发表了题为“对外贸易对收入分配的影响”的著名论文,提出了要素禀赋论的基本论点,这些论点为俄林所接受,并在 1933 年出版的《地区间贸易与国际贸易》一书中提出了要素禀赋论也称“赫克歇尔—俄林理论”(可简称“H—O 理论”)。他们指出,传统的国际贸易理论,只是以分析劳动这个要素为出发点,这是很片面的。其实,在生产活动中,起作用的不仅仅是劳动这一个要素,资本、土地等也是同劳动一样重要的因素。因此,在国际贸易中,各国产品的成本、价格差异并不是取决于劳动支出这一个要素投入上的差异,而应取决于劳动、土地、资本、技术、管理等多种要素投入的综合效果。对于同一类产品,在各个不同的国家生产出来,各要素投入的比例是不可能相同的。先天的自然条件和后天的资本、技术和管理等因素构成“要素禀赋”,要素比例称为“要素密度”,各国应生产本国要素比较丰富的产品,即“要素密度”比较高的产品,然后相互进行交换,这样各国就都能得到好处。

俄林在其生产要素禀赋理论中,假定各个国家在生产商品时所使用的生产技术是一样的,因而排除了各国劳动生产率的差异。

(一)生产要素禀赋理论的三个主要结论

(1)每个地区或国家利用其相对丰富的生产要素(土地、劳动力、资本等)从事商品生产,就处于比较有利的地位;反之,则处于不利地位。

(2)区域贸易和国际贸易的直接原因是价格差别,即各个地区或国家之间商品价格不同。

(3)商品贸易一般趋向于(即使是部分地)消除工资、地租、利润等生产要素收益的国际差别。

(二)赫克歇尔—俄林理论的一些假定

(1)在各个区域或国家内部,生产要素是完全自由流动的,在区域和国家之间,它们是不能自由流动的。

(2)假定货物流通中的一切限制都不存在。

(3)假定只有商品贸易,贸易是平稳的,出口恰恰足以支付进口。

(4)假定生产要素是完全可以分割的,单位生产成本不随生产的增减而变化,因而没有规模经

济的利益。

(5)假定只有两个区域或两个国家。

(6)假定两国技术水平相同、生产函数相同。

(三)赫克歇尔—俄林理论要素比例说的基本内容

(1)价格的国际绝对差。俄林认为,各国所生产的同样产品的价格绝对差是国际贸易的直接基础或直接原因,即国际贸易之所以产生是由于价格的不同。当两国间的价格差别大于商品的各项运输费用时,则从价格较低的国家输出商品到价格较高的国家是有利的。

(2)成本的国际绝对差。俄林认为,价格的国际绝对差来自成本的国际绝对差。商品价格的国家之间的差别,主要是成本的差别。所以,成本的国际绝对差是国际贸易发生的第一个原因。

(3)不同的成本比例。俄林认为,国际贸易发生的第二个原因是在两国国内各种商品的成本比例不同。举例说明,假定只有两个国家、两种商品,成本比例如表 3—6 所示。

表 3—6 成本比例 单位:美元

	美国	英国
小麦	1	3
纺织品	2	1

从表 3—6 中可以看出,小麦和纺织品的成本比例,在美国为 1∶2,在英国为 3∶1。如果美国输出小麦、输入纺织品,英国输出纺织品、输入小麦,就建立了有利的贸易关系。

(4)相同的比例成本。俄林认为假如两国成本比例是相同的,则两国之间只能发生暂时的贸易关系,如表 3—7 所示。

表 3—7 成本比例 单位:美元

	美国	英国
小麦	1	2
纺织品	2	4

在这种情况下,只能是美国的小麦和纺织品都单方向英国输出。而英国没有任何产品可输出。因美国对英国贸易出超,英国入超,英国需大量买入美元来补偿,则美元汇价就会上升,英镑就会下降。美元汇价的上升意味着以英镑计价的美国商品价格的上涨,就会抑制美国的出口。在汇率达到一定水平时,双方的进口值恰好会等于出口值,这就建立了贸易平衡。但在两国成本比例相同时,两国间均衡汇价就会按美元(或英镑)计算,美国商品的单位成本完全等于英国的单位成本。因此,将不会再有贸易关系产生。比例中,美元汇价上涨一倍就会使两国两种商品的单位成本完全相等。由此,俄林认为比较成本差异是国际贸易的重要条件。

(5)生产要素的不同价格比例。为什么存在比较成本的差异即不同国家有不同的成本比例呢?不同的商品是由不同的生产要素组合生产出来的。由于各国的生产要素价格比例不同,就产生了成本比例的不同。那么,每种生产要素的价格是如何决定的呢?它们是由供给和需求所决定的。对一种要素的需求来自对其产品的需求。那么两国的生产要素的价格的不同比例关系,也就是两国诸生产要素的供给和需求存在着不同的比例关系。

(6)生产要素的不同供求比例。各国在生产要素的供给方面是不相同的,国际贸易就是建立在各个国家各种生产要素的多寡不同和价格高低不同的基础上。即使生产要素供给比例相同,对这些生产要素不同的需求也会产生生产要素不同的价格比例,从而为国际贸易提供一个基础。

(7)国际分工和国际贸易的基础和利益。俄林从价格的国际绝对差出发，分析了成本的国际绝对差，探讨了不同国家内不同的成本比例，进而探讨了生产要素的不同价格比例，最后分析了生产要素的不同供给需求比例。俄林认为，在这个链条中，供给比例是最重要的环节，但没有一个单一的环节是国际贸易最终的基础。各个环节之间的互相依赖关系决定了每一个国家的价格结构，而各个国家的价格结构决定了它们在国际分工和国际贸易体系中的比较利益，同时这也就构成了国际分工和国际贸易的基础。

国际分工和国际贸易最重要的利益是各国能更有效地利用各种生产要素。在国际分工条件下，各种生产要素的最有效利用将会比在闭关自守的情况下得到更多的社会总产品。俄林还认为国际生产要素不能充分流动使生产达不到理想结果，但是商品的流动在一定程度上可以弥补国际生产要素缺少流动性的不足，即通过国际贸易可以部分解决国际要素分配不均的缺陷。

（四）对赫克歇尔—俄林理论的评价

赫克歇尔—俄林理论进一步发展了国际分工学说。一方面，在各国参加国际分工、专业化生产的论述上，赫克歇尔—俄林理论比李嘉图的“比较利益理论”更为深入和全面。另一方面，该理论正确地指出了生产要素在各国对外贸易中的重要地位。在各国对外贸易竞争中，土地、劳动力、资本、技术等要素的结合起着重要的作用。

赫克歇尔—俄林理论也存在一定的缺陷。首先，赫克歇尔—俄林理论忽视国际分工和国际贸易发展的最重要的原因。其次，忽视科学技术的作用。技术革新、技术进步可以改变要素成本和比例，从而改变比较成本。最后，赫克歇尔—俄林理论与当代发达国家间贸易迅速发展的实际情况不符。按照该理论，国际贸易应发生在要素禀赋不同和需求格局相异的工业国家与初级产品生产国之间。但当代贸易的一个特点却是大量贸易发生在要素禀赋相似、需求格局接近的工业国之间，而发达国家同发展中国家间贸易发展却比较缓慢。

五、里昂惕夫的生产要素质量理论

（一）里昂惕夫之谜的产生

在 20 世纪 60 年代以前，要素禀赋论被西方学者普遍接受。20 世纪 50 年代初，美国著名经济学家瓦西里·里昂惕夫（Wassily Leontief）利用美国 1947 年的有关贸易数据对 H－O 模型进行了首次实证检验。按照赫克歇尔—俄林理论，1947 年的美国，由于资本要素相对丰富，劳动力要素相对缺乏，按理应该出口资本密集型商品、进口劳动密集型商品才对。但是，1947 年美国进口资本密集型商品大于该类商品的出口，而出口劳动密集型商品却大于该类商品的进口。里昂惕夫认为，美国之所以输入资本密集型产品、输出劳动密集型产品，实际上是因为美国的劳动力比资本更丰富。这是因为美国通过加强科学管理，对用工制度进行改革，重视对工人加强教育和培训，从而使美国工人的劳动生产率水平高出世界平均水平若干倍。如果把质量换算成数量，美国便成了劳动力资源丰富的国家。因此，在考察美国劳动力资源时，就不能简单地只看其绝对数量，而要重视考察其质量。

动漫视频

里昂惕夫之谜

里昂惕夫于 1951 年利用投入—产出分析方法对美国的贸易结构进行具体计算，目的是对赫—俄理论进行再次验证。他把生产要素分为资本和劳动两种，对 200 多种商品进行分析，然后选出具有代表性的出口商品和进口竞争商品，计算出每百万美元的出口商品和进口竞争商品所使用的资本和劳动量，从而得出美国出口商品和进口竞争商品中所含的资本和劳动的密集程度。结果显示，美国出口的是劳动密集型产品，进口的则是资本密集型产品。这个结果完全在里昂惕夫本人的意料之外。因为美国资本相对充裕，而劳动力相对稀缺，按传统的赫—俄理论，美国应该出口资本密集型产品、进口劳动密集型产品，而验证的结果正好相反。因此将这个不解之谜称为“里昂惕夫之谜”或“里昂惕夫反论”，并掀起了对赫—俄理论重新评价、验证和探讨里昂惕夫的热潮。美国出口商品和进口替代商品对国内资本和劳动的需求量如表 3—8 所示。

表 3—8 美国出口商品和进口替代商品对国内资本和劳动的需求量

项　目	1947 年		1951 年	
	出口	进口替代	出口	进口替代
资本(美元)	2 550 780	3 091 339	2 256 800	2 303 400
劳动(人/年)	182.313	170.004	173.91	167.81
资本劳动比率	13 991	18 184	12 977	1 372

从表 3—8 中可以看出，1947 年美国进口替代商品生产的资本劳动比率，即人均资本使用量与出口商品生产的人均资本使用量的比率为 1.30(18 184÷13 991)，这一数字说明美国出口商品的资本密集程度低于进口替代商品，或者说美国出口商品劳动密集程度高于进口替代商品。这个验证结果正好与里昂惕夫的初始逻辑相反，他认为美国是资本相对丰裕的国家，如果赫—俄理论是正确的，美国进口商品的资本密集程度就应该低于美国出口商品的资本密集程度。而验证结果不是这样，正如里昂惕夫所言，“美国参加国际分工是建立在劳动密集型生产专业化基础上，而不是建立在资本密集型生产专业化基础上的”。

(二)里昂惕夫之谜的不同解释

里昂惕夫之谜不仅促成了一些类似的研究工作，而且引起了经济学家们对“谜”作出不同的解释。归纳起来，对“谜”的产生主要有以下几种代表性的解释：

1. 劳动生产率的差异

里昂惕夫认为，世界各国的劳动生产率是不同的，美国工人的劳动生产率要远远高于其他国家的工人，1947 年美国工人的劳动生产率大约是其他国家的 3 倍。因此，在计算美国的工人人数时应将美国的实际工人数乘以 3，这样，按生产率计算的美国工人数与美国拥有的资本量之比，较之于其他国家，美国就成了劳动力丰裕而资本短缺的国家，所以它出口劳动密集型产品、进口资本密集型产品，与要素禀赋论揭示的内容是一致的。这种解释是行不通的，里昂惕夫后来自己也否定了这种解释。这是因为如果说美国的生产效率高于他国，那么资本的效率也应高于他国，这样，如果工人人数和资本量都同时乘以一个系数，美国的生产要素相对丰裕程度是不会改变的。

2. 人力资本的差异

人力资本是指所有能够提高劳动生产率的教育投资、工作培训、保健费用等开支。克拉维斯(J. B. Kravis)、基辛(D. B. Keesing)、凯能(P. B. Kenen)和鲍德温(R. E Baldwin)等经济学家用人力资本的差异来解释“谜”的产生。这些经济学家认为，里昂惕夫计算的资本只包括物质资本，而忽略了人力资本，若将人力资本部分加入有形资本中，将很明显地得出美国出口资本密集型产品、进口劳动密集型产品的结论，因为美国劳动比国外劳动包含更多的人力资本。他们还曾做过实际的估算和研究，成功地消除了“谜”。这是对里昂惕夫之谜较有说服力的一种解释。

3. 需求偏好论

需求偏好论认为，根据 H—O 模型，在消费偏好一致的前提下，一国的资源禀赋状况决定着一国的贸易结构。但如果两国的需求偏好差异超过其在要素禀赋上的差异，可能会抵消这一趋势。如果一国的丰裕生产要素所生产的产品吸引着国内需求极大地向这类产品倾斜，就会使这类原本数量很丰富的产品变得稀缺起来，进而引致这类产品由出口变为进口。例如，美国国内资本要素虽然很丰富，但如果国内的消费者对资本密集型产品有很高的需求，美国就有可能大量进口这类产品。但是，1957年豪萨克（Houthakler）对许多国家家庭消费模式的研究表明，对食物、服装、住房及其他商品的收入需求弹性在各国都很类似。因此，这种解释也不是非常有说服力。

4. 贸易壁垒的存在

赫克歇尔—俄林的结论是在自由贸易的假设下得出的，没有考虑到贸易壁垒的存在。但是在现实生活中，各国为了保护本国的利益而建立起各种贸易壁垒，人为地扭曲贸易条件，使得产品或要素的价格不能真实地反映出贸易的供需情况，从而造成与赫克歇尔—俄林相悖的贸易模式。克拉维斯在1954年的研究中发现，美国受贸易保护最严重的产业就是劳动密集型产业。关税或非关税的贸易壁垒刺激了国内该类型产品的生产，扭曲了正常的贸易模式，使得美国反而成了劳动密集型产品的出口国。这种推理对解释里昂惕夫之谜也有一定的帮助。

5. 自然因素的影响

赫克歇尔—俄林模型中只考虑了资本和劳动力两种投入要素，而忽略了自然资源要素对生产的影响。如果一种商品的生产需要投入大量的自然资源，那么我们就很难用资本密集型或劳动密集型来界定它。此外，自然资源要素与资本要素之间常常是互补的。一些研究表明，美国进口商品中，相当一部分是资源密集型商品，由于这些资源在美国供给短缺，因而在美国国内生产同类产品的资本投入比例较高。但对出口国而言，这些产品却是资本含量较低的资源密集型产品。因此，这也是用进口替代品估计进口品要素投入比例而产生的一个误差。鲍德温在用1958年的贸易数据进行的研究中，除去自然资源的产业后，美国进口/出口的资本劳动力比率从1.06降至0.88，从而在一定程度上解释了里昂夫之谜。

6. 要素密集度逆转

要素密集度逆转是指同一种产品在劳动力丰裕的国家是劳动密集型产品，而在资本丰裕的国家又是资本密集型产品。如果两种商品的替代弹性有较大差异，在要素相对价格发生变化时，就将产生要素密集度逆转的现象。如果要素密集度逆转发生，赫克歇尔—俄林的要素禀赋论就失效。实证研究表明，要素密集度逆转在现实世界中发生的概率很低，因而赫克歇尔—俄林模型仍具有很强的适用性。

7. 研究方法

20世纪80年代以来对里昂惕夫之谜的解释多集中在研究方法的突破上。利默尔（Leamer）在1980年和1984年发表的文章中提出，在一个多要素的世界中，我们应该比较生产和消费的资本与劳动力的比率，而不是进出口的资本与劳动力的比率。用这种方法对里昂惕夫1947年的数据进行研究，利默尔于1984年发现美国生产中的资本与劳动力的比率确实远远大于消费中的资本与劳动力的比率。这在某种程度上能够对里昂惕夫之谜进行解释。

（三）对里昂惕夫之谜的评价

里昂惕夫对要素禀赋论的检验具有重大的理论意义，推动了“二战“后国际贸易理论的新发展。他的投入—产出分析法对美国贸易结构的计算分析，开辟了用统计数据全面检验贸易理论的道路。里昂惕夫之谜是西方传统国际贸易理论发展的界碑。“谜”与要素禀赋论的矛盾是理论与实践的矛盾，“谜”的解释正是结合实际对要素禀赋论中严格的假设条件进行修正的过程。

概言之，里昂惕夫对赫克歇尔—俄林的生产要素禀赋理论既继承又发展，表现在赫克歇尔—俄林只注意对生产要素禀赋的数量考察，而里昂惕夫却在数量的基础上提出了要重视对生产要素禀赋质量的考察。在实践中，我们应把两者的理论结合起来应用。

任务二 贸易保护理论

由于国际贸易发展的不均衡、各国经济结构的差异，各国都趋向于保护本国市场，扩大出口市场，维护本国产业结构完整。贸易保护理论主要是指限制进口的措施和鼓励出口的政策。

一、重商主义的贸易保护理论

早期的重商主义或称货币差额论，代表人物是英国人威廉·斯塔福德(William Stafford)，提倡绝对禁止贵金属外流。当时施行重商主义的国家禁止货币出口，由国家垄断全部货币贸易，利用立法和行政措施，保证每笔贸易都实现顺差，绝对禁止金银外流。外国人来本国开展贸易时，必须将其销售所得货款全部用于购买本国货物。晚期重商主义也称贸易差额论，代表人物是英国的托马斯·孟(Thomas Mun)。其强调执行"奖出限入"政策，追求一国的贸易总顺差，把货币与商品联系起来，指出"货币产生贸易，贸易增多货币"。

具体来说，主要内容包括：①禁止若干国外商品尤其是奢侈品的进口，征收保护性进口关税。②对本国出口商品给予补贴，商品一旦出口，就把原征收税款退给出口商。③在殖民地经营独占贸易与海运，使殖民地成为本国制成品市场和本国原料的供应地。④英国的《航海法案》规定，一切输往英国的货物必须用英国船只载运或由原出口国船只装运。⑤英国的《职工法案》鼓励国外技工的移入，禁止优秀技工擅自离境。

重商主义的贸易保护论允许对个别国家有贸易逆差。例如，当时英国对东印度有贸易逆差，但东印度对欧洲有贸易顺差，英国控制了东印度的贸易，这样就保证了总顺差。

二、汉密尔顿的贸易保护理论

亚历山大·汉密尔顿(Alexander Hamilton)是美国贸易保护主义的创始人，在其任美国独立后的首任财政部部长期间，正值美国经济萧条、工业落后。汉密尔顿代表美国工业资产阶级的利益，极力主张贸易保护。他认为，制造业的发展对国家利益关系重大，可以促进社会分工、推动机器的使用、扩大就业、吸引移民、提供开创各种事业的机会等，因此政府应该以高额关税来限制进口，扶植本国制造工业的发展。

汉密尔顿的主张符合当时美国的实际需要，也符合参加国际贸易各国的实际情况，甚至今天，贸易保护政策仍然是国家管理国际贸易的一种重要手段。这一理论的提出，标志着自由贸易和贸易保护两大理论体系基本形成。

三、弗里德里希·李斯特的贸易保护理论

弗里德里希·李斯特(Friedrich List)是德国19世纪资产阶级经济学家、政治经济学历史学派的主要先驱者、贸易保护的倡导人。他将汉密尔顿的保护幼稚工业理论加以发扬，综合成为一个更为系统和完整的理论体系，而被后人推崇为贸易保护理论的鼻祖。其主要著作是《政治经济学的国民体系》(1841)，该书系统地阐述了他的贸易保护理论尤其是保护幼稚工业理论。他发展了汉密尔顿的贸易保护学说，建立了一套以生产力理论为基础、以保护关税为核心、为后进国家服务的贸易保护理论。李斯特是在与流行的英国古典学派的论战中提出自己的贸易保护理论的。

首先，李斯特认为普遍自由贸易理论是一种超国家、超民族的世界主义经济理论，它完全忽视了国家和民族利益的存在，而以所谓增进全人类的利益为出发点。但这种自由贸易理论只有利于英国而不利于其他国家，尤其是工业发展较为落后的国家。经济落后的国家应实行贸易保护制度，

使本国的经济赶上或者超过先进国家，这样才能使自由贸易成为可能，并从中获取利益。

其次，李斯特否定了英国古典学派的价值理论对经济落后国家的适用性，提出了生产力理论，并以此作为其贸易保护学说的理论基础。在李斯特看来，财富本身固然重要，但发展生产力更为重要。生产力是树之根，可以由此而结出财富的果实，结果子的树比果实本身价值更大，力量比财富更加重要，有了力量就可以获得一切，没有力量就会丧失一切。因此，一国在对外贸易中实行什么样的政策，首先必须考虑的是国内生产力的发展，而不是从交换中获得财富的多少。

最后，李斯特批判了古典经济学派所鼓吹的狭隘的本位主义和个人主义。他指出，认为私人利益与国家利益总是一致、国家不应对包括对外贸易活动在内的经济进行干预的看法是错误的。他认为，国家利益独立于私人利益之外，私人利益应服从国家利益。因而，国家为了自己的最高利益，必须对经济活动加以某种约束和限制。对国际贸易来说，就应该实行关税保护制度，限制进口。这种由国家进行的干预是指一国面对外国的激烈竞争，政府应限制某些商品的进口，改由国内来制造，以扶持和发展国内工业，而不是对个人如何使用资本的权力的干预。保护制度不是可有可无的，而是落后国家发展经济的一种十分必要的工具。古典经济学把私人利益同国家利益混为一谈，用以提倡自由贸易、反对任何贸易保护的做法，只能给落后国家的经济带来损害，并使其永远处在落后的地位。

李斯特认为，贸易保护政策只是一种手段，而不是目的。因此，一国是采取自由贸易政策还是采取贸易保护政策，要根据本国经济发展的不同情况而定。李斯特把各国的经济发展过程分为五个阶段：原始未开化阶段、畜牧业阶段、农业阶段、农工业阶段和农工商阶段。李斯特的观点是：在工业发展的初期，应当采取自由贸易政策。这样，在与先进国家进行的国际贸易中会刺激本国的经济发展和社会进步。但是，当经济发展已达到较富裕的程度，即已完全处于经济发展的第四个阶段时，为了保护国内工业的发展，避免国外竞争的激烈冲击，就必须实行坚决的贸易保护政策。而当一个国家进入农工商阶段以后，已经具备了对外自由竞争的能力，就应当实行自由贸易政策。因此，不能抽象地评价自由贸易与贸易保护的优劣，要具体分析它们对国家经济发展的作用。

李斯特对贸易保护的一些原则和措施作了以下说明：①贸易保护的目的是促进和保护国内工业的发展，主要是保护本国能发展起来的产业。对本国还发展不了的技术和机器不应加以限制，通过进口来促进国内工业的发展。②关税是保护国内工业的主要手段。③国内产业保护的重点主要是那些对国家独立和经济发展有重要意义的弱势工业。④贸易保护不应成为保护落后和低效率的工具。对于一定时期内(最多 30 年)进行了保护却仍然发展不起来的产业，国家应放弃保护。

综上所述，李斯特的贸易保护理论根本不是单纯保护本国工业品特别是落后工业品的国内市场，而是保护在本国具有独立发展能力的工业品的国内市场。在本国具有独立发展工业能力的条件下，一方面保护从国外引进的有助于发展本国生产力的工业品，另一方面适当限制外国工业品进入国内市场，保护本国新兴的生产力不被扼杀。这两个方面的配合是为了实现一个目标：加速本国的经济发展，赶上并超过世界工业强国。可见，李斯特的思想中既有保护民族经济的一面，也有对外开放的一面。

四、凯恩斯的超贸易保护理论

约翰・梅纳德・凯恩斯(John Maynard Keynes)是英国资产阶级经济学家、凯恩斯主义的创始人，其代表作是 1936 年出版的《就业、利息和货币通论》。凯恩斯在 20 世纪 30 年代之前是一个自由贸易论者，但 1929—1933 年的经济大危机彻底改变了他的立场，转而推崇重商主义。他认为重商主义贸易保护的政策确实能够保证经济繁荣，扩大就业。凯恩斯认为，解决失业和经济危机的根本办法就是扩大有效需求。如何扩大有效需求呢？他认为必须放弃自由经济政策，由政府直接干预经济生活，利用各种政策加强控制，以实现国民经济的均衡发展。政府宏观管理的基本任务就是刺激私人消费和投资，确保社会有效需求的稳步增长。凯恩斯还强调指出，在一个开放的社会，对外贸易显然是社会有效需求的决定因素之一。具体来说，出口消费品和资本品等于增加本国的总需求，进口消费品和资本品则缩减了本国的有效需求。因此，贸易顺差对扩大有效需求是有利的，所以政府应对国际贸易差额进行控制，实行"奖出限入"政策。

凯恩斯批判了自由贸易论和国际收支自动调节论的立场，提出了他的超贸易保护理论。他指出，国家干预经济生活（包括对外贸易）对于维护本国的充分就业和经济稳定是完全必要的。国家干预对外贸易，扩大社会有效需求，就是要始终保持本国的贸易顺差。那么如何实现和保持一国的贸易顺差呢？凯恩斯主张运用政府对财政与货币的宏观控制，进一步推行贸易保护政策，如用提高关税税率、扩大课税范围、设置各种非关税壁垒等保护措施，禁止或限制外国商品进口，对本国商品的出口则采取退税、补贴、低息贷款、出口担保等手段予以鼓励和支持。

但是凯恩斯又认为，贸易保护的实施和贸易顺差必须在合理的限度内，否则又会走向反面。这是因为：①贸易顺差规模过大、国内货币存量增加会使利率下降，就业增加。由于失业减少，工人就会要求增加工资，使出口商品成本上升，恶化贸易条件，最终导致贸易顺差减少。②国内利率下降到一定程度如低于外国时，会导致资本外流。当外流资本数额超过贸易顺差时，也就抵消了贸易顺差带来的好处。③一国贸易顺差又是他国的贸易逆差，如果超过一定限度，会激起国际竞争，招致报复。

任务三　国际贸易新理论

现代国际贸易所面临的是国际经济市场竞争的局面，市场已从卖方市场转变为买方市场，许多产品供大于求；同时，国际贸易中运用产业组织生产求得专业化优势使收益递增。对这些全新的国际贸易现象，必须用新的贸易理论加以揭示和说明。

一、技术差距理论

技术差距理论产生于 1961 年，代表人物为美国学者迈克尔·波斯纳（Michael Posner）。他在"国际贸易与技术变化"一文中，提出了国际贸易的技术差距模型。技术差距理论（Technological Gap Theory），又称技术差距模型（Technological Gap Model），是把技术作为独立于劳动和资本的第三种生产要素，探讨技术差距或技术变动对国际贸易影响的理论。由于技术变动包含了时间因素，技术差距理论被看成是对 H—O 理论的动态扩展。该理论认为，技术实际上是一种生产要素，并且实际的科技水准一直在提高，但是在各个国家的发展水准不一样，这种技术上的差距可以使技术领先的国家具有技术上的比较优势，从而出口技术密集型产品。随着技术被进口国的模仿，这种比较优势消失，由此引起的贸易也就结束了。

技术差距理论认为，对国际技术差距的衡量，不能简单地用各国间拥有技术的时间特征，而要用从技术创新成果的完成到技术引进国掌握该项创新技术，即该国不再进口由该项技术生产的产品所需的时间来表示。该理论把从技术差距产生到由该项技术引起的国际贸易完全终止的时间间隔称为模仿滞后时期，并将之分为反应滞后和掌握滞后两个阶段，如图 3—1 所示。反应滞后阶段即从技术创新国完成技术创新并开始生产该项技术产品，到技术引进国模仿其技术并开始生产的时间间隔。掌握滞后阶段即从技术引进国开始生产该技术产品到停止进口该产品的时间间隔。

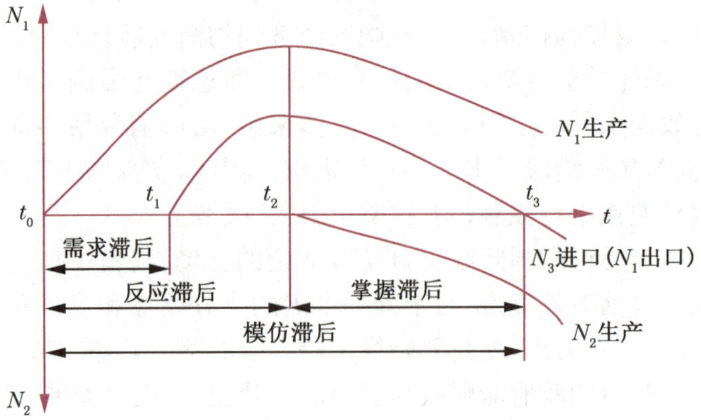

图 3—1 技术差距模型

在技术反应滞后阶段的初期,还存在一个需求滞后阶段,即从技术创新国完成技术创新并开始生产到该技术产品开始向技术引进国出口的时间间隔。这个时滞的长短,主要取决于技术引进国居民的收入水平和市场容量。两国居民收入差距越小,技术引进国的市场容量越大,则需求时滞越短。而反应时滞的长短,由主要取决于企业家的创新精神、风险意识和该项技术产品的规模效益,以及关税、运输成本、市场容量、居民收入水平等因素。掌握时滞的长短主要取决于技术引进国消化、吸收和掌握该项创新技术的能力。正是上述一系列的滞后效应,形成了技术创新国与其他国家间的技术差距,带来了该技术产品的国际贸易。

二、产品生命周期理论

动漫视频

产品生命周期理论

产品生命周期理论(Product Life Cycle Theory)是美国哈佛大学著名经济学教授雷蒙德·弗农(Raymond Vernon)1966 年在其"产品周期中的国际投资与国际贸易"一文中首次提出的。图 3—2 是产品技术差距和产品生命周期模型。该图中,横轴表示时间,纵轴表示商品数量。图中上面两条曲线表示技术创新国的商品生产量和消费量随时间推移而变化的情形。随着时间的推移,技术创新国由于技术占优势,生产商品数量逐渐增加,当国家间技术差距逐渐缩小时,创新国产量开始下降,并逐步降到消费量之下。图中下面两条曲线表示模仿国的情形。将产品的生产周期分为五个阶段,当各国生产商品处于不同阶段时,其贸易格局也不同。

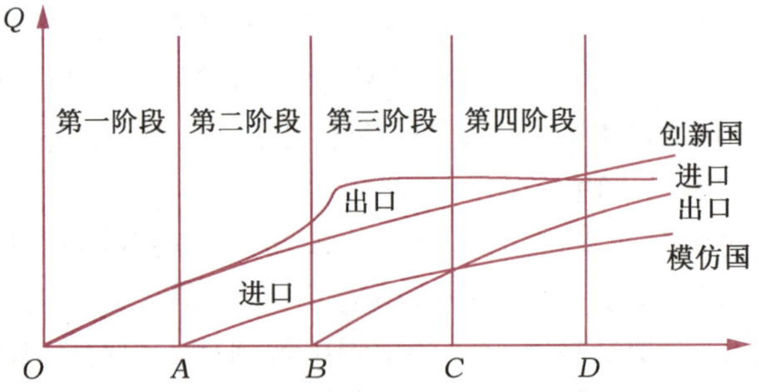

图 3—2 产品技术差距和产品生命周期模型

第一阶段是技术创新国进行新产品试制、试销阶段。这时,新产品产量很低、成本较高,消费量较小。尽管如此，无论是产量还是消费量都在稳步增长，表明新产品具有生命力。

第二阶段是新产品成长阶段。创新国大量生产，满足国内外日益增长的需求，模仿国由于存在技术差距，尚不能生产该产品，满足该产品的消费需求完全依赖从创新国进口。

第三阶段是新产品成熟阶段。在此阶段，产品实现标准化，生产技术成为普通的定型技术，技术物化在生产设备上，大规模生产成为可能，技术使创新国产量大幅度提高并达到最大产量。产品的使用也逐渐普及，国内外对该产品的需求持续增加，创新国出口量也逐渐增加，并达到最高点。这时，进行创新从而拥有专利的企业发现授权国内外的其他企业生产更有利可图，模仿国引进技术进行生产，其产量稳步增长，但其产量不能满足国内需求，仍需要进口，只是国内生产的产品逐渐替代进口产品，进口量逐渐缩小直到为零。

第四阶段是产品衰落阶段。对创新国而言，这种产品已从新变旧，其产量开始下降，出口量由于技术优势丧失而逐渐缩小直至为零。而模仿国在缩小技术差距、对标准化产品进行生产后，由于具有较低劳动力成本或其他低廉成本而存在生产该商品的相对优势，其产品低价出口到第三国，并逐步将创新国产品从第三国挤出。

第五阶段是产品完结阶段。创新国该产品产量迅速下降到国内需求量之下，从而成为进口国，且进口量逐渐增加。模仿国产量大幅度增加，且大幅超过国内消费量，模仿国开始在最后的市场也就是创新国市场低价销售其产品，其出口量逐渐增多。技术传播、产品标准化和国外低生产成本使得创新国的这种产品生命完结，创新国必须进行新的技术创新，开发出新的产品。

产品生命周期理论是从科学技术迅速进步这个因素提出的贸易理论。这一理论将市场学的产品生命周期与技术进步结合进来解释国际贸易的形成和发展，使比较利益学说从静态发展到动态。

案例应用 3—1　　关于柯达胶卷的生命周期

案例精析

案例应用3-1

伊士曼·柯达公司创立于1880年，曾经是世界上最大的影像产品及相关服务的生产和供应商。公司的主营业务是摄影胶卷、相机生产等，曾占据全球2/3的摄影产业市场份额。胶卷由柯达公司创始人伊士曼于1833年发明。1935年，柯达开发出彩色克罗姆胶卷。克罗姆胶卷共生产了74年，“柯达”也一度成为摄影的代名词。但是，随着数码技术的崛起，2009年，诞生已有74年的克罗姆彩色胶卷宣布停产。2011年，柯达仅能勉强维持市场份额，柯达股价跌幅超过80%；2012年，柯达向纽约一家法院申请破产保护。这意味着柯达胶卷摄影走出了时代的聚光灯。

请问：“百年老店”柯达胶卷的历史沉浮带给我们怎样的启示？

三、需求相似理论

需求相似理论又称偏好相似理论(Preference Similarity Theory)或重叠需求理论(Overlapping Demand Theory)，是瑞典经济学家斯戴芬·伯伦斯坦·林德(Staffan B. Linder)于1961年在其论文“论贸易和转变”中提出的。需求相似理论认为，发达国家工业制成品双向贸易的增加，主要由消费者需求偏好来决定，而人均收入与贸易收入的趋同性、需求结构的相似性，增加了双方贸易的数量和机会。

(一)国内需求是出口贸易的基础

厂商开发出来的产品，因国内经济增长、人均收入提高、国内需求强劲，并具有极强的传递力。当别的国家经济增长、人均收入提高、本国开发的新产品国内需求与国际需求相一致时，厂商可以国内需求为依据，把国内大多数消费者需求的产品，作为出口产品。因为是最先开发的新产品，并已在国内收回了大量先期投资，因此在向国外出口时，价格上具有很大的优势，加上进口国的需求和购买力较强，出现了双方的国际贸易。

(二)需求结构越相似，两国贸易量越大

两个国家的收入水平越相似，则两国的需求结构越接近，需求的重合部分越大。若两国的需求结构完全相似，一个国家所有可能进出口的物品，也是另一个国家可能进出口的物品。在这种情况下，国内出口需求就是外国的进口需求。

(三)影响一国需求结构的决定因素是平均收入水平

当收入提高后，能满足商品价格提高以后的需求的产品，除了原来已经有的产品外，还有比原来更精致而功能相似的产品以及能满足更高生活质量需求的产品。

四、产业内贸易理论

产业内贸易是指一个国家在出口的同时又进口某种同类产品。这里的同类产品是指国际标准分类至少前3位数相同的产品。它们既出现在一国的进口项目中，又出现在该国的出口项目中。

之所以会形成产业内贸易，是因为即使两国具有完全一样的资本—劳动比率，两国的厂商也会生产同类但有差异的产品，而消费者对这些产品的需求，一方面会促进各国扩大某种产品的规模，另一方面又促进了两国的国际贸易。

产业内贸易是规模经济和不完全竞争作用的结果。由于规模经济的存在，没有一个国家能单独生产所有产品，而消费者的主观需求在动态中不断发生变化，虽然两国都可能生产一些产品，但不会完全相同，自己生产的产品在对方国家里存在着消费需求。

协议下的产业内贸易是指在同一个产业内部，根据某种协议，双方各处优势地位的部门均实行专业化生产，同时每一方又将停止生产的部门的市场提供给对方。这样，双方均能因实行专业化生产而获得规模经济效益。根据协议，让给对方生产的市场，在对方进行投资时向其做出保证：将进口在对方国内生产的产品。这样就可以使对方安心从事专业化生产，以实现规模经济。

五、地区经济一体化的关税同盟理论

地区经济一体化是指在地缘区域内，由两个或两个以上的国家或地区结成的超国家的国际经济联合体。地区经济一体化，按照贸易壁垒撤除的程度可划分为：优惠贸易安排、自由贸易区、关税同盟、共同市场、经济同盟和完全经济一体化。按照经济一体化的范围可划分为部门一体化和所有经济部门一体化；按照参加国的经济发展水平可划分为经济发展水平相同或相近国家间的一体化和经济发展水平存在较大差异的国家间的一体化。当今世界不同层次的地区经济一体化组织有100多个，其中影响最大的有欧洲联盟、北美自由贸易区和亚太经济合作组织等。

视野拓展 3-1　　欧盟和亚太经合组织的成员

欧盟原来有28个成员，但是自英国脱欧之后，现有27个，分别是法国、德国、意大利、荷兰、比利时、卢森堡、丹麦、爱尔兰、希腊、葡萄牙、西班牙、奥地利、瑞典、芬兰、马耳他、塞浦路斯、波兰、匈牙利、捷克、斯洛伐克、斯洛文尼亚、拉脱维亚、立陶宛、罗马尼亚、保加利亚、爱沙尼亚和克罗地亚。

亚太经合组织(APEC)到目前为止共有21个成员：澳大利亚、文莱、加拿大、智利、中国、中国香港、中国台湾、印度尼西亚、日本、韩国、马来西亚、墨西哥、新西兰、巴布亚新几内亚、秘鲁、菲律宾、俄罗斯、新加坡、泰国、美国和越南。

地区经济一体化组织一般都要制定共同的规章制度，实施统一的行为准则，规定较为具体的共同目标，建立超国家的决策机构，具有一定的超国家的权力。

建立地区经济一体化组织的目的是通过制定统一的对内和对外的经济、财政、金融、知识产权等政策，消除国别之间阻碍经济贸易发展的关税壁垒和非关税壁垒，实现区域内的互惠互利、重新分工协作、协调发展和资源的优化配置，促进区域内贸易和经济的发展，同时以地区经济联合体的整体实力与经济大国以及其他地区经济联合体相抗衡，以增强其国际竞争力。

关于地区经济一体化对世界经济贸易的影响，西方经济学家讨论较多。其中，他们对“关税同盟理论”做了最具代表性的分析。该理论认为，关税同盟的建立能给参加关税同盟的国家带来明显的经济效果。这是因为：

第一，关税同盟国之间的零关税制度，可使关税同盟内部产生贸易创造效果。也就是说，关税同盟内成员国之间取消关税门槛，实行自由贸易后，在比较利益的驱使下，相同的产品，成本高的国家就会自然地放弃生产，改为从成本低的成员国进口，这与以前相互采取关税壁垒相比，就创造了新的贸易。而放弃高成本产品生产的成员国，便可把生产高成本产品的资源转向成本低的产品，从而获得利益。这种在关税同盟成员国之间重新进行区域内分工，各自生产成本较低产品并相互进行交换的做法，自然会使同盟国的所有消费者都得益。当关税同盟内产品的成本都降低时，同盟国与非同盟国之间进行国际贸易，非同盟国也能得到好处。从这个角度看，建立关税同盟对世界是有利的。

第二，关税同盟实行统一的对外歧视性关税，可以产生抑制从非同盟国进口和扩大同盟国之间贸易的贸易转移效果。这种贸易转移，往往会出现由原来从非成员国进口价格较低的产品改为从成员国进口价格较高的产品的情况，从而造成进口国一定的损失。这种一致对外的贸易保护政策，对扩大同盟成员国之间的贸易是有利的，但对非成员国的经济发展是不利的。

关税同盟的经济效果，就是由贸易创造获得的利益减去贸易转移造成的损失所得到的实际利益。这个差额是正数，并且正数越大，说明关税同盟的经济效果越好。

应知考核

一、单项选择题

1. 按照亚当·斯密的绝对成本理论，一国应该出口（　　）。

A. 绝对成本低的商品　　B. 比较成本高的商品

C. 比较成本低的商品　　D. 丰裕要素密集的商品

2. 按照大卫·李嘉图的比较成本理论，一国应该出口（　　）。

A. 绝对成本低的商品　　B. 比较成本高的商品

C. 比较成本低的商品　　D. 丰裕要素密集的商品

3. 按照赫克歇尔—俄林的要素禀赋理论，一国应该出口（　　）。

A. 绝对成本低的商品　　B. 比较成本高的商品

C. 比较成本低的商品　　D. 丰裕要素密集的商品

4. 按照产品周期理论，新产品通常是（　　）。

A. 劳动密集型产品　　B. 资本密集型产品

C. 技术密集型产品　　D. 资源密集型产品

5. 按照产品生命周期理论，处于标准化时期的产品通常是（　　）。

A. 劳动密集型产品　　B. 资本密集型产品

C. 技术密集型产品　　D. 资源密集型产品

6. 按照产品周期理论，成熟产品通常是（　　）。

A. 劳动密集型产品　　B. 资源密集型产品
C. 技术密集型产品　　D. 资本密集型产品

7. 主张“尽可能地多输出少输入，禁止货币出口”的理论是(　　)。
A. 贸易差额论　　B. 货币差额论
C. 弱势产业保护论　　D. 对外贸易乘数论

8. 李斯特的弱势产业保护理论认为，保护的最高期限是(　　)。
A. 10 年　　B. 20 年　　C. 30 年　　D. 40 年

9. 主张国际贸易中按照“两优取最优，两劣取次劣”原则分工的学者是(　　)。
A. 马歇尔　　B. 俄林　　C. 亚当·斯密　　D. 大卫·李嘉图

10. 绝对成本理论的代表人物是(　　)。
A. 亚当·斯密　　B. 大卫·李嘉图　　C. 赫克歇尔　　D. 俄林

二、多项选择题

1. 根据西方的国际分工理论，一国应该出口本国(　　)。
A. 比较成本低的产品　　B. 比较成本高的产品
C. 稀缺要素密集型产品　　D. 丰裕要素密集型产品

2. 根据西方的国际分工理论，一国应该进口本国(　　)。
A. 比较成本低的产品　　B. 比较成本高的产品
C. 稀缺要素密集的产品　　D. 绝对成本高的产品

3. 根据表 3—9 的数据，正确的选项有(　　)。

表 3—9

	生产每吨小麦的成本（劳动人数/年）	生产每万米布匹的成本（劳动人数/年）
甲国	2	2
乙国	3	4

A. 甲国的小麦生产有绝对优势　　B. 甲国的小麦生产有相对优势
C. 甲国的布匹生产有绝对优势　　D. 甲国的布匹生产有相对优势

4. 根据表 3—10 数据，正确的选项有(　　)。

表 3—10

	生产每吨小麦的成本（劳动人数/年）	生产每万米布匹的成本（劳动人数/年）
甲国	2	2
乙国	1	3

A. 甲国的小麦生产绝对成本低于乙国　　B. 甲国的小麦生产相对成本低于乙国
C. 甲国的布匹生产绝对成本低于乙国　　D. 甲国的布匹生产相对成本低于乙国

5. 甲国生产笔和纸的成本分别是 6 和 8，而乙国生产笔和纸的成本分别是 4 和 6，则下列说法中正确的有(　　)。
A. 甲国在笔和纸的生产上都具有绝对优势
B. 乙国在笔和纸的生产上都具有绝对优势

C. 甲国应向乙国出口纸，乙国应向甲国出口笔

D. 乙国在笔的生产上具有比较优势，在纸的生产上具有比较劣势

三、简述题

1. 简述亚当·斯密的绝对成本理论的主要内容。
2. 简述大卫·李嘉图的比较成本理论的主要内容。
3. 简述赫克歇尔—俄林的要素禀赋理论的主要内容。
4. 简述地区经济一体化的关税同盟理论的主要内容。
5. 简述产品生命周期理论的主要内容。

应会考核

■ 观念应用

【背景资料】

你能分析美国的意图吗？

美国对外贸易采取双重理论和价值标准。凡是对美国有利、美国在国际市场上竞争力强的产业和产品，美国就主张自由贸易，反对贸易保护；反之，就立法加以保护，实行贸易保护主义。

【考核要求】

美国对外贸易实行自由贸易和保护贸易双重理论和价值标准的原因是什么？这样做符合国际贸易规范和伦理吗？

■ 技能应用

用生产要素价格谈利弊

假设美、英两国生产要素单位成本如表3—11所示：

表3—11　美、英两国生产要素单位成本

	美国（美元）	英国（英镑）
土地单位价格	1.0	4.0
劳动力单位价格	2.0	1.0

美国和英国都生产小麦和纺织品，生产函数在两个国家都一样：生产单位小麦需要5单位土地和1单位劳动，生产单位纺织品需要1单位土地和10单位劳动，则美、英两国小麦和纺织品的单位成本如表3—12所示：

表3—12　美、英两国小麦和纺织品的单位成本

美国（美元）	英国（英镑）	
小麦的单位成本	1×5+2×1=7	4×5+1×1=21
纺织品的单位成本	1×1+2×10=21	4×1+1×10=14

【技能要求】

在生产要素价格差异下，美国和英国如何进行贸易对双方都有利呢？

■ 案例分析

意大利人的生意经

意大利北部的博洛尼亚已有七百余年手工生产瓷砖的历史。第二次世界大战后，该地区进行了瓷砖生产的重建。最初，瓷砖制造商必须进口原材料和加工机器。由于该地区没有白黏土资源，因此不得不从英国进口。再加上没有瓷砖设备制造业，因此要从德国、美国和法国进口烧砖窑，而且压制和抛光瓷砖的压砖机也必须从海外进口。进口机器的外汇自然是出口手工瓷砖换来的。后来，意大利人很快掌握了进口设备的制造和使用。到了1970年，该地区已开始自己生产供出口的砖窑和压砖机。此时，当地的制砖设备制造商们为销售自己的设备又展开了激烈的竞争，不断降低自己的成本。一些服务性行业如模具、包装材料、釉料和运输服务、专业咨询等，开始向工厂提供设计、物流、商务广告及财务顾问服务；当地成立的制陶产业协会提供大批量采购、国际市场调查服务；当地大学进行工艺研究和产品开发。很快，一种快速单火制砖工艺被开发出来，可节省人工60%，缩短工期95%。设备比原来更轻、更小，大大降低了制砖成本，在国际市场上十分畅销。现在，意大利的博洛尼亚地区已成为瓷砖生产行业的世界领跑者，占据全球生产30%的份额和全球出口60%的份额。意大利每年仅从这一产业出口中就可以得到10亿美元的贸易顺差。

【分析要求】拉美等发展中国家在出口产业调整中应从意大利人这里学些什么？

项目实训

【实训项目】

鉴别国际贸易理论的科学性。

【实训情境】

● 目标。该项练习帮助掌握国际贸易理论，并增强国际贸易理论科学性的研判能力。

● 内容。将斯密、李嘉图、马克思、凯恩斯、新自由主义经济理论的基本观点进行比较，结合当前美国的金融危机对这些理论的科学性作出研判。

● 时间。在讲完本项目内容之后，利用业余时间进行。

【实训任务】

1. 任务要求

(1)将班级同学根据研究的需要分成若干理论兴趣小组，每组确定正、副组长各1人。

(2)理论兴趣小组进行研究分工，经过研读后，把斯密、李嘉图、马克思、凯恩斯、新自由主义的主要观点加以介绍，结合当前美国爆发的金融危机进行分析，得出科学性的基本判断。

(3)各理论兴趣小组将研究成果在班级进行交流。

(4)汇总写成学术论文，如果质量较高可争取发表。

2. 撰写《鉴别国际贸易理论的科学性》实训报告。

<table>
<tr><th colspan="3">《鉴别国际贸易理论的科学性》实训报告</th></tr>
<tr><td>项目实训班级：</td><td>项目小组：</td><td>项目组成员：</td></tr>
<tr><td>实训时间：　　年　　月　　日</td><td>实训地点：</td><td>实训成绩：</td></tr>
<tr><td colspan="3">实训目的：</td></tr>
<tr><td colspan="3">实训步骤：</td></tr>
<tr><td colspan="3">实训结果：</td></tr>
<tr><td colspan="3">实训感言：</td></tr>
</table>

项目四　国际贸易政策和措施

● 知识目标

理解：国际贸易政策的概念和分类；贸易政策的构成因素。

熟知：鼓励出口措施和出口管制措施。

掌握：关税措施和非关税措施。

● 技能目标

学生掌握限制商品进口和鼓励商品出口主要措施的技术性操作，如商品倾销和反倾销；能够在国际贸易中采取灵活的措施，运用国际贸易通行的规则来保护自己的利益、规范自己的行为。

● 素质目标

学生能够具有较强的分析归纳能力，能够对当今国际经济与贸易问题进行辨析。

● 思政目标

培养学生的国家意识和责任感，深刻理解国际贸易对于国家经济和社会发展的重要性和影响；能够认识到国际贸易政策和措施对于维护国家利益和促进全球经济合作的重要作用，从而更加自觉地参与国际贸易实践，为国家的经济发展做出贡献。

● 项目引例

美国挑起对华贸易战是“错误政策”

美国耶鲁大学高级研究员、摩根士丹利前亚洲区主席斯蒂芬·罗奇日前接受新华社记者专访时说，美国挑起对华贸易战是“错误政策”，这并不能帮助美国扭转贸易逆差形势，其受政治目的驱使的贸易政策对全球供应链造成破坏。

2018 年 3 月，时任美国总统特朗普依据“301 调查”结果，对从中国进口的商品大规模加征关税，挑起对华贸易战。时至今日，拜登政府不仅仍未取消对中国商品加征的关税，而且不断在科技等领域加剧对中国的打压。

罗奇表示，他向来不认为美国或任何国家能够在多边框架下利用关税措施解决双边贸易不平衡问题。美国之所以与许多国家和地区存在贸易逆差，其根本原因在于美国国内储蓄率显著偏低。“在缺乏储蓄的同时，想要投资和经济增长，美国就必须从国外进口‘剩余储蓄’，通过巨额多边贸易逆差吸引(外国)资金。”他说,“那么,我们达到减少贸易逆差的目的了吗?绝对没有。”

罗奇说,中国不仅是美国主要进口来源国,而且是美国出口增长的主要目的地,“中美两国经济密切联系,相互依存”。美国政客无法通过贸易战兑现向民众承诺的经济目标。相反,对中国商品加征关税或实施其他制裁,等同于变相打击美国企业和消费者,损害他们的利益。

谈到拜登政府鼓吹的对华“去风险”论调,罗奇说,“去风险”和“脱钩”只有字面上的区别,本质上是相同的。美国政府“显然是打着‘去风险’的幌子,推动一定程度的(对华)‘脱钩’”。

他说,全球供应链受到美国所谓“友岸外包”等政策的破坏,美国以“国家安全”为由,鼓励本国企业舍弃更具经济效率的中国市场。美国政府的这种做法极具破坏性,不仅迫使美国企业改变采购习惯,而且给与中美两国都有牢固贸易关系的国家带来压力。它们被要求选边站队,并通过调整供应链向美国示好。

罗奇说,搞零和博弈是错误的,只会让经贸摩擦“滑向更危险的境地”。

资料来源:许缘、邓仙来:“美国挑起对华贸易战是‘错误政策’”,新华网,2024 年 3 月 23 日。

● 引例讨论

请分析:美国对华发动贸易战的两大根源?就后果而言,美国的对华贸易战给中美经贸带来哪些破坏性的影响?

【课程思政】通过本项目的学习,学生不仅要掌握国际贸易政策和措施的内容,而且要深刻理解这些政策和措施背后的价值观和国家利益。培养学生的道德品质和国际视野,能够理解国际贸易不仅是经济利益的交换,而且是文化、价值观的交流;在国际贸易政策的制定与执行中,需要遵循公平、正义、诚信的原则;能够更加明确在国际舞台上的责任与担当,为实现共赢、和谐的国际贸易环境贡献力量。

世界各国对外贸易一般会采取一定的政策和措施加以管制。各国管制对外贸易的行政管理措施概括起来可分为两类:一类是关税壁垒,另一类是非关税壁垒。此外,各国还采取一些鼓励出口或限制进口的措施。当前,最重要的国际贸易协定是《关税与贸易总协定》(GATT),最重要的国际贸易组织是世界贸易组织(WTO)。

● 知识支撑

任务一 国际贸易政策概述

一、国际贸易政策的概念及分类

(一)国际贸易政策的概念

贸易政策从世界范围考察,即国际贸易政策(International Trade Policy),它是世界各国贸易政策措施的总和,体现了世界贸易体制和贸易政策系统。贸易政策从特定的国家出发即对外贸易政策(Foreign Trade Policy),是指一个国家一定时期内影响其进出口贸易的政策措施的总和,是一国政府在其经济发展战略的指导下,运用经济、法律和行政手段,对外贸活动的方向、数量、规模、结构和效益所进行的一系列有组织的干预和调节行为。

广义的国际贸易政策是指涉及外贸活动的国家干预和调节行为,是一国根据一定时期内政治、经济的基本发展态势以及从国民经济的总体发展目标出发,结合本国的资源禀赋、产业结构、经济发展水平,所制定的在较长时期内普遍适用的对外贸易原则、方针和策略。体现对外贸易总政策的各种政策措施包括进出口商品政策、国别政策或地区政策等方面,涉及国家对外贸活动的经营管理体制、法律制度和行政干预三个方面的内容。狭义的国际贸易政策则是指关税和非关税措施的政策体系。

(二)国际贸易政策的分类

1. 自由贸易政策

自由贸易政策(Free Trade Policy)是指国家对贸易行为不加任何干预,既不鼓励出口,也不限制进口,使商品自由进出口,在国际市场上自由竞争。自由贸易政策产生于18世纪初,是18世纪新生资产阶级“自由放任”思想在对外经济关系上的延伸。国际贸易几百年的历史表明,完全意义上的自由贸易政策是不存在的,当今的自由贸易政策表现为国家取消对进出口贸易的限制和障碍,取消对本国进出口商品的各种特权和优惠的自由化过程。

2. 保护贸易政策

保护贸易政策(Protect Trade Policy)是指政府广泛利用各种限制进口的措施保护本国市场免受外国商品的竞争,并对本国出口商品给予优待和补贴以鼓励商品出口。保护贸易政策是一系列干预贸易行为的政策措施的组合。自由竞争资本主义时期,贸易政策的基调是自由贸易,但是,由于各国经济发展水平的不同,一些经济起步较晚的国家如德国和美国主张保护国内市场,发展民族资本,促进国内生产力的形成,以保护和发展生产力为目标。

3. 超保护贸易政策

超保护贸易政策(Policy of Super-protection)也称侵略性保护贸易政策(Aggressive Protective Trade Policy),是国际贸易中垄断竞争日益激烈的产物,成为第二次世界大战后国家垄断干预贸易、争夺世界市场的手段。超保护贸易政策是垄断竞争时期资本主义的贸易政策。20世纪30年代资本主义“大萧条”使贸易政策向垄断资本利益倾斜:保护的对象是高度发达的工业或出现衰落的“夕阳”工业;在垄断国内市场的基础上,对国外市场实施进攻性扩张;保护的不是一般的工业资产阶级的利益,而是垄断资本的利益。

4. 中性贸易政策和偏向性贸易政策

中性贸易政策(Neutral Trade Policy)是指政府干预措施的综合效果是对一切可贸易产品和非贸易产品、可出口产品和可进口产品、国内市场和出口市场,采取不偏不倚的对待。

偏向性贸易政策(Biased Trade Policy)则有外向性和内向性贸易政策之分。外向性的贸易政策倾向于鼓励出口和促进出口加工业生产的措施,属于较为开放的政策。内向性政策重视内销生产,轻视供出口的生产。内向性政策一般采用如进口许可证、数量限制等直接控制办法,对制造业实行高度保护,对进口和投资实行直接控制、币值高估等。这种政策促使需求转向本国制造的产品,出口则由于进口投入成本的上涨而受到制约。

(三)当代国际贸易政策的特征

1. 限制进口措施的重点从关税壁垒转向非关税壁垒

第二次世界大战后的贸易自由化的倾向使关税水平大幅度下降,《关贸总协定》的“约束性关税”又限制了成员国运用关税的范围。为此,主要资本主义国家竞相设置非关税措施限制进口,以抵销关税下降造成的不利影响。

2. 奖出限入措施重点从限制进口转向鼓励出口

由于限制进口容易受到其他国家的谴责和贸易伙伴的报复,也由于面对竞争日益激烈条件下市场扩张的需要,许多发达国家把重点转移到鼓励出口方面,提高本国产品的出口竞争能力。

3. 保护主义从国家贸易壁垒转向区域性贸易壁垒

经济区域化和集团化的发展,导致20世纪90年代以来区域贸易壁垒的强化,通过组成排他性的经济贸易集团,把非成员国的产品排斥在外,以集团内、区域内的自由化来对抗集团外、区域外国家的竞争。

4. 发达资本主义国家贸易政策取向

自 20 世纪末以来，发达国家的贸易政策出现了一些新的趋势，其中以美国最为典型。

(1)变“被动”为“主动”，注重政府干预贸易的积极作用。从保护国内市场和传统产业转变为积极地开拓国际市场，发挥新兴产业的竞争优势和潜在的规模经济效益。美国在一系列双边和多边谈判中，强调“市场准入”，变“无为”政府为积极政府，主动干预，以贸易促进经济的根本变革。

(2)对内实行促进高科技产业成长的战略性贸易政策。美国政府非常重视高科技对本国经济未来的作用，通过国内的财政、货币政策，以税收优惠、利率措施等手段创造比较优势，推动高科技发展。贸易政策作为产业政策的辅助性措施，创造公平环境，以充分发挥优势。同时，在多边和双边谈判中加强对知识产权的保护措施，以保障高科技投资带来的利益不被侵占。

(3)对外强调互惠的对等原则。互惠贸易已成为美国近年来贸易政策的基石，它强调美国不再提供或少提供单方优惠。若他国以美国认为的“不公平手段”出售产品，美国则以严厉的措施报复。美国在理论上强调互惠的必要性，政策中强调开放市场的重要性，法律上强调惩罚的严厉性，使保护与惩罚双管齐下，迫使对方开放市场。

(4)由多边主义转向双边、单边主义和区域主义。美国逼迫他国开放市场不再单纯依靠世界贸易组织(WTO)的多边协调作用，而是多边、双边、单边三管齐下，以最小的政治成本实现贸易最大限度的扩张。首先，利用 WTO，争取打开使其竞争优势充分发挥的世界贸易新局面，包括强化条文、扩大涉及的贸易范围以及重新明确条文规定的各项责任等。其次，通过双边谈判扫除进入外国市场的障碍，以避免多方谈判中相互扯皮的现象。最后，利用“超级 301”条款对伙伴国进行报复。

二、贸易政策的构成因素

贸易政策的构成因素包括以下五个：

(1)政策主体，是指政策行为者，即政策的制定者和实施者，一般来说是指各国政府。

(2)政策客体或政策对象，即贸易政策规范、指导、调整的贸易活动和从事贸易活动的企业、机构和个人。

(3)政策目标，贸易政策行为是有目的的行动。贸易政策的内容首先是在一定政策目标的指导下确定的，政策目标是政策内容制定的依据。

(4)政策内容，即贸易政策所涵盖的方面和内容。

(5)政策手段，即为实现既定的政策目标、实施政策内容所采用的对外贸易管理措施，如关税、非关税等。

三、贸易政策与经济发展战略

第二次世界大战后，随着世界殖民体系瓦解，纷纷独立的民族主义国家和地区，在选择如何利用对外经济关系、运用对外贸易战略，实现工业发展的道路，形成三种不同的模式。

(一)初级产品出口工业化战略

初级产品出口工业化战略是指通过扩大初级产品出口促进经济发展的一种工业化战略，也称初级外向战略。这是 20 世纪 50 年代初一些后起的民族主义国家不得不采取的策略。其对工业的意义主要表现在：利用资源优势获取工业化所需的资金和技术；促进辅助工业的发展等。但其不足之处也很明显，由于初级产品的市场和价格极不稳定导致经济发展的不稳定，经济单一性和对发达市场的依附性，使工业化战略难以贯彻。

(二)进口替代工业化战略

进口替代工业化战略是指在限制一些产品进口的同时，发展这些产品的国内生产，用本国产品满足本国市场需求，逐步扩大本国的工业基础，又被称为内向型战略。该项战略的特征是：鼓励外商投资、高关税、数量限制与本币币值高估相配合的保护贸易政策。进口替代工业化的意义较为显著，表现为：建立工业基础带来的直接经济成长效应；扩大就业的经济增长效应和减少进口的外汇节约效应。但其缺陷也不言而喻，包括保护措施的负效应、生产受国内市场规模制约、出口增长受阻等。

(三)出口导向工业化战略

出口导向工业化战略是指通过建立面向国外市场为主的加工工业，增强本国产品在国际市场的竞争能力，以出口带动整个国民经济的繁荣，即以发展制成品出口带动工业化的发展。它属于中级外向战略。

出口导向工业化采取较为开放的鼓励出口的贸易政策体制，吸引外商投资、本币贬值以增强出口竞争优势等。其对工业化的意义表现在：生产规模不受国内市场约束而能获得规模经济优势；促进生产力发展的经济成长优势；扩大就业和增加收入的经济增长优势；开辟外汇收入渠道的资金积累优势。但由于其开放的特征，世界经济中的不利因素通过贸易传导会带来相应的市场、金融和政策等风险。

任务二 关税措施

早在古希腊时代，关税就已出现。但统一国境关税是在封建社会解体和出现了资本主义国家后产生的，沿用至今，成为世界各国对外贸易政策借以实施的主要措施之一。

一、关税的概念和特点

(一)关税的概念

关税(Customs Duties)是指进出口商品经过一国关境时，由海关代表国家向进出口商征收的一种赋税。由于征收关税提高了进出口商品的成本和价格，客观上限制了进出口商品的数量，故关税又被称为关税壁垒(Tariff Barriers)。关境(Customs Territory；Customs Frontier)是海关所管辖和执行海关各项法令和规章的区域。关境与国境因各国情况不同，两者空间范围的大小有三种状况：①关境小于国境，②关境等于国境，③关境大于国境。

关税的征收是通过海关执行的。海关是一国政府设在关境上的行政管理机构。它的任务是根据本国政府制定的进出口政策、法令和有关规定，对进出口商品、货币、金银、行李、邮件、运输工具等进行监督和管理，征收关税，进行罚款，查禁走私物，临时保管通关货物和统计进出口商品等。海关有权对不符合国家规定的进出口货物不予放行、罚款，直至没收或销毁。

征收关税的目的主要有三个：①为了获得财政收入，这称作财政关税；②为了保护国内市场，进而保护国内的工农业生产，这称作保护关税；③为了配合外交政策的需要，以示区别对待，这称作外交关税。

(二)关税的特点

1. 关税的税收主体和客体分别是进出口商和进出口货物

税收主体也称课税主体，即纳税人，是指负担纳税的自然人或法人；税收客体也称课税客体，是指课税的对象如消费品等。关税的税收主体是本国进出口商；税收客体是指进出口货物。

【提示】关税的税收客体一般仅指有形货物。

2. 关税是一种间接税

关税属于间接税，因为关税主要是对进出口商品征税，其税负可以由进出口商垫付税款，然后把它作为成本的一部分加在货价上，在货物出售给买方时收回这笔垫款。这样，关税负担最后转嫁给买方或消费者承担。

3. 关税具有强制性、无偿性和固定性

与其他税收一样，关税具有强制性、无偿性和固定性特点。强制性是指关税是凭借法律的规定强制征收的，而不是一种自愿，凡要交税的，都要按照法律规定无条件地履行自己的义务。无偿性是指海关征收的关税都是国家向进出口商无偿取得的国库收入，国家不需要付出任何代价，也不必把税款直接归还给纳税人。固定性是指国家事先规定一个关税的征收比例或征税数额，征、纳双方必须共同遵守执行，不得随意变化和减免。

4. 关税具有涉外性，是对外贸易政策的重要手段

关税的种类与税率高低直接影响国际贸易价格，因此关税经常被主权国家运用为对外政治、经济斗争的手段。

二、关税的作用

（一）积极作用

（1）增加财政收入。这是关税出现之初的基本职能，随着现代经济的发展，税源增加，而且第二次世界大战后各国关税水平受到《关贸总协定》的约束而不断下降，关税增加财政收入的作用相对下降。

（2）保护国内的产业和市场。这是当今各国运用关税政策的主要目的。各国普遍设置高关税阻止或减少进口以保护国内弱势产业的发展，同时又利用关税减免以鼓励某些短缺资源进口，从而促进本国某些产业特别是出口导向型产业的发展。

（3）调节贸易差额，平衡国际收支。一国国际收支中商品贸易占很大比重，故各国往往通过调节关税来调节贸易差额，平衡国际收支。当贸易逆差过大时，提高关税或征收进口附加税以限制进口；当贸易顺差过大时，减免关税以鼓励进口。

（4）调节进出口商品结构。一国通过调整关税结构来调整本国的进出口商品结构，对于国内需求旺盛的商品通过减免关税的方式鼓励进口，或通过征收高额关税的方式限制出口；对于出口导向型的产业通过减免关税的方式鼓励出口，通过征收高额关税的方式限制与国内产业具有竞争性的产品进口，如各国对奢侈品征收高额的进口关税，对日用必需品征收较低关税或免税。

（二）消极作用

关税提高了进口商品的价格并限制了进口国消费者的消费。长期采用过高的关税保护国内产业会使相关产业养成“惰性”，不努力改进技术来提高生产效率和产品质量，从而阻碍生产力发展。另外，过高的关税也是导致走私的客观根源，造成财政收入减少的同时对国内市场也会造成冲击。过高的关税也人为地扭曲了通过国际分工进行的全球资源合理配置，不利于各国充分发挥本国的经济优势，形成了全球资源配置的不经济性。

三、关税的种类

动漫视频

进口关税

（一）按照征收的对象或商品流向分类，分为进口税、出口税和过境税

1. 进口税

进口税（Import Duties）是进口国家的海关在外国商品输入时，根据《海关税则》对本国进口商所征收的关税。进口税又称为正常关税或进口正税。进口税一般在外

国货物直接进入关境或国境时征收，或者外国货物由自由港、自由贸易区或海关保税仓库等提出投入进口国的国内市场时征收。根据进口税税率不同，进口税分为普通关税和优惠关税两种。

(1)普通关税。普通关税(Ordinary Customs Duties)，又称一般关税，是指一国政府对与本国没有签署友好协定、经济互助协定的国家和地区按普遍税率征收的关税。普通税率通常为一国税则中的最高税率，一般比优惠税率高1～5倍。目前仅有极少数国家实行这种税率，大多数国家只是将其作为其他优惠税率减税的基础。因此，普通税率并不是被普遍实施的税率。

(2)优惠关税。优惠关税(Preferential Duties)又称优惠税率，是指对来自特定受惠国的进口货物征收的低于普通税率的优惠税率关税。优惠进口关税的税率一般比较低。优惠进口关税包括特惠关税、最惠国关税和普惠关税。①特惠关税是指一国对来自有特殊关系国家的进口商品规定特别优惠税率的关税。这种优惠待遇通常不得根据最惠国待遇给予任何第三国。②最惠国关税适用于从与进口国签订有最惠国待遇条款的贸易协定的国家或地区所进口的商品。最惠国税率是互惠的且比普通税率低，有时甚至差别很大。例如，美国对进口玩具征税的普通税率为70%，而最惠国待遇仅为6.8%。由于实际上大多数国家加入了签订有多边最惠国待遇条约的世界贸易组织，或者通过个别谈判签订了双边最惠国待遇条约，因此这种关税税率实际上已成为正常的关税税率。③普惠关税(可称为“普惠制”)是普遍优惠制(Generalized System of Preferences，GSP)的简称，是发达国家给予发展中国家出口的制成品和半制成品(包括某些初级产品)普遍的、非歧视的、非互惠的一种关税优惠制度，税率一般比最惠国关税税率低约1/3。普遍性、非歧视性和非互惠性是普惠制的三项基本原则。“普遍性”是指发达国家对所有发展中国家出口的制成品和半制成品都给予普遍的优惠待遇；“非歧视性”是指所有发展中国家都不受歧视，无例外地享受普遍优惠的待遇；“非互惠性”是指发达国家单方面给予发展中国家的关税优惠，而发展中国家不给反向优惠。

我国属于发展中国家，是受惠国之一，我国可充分利用普惠制所给予的关税减免来增强本国出口制成品的竞争力，扩大本国产品的出口，增加出口收益，吸引外商投资，促进本国工业化进程，加速国民经济的增长。

为了能够充分利用普惠制，在实践中应注意解决好以下问题：

首先，加大普惠制知识和作用的宣传，提高外贸企业利用普惠制的自觉性、主动性和利用率。有的外贸企业对普惠制的作用没有认识或认识不足，因而普惠制利用率不高。其主要表现是：外贸企业不能主动地申办和向外商提供普惠制原产地证书；即使提供了证书，也不知从外商那里获得多少关税减免。因此，我们必须加大普惠制方面知识和作用的宣传，提高外贸企业利用普惠制的自觉性、主动性和利用率。

其次，全面掌握各给惠国的给惠方案，最大限度地利用普惠制。给惠方案一般包括给惠产品范围、关税减免幅度、保护措施、原产地规则、受惠国家名单、有效期，其中最重要的是给惠产品范围、关税减免幅度和原产地规则。各给惠国在这些方面的规定又不尽相同，因此，我们只有把这些情况弄清楚了才能做到有的放矢。

最后，提高产品的技术水平和国产化率，正确使用原产地规则。原产地标准有加工标准和百分比标准。加工标准是根据制成品中包含进口成分的变化来确定进口成分是否发生实质性改变的标准，欧盟、日本等使用这一标准。百分比标准是按照进口成分占制成品的百分比来确定制成品是否发生实质性改变的标准，目前绝大多数国家采用这种标准。我国的出口产品只有符合原产地标准的规定才能享受普惠制的关税减免，因此，我国必须在不断提高产品技术水平的基础上，尽量采用国产零部件，加速产品的国产化。

视野拓展 4—1　　“普惠制待遇”的前世今生

普惠关税制是由联合国贸易和发展会议于1964年提出，是发展中国家经过长期的斗争后获得的胜利成果。1968年第二届联合国贸易与发展会议上通过了建立普惠制的决议。1971年7月，欧洲共同市场首先制定了普惠制方案。自1978年普惠制实施以来，先后有40个国家给予我国普惠制关税优惠。根据给惠国的原产地规则和有关要求，我国海关为企业签发优惠原产地证书，为出口产品享受普惠制优惠提供官方证明。给予过我国普惠制关税优惠的国家分别为：欧盟27国，英国、欧亚经济联盟3国，以及土耳其、乌克兰、加拿大、瑞士、列支敦士登、日本、挪威、新西兰、澳大利亚。美国未给予过普惠制。

随着我国经济社会发展和综合实力的提升等因素，从2014年开始，欧盟、英国、瑞士、土耳其、欧亚经济联盟、日本、加拿大等陆续通报取消对我国普惠制待遇。2014年7月1日起，瑞士停止对中国的普惠优惠。2019年4月1日起，日本停止对中国货物的普惠制给惠。2021年10月12日起，俄罗斯、哈萨克斯坦、白俄罗斯(欧亚经济联盟成员国)取消对中国的关税优惠。自2021年12月1日起，我国海关不再对出口欧盟成员国、英国、加拿大、土耳其、乌克兰等32个国家的货物签发普惠制原产地证书。保留给予我国普惠制待遇的国家还有三个，分别是挪威、新西兰、澳大利亚3国。此次海关总署公告，正是对这些已取消对中国普惠制待遇的国家作出的相应调整，停止签发“普惠制”待遇原产地证书。

取消普惠制待遇，暂时会让一些我国出口企业失去关税优惠，带来一定的压力。但总体来说，这种影响是有限的：由于中国制造产品的竞争力越来越强，单纯的关税政策已经很难影响到中国产品国际贸易的全局，因此并不会影响我国出口企业未来长期对更大市场机会的争取。

近年来，我国积极推进与各国的自贸协定谈判。一大批自贸协定陆续生效，释放了政策红利，也在一定程度上抵消了“普惠制”待遇取消的消极影响。

2. 出口税

出口税(Export Duties)是指出口国家的海关对本国出口的商品所征收的一种关税。国家征收出口税的目的是增加本国财政收入，限制本国短缺产品的出口，以满足国内市场的需求。如果是前一种目的，征收出口税就会增加商品的成本，势必提高本国商品在国外市场上的销售价格，降低商品的竞争力，不利于扩大出口。因此，现在很多发达国家除第二种情况之外，一般不征收出口税。我国历来采用鼓励出口的政策，但为了控制一些商品的出口量，采用了对极少数商品征收出口税的办法。被征收出口税的商品主要有生丝、有色金属、铁合金、绸缎等。

3. 过境税

过境税(Transit Duties)是指一国对于通过其关境的外国货物所征收的关税。现在大多数国家不征收过境税，只征收少量的准许费、印花费、登记费和统计费等。这是因为：过境货物对本国生产和市场没有影响，所征的税率也很低，对财政收入的意义不是很大；如果征收过境税将会减少外国货物经过本国的过境流量，从而会影响本国交通事业的发展和交通运输方面的收入，得不偿失。

(二)按照差别待遇和特定的实施情况分类，分为进口附加税、差价税、特惠税和普遍优惠制

1. 进口附加税

进口附加税(Import Surtaxes)是指进口国海关对进口商品，除了征收一般进口税外，临时根据某种目的再加征进口税。进口附加税通常是一种特定的临时性措施，是限制商品进口的重要手段。其目的主要有应付国际收支危机、维持进出口平衡、防止外国商品低价倾销、对某国实行歧视或报复政策等。因此，进口附加税又称特别关税。其主要有以下两种：

(1)反补贴税。反补贴税(Counter-veiling Duties)又称为反津贴税、抵消税或补偿税，是对直

接或间接地接受补贴或奖金的外国商品进口所征收的一种进口附加税。征收反补贴税的目的在于增加进口商品的成本，抵消出口国对该项商品所作补贴的鼓励作用，确保进口国市场和生产的稳定。

《关税与贸易总协定》第 6 条有关反补贴税方面的规定，主要有以下几点：①补贴的后果会对国内某项已建的工业造成重大损害或产生重大威胁，或对国内某一工业的新建造成严重阻碍，才能征收反补贴税；②反补贴税的征收不得超过“补贴数额”；③对于受到补贴的倾销商品，进口国不得同时对它既征收反倾销税又征收反补贴税；④在某些例外情况下，如果延迟将会造成难以补救的损害，进口国可在未经缔约国全体事前批准的情况下，征收反补贴税，但应立即向缔约国全体报告，如未获批准，这种反补贴应立即予以撤销；⑤对产品在原产国输出国所征的税收，在出口时退还或因出口而免税，进口国对这种退税或免税不得征收反补贴税；⑥对初级产品给予补贴以维持或稳定其价格而建立的制度，如符合该项条件，不应作为造成了重大损害来处理。

【注意】 反补贴税税额一般按奖金或补贴的数额征收，不得超过该产品接受补贴的净额，且征税期限不得超过 5 年。

(2)反倾销税。反倾销税(Anti-dumping Duties)是对实行商品倾销的进口商品所征收的一种进口附加税。倾销是指进口商品以低于正常价格甚至成本价格在进口国市场上销售的行为。由于商品价格低于正常价格，从而对进口国的同类产品造成重大损害，出于保护本国工业和市场的需要，须对倾销商品征收反倾销税，抵制不正当的销售行为。

反倾销税的税额一般以倾销差额征收，其目的在于抵制商品倾销，保护本国的市场与工业。同时为防止进口国滥用反倾销进行不正当竞争，《关税与贸易总协定》第 6 条对倾销与反倾销规定：不得因抵消倾销或出口补贴，而同时对它既征收反倾销税又征收反补贴税。为了稳定初级产品价格而建立的制度，即使它有时会使出口商品的售价低于相同产品在国内市场销售的可比价格，也不应认为造成了重大损害。

反倾销税征收的关键是“正常价格”的确定。“正常价格”是指相同产品在出口国用于国内消费时在正常情况下的可比价格。如果没有这种国内价格，则是相同产品在正常贸易下向第三国出口的最高可比价格，或产品在原产国的生产成本加上合理的推销费用和利润。

案例应用 4—1　　美国对 3 国征镀锡钢反倾销税

案例精析

案例应用4-1

美国商务部 8 月 17 日表示，将对从中国、德国、加拿大进口的镀锡钢征收初步反倾销税，理由是中国、加拿大与德国的镀锡钢生产商在以低于“公平市场价格”的售价销售这些产品，即这些厂商在国外市场的售价，低于其在本国市场的售价。

美国单独对中国施加 122.5%的税率，明显是一种具有惩罚性和歧视性的措施，但客观来说，这也符合美国一贯的政策逻辑。专家表示，当前中国经济正处在快速复苏阶段，美国通过反倾销打压中国传统制造业，是非常阴险的做法。制造业涉及面广，并且能够解决不少就业，美方希望借此给中国经济施压。此外，在美国眼中，德国是仅次于中国，对美国出口有较大影响的国家，所以这次连带打击德国，而加拿大只是象征性的“陪衬”。

资料来源：高雷、陈子帅：“美对 3 国征镀锡钢反倾销税，中国税率最高”，环球网，2023 年 8 月 19 日。

请问：什么是反倾销税？征收反倾销税的目的是什么？试着分析倾销的确定、损害的确定及两者之间的因果关系。

2. 差价税

差价税又称差额税，是指当某种产品国内外都能生产，且国内价格高于同类的进口商品价格时，为了保护国内生产和国内市场，削弱进口商品的竞争能力，按国内价格与进口价格之间的差额征收关税。差价税没有固定税率，它随着商品的国内外价格差额的变动而变动，因此是一种滑动关税。对于征收差价税的商品，有的规定按价格差额征收，有的规定在征收一般关税以外另行征收。与一般关税相比，差价税能够更有效地保护国内市场。

3. 特惠税

特惠税是指对从某个国家或地区进口的全部商品或部分商品，给予特别优惠的低关税或免税待遇。使用特惠税的目的是增进与受惠国之间的友好贸易往来。特惠税有的是互惠的，有的是非互惠的。税率一般低于最惠国税率和协定税率。

【提示】现在国际上实行的特惠税最主要的是洛美协定，它是欧盟向参加协定的非洲、加勒比海和太平洋地区的发展中国家单方面提供的特惠税。

4. 普遍优惠制

普遍优惠制简称普惠制，是发展中国家在联合国贸易和发展会议上进行长期斗争，在 1968 年通过建立普惠制决议之后取得的。该决议规定，发达国家承诺对从发展中国家或地区输入的商品，特别是制成品和半制成品，给予普遍的、非歧视的和非互惠的关税优惠待遇。

（三）按照征税的一般方法分类，分为从量税、从价税、混合税和选择税

1. 从量税

从量税(Specific Duties)是以商品的重量、数量、容量、长度和面积等计量单位为标准计征的关税。从量税的计算公式如下：

从量税额＝商品数量×单位从量税

各国征收从量税，大部分以商品的重量为单位来征收，但各国对应纳税的商品重量计算的方法各有不同。一般有毛重法、半毛重法和净重法。第二次世界大战以前，资本主义国家普遍采用从量税的方法计征关税。但第二次世界大战后，随着严重通货膨胀的出现和工业制成品贸易比重的加大，征收从量税起不到关税保护的作用，各国纷纷放弃了完全按从量税计征关税的做法。目前，完全采用从量税的发达国家只有瑞士。

2. 从价税

从价税(Ad Valorem Duties)是以进口商品的价格为标准计征的关税，其税率表现为货物价格的百分率。从价税额的计算公式如下：

从价税额＝商品总值×从价税率

从价税的一个关键问题是如何核定完税价格。完税价格是经海关审定作为计征关税依据的货物价格，是决定税额多少的重要因素。因此，如何确定完税价格是十分重要的。各国所采用的完税价格标准很不一致，大体上可概括为以下三种：①以成本加保险费、运费作为征税价格，即 CIF 价；②以装运港船上交货价作为征税价格，即 FOB 价；③以海关估价作为征税价格，即法定价格。

3. 混合税

混合税(Mixed or Compound Duties)又称复合税，是指对某些进口商品，既采用从量税又采用从价税的一种征税方法。在应用时有两种情况：一是以从量税为主，加征从价税；二是以从价税为主，加征从量税。混合税的计算公式如下：

混合税额＝从量税额＋从价税额

目前世界上大多数国家使用混合税，如主要发达国家美国、欧盟各国、加拿大、澳大利亚、日本等，以及一些发展中国家如印度、巴拿马等。

学中做 4－1

已知进口手表 5 600 只，完税价格为每只 95 美元，手表从价税率为 15%，从量税每只 13 美元，假如当时外汇牌价为：1 美元兑换 8 元人民币。

请问：从量税额、从价税额、混合税额应为多少美元？从价税额按人民币计算应为多少元？

解析：从量税额为：5 600×13＝72 800（美元）

从价税额为：5 600×95×15%＝79 800（美元）

混合税额为：72 800＋79 800＝152 600（美元）

从价税额按人民币计算：79 800×8＝638 400（元）

4. 选择税

选择税是指对于一种进口商品同时规定有从价税和从量税两种税率，在征税时选择其税额较高的一种征税。但有时为了鼓励某种商品进口，也会选择其中税额低者征收。选择税具有灵活性的特点，可以根据不同时期经济条件的变化、政府征税目的以及国别政策进行选择。选择税的缺点是征税标准经常变化，令出口国难以预知，容易引起争议。

四、海关税则

海关税则(Customs Tariff)又称关税税则，是一国对进出口商品计征关税的规章和对进出口的应税与免税商品加以系统分类的一览表，是征收关税的依据。关税税率表主要包括：税则号列、货物分类、货品名称、计算单位、税种、税目和税率。海关税则的主要种类如下：

(一)海关税则根据税率有无区别，分为单式税则和复式税则

1. 单式税则

单式税则(Single Tariff)又称一栏税则。这种税则，一个税目只有一个税率，对来自任何国家的商品一律适用，没有差别对待与歧视待遇。在资本主义自由竞争时期，各国都实行单式税则。到了垄断资本主义时期，很多国家为了在关税上实行差别与歧视待遇，或争取关税上的互惠，将单式税则改为复式税则。

2. 复式税则

复式税则(Complex Tariff)又称多栏税则。这种税则，在一个税目里有两个或两个以上的税率。对来自不同国家的进口商品，可适用不同的税率，实行差别待遇和贸易歧视政策。复式税则是由发达资本主义国家率先制定的，后来许多发展中国家为了保护本国的权益，也跟着实行复式税则。

(二)海关税则依据制定者和权限的不同，分为自主税则和协定税则

1. 自主税则

自主税则(Autonomous Tariff)又称国定税则，是指一国有权自主单独地制定和变更的税则。该税则适用于没有签订关税贸易协定的国家。

2. 协定税则

协定税则(Conventional Tariff)是指一国与其他国家或地区通过贸易与关税谈判，以贸易条约或协定的方式确定的关税税率。这种关税税率一国是无权加以变更的。一般来说，协定税率要低于自主税率。协定税则适用于签订了关税贸易协定的国家。

利用高额关税壁垒将外国大量商品挡在国门之外的有效前提是，世界未发生经济危机或者出口国的政府对出口商在经济上未给予支持。一旦世界发生了经济危机或出口国的政府为占领国外市场，而在经济上不惜代价地对出口商予以支持的话，那么关税壁垒的作用也就大大地减弱或者消失了。新的“矛”出现后，就必须有新的“盾”来对付，这个新的“盾”就是非关税壁垒。

任务三 非关税措施

一、非关税措施的概念和特点

(一)非关税措施的概念

非关税措施(Non-tariff Measures, NTMs)又称非关税壁垒,是与关税壁垒相对而言的,是指除关税措施以外的一切限制进口的各种措施。在 WTO 规则体系中,主要包括进口配额、自动出口限制、技术性贸易壁垒、反倾销、反补贴和保障措施等。

非关税壁垒与《关贸总协定》和世界贸易组织促进贸易自由化的宗旨是相违背的。《关贸总协定》较早就意识到这个问题,并在第七轮谈判"东京回合"中第一次把谈判矛头指向了非关税壁垒,提出减少、消除非关税壁垒,减少、消除这类壁垒对贸易的限制及不良影响,以及将此类壁垒置于更有效的国际控制之下等条款。但这些条款和协议往往是有保留的,并且非关税壁垒花样繁多、层出不穷,关贸总协定也不可能对每一种非关税壁垒都具体作出明确规定。因此,非关税壁垒越来越趋向采用处于总协定法律原则和规定的边缘或之外的歧视性措施,从而成为"灰色区域措施",以绕开《关贸总协定》的直接约束。

(二)非关税壁垒的特点

1. 隐蔽性

一般来说,关税税率制定后,各国政府会通过法律的形式对外公布,并严格执行。出口商通常通过查阅进口国海关税则,即可获得关税税率的相关信息,透明度高。非关税壁垒则完全不同,其措施往往不公开,或者规定极为烦琐复杂的标准和手续,使出口商难以对付和适应。它既能以正常的海关检验要求的名义出现,也可借用进口国的有关行政规定和法令条例,使之巧妙地隐藏在具体执行过程中无须作公开的规定。

2. 灵活性和针对性

关税税率制定必须通过立法程序,并要求一定的延续性和稳定性。如遇税率调整或更改,需经过较为烦琐的法律程序和手续。同时,关税税率的调整直接受到 GATT(WTO)的约束,各国海关不能随意提高关税以应付紧急限制进口的需要,因此关税壁垒的灵活性很差。但在制定和实施非关税壁垒措施上,通常采用行政程序,制定手续简单,其制定的程序也较迅速、简便,伸缩性大,能随时针对某种进口商品采取或更换相应的限制措施,表现出更大的灵活性和时效性。

3. 差别性和歧视性

一国在实施非关税壁垒时,往往针对某个国家采取相应的限制性的非关税措施,其结果大大增强了非关税壁垒的差别性和歧视性。

4. 有效性

关税壁垒的实施旨在通过征收高额关税提高进口商品的成本,它对商品进口的限制是相对的。而有些非关税壁垒对进口的限制是绝对的,如用进口配额等预先规定进口的数量和金额,超过限额就禁止进口。这种办法在限制进口方面更直接、更严厉,因而也更有效。

二、非关税措施的种类

非关税措施名目繁多、内容复杂,从其限制进口的方法来看,可分为直接限制和间接限制两种。所谓直接限制,是指进口国直接规定商品进口的数量或金额,或通过施加压力迫使出口国自己限制商品的出口,如进口配额制、"自动"限制出口、进出口许可证、外汇管制等。所谓间接限制,是指进口国利用行政机制，对进口商品制定苛刻的条例和标准，从而间接限制商品的进口，如进口押金制、外汇管制、最低进口限价、海关估价制度、歧视性政府采购政策以及有关健康、卫生、安全、环境等过于苛刻繁杂的标准等。目前，全球正在使用的非关税措施数量总计超过 250 万项，影响超过 78% 的全球贸易。

（一）进口配额制

动漫视频

进口配额

进口配额制（Import Quotas System）又称进口限额制，是一国政府在一定时期内，对进口的某些商品的数量或金额加以直接限制。在规定的期限内，配额以内的货物可以进口，超过配额的不准进口，或者征收较高关税后才能进口。因此，进口配额制是许多国家实行进口数量限制的重要手段之一。进口配额制主要有绝对配额和关税配额两种形式。

1. 绝对配额

绝对配额（Absolute Quotas），是指在一定时期内，对某些商品的进口数量或金额规定一个最高限额，在这个限额内允许进口，达到这个限额后，便不准进口。绝对配额按照其实施方式的不同，又有全球配额、国别配额两种形式。

（1）全球配额（Global Quotas or Unallocated Quotas）。它属于世界范围内的绝对配额，对某种商品的进口规定一个总的限额，对来自任何国家或地区的商品一律适用。具体做法是，一国或地区的主管当局在公布的总配额之内，通常按进口商的申请先后或过去某一时期内的进口实际额发放一定的配额，直至总配额发完为止，超过总配额就不准进口。同时，邻近国家或地区因地理位置接近的关系，到货较快，比较有利，而较远的国家或地区就处于不利地位。这种情况使进口国家在限额的分配上难以贯彻国别政策，因而不少国家转而采用国别配额。

（2）国别配额（Country Quotas）。即政府不仅规定了一定时期内的进口总配额，而且将总配额在各出口国家和地区之间进行分配。与全球配额不同的是，实行国别配额可以很方便地贯彻国别政策，具有很强的选择性和歧视性。实行国别配额可以使进口国家根据它与有关国家或地区的政治和经济关系给予对方不同的额度。为了区分来自不同国家和地区的商品，通常进口国规定进口商必须提交原产地证明书。

国别配额又分为自主配额和协议配额。

①自主配额（Autonomous Quotas）又称单方面配额，是指由进口国家完全自主地、单方面地强制规定在一定时期内从某个国家或地区进口某种商品的配额。自主配额由进口国家自行制定，无须征求输出国家的同意。由于分配额度的差异往往引起某些出口国家或地区的不满或报复，为缓解由此产生的矛盾，有些国家便采用协议配额。

②协议配额（Agreement Quotas）又称双边配额，是指由进口国家与出口国家政府或民间团体之间协商确定的配额。由于这种配额是进出口双方协商确定的，因此双方也就不会有大的矛盾，执行起来也就比较容易。协议配额如果是通过双方政府的协议订立的，一般需在进口商和出口商中进行分配；如果配额是双边的民间团体达成的，应事先获得政府许可才能执行。

【提示】 在一般情况下，绝对配额用完后就不准进口。但有些国家为满足某种特殊的需要，也可另行确定额外的特殊配额。

2. 关税配额

关税配额（Tariff Quotas），是指对进口商品的绝对数额不加以限制，而是在一定时期内，在规定配额以内的进口商品，给予低税、减税或免税待遇；对超过配额的进口商品则征收较高的关税，或征收附加税或罚款。

关税配额按进口商品的来源，可分为全球性关税配额和国别关税配额。按征收关税的目的，可分为优惠性关税配额和非优惠性关税配额。前者对关税配额内进口的商品给予较大幅度的关税减让，甚至免税，而对超过配额的进口商品则征收原来的最惠国关税税率。欧共体（欧盟）在普惠制实施中所采取的关税配额就属此类。后者在关税配额内仍征收原来的进口税，但对超过配额的进口商品，则征收极高的附加税或罚款。

【提示】2024 年 4 月 26 日第十四届全国人民代表大会常务委员会第九次会议通过，自 2024 年 12 月 1 日起施行的《中华人民共和国关税法》第十四条规定：实行关税配额管理的进出口货物，关税配额内的适用关税配额税率，有暂定税率的适用暂定税率。

（二）“自动”出口限制

“自动”出口限制（Voluntary Export Quotas），是指出口国在进口国的要求和压力下，“自动”规定在某一时期内某些商品对该国的出口限额，在该限额内自行控制出口，超过限额即禁止出口。“自动”出口限制和进口配额制虽然从实质上都是通过数量限制来限制进口，但仍有许多不同之处。这表现在：①从配额的控制方面看，进口配额制由进口国直接控制进口配额来限制商品的进口，而“自动”出口限制则由出口国直接控制配额，限制一些商品对指定进口国家的出口，因此是一种由出口国适时地为保护进口国生产者而设计的贸易政策措施。②从配额表现形式看，“自动”出口限制表面上好像是出口国自愿采取措施控制出口，而实际上是在进口国的强大压力下才采取的措施，并非真正出于出口国的自愿。③从配额的影响范围看，进口配额制通常应用于一国大多数供给者的进口，而“自动”出口限制仅应用于几个甚至一个特定的出口者，具有明显的选择性。那些未包括在“自动”出口限制协定中的出口者，可以向该国继续增加出口。④从配额适用时限来看，进口配额制适用时限相对较短，往往为 1 年，而“自动”出口限制较长，往往为 3～5 年。

“自动”出口限制主要有两种形式：

（1）非协定的“自动”出口限制。它是指出口国政府并未受到国际协定的约束，自愿单方面规定对有关国家的出口限额，出口商必须向政府主管部门申请配额，在领取出口授权书或出口许可证后才能出口。也有的是出口厂商在政府的督导下“自动”控制出口。

（2）协定的“自动”出口限制。它是指进出口双方通过谈判签订“自限协定”或“有秩序销售协定”，规定一定时期内某些商品的出口配额。出口国据此配额发放出口许可证或实行出口配额签证制，自愿限制商品出口，进口国则根据海关统计进行监督检查。目前，“自动”出口配额大多属于这一种。

（三）进口许可证制

进口许可证制（Import Licence System），是指国家规定某些商品进口，必须得到批准，领取许可证后方能进口的措施。没有许可证的商品一律不准进口。许可证常与配额外汇管理等结合使用。进口许可证可分为以下几种：

进口许可证按照其与进口配额的关系，可分为两种：

（1）有定额的进口许可证，即进口国预先规定有关商品的进口配额，然后在配额的限度内，根据进口商的申请对每笔进口货物发给一定数量或金额的进口许可证，配额用完后即停止发放。

（2）无定额的进口许可证，这种许可证不与进口配额相结合，即预先不公布进口配额，只是在个别考虑的基础上颁发有关商品的进口许可证。由于这种许可证的发放权完全由进口国主管部门掌握，没有公开的标准，因此更具有隐蔽性，给正常的国际贸易带来困难。

进口许可证按照进口商品的许可程度，可分为两种：

（1）公开一般许可证，又称自动进口许可证，对进口国别没有限制。属于这类许可证的商品，只要进口商填写一般许可证后便可以进口。

（2）特别许可证，又称非自动进口许可证，进口商必须向政府机构提出申请，经严格审查批准后方可进口。这种许可证大多规定进口国别和地区。

(四)外汇管制

外汇管制(Foreign Exchange Control),是指一国政府通过法令对外汇买卖加以限制的一种制度。在外汇管制的国家,出口商必须把出口所得的外汇收入按官方汇率卖给国家的外汇管制机构;进口商进口商品时,必须向外汇管制机构按官方汇价申请购买外汇,只有经外汇管制机构批准的进口商才能购买到批准额度的外汇。这样国家就可以通过确定的汇价,集中外汇收入和控制外汇供应数量等办法限制商品进口的数量、种类和进口国别,达到管制进口的目的。外汇管制一般有以下几种方式:

(1)数量外汇管制。数量外汇管制是指国家外汇管理机构对外汇买卖的数量直接进行限制和分配。有些国家还规定,进口商必须获得进口许可证后,方可购买所需的外汇。

(2)成本外汇管制。成本外汇管制是指国家对外汇买卖实行复汇率制度,利用外汇买卖成本的差别来限制和鼓励某些商品进口或出口。其主要原则是:对于国内需要而又供应不足或不生产的重要商品的进口,适用较为优惠的汇率;对于国内可大量供应的和非重要的商品进口,适用一般汇率;对于奢侈品和非必需品的进口,适用最高汇率。对于缺乏国际竞争力但又要扩大出口的某些出口商品,给予较为优惠的汇率;对于其他一般商品出口,适用一般汇率。

(3)混合外汇管制。混合外汇管制是指同时采用数量和成本的外汇管制,对外汇实行更为严格的控制,以控制商品的进出口。

(五)歧视性政府采购政策

歧视性政府采购政策(Discriminatory Government Procurement Policy),是指国家制定法令,规定政府机构在采购时要优先购买本国产品的做法。由于政府采购数量较大,政府采购本国商品使得进口商品受到歧视。如美国《购买美国货法案》规定:凡是美国联邦政府采购的货物,应该是美国制造的,或者是用美国原料制造的。只有在美国自己生产的商品数量不够时,或者国内价格过高,或者不买外国商品就会伤害美国利益的情况下,才能购买外国商品。

(六)进口押金制

进口押金制(Advanced Deposit),又称进口存款制。在这种制度下,进口商在进口商品时,必须预先按进口金额的一定比例和规定的时间,在指定的银行无息存入一笔现金,才能进口。这样就增加了进口商的资金负担,影响了资金的周转,从而起到了限制进口的作用。

(七)最低限价和禁止进口

最低限价(Minimum Price),是指一国政府规定某种进口商品的最低价格,若进口商品低于最低价,则禁止进口(Prohibitive Import)或征收进口附加税。有个别国家采用所谓最低限价的办法来限制进口,如 1985 年智利对绸布进口规定每千克的最低限价为 52 美元,低于此限价,将征收进口附加税。

(八)进出口国家垄断

进出口国家垄断(Import and Export State Monopoly),是指为推行非关税壁垒,对某些商品的进出口实行国家垄断经营。其经营形式包括国家直接经营及把商品的进出口权正式委托给某个垄断组织经营。这是国家资本在对外贸易方面的一种表现。具体做法是:①由国营贸易公司或专设机构在国外购买某些产品,然后低价出售给本国垄断组织;②在国内向垄断组织高价收购某些产品,然后以低价在国外市场倾销。

(九)国内税

国内税(Domestic Tax),是指一国政府对本国境内生产、销售、使用或消费的商品所征收的各种税收,如周转税、零售税、消费税、销售税等。任何国家对进口商品不仅要征收关税,还要征收各种国内税。在征收国内税时，可以对国内外产品实行不同的征税方法和税率，以增加进口商品的纳税负担，削弱其与国内产品竞争的能力，从而达到限制进口的目的。

（十）专断的海关估价

海关为了征收关税而确定进口商品的完税价格的制度称为海关估价制。专断的海关估价（Customs Valuation），是指某些国家为了达到增加进口商品的关税负担，阻碍商品进口的目的，根据某些特殊规定，人为地提高某些进口商品的海关完税价格。

在各国专断的海关估价制度中，以"美国售价制"最为典型。所谓美国售价制，是指美国海关按照进口商品的外国价格（进口商品在出口国国内销售市场的批发价）或出口价格（进口商品在来源国市场供出口用的售价）两者之中较高的一种进行征税。这实际上提高了缴纳关税的税额。

（十一）技术性贸易壁垒

技术性贸易壁垒（Technical Barriers to Trade），是指以国家或地区的技术法规、协议、标准和认证体系（合格评定程序）等形式出现，涉及的内容广泛，涵盖科学技术、卫生、检疫、安全、环保、产品质量和认证等诸多技术性指标体系，运用于国际贸易中，呈现出灵活多变、名目繁多的规定。由于这类壁垒大量地以技术面目出现，因此常常会披上合法外衣，成为当前国际贸易中最为隐蔽、最难对付的非关税壁垒。

WTO《技术性贸易壁垒协议》将技术性贸易壁垒分为技术法规、技术标准和合格评定程序。

（1）技术法规。技术法规是规定强制执行的产品特性或其相关工艺和生产方法，包括可适用的管理规定在内的文件，如有关产品、工艺或生产方法的专门术语、符号、包装、标志或标签要求。

（2）技术标准。技术标准是经公认机构批准的、规定非强制执行的、供通用或反复使用的产品或相关工艺和生产方法的规则、指南或特性的文件。

【注意】技术法规与技术标准性质不同，区别是前者具有强制性，而后者是非强制性的。

（3）合格评定程序。合格评定程序是指按照国际标准化组织的规定，依据技术法规和标准，对生产、产品、质量、安全、环境等环节以及对整个保障体系进行全面监督、审查和检验，合格后由国家或国外权威机构授予合格证书或合格标志，以证明某项产品或服务符合规定的标准和技术规范。合格评定程序包括产品认证和体系认证两个方面：产品认证是指确认产品是否符合技术规定或标准的规定；体系认证是指确认生产或管理体系是否符合相应规定。当代最流行的国际体系认证有ISO9000质量管理体系认证和ISO14000环境管理体系认证。

（十二）卫生检疫规定

卫生检疫规定（Health and Sanitary Regulation），是指进口国打着保证人民健康的旗号，制定十分复杂、严格且经常变化的检疫规定，使外国产品难以满足其要求，从而起到限制外国商品进口的作用，如日本对茶叶农药残留量规定不超过百万分之0.2～0.5。

（十三）商品包装和标签的规定

商品包装和标签的规定（Packing and Labelling Regulation），是指一些发达国家对进口商品的包装和标签的内容加以严格的规定。不符合要求的要按规定重新改换包装和标签，以达到增大进口商品成本，阻止商品进口的目的。

许多国家除了采用关税壁垒和非关税壁垒限制进口外，还采取各种鼓励出口的措施来扩大出口并占领国外市场。另外，出于政治、经济和军事方面的原因，一些国家对某些重要资源和战略物资，实行单方面的或多边的出口管制，限制或禁止出口。

做中学4-1　　知识经济背景下的国际贸易壁垒

进入21世纪，随着WTO谈判成果在贸易自由化领域内的扩大以及各国经济的发展、科技的进步，贸易壁垒呈现出一系列新的变化特征。随着知识经济的深化发展，贸易壁垒的基础由传统的政策手段升级为技术和知识等“新经济”时代的手段。这些新措施包括：WTO的《技术性贸易壁垒协议》允许成员基于合理的目的而采取技术壁垒措施；为了保护环境和人类的生命安全而采取环境壁垒；在服务和投资领域形成的限制过分自由化的措施；随着投资的不断发展而形成的“反规避”措施等，这些都是在新时期、新的历史条件下形成的较为复杂的贸易壁垒。

非关税壁垒措施随着国际贸易环境的变化，其表现形式“推陈出新”，并发挥着自身独特的作用。当前，随着中国对外贸易地位迅速提升，非关税措施的作用变得越发不可小视。

技术性贸易壁垒日益成为非关税壁垒“主角”。在科技不断创新、消费者对产品安全及品质要求提升、国际商业活动日趋活跃以及社会与环保议题更加受到重视等背景下，以技术性贸易措施为代表的新型非关税措施大量涌现，并被广泛采用。它们对国际贸易的规模及流向产生了相当复杂的影响，也使得非关税措施的运用出现了前所未有的变化。在众多的非关税措施中，技术性贸易措施（包括技术性贸易壁垒和动植物卫生检验检疫）、海关及行政管理程序、市场准入中与竞争有关的限制性措施、进口许可、补贴、贸易救济措施（包括反倾销税、反补贴税、保障措施）等，构成了国际贸易的主要壁垒。

如同技术的扩散一般，许多非关税壁垒措施起初是由发达国家提出并率先使用的，其中一些技术含量不高的非关税壁垒不久就被发展中国家“效仿”而成“泛滥”之势，如“反倾销”就是如此。而发达国家不断地凭借自己法治健全、技术领先等优势再研制和创造新的工具，致使非关税措施由传统措施向非传统措施转移。在选择贸易政策工具时，各国已经拥有了某种“经验性”的模式。要应对非关税措施的演变及影响，必须加强对非关税措施的研究，特别是要对WTO规则这本“洋经”进行透彻研究。密切关注主要贸易伙伴，对可能产生的影响进行详细而科学的评估和分析。特别重视新形势下出现的与“标准”有关的非关税措施，了解和研究各种国际标准，包括质量标准、技术标准、环保标准等。

资料来源：关建波、王绍媛主编：《国际贸易教学案例》，东北财经大学出版社2023年版。

分析提示

做中学4-1

请问：非关税壁垒与关税壁垒相比具有哪些特点？非关税壁垒措施主要包括哪些？中国应该如何应对外部发起的各项非关税壁垒措施？

任务四 鼓励出口措施

鼓励出口措施是指出口国政府通过经济、行政和组织等方面的措施，促进本国商品的出口，开拓和扩大国外市场。它在形式上与进口限制有所不同，隐蔽性较强。在当今国际贸易中，各国鼓励出口的做法很多，涉及经济、政治、法律等许多方面，运用财政、金融、汇率等经济手段和政策工具，既有微观方面，又有宏观方面。在这里，主要从国家宏观经济政策方面论述鼓励出口的措施，其中主要有以下几种：

一、出口补贴

出口补贴（Export Subsidies），又称出口津贴，是一国政府为降低出口商品的价格，加强其在国外市场上的竞争能力，在出口某种商品时给予出口厂商的现金补贴或财政上的优惠待遇。

出口补贴的方式有以下两种：

（一）直接补贴

直接补贴（Direct Subsidy），是指出口某种商品时，直接付给出口厂商的现金补贴。这种补贴主要来自财政拨款。其目的是弥补出口商品国内价格高于国际市场价格给出口商所带来的亏损，或者补偿出口商所获利润率低于国内利润率所造成的损失。有时候，补贴金额还可能大大超过实际的差价或利差，这已包括出口奖励的意味，与一般的出口补贴不同。

（二）间接补贴

间接补贴（Indirect Subsidy），是指政府对某些出口商品给予财政上的优惠。例如，退还或减免出口商所缴纳的销售税、消费税、所得税等国内税；对进口原料或半制成品加工再出口给予暂时免税或退还已缴纳的进口税；免征出口税；对出口商实行延期付税、减低运费、提供低息贷款，以及对企业开拓国际市场提供补贴等。其目的仍然在于降低出口商品价格，以有效地打进国际市场。

应当指出的是，由于各国都执行奖出限入的政策，纷纷采取形形色色的补贴措施以促进本国产品出口，而进口国政府往往采用征收反补贴税的手段来抵制和消除补贴行为对进口国有关产业的不利影响，因此补贴与反补贴已成为当今国际经济贸易关系中的一个突出问题。

二、出口信贷

动漫视频

出口信贷

出口信贷（Export Credit），是指出口国为了支持本国产品的出口，增强国际竞争力，在政府的支持下，由本国专业银行或商业银行向本国出口商或外国进口商（或银行）提供较市场利率略低的贷款，以解决买方支付进口商品资金的需要。国际贸易中，卖方同意买方在收到货物后可以不立即支付全部货款，而在规定期限内付讫由出口方提供的信贷，是奖励出口的一种措施。通常将 1～5 年期限的出口信贷列为中期，将 5 年以上者列为长期。

【提示】中、长期出口信贷大多用于金额大、生产周期长的资本货物，主要包括机器、船舶、飞机、成套设备等。

【注意】出口国官方机构、商业银行为支持本国出口向本国出口商提供的信贷不属于国际出口信贷范围。

（一）出口信贷在国际贸易中的作用

出口信贷是垄断资本争夺市场、扩大出口的一种手段。第二次世界大战后，出口信贷发展迅速。20 世纪 70 年代初，主要资本主义国家提供的出口信贷约为 110 亿美元，到 70 年代末已增至 320 亿美元以上。其产品的国际贸易额增长也最为迅速，例如，1955—1971 年国际贸易总额约增长 2 倍，而机器设备的贸易则增长 34 倍以上。生产和贸易的迅速增长，要求资金融通规模也相应扩大，而市场问题的尖锐化更促使主要资本主义国家加紧利用出口信贷来提高自己的竞争能力。机器设备的国际贸易，除了在发达资本主义国家之间有了很大增长外，发展中国家以及苏联、东欧国家也是机器设备的大买主，它们也都有增加利用出口信贷的需要。因此，第二次世界大战后，出口信贷在国际贸易中的作用大为提高。

（二）出口信贷的方式

（1）卖方信贷（Supplier's Credit）。它是指由出口方银行向出口厂商（卖方）提供的贷款，其程序如图 4－1 所示。这种贷款合同由出口商与出口地银行签订。卖方信贷通常用于成套设备、船舶等大型商品的出口和大型工程项目。对于这些货款，买方一般要求延期付款。出口信贷可起到不影响出口厂商的资金周转，并满足买方延期付款的要求，提高商品出口竞争力的作用。这种贷款方式对出口商来说风险比较大，因而便产生了买方信贷。

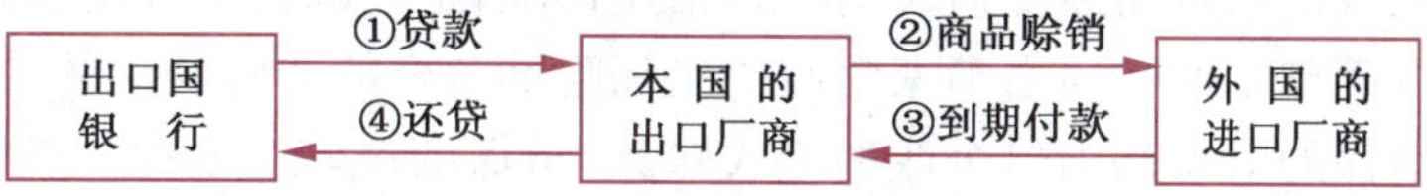

图 4－1 卖方信贷程序

(2)买方信贷(Buyer's Credit)。它是指由出口方银行直接向进口厂商(买方)或进口方银行提供的贷款,其程序如图4—2和图4—3所示。这种贷款方式的附加约束条件是该项贷款必须用于购买债权国的商品,可以起到带动本国商品出口的作用。这种贷款方式对出口地银行来说风险比较大,因而便产生了出口信贷国家担保制。所以,买方信贷实际上是一种银行信用。

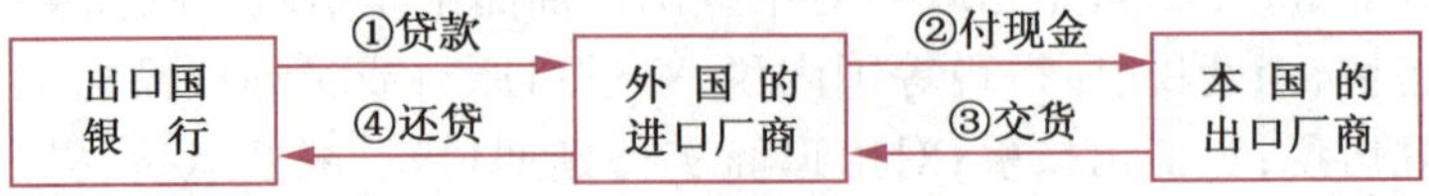

图4—2 向进口厂商提供的买方信贷程序

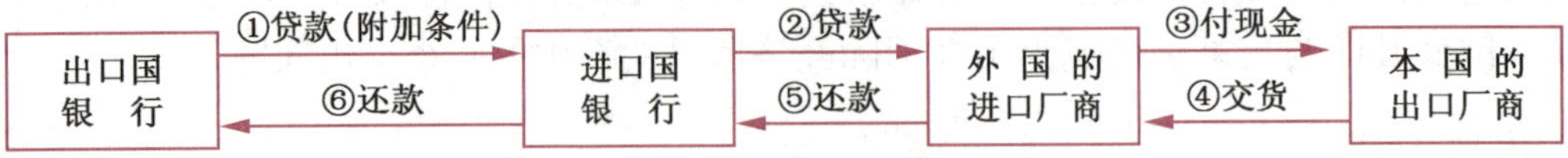

图4—3 向进口方银行提供的买方信贷程序

三、出口信贷国家担保制

出口信贷国家担保制(Export Credit Guarantee System),是指国家为了扩大出口,对于本国出口商或商业银行向国外进口商或银行提供的信贷,由国家设立的专门机构出面担保。国家担保制保险的范围不仅包括一般的商业性风险,还包括政治因素、外汇管制等引起的不能按时付款或拒绝付款的政治风险。通常担保机构对进口国发生政变、暴乱、战争以及政府实行禁运或限制对外支付等政治风险的担保金额为合同金额的85%～95%;对进口商或借款银行因破产无力偿付、货币贬值、通货膨胀等经济风险的担保金额为合同金额的70%～80%。这项措施实际上是国家替代出口商承担风险,是扩大出口和争夺国外市场的一个重要手段。

出口信贷国家担保制的担保对象主要有两种:

(一)对出口厂商的担保

出口厂商输出商品时所需的短期或中长期信贷均可向国家担保机构申请担保。有些国家的担保机构本身不向出口厂商提供出口信贷,但可为出口厂商取得出口信贷提供有利条件。例如,有的国家采用保险金额的抵押方式,允许出口厂商将所获得的承保权利以"授权书"方式转移给供款银行而取得出口信贷,这种方式使银行提供的贷款得到安全保障,一旦债务人不能按期还本付息,银行可直接从担保机构得到补偿。

(二)对银行的直接担保

通常银行所提供的出口信贷都可申请担保。这种担保是担保机构直接对供款银行承担的一种责任。有些国家为了鼓励出口信贷业务的开展和提供贷款安全保障,往往给予银行更为优厚的待遇。

四、出口信用保险

出口信用保险(Export Credit Insurance),是承保出口商在经营出口业务的过程中因进口商的商业风险或进口国的政治风险而遭受损失的一种信用保险,是一国为了推动本国的出口贸易,保障出口企业的收汇安全而制定的一项由国家财政提供保险准备金的非营利性的政策性保险业务。

出口信用保险承保的对象是出口企业的应收账款,承保的风险主要是人为造成的商业信用风险和政治风险。①商业信用风险主要包括买方因破产而无力支付债务、买方拖欠货款、买方因自身原因而拒绝收货及付款等。②政治风险主要包括因买方所在国禁止或限制汇兑、实施进口管制、撤销进口许可证、发生战争、暴乱等出口信用保险方、买方均无法控制的情况，导致买方无法支付货款。这些风险是无法预计、难以计算发生概率的，因此也是商业保险无法承受的。

五、商品倾销

商品倾销(Dumping)，是指商品以明显低于正常价格的价格，在国外市场上大量抛售，以打击竞争对手，占领或巩固国外市场。根据《WTO反倾销协议》的规定，如果符合以下任何一条，则可以被确定是倾销行为：①低于相同产品在出口国正常情况下用于国内消费时的可比价格；②如果没有这种国内价格，则低于相同产品在正常贸易下向第三国出口的最高可比价格；③低于产品在原产国的生产成本加上合理的管理费、销售费、运输费等费用和利润。

商品倾销可分为三种：①偶然性倾销(Sporadic Dumping)。这种倾销通常是由于销售旺季已过，或因公司改营其他业务，在国内市场上不能售出“剩余商品”，而以较低的价格在国外市场上抛售。②间歇性或掠夺性倾销(Intermittent or Predatory Dumping)。这种倾销是以低于国内价格甚至低于生产成本的价格在国外市场销售商品，挤垮竞争对手后再以垄断力量提高价格，以获取高额利润。③持续性倾销(Persistent Dumping)。这种倾销又称为长期性倾销(Longrun Dumping)。这种倾销是无限期地、持续地以低于国内市场的价格在国外市场销售商品。

商品倾销可能会使出口商利润暂时减少甚至亏本，但他们可以采取以下的办法得到补偿：①在关税壁垒和非关税壁垒的保护下，维护该种商品在国内的高价，获得高额利润，以补偿出口亏损；②国家提供出口贴补以补偿出口商的倾销亏损；③通过倾销击败外国竞争者，垄断市场后，再抬高价格，以弥补倾销损失。

六、外汇倾销

外汇倾销(Exchange Dumping)，是指出口企业利用本国货币对外贬值的机会，以扩大出口、限制进口的措施。实行外汇倾销的国家往往也是外汇管制的国家。政府的金融管理当局，把本国货币值调到相当低的水平，即本币汇率下降、外币汇率上升后，这样，用一定数额的外国货币能兑换更多的本国货币，这使得以外币表示的本国出口商品价格降低，提高了出口商品在国际市场上的竞争能力，从而有利于扩大商品出口；同时，以本币表示的进口商品价格会上涨，从而削弱了进口商品的竞争能力，起到限制进口的作用。

外汇倾销不能无限制和无条件地进行，必须具备一定的条件才能起到扩大出口和限制进口的作用：①本国货币对外贬值的幅度大于国内物价上涨的幅度。本国货币对外贬值，由此带动国内物价普遍上涨，当出口商品价格上涨幅度超过货币对外贬值幅度时，外汇倾销的条件也不存在了。但国内物价上涨却有一个时滞，因此外汇倾销必须在国内价格尚未上涨或上涨幅度小于货币贬值幅度的前提下进行。②其他国家没有同时实行同等程度的货币贬值和采取其他报复性措施。如果其他国家也实行同幅度的贬值，那么两国货币贬值幅度就相互抵消，汇价仍处于贬值前的水平，而得不到货币对外贬值的利益。如果外国采取提高关税等其他限制进口的报复性措施，也会起到抵消的作用。

七、促进出口的组织措施

为了扩大出口，许多国家在组织方面采取的措施(Organizational Measures to Promote Exports)主要有：①成立专门的组织，研究和制定出口战略，扩大出口；②建立商业情报网，加强商业情报的服务工作；③组织贸易中心和贸易展览会；④建立贸易促进会，组织贸易代表团出访和接待来访；⑤组织对出口商品和厂家的评奖活动，提高它们的美誉度和知名度，树立良好的市场形象等。

八、经济特区

建立经济特区(Special Economic Zones)是一些国家为了发展繁荣本国经济和鼓励对外贸易，而采取的一项重要措施。经济特区是指一国在其国境之内、关境之外划出一定的范围，实行特殊的优惠政策，吸引外国企业从事贸易与出口加工工业活动的特殊区域。经济特区的具体形式有：①自由港或自由贸易区；②保税区；③出口加工区；④自由边境区；⑤过境区等。

任务五 出口管制措施

所谓出口管制(Export Control)，是指国家通过法令和行政措施，对本国出口贸易实行管理和控制。一般来说，世界各国都会实行鼓励出口的政策，但是，由于某些政治、经济和军事的目的，各国也可能对某些商品实行出口管制。

一、出口管制的对象

实行出口管制的商品主要有以下几个大类：①战备物资、尖端技术产品；②国内短缺物资；③某些古董、艺术品、黄金、白银等特殊商品；④为对某国实行制裁而向其禁止出口的产品；⑤“自动”控制出口的商品，缓和贸易摩擦；⑥实行出口许可证的商品；⑦象牙等珍稀动物药材、珍奇动物及其制品；⑧劳改犯人生产的产品。

二、出口管制的形式

(一)单方出口管制

单方出口管制是指某些国家根据本国的出口管制方案，成立专门的执行机构，对本国的商品出口实行审批和发放出口许可证，以此来进行出口管制。出口许可证根据出口管理的松紧程度分为一般许可证和特殊许可证两种。一般许可证项下的商品，出口管理较松，出口商事先无须向有关机构申请，只要在填写出口报关单时，填明管制货单上该商品的一般许可证编号，经海关核实，就可办妥一般出口许可证手续。特种许可证项下的商品，出口管理很严，出口商必须事先向有关机构申请，还须附上有关证件，经国家有关机构批准后，才能办理出口。

(二)多边出口管制

多边出口管制是指几个国家的政府为了共同的政治与经济目的，通过一定方式建立的国际性多边出口管制机构，商讨和编制多边出口管制的货单与出口管制的国别，规定出口管制的办法以协调相互的出口管制政策和措施。

巴黎统筹委员会是1949年11月由15个国家组成的一个国际性多边出口管制机构。这个委员会的主要工作是确定多边禁运货单和受禁国的国别或地区，确定禁运的审批程序及讨论例外程序、交换情报等。这个委员会曾对我国进行过长期的出口管制，于1994年4月初解散。

三、出口管制的措施

(一)出口许可证

出口许可证制度是指根据国家限制出口商品的宏观政策而制定的一种限制出口制度，以保证对外贸易有序顺利进行。

出口许可证是国家管理货物出境的法律凭证。凡实行出口许可证管理的商品，各类进出口企业应在出口前按规定向指定的发证机关申领出口许可证，海关凭出口许可证接受申报。出口许可证通常分为一般出口许可证、出口配额许可证和特殊许可证。①一般出口许可证是指国家对于一般性限制商品或非特殊商品采用的普通许可证。该许可证常用于一般类型或临时限制性商品，该类商品的出口管理较松。②出口配额许可证是指国家政府用以分配某种商品出口计划配额，自动配额而使用的许可证。③特殊许可证是用于一些特殊商品，国家重点限制商品的出口，如武器、核物资、先进技术资料等。该许可证申请、审批程序较为复杂。

（二）国家专营

国家专营又称国家垄断，是指某些贸易商品的生产与交易由政府指定的机构和组织直接掌控。通过专营，政府可以控制一些重要或敏感产品的进出口，寻求最佳的出口地理分布以及商品生产结构。对进出口商品的国家专营主要集中在三种商品上：第一类是烟和酒，因为烟和酒的税率较高，政府从烟和酒贸易中可以获取更多的财政收入；第二类是农产品，有些国家把对农产品的对外垄断作为国内农业政策措施的一部分；第三类是武器，其贸易一般由国家垄断。

（三）出口关税

与进口关税正好相反，出口关税是指针对某些特殊商品出口征收的税负。出口关税会影响商品的国内、国外价格和出口量。但这一政策要取得成功，取决于国内外的供求状况。

（四）出口配额

实行出口配额是政府限制出口的又一种政策，即控制出口商品的数量。有些出口配额是本国政府主动设立的，也有的配额是适应进口国政府的要求而设立的。

（五）禁止出口与贸易禁运

禁止出口一般是指一国对其战略物资或急需的国内短缺物资进行严格控制的主要手段。而贸易禁运则是一些国家为了制裁其敌对国家而实行的贸易控制措施。禁止出口往往针对所有或多数贸易伙伴，禁止只涉及本国出口原材料或初级产品，并不限制进口；而贸易禁运往往只针对某个或某些目标国家，所禁止的不仅是出口，而且禁止从这些国家进口。

综上所述，很多国家在对外贸易的措施上采取二元的价值标准：一方面采取关税壁垒和非关税壁垒限制外国商品进口；另一方面又采取各种鼓励措施扩大出口。其结果必然会形成相互封锁、相互报复，从而阻碍正常的国际贸易和世界经济的发展。为破除壁垒，化解矛盾，促进国际贸易和世界经济的发展，各国之间就必须通过谈判达成贸易条约、协定和建立各种贸易组织来协调规范各国的贸易行为。

应知考核

一、单项选择题

1. 按照征税的对象分类，关税可分为(　　)。

A. 进口税、出口税、过境税　　B. 进口税、进口附加税

C. 最惠国税、特惠税、普遍优惠税　　D. 财政关税、保护关税

2. 按照差别待遇和特定的实施情况，关税可分为(　　)。

A. 进口税、出口税和过境税　　B. 进口附加税、差价税、特惠税和普惠税

C. 从量税、从价税、混合税和选择税　　D. 财政关税和保护关税

3. 由出口国家直接控制某些商品对特定国家出口的贸易限制行为称为(　　)。

A. 绝对进口配额制　　B. 绝对出口配额制

C. “自动”出口配额制　　D. “自动”进口配额制

4. 进口关税是一种间接税，其税负最终由(　　)承担。

A. 进口商　B. 出口商　C. 消费者　D. 生产者

5. 关税配额的含义是指(　　)。

A. 对进口商品既有配额(超过配额,不许进口),又要征收进口关税

B. 对关税配额内的进口商品征收低关税,对关税配额外的进口商品征收高关税

C. 一国免税进出口的数量限额,超过限额的进出口要缴纳常规关税

D. 发达国家对发展中国家的进口优惠限额,超过限额的不能享受优惠待遇

6. 全球配额的含义是指(　　)。

A. 世界贸易组织发放的配额　B. 一国不限定进口国别的配额

C. 发达国家对发展中国家制定的配额　D. 发展中国家对发达国家制定的配额

7. 普惠关税是(　　)。

A. 发展中国家对从发达国家的进口税收优惠

B. 发达国家对从发展中国家进口的商品给予的税收优惠

C. 发展中国家对发达国家的出口税收优惠

D. 发达国家对从发展中国家进口的农产品给予的税收优惠

8. 普惠关税的主要原则之一"普遍的",其含义是(　　)。

A. 发展中国家应对发达国家出口的初级产品给予普遍的优惠待遇

B. 发展中国家应对发达国家出口的制成品和半制成品给予普遍的优惠待遇

C. 发达国家应对发展中国家出口的初级产品给予普遍的优惠待遇

D. 发达国家应对发展中国家出口的制成品和半制成品给予普遍的优惠待遇

9. 关税的税收主体是(　　)。

A. 纳税人　B. 课税对象　C. 征收机关　D. 消费者

10. 卖方信贷中出口方银行提供贷款的对象是(　　)。

A. 外国的进口厂商　B. 进口方的银行　C. 本国的出口厂商　D. 出口方的结算银行

二、多项选择题

1. 与关税措施相比,非关税措施的特点有(　　)。

A. 灵活性　B. 针对性　C. 歧视性　D. 隐蔽性

2. 保护贸易政策的形式包括(　　)。

A. 进口关税　B. 出口关税　C. 出口补贴　D. 进口配额

3. 按照倾销的具体目的和时间的不同,商品倾销形式包括(　　)。

A. 偶然性倾销　B. 掠夺性倾销　C. 国家性倾销　D. 持续性倾销

4. 按差别待遇和特定的实施情况划分,关税可以分为(　　)。

A. 进口附加税　B. 差价税　C. 特惠税　D. 普遍优惠税

5. 普惠关税的主要原则包括(　　)。

A. 非互惠原则　B. 公平竞争原则　C. 非歧视原则　D. 豁免与紧急行动原则

三、简述题

1. 简述当代贸易政策特征。

2. 简述贸易政策与经济发展战略。

3. 简述关税的作用、关税和非关税壁垒的特点。

4. 简述外汇倾销的条件。

5. 简述出口管制的措施。

应会考核

■ 观念应用

【背景资料】

中国终止对澳大利亚葡萄酒征收反倾销税和反补贴税

商务部发布关于原产于澳大利亚的进口相关葡萄酒所适用反倾销措施和反补贴措施复审裁定的公告，公告自2024年3月29日起执行。商务部裁定，鉴于中国相关葡萄酒市场情况发生变化，对原产于澳大利亚的进口相关葡萄酒征收反倾销税和反补贴税已无必要。

根据《中华人民共和国反倾销条例》第五十条和《中华人民共和国反补贴条例》第四十九条的规定，商务部向国务院关税税则委员会提出取消反倾销税和反补贴税的建议，国务院关税税则委员会根据商务部的建议作出决定，自2024年3月29日起，终止对原产于澳大利亚的相关葡萄酒征收反倾销税；终止征收反倾销税后，不征收反补贴税。

资料来源：http://www.china.com.cn，中国网。

【考核要求】

什么是反补贴、反倾销？其目的是什么？

■ 技能应用

非关税措施的应用

许多在美国销售的农产品必须符合美国的有关标准和认证要求。食品和药物的进口标准一般是在港口执行，不符合进口标准的予以扣留、销毁，或再加工和转口。对于活畜、肉类、禽类、畜产品、药物和新鲜农产品等方面的贸易，美国农业部制定了一些强制性标准，进入美国的肉、禽必须持有证书，证明符合美国检验标准方可进入美国市场。

值得一提的是，在农业和食品出口上，据商务部调查显示，我国有90%的企业受国外技术壁垒影响，造成每年损失约90亿美元，国外实施的技术壁垒已成为制约我国农产品出口的最大障碍。同时，国外技术壁垒对我国农产品还表现出严重的歧视性，检验标准远远超出了合理的范畴，有些国家还对进口产品和本国产品实施双重检疫标准，致使我国的出口产品遭受不公正的待遇，削弱了我国农产品的竞争优势。例如，欧盟禁止从我国进口动物源性产品的事件便是一个典型的双重标准案例。

【技能要求】

什么是技术性贸易壁垒？世贸组织的《技术性贸易壁垒协议》是如何规定的？

■ 案例分析

美元的量化宽松政策

美元的量化宽松政策的真实含义是“国家买单计划”。为什么称作国家买单计划，美国的债务不是美国民众造成的，是美国部分企业特别是金融业、房地产业与美国政府共同造成的。要维持社会的稳定，就必须得让民众生存，生存就要找活干，找活干，就必须得有企业存在。这是一个循环规律。这就体现了企业与民众的生存息息相关。但是，美国的债务逐渐增加，美国要是不尽快解决这些债务问题，那么美国的企业运转将最终失灵，美国的经济大厦将毁于一旦，并最终殃及全球经济。可是金融危机过后，许多国家受到不同程度的创伤，根本不可能帮助美国解决这个困境。于是美国人就想出了这个量化宽松“国家买单计划”。由美联储直接出资，购买各银行、企业、政府等债务与资产，使其账面债务不断减少。因为债务减少，使得各企业能够将本用于还债的钱拿出来投资或是创造就业。

【分析要求】

美国的量化宽松政策对美国自身有什么利与弊？

项目实训

【实训项目】

增强对国际货币体系的认识能力。

【实训情境】

● 目标。该项练习旨在帮助学生掌握国际贸易措施与行为约束方面的知识，增强学生对国际货币体系的认识能力，防止美元倾销给中国利益带来损失。

● 内容。学习和研究国际货币体系和国际储备体系从金本位制→金汇兑本位制→美元的演变过程，深刻认识美元极易贬值的原因。

● 时间。在讲完本项目内容之后，利用业余时间进行。

【实训任务】

1. 任务要求

(1)将班级同学分成若干读书和调研小组，每组确定正、副组长各1人。

(2)围绕内容研读国际金融方面的专著，并写出读书笔记，了解从第一次世界大战到1971年国际货币体系的演变过程。

(3)在学完金融知识之后，到当地中国银行进行美元贬值方面的调查。

(4)小组在班级交流。

2. 撰写《增强对国际货币体系的认识能力》实训报告。

《增强对国际货币体系的认识能力》实训报告		
项目实训班级：	项目小组：	项目组成员：
实训时间：　　年　　月　　日	实训地点：	实训成绩：
实训目的：		
实训步骤：		
实训结果：		
实训感言：		

项目五　国际贸易体制

● 知识目标

理解：关税与贸易总协定；世界贸易组织。
熟知：贸易条约与协定的概念和种类。
掌握：世界贸易组织成员间贸易争端解决机制；区域经济一体化。

● 技能目标

学生掌握中国加入世界贸易组织之后对我国的影响，掌握区域经济一体化的组织形式，认识国际贸易条约和协定的内容及区域经济一体化带来的机遇和挑战。

● 素质目标

学生能够具有较强的分析归纳能力，能够分析当今国际贸易体制热点问题；国际贸易体制的不断变革和创新为学生提供了广阔的舞台和机遇，培养学生具有创新精神和创业意识，为未来的职业生涯做好准备。

● 思政目标

培养学生深入理解全球化背景下的经济互动与依存关系，从而培养出全球视野和国际意识；强化学生的国家责任感和使命感，能够清晰地认识到自己在国家发展中的责任和使命，增强为国家利益服务的自觉性和主动性；增强对不同文化的理解和尊重，提升跨文化沟通和交流的能力。

● 项目引例

中国外贸“朋友圈”不断扩大

2023 年是《区域全面经济伙伴关系协定》(RCEP)全面生效的一年。在国新办日前举行的新闻发布会上，商务部有关负责人介绍了 2023 年 RCEP 成效及推进高标准自贸区建设相关内容。RCEP 生效两年来，中国与各成员国通力合作，区域贸易成本大幅降低，产业链供应链联系更加紧密，各成员国间的贸易往来更加密切，为区域经贸合作注入了强劲动力。

(1)主动对标先进经贸规则。在扩大面向全球的高标准自贸区网络方面，商务部 2023 年采取了一系列措施，取得了不菲成绩。中国自贸“朋友圈”不断扩大。中国已与 29 个国家和地区签署了 22 个自贸协定，占中国对外贸易总额的 1/3 左右。自贸区网络开放水平进一步提高。

(2)全面高质量实施RCEP。在关税减免方面,RCEP叠加中国和其他成员已经生效的双边自贸协定,为企业更好享惠创造了良好条件。RCEP是区域一体化建设的里程碑式成果,是区域国家共享发展机遇的生动范例。RCEP实施两年来,区域贸易成本大幅降低,产业链供应链联系更加紧密,为参与方带来实实在在的收益。

(3)积极推动更多合作谈判。目前中国积极推动加入《全面与进步跨太平洋伙伴关系协定》(CPTPP)和《数字经济伙伴关系协定》(DEPA),2022年8月成立中国加入DEPA工作组,到今天已经完成了10余轮的部级谈判、司局级谈判和技术层谈判,现在DEPA谈判方面已经完成了所有条款的初步探讨。

中国将继续在各个层级和CPTPP成员进行充分交流,包括利用G20、APEC这些多边国际会议场合和CPTPP成员国同行们进行深入交流。

资料来源:孔德晨:"中国外贸"朋友圈"不断扩大",《人民日报》(海外版),2024年1月31日。

● 引例讨论

请分析:中国外贸"朋友圈"不断扩大的原因以及为我国带来的优势。

【课程思政】通过本项目的学习,培养学生的全球视野和跨文化交流能力,引导学生理解国际贸易的公平、正义和共赢原则,增强国家意识和民族自豪感;培养学生的团队合作精神和责任感,使其在掌握国际贸易知识的同时,也形成正确的价值观和人生观。这不仅有助于提升学生的专业素养,而且对其个人成长和社会发展具有重要意义。

● 知识支撑

任务一 贸易条约与协定

一、贸易条约与协定的概念

贸易条约与协定(Commercial Treaties and Agreement),是指两个或两个以上的主权国家为确定彼此间的经济贸易方面的权利与义务而缔结的书面协议。

贸易条约与协定按照缔约国的多少,可分为双边和多边两种。由两个主权国家之间缔结的贸易条约与协定,称为双边贸易条约与协定;由两个以上主权国家共同缔结的贸易条约与协定,称为多边贸易条约与协定。这些贸易条约与协定一般反映了缔约国对外政策和对外贸易政策的要求,并为实现其对外政策和对外贸易政策的目的服务。

【提示】在贸易条约与协定中,通常所适用的法律待遇条款主要有最惠待遇条款、互惠条款和国民待遇条款。

二、贸易条约与协定的种类

(一)通商航海条约

通商航海条约(Treaty of Commerce and Navigation),是全面规定两国间经济、贸易关系的条约。其内容相当广泛,如关税征收、海关手续、船舶航行与使用港口的规定、双方公民和企业组织在对方国家所享受的待遇、知识产权的保护、关于进口商品征收国内税收的规定、关于铁路过境的规定、关于仲裁的规定等。通商航海条约是以国家或国家首脑的名义签订的、重要的综合性贸易条约,通常须经缔约国国内立法机构批准才能生效,条约的有效期限一般比较长。

(二)贸易协定

贸易协定(Trade Agreement),是两国或几国之间调整它们相互经济贸易关系的一种书面协议。贸易协定的主要内容通常包括：贸易额、双方出口货单、作价办法、使用的货币和支付方式、关税优惠、最惠国待遇和国民待遇等。依据贸易协定有效期的长短，有5年以上的长期贸易协定、1～3年的短期贸易协定和1年之内的年度贸易协定。贸易协定既可由主权国家的行政首脑签订，也可由国家的其他政府机构签订。

（三）贸易协定书

贸易协定书(Trade Protocol)，是指缔约国就发展贸易关系中某项具体问题所达成的书面协议。贸易协定书对已经签订的贸易条约或贸易协定起着说明、补充、修改或限制的作用，有的成为贸易条约或贸易协定的附件。贸易协定书一般经有关行政部门代表签署即可生效。

（四）支付协定

支付协定(Payment Agreement)又称清算协定，是两国间关于贸易和其他方面的债权、债务结算方法的书面协议。支付协定的内容包括：设立清算账户、规定清算机构、规定清算货币和汇率、清算的债权及债务的项目和范围、规定清算的过程及方法、双方债权及债务抵偿后差额的结算办法等。支付协定中差额清算办法有三种，即超过摆动限额清算法、定期差额清算法和协定结束后差额清算法。支付协定是在外汇管制条件下产生的双边协定。双边支付协定随着西方发达国家取消外汇管制，实行货币自由兑换而被多边支付清算所代替。但是，那些实行外汇管制的发展中国家仍需签订双边的支付协定，来确定它们之间的债权和债务结算办法。

（五）国际商品协定

国际商品协定(International Commodity Agreement)，是指由某种商品的主要出口国和进口国就该种商品的进出口数量和价格等问题所缔结的政府间多边协议。国际商品协定的主要对象是发展中国家和地区所生产出口的初级产品。国际商品协定的宗旨是防止或减缓初级产品的价格过分波动，保证供不应求的初级产品的公平分配。目前，国际商品协定的经济条款主要有四种：

1. 缓冲存货的规定

缓冲存货是指缔约国提供的用来调节市场价格的实物和资金。其做法是由国际商品协定的执行机构将协定商品的价格规定为最高限价、中档价和最低限价。当市场价格涨到最高限价时，便抛出对冲价格的实物，使价格回落到中档价；当价格跌到最低限价时，便运用调节资金购进商品，使价格回升到中档价，通过商品吞吐来平抑价格和供求，如1956年10月签订的《国际锡协定》和1979年10月签订的《国际天然橡胶协定》。

2. 出口限额的规定

这种条款一般规定一个基本的出口限额，每年再根据市场情况的变化对基本的出口限额进行适当的增减来确定当年的出口限额，如1962年签订的《国际咖啡协定》。

3. 出口限额与缓冲存货相结合的规定

这种条款规定同时采用这两种办法来控制市场和稳定价格，如1973年签订的《国际可可协定》。

4. 多边合同规定

这种条款要求进出口缔约国在规定的价格幅度内向各进出口缔约国购买和出售一定数量的有关商品。当进出口缔约国完成应进出口的数量后，可在任何市场以任何价格购买或出售任何数量的有关商品，如1949年签订的《国际小麦协定》。

任务二 关税与贸易总协定

一、《关税与贸易总协定》的产生背景

(一)得不偿失的关税战

1816年,美国在贸易保护理论的指导下,通过了第一个保护性关税法案,对进口棉花、羊毛制品和一些铁制品征收高达30%~40%的关税,并于1824年和1828年两度提高;1862—1864年又将关税平均税率从37%提高到47%;1890年10月通过的《麦金利关税法》将进口关税税率全面提高到49%。1929年4月,国会议员斯姆特、霍利提出了将进口关税税率平均提高到53%的关税法案,涉及的商品有890种。此法案1930年6月7日在全世界近1 000名经济学家和政要的抗议声中经胡佛总统签署成为法律。美国的高关税引起了当时欧洲大陆各国的抵制,其他国家也通过限制性关税对美国进行报复,停付对美国的战争欠款,引起激烈的关税战。

1929年的经济"大萧条"加上《斯姆特—霍利关税法》的通过,使世界经济陷入严重的困境,各主要资本主义工业国工业生产急剧下降,其中美国缩减了55%、德国缩减了52.1%、法国缩减了36.2%、英国缩减了23.8%。企业纷纷破产,失业大军高达3 500万人。全世界国际贸易量下降70%,其中德国下降76%、美国下降70%、法国下降66%、英国下降40%。资本输出从1905年的10亿美元降为1930年的10万美元;货币方面,客户纷纷向银行提取存款,整个银行信贷体系濒于崩溃。

(二)《关税与贸易总协定》的产生

为了刺激国际贸易增长,维护世界经济的正常秩序,1933年罗斯福总统实行全新的贸易政策,认为美国必须与长期以来存在的经济民族主义以及经济独立主义决裂。罗斯福政府以"建设一个世界贸易的多边体系"作为对外经济政策的基本目标。多边主义最基本的要素是非歧视原则和减少贸易壁垒。

1934年6月12日,经过艰苦努力,美国国会通过了《互惠贸易协定法》,第一次将关税制定权授予行政部门。该法规定美国与任何国家达成的关税减让结果可以适用于其他贸易伙伴,即最惠国待遇。到1945年春,美国先后与古巴等32国签订了双边互惠贸易协定,在较大范围和程度上推行具有自由化迹象的贸易政策。通过签订这些协定使美国进口关税降低了50%。各国关税在不同的程度上也有所下降,促进了国际商品贸易的发展。

第二次世界大战后期,美国及其他国家的国际政治家及经济学家认为,20世纪30年代的那种以邻为壑的贸易保护主义政策,不仅导致了经济灾难,也带来了国际性战争。国家间必须进行国际合作和政策协调,建立一个开放的贸易体系。美国信奉自由贸易的国务卿霍尔认为,自由贸易将会带来经济繁荣与国际和平。1941年,美、英两国在《大西洋宪章》中写道:"希望达成各国在经济合作方面的充分合作,致力于促进所有国家,不论大小、战胜或战败,在同等条件下,都享受进行贸易或获取用以发展经济繁荣所需原料的途径。"

20世纪40年代,市场经济国家对国际经济管理达成共识:创建并维持一个相对自由的经济体系,并从金融、投资、贸易三个方面重建国际经济秩序。在金融方面,建立国际货币基金组织(IMF),重建国际货币制度,维持各国间汇率的稳定和国际收支的平衡;在国际投资方面,建立国际复兴与开发银行(IBRD),即世界银行,处理长期国际投资问题;在贸易方面,拟议建立国际贸易组织(International Trade Organization,ITO),扭转贸易保护主义和歧视性贸易政策,促进国际贸易自由化。

1944 年 7 月，美国、英国等 44 个国家在美国新罕布什尔州的布雷顿森林召开会议，讨论国际货币金融体系问题，建立了以稳定国际金融、间接促进世界贸易发展为目标的国际货币基金组织和国际复兴与开发银行。按美国的设想，拟设立一个处理国际贸易与关税的专门组织，以消除贸易限制和关税壁垒，促进贸易自由化。

1945 年 11 月，美国提出了一个方案，缔结一个制约和减少国际贸易限制的多边公约，以补充布雷顿森林会议。该方案被称为“扩大世界贸易与就业方案”。公约规定还将成立国际贸易组织，作为贸易领域中与国际货币基金组织、国际复兴与开发银行相对应的组织。在该方案中，美国提出了建立新的国际贸易体系的一系列基本原则：削减关税，消除贸易壁垒，取消数量限制和外汇管制等措施；解散导致贸易歧视待遇的经济贸易集团；特别强调要在最惠国待遇和国民待遇的基础上建立多边自由化体系。

1946 年 2 月，美国改变单纯依靠自己召开国际贸易与就业会议的做法，以上述方案为基础，正式拟定《国际贸易组织宪章草案》，并提请联合国经济与社会理事会第一次会议决议通过。

1946 年 10 月，联合国国际贸易与就业会议在英国伦敦正式召开。会议邀请了包括中国在内的 19 个国家，即美国、英国、苏联、中国、法国、澳大利亚、比利时、荷兰、加拿大、巴西、卢森堡、古巴、捷克斯洛伐克、印度、挪威、智利、南非、新西兰、黎巴嫩，共同组建一个筹备委员会（以下简称“筹委会”）。筹委会于 1946 年 10—11 月和 1947 年 1—2 月分别在伦敦和纽约两次讨论和审议了《国际贸易组织宪章草案》。

1947 年 4—10 月，筹委会的主要会议在日内瓦召开。日内瓦会议主要分为三部分：第一部分拟完成国际贸易组织宪章的起草工作；第二部分主要涉及在互惠基础上进行的多边关税减让协议谈判；第三部分集中讨论起草与关税义务相关的一般义务的条款。23 个国家在双边谈判的基础上，签订了 100 多项双边关税减让协议，并把这些协议与联合国经济与社会理事会第二次筹备会通过的国际贸易组织宪章草案中有关商业政策的部分加以合并修改，取名为“关税与贸易总协定”（General Agreement on Tariff and Trade，GATT）。1947 年 10 月 30 日，筹委会在日内瓦结束，23 个缔约国签订了《关税与贸易总协定》。中国是该协定的创始缔约国之一。鉴于该协定生效之日尚不可知，会议期间，美国提议以“临时”适用议定书形式，联合英国、法国、比利时、荷兰、卢森堡、澳大利亚和加拿大于 1947 年 11 月 15 日前签署《关税与贸易总协定临时适用议定书》，从而使关税与贸易总协定提前在上述 8 个国家领土范围内实施。1948 年 1 月 1 日，《关税与贸易总协定》开始临时实施。

（三）拟建国际贸易组织遇挫

《关税与贸易总协定》原来只是作为《国际贸易组织宪章》实施之前的临时性条约，它以国际贸易组织的建立为存在的前提，其内容旨在成为国际贸易组织的一部分而得以实施。1947 年 11 月，56 个国家的代表团抵达古巴首都哈瓦那召开联合国国际贸易与就业会议，本想讨论、修改《国际贸易组织宪章》（以下简称《宪章》）日内瓦草案并最终签署，但由于《宪章》涉及经济发展、国际投资、就业等国内外经济问题，使缔结国际贸易新秩序的协议比缔结国际金融秩序的协议要困难得多。《宪章》体现了美国的意志，美国却无法将自己的计划强加于其他任何国家。会议经过 4 个多月的讨论，收到 602 份修正案，经所有参加者或多或少的让步，于 1948 年 3 月 24 日结束。53 个国家（包括当时的中国政府）签署了使《哈瓦那宪章》生效的提案。

但是，由于当时由共和党占多数的第 80 届美国国会高举贸易保护主义的大旗，认为《哈瓦那宪章》在自由贸易的道路上走得太远，国会不予讨论和批准，致使《哈瓦那宪章》胎死腹中，拟建立国际贸易组织的动议也随之夭折。在这种情况下，于 1948 年 1 月 1 日开始临时实施的《关税与贸易总协定》就一直实施到 1995 年 1 月 1 日世界贸易组织成立，共存在 47 年。

二、《关税与贸易总协定》的宗旨与基本原则

(一)《关税与贸易总协定》的宗旨

其包括：各缔约国本着提高生活水平，保证充分就业，保障实际有效需求大量而稳定增长，充分利用世界资源，扩大商品生产和交换，促进经济发展的目的来处理其贸易和经济发展上的相互关系，彼此减让关税，取消其他贸易壁垒和消除贸易差别待遇。

(二)《关税与贸易总协定》的基本原则

它是对缔约国贸易行为进行规范和约束的准则。主要有：非歧视原则、互惠贸易原则、关税保护原则、禁止采用非关税措施限制数量原则、公平贸易原则、豁免和紧急行动原则、关税同盟和自由贸易区例外原则、磋商调解原则、对发展中国家的特殊优惠待遇原则、透明度原则等。这些基本原则对调整关贸总协定成员国之间的贸易关系起到了重要的作用。这些基本原则在世界贸易组织的文件中得到了继承和发展。我们将在后面“世界贸易组织的基本原则”中作详细的阐述。

三、《关税与贸易总协定》八大回合的谈判

自 1948 年 1 月 1 日临时实施至 1995 年 1 月 1 日世界贸易组织成立，在 47 年的历程中，《关税与贸易总协定》主持八轮多边贸易谈判(也称“八大回合谈判”)，硕果累累，其基本概况如表 5—1 所示。

表 5—1　《关税与贸易总协定》八轮多边贸易谈判情况

届次	谈判时间	谈判地点	参加国和地区数	谈判内容和议题	谈判主要成果
1	1947 年 4—10 月	瑞士日内瓦(日内瓦回合)	23	关税减让	达成 45 000 项商品的关税减让，使占资本主义国家进口值 54%的商品平均降低关税 35%，促使协定临时生效
2	1949 年 4—10 月	法国安纳西(安纳西回合)	33	关税减让	达成近 5 000 项商品的关税减让，使应征税进口值 5.6%的商品平均降低关税 35%
3	1950 年 9 月—1951 年 4 月	英国托奎(托奎回合)	39	关税减让	达成近 9 000 项商品的关税减让，使占进口值 11.7%的商品平均降低关税 26%
4	1956 年 1—5 月	瑞士日内瓦(日内瓦回合)	28	关税减让	达成近 3 000 项商品的关税减让，使占进口值 16%的商品平均降低关税 15%，相当于 25 亿美元的贸易额
5	1960 年 9 月—1962 年 7 月	瑞士日内瓦(狄龙回合)	45	关税减让	达成 4 400 项商品的关税减让，使占进口值 20%的商品平均降低关税 20%，相当于 49 亿美元的贸易额
6	1964 年 5 月—1967 年 6 月	瑞士日内瓦(肯尼迪回合)	54	关税统一减让	以关税统一减让方式影响世界贸易额约 400 亿美元的商品达成关税减让，使关税税率平均水平下降 35%，相当于 1 500 亿美元的贸易额

续表

届次	谈判时间	谈判地点	参加国和地区数	谈判内容和议题	谈判主要成果
7	1973年9月—1979年4月	瑞士日内瓦（东京回合、尼克松回合）	99	(1)关税减让 (2)消除非关税壁垒	以一揽子关税减让方式影响世界贸易额约3 000亿美元的商品达成关税减让与约束，使关税水平下降35%；9个发达国家工业制成品关税降至4.7%；达成多项非关税壁垒协议和守则；通过了给予发展中国家优惠待遇的"授权条款"
8	1986年9月—1993年12月	瑞士日内瓦（乌拉圭回合）	117	(1)关税减让 (2)非关税壁垒 (3)总协定规章 (4)与贸易有关的投资和知识产权问题 (5)服务贸易	达成内容广泛的协议，共45个，减税商品涉及贸易额高达1.2万亿美元；减税幅度近40%，近20个产品部门实行了零关税；发达国家平均税率由6.4%降为4%；农产品非关税措施全部关税化，纺织品的歧视配额限制在10年内取消，服务贸易制定了自由化原则，建立了世界贸易组织取代《关税与贸易总协定》

资料来源：贾建华、阚宏：《国际贸易理论与实务》，首都经济贸易大学出版社2004年版。

四、《关税与贸易总协定》的积极作用与局限性

（一）《关税与贸易总协定》的积极作用

《关税与贸易总协定》（以下简称《关贸总协定》）从1948年1月1日临时实施至1995年1月1日，其内容和活动涉及的领域不断扩大，缔约方队伍越来越大，对国际贸易的影响日益加强。其积极作用主要表现在以下方面：

1. 促进了国际贸易自由化和国际贸易的快速发展

在近50年里，在《关贸总协定》的主持下，经过八大回合的多边贸易谈判，各缔约方的关税均有了较大幅度的降低。发达国家加权平均关税从1947年的35%下降至4%左右，发展中国家的平均关税税率也降至12%左右，对于逐步取消非关税措施也达成了协议。这对于促进贸易自由化和国际贸易的快速发展做出了积极的贡献。国际贸易规模从1950年的607亿美元增加至1995年的43 700亿美元。世界贸易的增长速度超过了世界生产增长的速度。

2.《关贸总协定》缔约国之间的国际贸易有了规则

《关贸总协定》的基本原则及其谈判达成的一系列协议，形成了一套国际贸易政策与措施的规章制度和法律准则，这些成为各缔约方处理彼此间权利与义务的基本依据，并具有一定的约束力，从而使缔约方之间的国际贸易有了规则。

3. 缓和了贸易摩擦和纠纷

《关贸总协定》及其一系列协议是各缔约方之间相互妥协的产物，协议执行产生的贸易纠纷通过协商、调解、仲裁等方式解决，这对缓解或平息各缔约方的贸易矛盾起到了一定的积极作用。

4. 缔约方之间增加了贸易透明度

《关贸总协定》要求缔约方公布其有关贸易政策、法规，使缔约方之间相互了解彼此的经贸状况，有利于各国政府制定相关的贸易政策，也有利于生产企业具体安排生产，通过《关贸总协定》定期汇总的世界各国贸易统计资料，可更多、更准确地了解世界贸易状况。

5. 扩大了贸易的领域

“乌拉圭回合”谈判已将服务贸易、知识产权、与贸易有关的投资列入谈判的议题，这意味着把原来单一的国际货物贸易扩展到了服务贸易、知识产权贸易以及与贸易有关的投资这些更宽广的领域。

6.发展中国家有了说话的场所

《关贸总协定》条款最初是按照发达国家的意愿拟定的，总的来说，对发达国家更为有利。但随着发展中国家加入《关贸总协定》后力量的增加，在谈判中迫使发达国家作出了一定让步，也增加了一些有利于发展中国家的条款。所以，《关贸总协定》为发达国家、发展中国家在贸易上提供了对话的场所，并为发展中国家维护自身利益和促进其对外贸易的发展起到了一定的作用。

（二）《关贸总协定》的局限性

《关贸总协定》由于未经各成员方立法机构批准，又没有自己的组织基础，它仅是一个由各缔约方政府签署的临时生效的行政性协议，因此，在其实施过程中必然存在很多的局限性。这些局限性主要表现在：

1.国内立法可以不受《关贸总协定》的制约

《关贸总协定》各缔约方同意临时承担《关贸总协定》的法律义务，并且还同意“在不违背国内现行立法的最大限度内临时适用总协定第二部分”，即关于国民待遇、取消数量限制等规定。这使一些国家以此为理由在贸易立法或政策制定中时常偏离《关贸总协定》的基本义务，削弱关贸总协定的权威性。

2.《关贸总协定》的争端解决机制是调而不决

《关贸总协定》的争端解决机制在做出决策时要求所有缔约方“完全协商一致”做出决策，即只要有一个缔约方不同意争端解决专家小组的仲裁结果，则该争端解决专家组的报告就不能通过。因此，致使《关贸总协定》很难在公正、客观的基础上按照《关贸总协定》本身的规则裁决缔约方之间的贸易争端，甚至还有被某些贸易大国操纵争端解决结果的可能。

3.《关贸总协定》是一个软法律文件

《关贸总协定》是各缔约方在经济贸易利益关系调整过程中妥协的产物，它是由一些“原则”和一系列“例外”所组成的。这种先天不足使各缔约方在援引例外条款时的“越轨行为”难以约束。因此，它是一个软约束法律文件。

4.《关贸总协定》管辖的范围很局限

《关贸总协定》仅管辖货物贸易，而农产品和纺织品、服装不受《关贸总协定》的约束。至于服务贸易、技术贸易以及与贸易有关的资本投资，都不在《关贸总协定》的管辖范围之内，这不符合第三产业和知识经济发展的要求。

总之，随着经济全球化和国际贸易的发展及范围的扩大，《关贸总协定》的约束力已不适应世界新的经济形势的发展了，它必然被约束力更强、适应范围更大的世界贸易组织所代替。

任务三 世界贸易组织

一、世界贸易组织的概念

世界贸易组织（World Trade Organization，WTO）是当今世界上唯一处理成员方之间贸易规则的具有法人资格的国际组织，是当今世界多边贸易体制的法律基础和组织基础。作为多边贸易体制的法律基础，其核心是世界贸易组织协议，这些协议是成员方通过多边谈判签署的，它规定了成员的权利和义务，约束各成员将其贸易政策限制在议定的范围之内。作为多边贸易体制的组织基础，其与关贸总协定所不同的是建立了具有法人地位的世界贸易组织机构，并有权在其管辖的范围内履行自己的职能，按照既定的组织程序，通过组织集体辩论、谈判和裁判，解决贸易争端，促进国际贸易关系规范、有序地发展。

二、世界贸易组织成立的历史背景

建立世界贸易组织的协议是《关贸总协定》第八回合乌拉圭多边贸易谈判的一项重大意外成果。在 1986 年 9 月乌拉圭回合开始时，15 项谈判议题中并没有关于建立世界贸易组织的议题，只是设立了一个关于修改和完善《关贸总协定》体制职能的谈判小组。但是，由于乌拉圭回合谈判不仅包括传统的货物贸易问题，而且涉及知识产权保护和服务贸易以及环境等新议题，这样现行《关贸总协定》今后怎样有效地贯彻执行乌拉圭回合形成的各项协议就自然而然地提到了多边贸易谈判的议事日程。考虑到现行《关贸总协定》作为从 1948 年临时适用到现在，仅是一项无组织的、仅以协调货物贸易为主要职责范围的临时协定，它已不能适应新的国际贸易形势的要求了。鉴于上述《关贸总协定》的局限性，各成员普遍认为有必要在《关贸总协定》基础上建立一个正式的国际贸易组织来协调、监督、执行乌拉圭回合的成果。

1990 年初，时任欧共体轮值主席国的意大利，首先提出了建立多边贸易组织的倡议，同年 7 月欧共体把这一倡议以 12 成员国的名义向乌拉圭回合体制职能谈判小组正式提出，随后得到了加拿大、美国的支持。迫于西方大国的动议和支持，1990 年 12 月乌拉圭回合布鲁塞尔部长会议正式做出决定，责成体制职能小组负责“多边贸易组织协议”的谈判。体制职能小组经过一年的紧张谈判，于 1991 年 12 月形成一份“关于建立多边贸易组织协议”草案。后经过两年的修改、完善和讨价还价，最终于 1993 年 11 月达成了多边贸易组织协议，并根据美国的动议，把多边贸易组织改名为“世界贸易组织”。世界贸易组织协议于 1994 年 4 月 15 日在马拉喀什部长会议上获得通过，与其各附件协议和部长宣言及决定共同构成了乌拉圭回合多边贸易谈判的一揽子成果，并采取“单一整体”义务和无保留例外接受的形式，被 104 个参加方政府代表所签署。1995 年 1 月 1 日起，世界贸易组织正式生效运转。1995 年 1 月 31 日，世界贸易组织举行成立大会，取代《关贸总协定》成为世界多边贸易体制运转的基础和法律载体。为顺利过渡，《关贸总协定》与世界贸易组织在 1995 年共存一年。世界贸易组织总部设在瑞士的日内瓦。

三、世界贸易组织的目标和实现途径

世界贸易组织(以下简称“世贸组织”)在《关于建立世界贸易组织的协定》(以下简称《协定》)的前言中对其目标和实现途径作了以下阐述:“本协定缔约方认识到在发展贸易和经济关系方面应当按照提高生活水平、保证充分就业和大幅度稳步提高实际收入与有效需求，并扩大生产和商品交易以及服务等方面的观点，并为持续发展的目的而扩大对世界资源的充分利用，寻求对环境的保护，并根据它们各自需要和不同经济发展水平的情况，加强采取各种相应的措施。进一步认识到有必要做出积极的努力，以确保发展中国家，尤其是最不发达国家，能获得与它们国际贸易额增长需要相适应的经济发展。为对以上的目标做出贡献，有必要根据互惠和互利的安排，切实降低关税和其他贸易壁垒，并在国际贸易关系上消除歧视待遇。”

四、世贸组织的管辖范围

世贸组织的管辖范围有以下方面:①有关货物贸易的多边协议，具体有《1994 年关税与贸易总协定》《农业协议》《关于卫生和动植物检疫措施的协议》《纺织品与服装协议》《贸易的技术性壁垒协议》《与贸易有关的投资措施协议》《装船前检验协议》《原产地协议》《进口许可证协议》《补贴与反补贴协议》《保障措施协议》;②《服务贸易总协定》及附件;③《与贸易有关的知识产权协定》;④《贸易争端解决程序与规则的谅解》;⑤若干单项贸易协议,主要有《政府采购协议》《民用航空器贸易协议》等;⑥贸易政策审议机制,即负责审议各成员方贸易政策法规是否与世贸组织相关的协议、条款规定的权利和义务相一致。

五、世贸组织的职能

世贸组织的职能主要包括以下方面:

(1)世贸组织应为本《协定》和若干单项协议的执行、管理、运作和进一步实现目标提供方便,并对若干单项贸易协议的执行、管理和运作提供共同机构的框架。

(2)世贸组织应为本《协定》及其附件中有关各成员方的多边贸易关系谈判提供场所,还应为成员方有关多边贸易关系的进一步谈判提供场所,并在部长级会议决定下为谈判结果的执行提供共同机构的框架。

(3)世贸组织应对本《协定》有关争端处理的规则、程序和谅解进行管理。

(4)世贸组织应当对贸易政策评审机构进行管理。

(5)为了在全球性的经济决策方面形成较大的凝聚力,世贸组织应与国际货币基金组织、国际复兴与开发银行及其附属机构进行适当的合作。

六、世贸组织的机构及职能

世贸组织的机构及职能主要有以下方面:

(一)部长会议

部长会议是世贸组织的最高权力机构,是由所有成员主管外经贸的部长、副部长级官员或其全权代表组成。部长会议至少每两年举行一次。部长会议具有以下主要权力:①立法权。只有部长会议才有权对其协定、协议做出修改和权威性解释。②准司法权。对其成员之间所发生的争议或其贸易政策是否与世贸组织相一致等问题做出裁决。③豁免某个成员在特定情况下的义务。④批准非世贸组织成员所提出的取得世贸组织观察员资格申请的请示。

(二)总理事会

总理事会是由所有成员方代表组成,在部长会议休会期间代行部长会议职能。总理事会自行拟定议事规则及议程,视情况需要随时召开会议以履行其解决贸易争端和审议各成员方贸易政策的职责。

总理事会下设三个理事会:①货物贸易理事会,负责《1994 年关税与贸易总协定》及其他货物贸易协议有关事宜;②服务贸易理事会,监督执行服务贸易总协定及分部门协议有关事宜;③知识产权理事会,监督执行与贸易有关的知识产权协定。这些理事会可视情况自行拟定议事规则,经总理事会批准执行。所有成员方均可参加各理事会。

(三)专门委员会

部长会议下设专门委员会,以处理特定的贸易及其他有关事宜。现已设立 10 多个专门委员会。

(四)秘书处与总干事

世贸组织成立由一位总干事领导的世贸组织秘书处。世贸组织秘书处设在瑞士日内瓦,大约有 500 人。总干事由部长会议选定,并明确总干事的权力、职责、服务条件及任期规则。世贸组织总干事主要以下列身份参与世贸组织的活动:①捍卫者。他可以最大限度地向各成员方施加影响,要求它们遵守世贸组织规则。②引导人。总干事要考虑和预见世贸组织的最佳发展方针。③调停人。其职责之一是帮助各成员方解决它们之间所发生的争议。④管理者。总干事负责秘书处工作，管理预算和所有成员方有关的行政事务。⑤主持人。总干事要主持协商和非正式谈判，避免争议。

七、世贸组织的基本原则

（一）贸易自由化原则

贸易自由化就是各成员方通过多边贸易谈判，降低和约束关税，取消其他贸易壁垒，消除国际贸易中的歧视待遇，扩大本国市场准入度，以展开竞争、鼓励发展，提高经营管理水平，促进世界性的分工和贸易发展，扩大市场，使消费者得到物美价廉的商品和服务。

由于世贸组织各成员经济发展的不平衡性，因此，贸易自由化不是绝对的，贸易自由化是个渐进的过程，并允许发展中国家成员方贸易自由化进程慢于发达国家成员方、贸易自由化程度低于发达国家成员方。

（二）非歧视待遇原则

非歧视待遇又称无差别待遇，要求成员双方在实施某种优惠和限制措施时，不要对另外一方实施歧视待遇。在世贸组织中，非歧视原则由最惠国待遇原则、互惠待遇和国民待遇原则体现出来。

1. 最惠国待遇原则

最惠国待遇原则（Most-favored Nation Treatment）是贸易条约与协定中最普遍和最重要的法律条款，其含义是指缔约方的一方现在或将来给予任何第三方在贸易上的一切特权、优惠或豁免，必须同样给予缔约对方。最惠国待遇可分为无条件最惠国待遇和有条件最惠国待遇两种，前者是指缔约方现在和将来给予任何第三国的优惠和豁免应立即自动地、无条件地给予对方；后者则是指如果缔约方一方给予第三国的优惠和豁免是有条件的，则缔约方的另一方必须满足同等条件才能享受这种优惠和豁免。目前，较为常用的是无条件最惠国待遇。

动漫视频

最惠国待遇原则

最惠国待遇原则是货物贸易制度乃至世界贸易多边贸易制度中最重要的基本原则和基本制度。它是非歧视原则的最重要体现，禁止成员方政府以关税、数量限制等手段对来自不同成员方的进口货物产品实行歧视，使它们在成员方市场上得到平等的待遇。最惠国待遇适用范围很广，概括起来有以下几个方面：①关于进出口的关税和其他任何形式的税费；②有关商品进出口、过境、存仓和换船方面的海关规则、手续及费用；③进出口许可证发放的行政手续；④船舶驶入、驶出和停泊时的各种税收、费用和手续等。

世贸组织在货物贸易方面的最惠国待遇，是指一成员对于原产于或运往其他成员的产品所给予的利益、优惠、特权或豁免，都应当立即无条件地给予原产于或运往所有其他成员的相同产品。

世贸组织在服务贸易方面的最惠国待遇原则，是指在服务和服务的提供者方面，各成员应该立即和无条件地给予任何其他成员的服务及服务提供者相同的待遇。

世贸组织在与贸易有关的知识产权方面的最惠国待遇，在《知识产权协定》中规定：在知识产权保护方面，某一成员提供给其他成员民众的任何利益、优惠、特权或豁免，均应立即无条件地给予全体世贸组织其他成员的民众。

【注意】《中华人民共和国关税法》（2024 年）第十二条规定：原产于共同适用最惠国待遇条款的世界贸易组织成员的进口货物，原产于与中华人民共和国缔结或者共同参加含有相互给予最惠国待遇条款的国际条约、协定的国家或者地区的进口货物，以及原产于中华人民共和国境内的进口货物，适用最惠国税率。

2. 互惠待遇原则

互惠待遇又称互惠互利。互惠待遇如果只是双边协定，那么它是一种差别待遇。在世贸组织中,互惠待遇实际上具有最惠国待遇的多边协定的特点,即成员方双方给予的互惠待遇,其他成员方同样享受。但少数单项协议例外,如《政府采购协议》《民用航空器贸易协议》等。

3. 国民待遇原则

国民待遇(National Treatment),是指一缔约方的公民、企业和船舶到另一缔约方后,在销售、购买、运输、分配或使用所适用的法令、法规和条例等方面,享受与缔约方的公民、企业和船舶同等的待遇。它专指外国缔约方的自然人、法人、商船在民事、商事方面而非政治方面的待遇。国民待遇通过国内立法和国际条约加以规定,依照规定赋予外国产品以国民待遇,主要目的是阻止进口成员方政府在关税和其他边境管理措施以外采取对外国产品的歧视措施,也可避免外国产品获得不合理的特权。

世贸组织的国民待遇原则寓于《1994 年关税与贸易总协定》《服务贸易总协定》《知识产权协定》《与贸易有关的投资措施协议》及其他协议的相关条款中。国民待遇原则是法律待遇条款之一,一般适用于外国公民或企业的经济权利。其适用范围主要包括:外国公民的私人经济权利(私人财产、所得、房产、股票)、外国产品应缴的国内税、利用铁路运输和转口过境的条件、船舶在港口的待遇、商标注册、版权、专利权等。但沿海贸易权、领海捕鱼权、土地购买权等不包括在内。

(三)关税保护和一般地取消数量限制原则

《关贸总协定》和世贸组织均承认以合理关税保护国内市场是合法的。因为关税主要影响价格,透明度高,谈判比较容易,而且比较容易执行非歧视原则,有利于市场经济的发展。

《关贸总协定》和世贸组织坚持一般地取消数量限制的原则。因为在非关税贸易壁垒中,数量限制最为普遍、缺乏透明度,误导企业,滞缓贸易自由化的进程,因而对国际贸易发展的危害性很大。

(四)稳定贸易原则

为使国际贸易或世界市场具有可预见性并稳定发展,《关贸总协定》和后来的世贸组织采取了以下办法:

(1)通过关税减让约束成员的关税。已约束的税率 3 年内不许提升;3 年后如果提升,还要同当初进行对等关税减让的成员协商,取得同意,并且要用其他产品的相当水平的关税减让来补偿提升关税所造成的损失,保持平均关税水平不变。

(2)通过承诺义务,开放服务市场,稳定服务贸易发展。各成员通过谈判,逐一按不同的服务部门作出承诺,并就各自承担义务的计划安排、实施框架、生效日期作出说明,使之呈现有序发展和自由化。

(3)对非关税壁垒采取约束和减少的措施,减少其对国际贸易发展的消极作用。

(五)公平竞争原则

公平竞争是指在市场经济条件下,生产者根据市场供求价格进行的国际商务活动。如以低于此价格出口,使别国同类产品生产厂商受到伤害,或人为地限制进口,对知识产权不加以保护等活动统称为不公平竞争行为。《关贸总协定》和世贸组织为促进公平竞争而采取的措施有以下方面:

(1)反倾销、反出口补贴。进口成员方如发现进口产品存在倾销、存在被禁止的补贴和可诉补贴的现象,查证落实并裁决后,可以征收反倾销税、反补贴税,但税额不得高于倾销和补贴的额度。

(2)纺织品服装和农产品贸易"回归"到多边自由贸易体制中来。

(3)加强对知识产权的保护。知识产权的保护是基于法律赋予发明创造者的对自身成果所享有的专有权利。

(4)规范政府采购行为、扩大公平竞争机会。各国政府优先和以优惠的价格购买本国的产品,对别国构成不公平贸易。

（六）透明度原则

透明度原则包括以下方面：

(1)透明度内容。①海关的有关规定；②各成员方政府机构之间缔结的影响国际贸易政策的规定等。

(2)保持透明度的措施。①不公布的贸易政策，不得实施；②各成员方维持或尽快建立司法、仲裁的法庭或程序；③确定各成员方已有的调查程序，但要向成员方全体提供该程序的详细资料。

(3)设立贸易政策审议机制，进行贸易政策审议。

（七）对发展中国家成员给予照顾原则

对发展中国家成员给予照顾原则包括以下方面：

(1)允许发展中成员方用较长的时间履行义务，或有较长的过渡期。

(2)允许发展中成员方在履行义务时有较大的灵活性，如《农产品协议》规定，原则上取消并禁止进口数量限制。但在特定条件下，发展中成员方可采用进口限制措施，通常可达 10 年之久。

(3)规定发达国家成员方对发展中国家成员方提供技术援助，如在《服务贸易总协定》第 4 条和《与贸易有关的知识产权协定》第 67 条就有这方面的规定。

（八）区域性贸易安排原则

区域性贸易安排是指一些国家和地区通过协议组成经济集团，成员内部相互废除或减少进口贸易壁垒，目的在于保证这些安排能便于集团内部的贸易，而又不提高对非成员方的贸易壁垒。

（九）允许例外和实施保障措施原则

考虑到成员方经济发展水平的不一致以及为减少经济发展中出现的不稳定和突发因素的破坏作用，允许成员方采取例外和保障措施，即不承担和履行已承诺的义务，对进口采取紧急的保障措施，如提高关税、实施数量限制和特殊限制等，但是必须符合世贸组织关于实施保障措施的各种约束条件。

八、世贸组织成员间贸易争端解决机制

“乌拉圭回合”改进并完善了《关贸总协定》的贸易争端解决机制，达成了《争端解决规则和程序的谅解》(以下简称《谅解》)和《关于争端解决规则和程序谅解实施和审查的决议》。其中，《谅解》即争端解决的协议，它明确了争端解决的目标、程序及监督机制。

（一）世贸组织争端解决机制的目标

世贸组织在《谅解》中声明，争端解决机制的目标在于维护世贸组织成员的权利与义务，争端解决机构的裁决，不能增加或减少这一权利与义务。各种有关争端的解决办法，包括仲裁，不能有悖于“乌拉圭回合”达成的协议，也不能取消或损害世贸组织成员的利益，或妨碍世贸组织目标的实现。

关于争端的解决，最为可取的当然是争取各方都愿意接受的且又与“乌拉圭回合”协议相一致的解决办法；若没有，则各成员的首要目标是废除那些与“乌拉圭回合”协议不相符的措施，只有在立刻中止这些措施的情况下，最后考虑才是使用补偿或中止义务的救济方法。

该程序还强调要解决各成员利益的丧失和损害的问题。即使一成员采取的某种措施并未违反世贸组织有关协议，但只要影响了成员权利和义务既有的平衡，使另一成员的利益正在丧失或受到损害，则争端解决机构有权建议该成员调整措施。

（二）世贸组织争端解决机制的原则

《谅解》指出，世贸组织的争端解决机制是保障多边贸易体系的可靠性和可预见性的核心因素，是世贸组织强化机制的一个重要举措。其基本原则包括以下方面：

1. 多边原则

世贸组织成员承诺，不针对其认为违反贸易规则的事件采取单边行动，而诉诸多边争端解决制度，并遵守其规则与裁决。世贸组织鼓励各成员在发生争端时尽量采用多边机制来解决。

2. 统一程序原则

世贸组织的争端解决机制规定了统一的争端解决程序。凡是有关《建立世贸组织协定》《多边货物贸易协议》《服务贸易总协定》《知识产权协定》《谅解》诸多协议的争端，都适用统一的争端解决程序，其中关于诸边协议的争端还要适用诸边协议各方通过的决议。

3. 协商解决争端原则

世贸组织争端解决机制也鼓励争议双方尽量采取友好协商的办法来解决问题。一般情况下，如果一方向另一方提出磋商的要求，接到要求的一方应该在 10 天内给予答复，并在 30 天之内进入磋商程序，以达成双方满意的结果。

4. 自愿调解与仲裁原则

调解程序和仲裁程序是建立在各方自愿的基础之上的。调解程序包括斡旋、调停、调解三种方式。斡旋是第三方以各种方式促成当事方进行谈判的行为；调停是以第三方的中立身份直接参与有关当事方的谈判；调解是将争端提交一个委员会或调解机构，调解机构的任务是阐明事实，提出报告，提出解决争端的建议，设法使争端各方达成一致。

仲裁也是世贸组织作为争端解决的一项选择性手段。仲裁程序也是建立在自愿的基础之上的，应以双方达成一致的仲裁协议为基础进行。接受仲裁裁决的各当事方要受到仲裁裁决的约束。

5. 授权救济原则

在世贸组织中，如果一方违反协议，给另一方造成了损失，或者阻碍了协议目标的实现，各方应优先考虑争端当事方一致同意的与各协议相一致的解决办法，如果无法达成满意的结果，申诉方可以通过争端解决机制获得救济。救济手段主要有以下三种：

(1)被诉方撤除与协议不相吻合的措施

这是世贸组织争端解决机制追求的首要和最终目标。只有在这种救济手段无效或不可能立即实施的情况下，才援引其他手段。并且，其他救济手段实施的主要目标之一，仍然在于促使违规一方撤除与协议不相吻合的国内措施。

(2)补偿

在立刻撤除违规措施不太可能的情况下，才诉诸补偿手段，而且补偿手段应作为撤除与有关协议不吻合的措施前的一项临时措施。

(3)中止减让或其他义务

这是世贸组织最具有特色的救济手段，也是最后的救济手段，即经过争端解决机构的授权，胜诉方有权中止有关协议下的减让或其他义务。如果在败诉的被诉方应该履行专家小组或上诉机构的建议和裁决的合理期限之后 20 天内，仍未给出令人满意的补偿办法，申诉方可以请求争端解决机构授权中止适用对有关成员进行的减让或其他义务。

在履行中止减让或其他义务的时候，世贸组织还规定了“交叉报复”机制，即起诉方应该首先设法中止已经由专家小组和上诉机构确认存在违规、利益丧失与损害的相同部门的减让或其他义务；如果无效，而且情况十分严重，则起诉方可以设法中止另一有关协议项下的减让或其他各项义务。举例来说，如果一当事方在货物贸易方面存在利益丧失或损害，其可能在服务贸易领域采取报复措施，中止服务贸易中的开放承诺。

6. 法定时限原则

世贸组织争端解决机制在时限上既短又明确。如果一方在时限内没有行使权利，另一方可以立即推动程序进入下一阶段，或者程序将自动进入下一阶段。专家小组和上诉机构的审案时限严格而具体。争端解决机构通过专家小组报告有时间限制，如果不进入上诉程序，除非有“完全协商一致”反对，它必须在专家小组提出报告之后60天内通过报告，否则报告在60天后自动通过。

7.发展中国家程序特殊原则

发展中国家对发达国家提出的申诉，可以援引《关贸总协定》1966年通过的第23条程序，该程序对发展中国家提供了一些便利。新机制对于最不发达国家规定了进一步的特殊程序。

（三）世贸组织争端解决的程序

世贸组织争端解决需依次经过以下几个程序：

1.磋商

这一阶段最长可达60天。在采取任何行动之前，争端方都必须进行磋商，以寻求自行解决彼此间分歧的方案。如果磋商失败，它们也可以要求世贸组织总干事进行调解，或以其他任何方式提供帮助。

2.任命专家组

如果磋商失败，申请方可以要求任命专家组。45天内任命专家组，专家组在6个月内做出结论。在“被告席”上的国家（或地区）可以阻挠专家组的成立，但只能行使一次。在争端机构召开第二次会议时，任命就不能再被阻挠了，除非各方协商一致反对任命专家组。

专家组帮助争端解决机构做出裁决或提出建议，但由于专家组的报告只有在争端解决机构相关人员协商一致的情况下才能被否决，因此其结论是很难被推翻的。专家组的结论必须根据报告中引用的协议。

专家组的报告通常应在6个月内提交争端各方。在紧急案件中，包括那些与易腐商品有关的案件，期限缩短为3个月。协议详细规定了专家组如何开展工作。主要阶段包括以下方面：

（1）第一次听证前。争端各方以书面形式向专家组提交案情。

（2）第一次听证。申诉方（一个或多个）、被诉方以及宣布与争端有关的国家（或地区）在专家组第一次听证会上陈述案情。

（3）反驳。在专家组第二次会议上，有关各方提交书面反驳并进行口头辩论。

（4）专家。如果一方提出科学的或其他技术性问题，专家组可以咨询专家或指定一专家准备咨询报告。

（5）第一稿草案。专家组将报告中的描述部分（事实与论据）提交双方，并给出两周时间做出评论。这份报告不含调查结果和结论。

（6）中期报告。专家组随后向双方提交一份中期报告，包含调查结果和结论，并给出一周时间供进行审议。

（7）审议。审议的时间不得超过两周。在此期间，专家组还可与双方举行另外的会议。

（8）最终报告。最终报告提交双方，3周后散发全体世贸组织成员。如果专家组认为产生争端的贸易措施确实违反了世贸组织协议或相关义务，则会建议使该措施符合世贸组织的规则。专家组可以建议如何进行这一工作。

（9）报告成为裁决。报告在60天内成为争端解决机构的裁决或建议，除非各方协商一致否决报告。

3.上诉

任何一方均可就专家组的裁决提出上诉，有时双方都会选择上诉。上诉必须根据法律或法律解释等，而不能重新审查现有证据或审查新的证据。每一起上诉都由7名成员组成的常设上诉机构中的3名成员审理，上诉机构由争端解决机构设立，广泛代表世贸组织的成员，其成员任期为4

年，他们必须在法律和国际贸易领域具有公认地位，不隶属于任何政府。

上诉可以确认、修改或推翻专家组的法律调查结果和结论。一般情况下，上诉不应超过60天，最长不能超过90天。争端解决机构必须在30天内接受或否决上诉报告，而否决只能是协商一致才可以。

4. 执行专家组报告

争端解决程序规定贸易争端各方可以采用三种方式执行专家组报告：

(1)履行

违背其义务的一方必须立即履行专家组或上述机构的建议。如果该方无法立即履行这些建议，争端解决机构可以根据请求给予一个合理的履行期限。

(2)提供补偿

若违背义务的一方在合理的履行期限内不履行建议，引用争端解决程序的一方可以要求补偿；或者，违背义务的一方可以主动提出给予补偿。

(3)授权报复

当违背义务的一方未能履行建议并拒绝提供补偿时，受侵害的一方可以要求争端解决机构授权采取报复措施，中止协议项下的减让或其他义务。这意味着，当一方违背其在1994年《关贸总协定》或有关协议项下的义务时，受侵害的一方在争端解决机构的授权下，可以提高违背义务的一方进口货物的关税，所涉及产品的贸易额应相当于被起诉的措施所带来的损失。

争端解决程序规则规定，此类报复行为应由争端解决机构授权，并尽可能在专家组或上诉机构判定违背义务的《关贸总协定》《服务贸易总协定》或《知识产权协定》的同一部门内采取。但当争端解决机构认为不可能时，则可以授权在同一协定项下的其他部门采取报复措施。只有在极个别的情况下，并且作为最后的办法，争端解决机构才能授权采取跨协定的报复行为，如对于违背《服务贸易总协定》或《知识产权协定》项下的义务时可授权采取提高货物关税的办法，予以报复。

但是，提供补偿和由争端解决机构授权采取报复是临时性的措施，最终的结果应是违背义务的一方实施建议。争端解决程序规则要求争端解决机构对案例进行审议，以确保建议的全面实施。

九、中国与世贸组织

(一)中国加入世贸组织的必要性

包括：①能使中国在产品出口上享受多边的、无条件的最惠国待遇，彻底摆脱与美国双边的不稳定的最惠国待遇。②能使中国作为发展中国家对大多数发达国家的制成品和半制成品的出口享有“普惠制”待遇，以及其他给予发展中国家的特殊照顾。③可利用世贸组织解决贸易争端的特设机构和程序，较好地解决或缓和中国与其他成员的贸易纠纷，保障和维护中国的正当权益，特别是很多国家对中国出口产品实施反倾销的问题将得到公正的解决。④可减少贸易保护主义对我国出口产品的影响。⑤可获得在多边贸易组织中的发言权。⑥有利于中国进行产业结构的调整。⑦可利用世贸组织的基本原则，行使例外和保障措施的权利，在特殊的情况下，可以维护自身的正当权益。⑧有利于国有企业进行现代企业制度改革和更大程度地对外开放，变外部压力为动力，加快中国经济的发展。⑨有利于实现祖国统一大业。中国加入世贸组织后，允许台湾地区以“中国台澎金马特别关税区”的名义申请“入世”，明确表明台湾地区从属于中国，是中国的一个省。

(二)中国加入世贸组织后应尽的义务

包括：①降低进口关税。目前发达成员方的加权平均进口关税已降到3.7%左右，发展中成员方也下降到了11%左右。中国承诺2005年平均关税税率降到10%。②逐步取消非关税壁垒措施。中国在20世纪80年代以后，非关税壁垒措施，如许可证制、配额制等是比较多的，以后必须逐步取消。③取消被禁止的出口补贴。④增加贸易政策的透明度。⑤扩大对知识产权的保护范围。⑥开放服务贸易。⑦放宽对引进外资领域的限制。

总之,中国加入世贸组织有很多的发展机遇,也面临着许多的严峻挑战。我们应抓住机遇,迎接挑战,提出对策,变压力为动力,深化改革,扩大开放,使我国顺利地融入世界经济的大潮中,加快我国经济的发展。

案例应用 5－1　世贸组织裁决:澳方对华三种产品的反倾销措施违反规则

案例精析

案例应用5-1

2024 年 3 月 26 日,世界贸易组织(WTO)专家组做出裁决,澳大利亚对中国风塔、铁道轮毂和水槽产品采取的反倾销措施违反了世贸组织规定,建议澳大利亚修改或撤销相关措施。澳大利亚贸易部长法瑞尔表示,澳方接受裁决,将采取措施落实报告建议。中国商务部新闻发言人回应说,中方对专家组做出的客观、公正裁决表示赞赏。中方希望澳方尊重裁决,尽快纠正违规做法,取消有关征税措施,并在其他贸易救济措施中严格遵守世贸规则,与中方相向而行,共同维护多边贸易体制,推动中澳经贸关系健康发展。

对于世贸组织的裁决,澳大利亚贸易部长法瑞尔 26 日发表声明说,澳大利亚政府接受世贸组织专家组的裁决,澳方将与中方接触,采取措施落实专家组的建议。法瑞尔称,澳大利亚的贸易救济体系是“非歧视性的”,将继续应对“不公平的贸易做法”。

路透社称,目前澳大利亚对来自中国的风塔征收 10.9%的关税,对铁道轮毂征收 17.4%的关税,对不锈钢水槽征收 60.2%的关税。

试问:对华反倾销诉讼案缘何不断增多?我国应采取哪些反倾销对策维护中澳经贸格局?

资料来源:陈思佳:“世贸组织裁决:澳大利亚对华三种产品的反倾销措施违反世贸规则”,观察者网,2024 年 3 月 27 日。

任务四　区域经济一体化

一、区域经济一体化的概念

区域经济一体化(Regional Economic Integration),是指两个或两个以上的国家或地区,通过协商并缔结经济条约或协议,实施统一的经济政策和措施,消除商品、要素、金融等市场的人为分割和限制,以国际分工为基础来提高经济效率和获得更大经济效果,把各国或各地区的经济融合起来形成一个区域性经济联合体的过程。

动漫视频

区域经济一体化

区域经济一体化包含着两层含义:一是成员方之间经济活动中各种人为限制和障碍逐步被消除,各成员方市场得以融合为一体,企业面临的市场得以扩大;二是成员方之间签订条约或协议,逐步统一经济政策和措施,甚至建立超国家的统一组织机构,并由该机构制定和实施统一的经济政策与措施。对此,学术界将前者称为功能性一体化,将后者称为制度性一体化。功能性一体化与制度性一体化是经济一体化发展的两种趋势。功能性一体化的发展来自各成员方市场经济自发的内在要求,当它发展到一定阶段时必然要求制度性一体化给予保障和促进;而制度性一体化会加深功能性一体化的程度。功能性一体化是制度性一体化的准备,具有一体化的实质性意义;制度性一体化是功能性一体化的阶段性标志,具有一体化的形态性意义。因此,功能性一体化与制度性一体化具有密切的关系。两者既可相互促进,也可相互制约。从世界区域一体化的实践来看,制度性一体化具有更重要的现实意义。因此,人们更多关注的是制度性一体化的进展。

二、当前区域经济一体化的主要特点

区域经济一体化是第二次世界大战后伴随着经济全球化的发展而出现的新现象,也是对 20 世纪后半期的世界经济产生了重大影响并且对 21 世纪仍将产生重大影响的经济现象。"冷战"结束以来,区域经济一体化进入一个新的深入发展时期,并呈现如下特点:

(一)区域经济一体化组织规模不断扩大

进入 20 世纪 90 年代以来,区域经济一体化组织不仅数目增长较快,而且规模不断扩大。1994 年 1 月,美加自由贸易区吸收墨西哥,组建北美自由贸易区。在北美自由贸易协定中包含将西半球国家纳入的条款,智利是第一个候选国。1994 年 12 月迈阿密高峰会上,时任美国总统克林顿提出了美洲自由贸易区计划的建议。迄今,WTO 全球区域贸易协定数据库共发布了 628 份通知,显示自 1948 年至 2023 年末,全球共签订了 591 项区域贸易协定,另有 37 项处于早期公告阶段。在已签订协定中,缔约方均为 WTO 成员的共 484 项(占比 82%)。

(二)区域经济一体化组织成员间的合作日益深化

目前,大多数区域经济一体化组织的合作内容,从货物贸易领域扩展到了服务贸易、竞争政策、投资、知识产权和国家宏观经济政策等领域。有的甚至涉及环境保护与劳动权利标准等新领域。最典型的就是欧盟的区域合作,无论是在一体化的深度还是在广度上都取得了重大的进展。从相互减免关税,建立关税同盟开始,又相继建立了共同市场、经济与货币联盟。

(三)区域经济一体化突破了区域或地缘因素的限制

在区域经济一体化组织内部经济合作不断广化和深化的同时,全球区域经济一体化组织之间开始尝试经济合作,跨洋、跨洲的交叉重叠的经济合作不断出现。例如,1996 年 3 月召开了首届"亚欧首脑会议",欧盟 15 国、东盟 7 国、中、日、韩等国一致同意建立全面的"亚欧新型伙伴关系"。另外,欧盟与美国也积极筹划建立由欧盟与北美自由贸易区组成的"大西洋共同体",并试图将这一计划扩大至南方共同市场,形成由三大组织组成的"大西洋自由贸易区"。20 世纪 90 年代以来,以自由贸易区为目标的区域经济一体化协议已遍及全球所有地区,具有了真正全球化的规模和声势。

(四)"开放的地区主义"成为一种潮流

如何妥善处理成员国与非成员国之间的关系,是人们广泛关注的话题。过去,区域经济一体化通常被视为地区保护主义的象征,而现阶段则出现了不但重视内部合作,而且重视对外部开放的区域合作组织,亚太经合组织就是典型的例子。亚太经合组织并不是一个严格意义上的区域经济一体化组织,它是在承认该地区经济体制、经济发展水平、贸易和投资自由化差异较大的前提下,建立起来的松散的、论坛式的区域经济合作组织。它以开放地区主义的实践,取得了巨大的成功。它将从根本上消除人们对区域经济一体化与多边贸易自由化抗衡局面的普遍担忧。亚太经合组织这种新型的区域经济一体化模式,必将影响其他区域经济一体化组织的未来发展道路。

三、区域经济一体化的组织形式

区域经济一体化联合体以一定的组织形式存在着。各成员方根据各自的具体情况和条件,以及各自的目标和要求而组成了不同形式的区域经济一体化组织。不同的组织形式反映了经济一体化的不同发展程度,反映了成员方之间经济干预和联合的深度与广度。区域经济一体化组织可分为以下几种形式:

(一)优惠贸易安排

优惠贸易安排(Preferential Trade Arrangement)是区域经济一体化中最低级和最松散的组织

形式。成员方之间通过贸易条约或协议，规定了相互贸易中对全部商品或部分商品的关税优惠，对来自非成员方的进口商品，各成员方按自己的关税政策实行进口限制。如第二次世界大战前建立的英联邦特惠制及“二战”后建立的南亚国家联盟等。

在优惠贸易安排这种形式中，各成员方的贸易政策是不一致的，即各成员方给予来自其他成员方进口商品的关税等政策待遇是不相同的。这种状况如同各成员方对来自非成员方进口商品的关税等政策待遇各不相同。因此，许多学者不把优惠贸易安排列入区域经济一体化的组织形式之中。但我们认为，优惠贸易安排形成后，对成员方之间开展商品贸易的政策制定有一定程度的约束，以后任何成员方都不能独立自主地进行增加商品进口限制的政策调整，商品贸易的自由程度有所提高，这也是一种经济政策和措施的统一。因此，优惠贸易安排也可以称为一种区域经济一体化的组织形式。

（二）自由贸易区

自由贸易区（Free Trade Area），是指签订自由贸易协议的成员方相互彻底取消了在商品贸易中的关税和数量限制，使商品在各成员方之间可以自由流动。但是，成员方仍保持各自对来自非成员方进口商品的限制政策。最典型的自由贸易区是北美自由贸易区。

在世界上众多的自由贸易区中，自由贸易的商品范围是有所不同的。有的自由贸易区只对部分商品实行自由贸易，如在欧洲自由贸易联盟内，自由贸易的商品只限于工业品，而不包括农产品。这种自由贸易区也被称作工业自由贸易区。有的自由贸易区对全部商品实行自由贸易，如拉丁美洲自由贸易协会和北美自由贸易区对区内所有的工农业产品的贸易往来都免除关税和数量限制。据此，在经济一体化的理论上就有部分一体化和全部一体化之说。

（三）关税同盟

关税同盟（Customs Union），是指成员方之间彻底取消了在商品贸易中的关税和数量限制，使商品在各成员方之间可以自由流动。另外，成员方之间还规定对来自非成员方的进口商品采取统一的限制政策，关税同盟外的商品不论进入同盟内哪个成员方都将被征收相同的关税。例如，早期的欧洲经济共同体和东非共同体。

关税同盟意味着撤除了成员方各自原有的关境，组成了共同的对外关境。这使成员方的商品在区域内部自由流动的同时，排除了来自非成员方商品的竞争。关税同盟使成员方在商品贸易方面彻底形成了一体化。关税同盟开始具有超国家性质，是实现全面经济一体化的基础。

（四）共同市场

共同市场（Common Market），是指成员方之间不仅在商品贸易方面废除了关税和数量限制，并对非成员方商品进口征收共同关税，而且规定了生产要素（资本、劳动力等）也可在成员方间自由流动。例如，欧洲共同体在 1992 年底建成的统一大市场。其主要内容就是实现商品、人员、劳务和资本在成员方之间的自由流动。

（五）经济联盟

经济联盟（Economic Union），是指成员方之间除了商品与生产要素可以进行自由流动及建立共同对外关税之外，还要求成员方实施更多的统一的经济政策和社会政策，如财政政策、货币政策、产业政策和区域发展政策等。例如，欧盟属于此类经济一体化组织。

在理论上，应在多大的经济政策范围内实现统一才能称得上经济联盟，尚没有明确界定。但是，货币政策的统一作为一个重要标志是具有共识的，即成员方之间有统一的中央银行、单一的货币和共同的外汇储备。到目前为止，世界上也只有欧盟达到这一阶段。

（六）完全经济一体化

完全经济一体化（Complete Economic Integration），是经济一体化的最高级组织形式。区域内各成员方在经济联盟的基础上，全面实行统一的经济和社会政策，使各成员方在经济上形成单一的经济实体。而该经济实体的超国家机构拥有全部的经济政策制定和管理权。目前，世界上尚无此类经济一体化组织，只有欧盟在为实现这一目标而努力。

上述六种形式的区域经济一体化组织是由低级到高级排列的。各种形式的一体化组织之所以可以分级排列是因为上一级形式的一体化组织包含下一级形式一体化组织的特点。必须要指出的是，区域经济一体化组织形式的分级排列并不意味着一个区域性组织在向一体化深度发展时一定是由低级向高级逐级发展的。从区域经济一体化的实践来看，一体化的起点并非一定是优惠贸易安排；某个区域经济一体化组织也可能兼有两种组织形式的某些特点。区域经济一体化的组织在实践中也许会产生出更多的形式。

四、区域经济一体化的影响

（一）区域经济一体化对区内经济发展的影响

1. 区域经济一体化能促进集团内贸易的增长

首先，通过签订优惠的贸易协定，减免关税，取消数量限制，削减非关税壁垒，取消或放松外汇管制，在不同程度上扩大了贸易自由化，从而促进了集团内贸易的增长。其次，集团内国际分工向纵深发展，使成员国经济相互依赖加深，致使成员国间的贸易环境比第三国市场好得多，从而使区域经贸集团内成员国间的贸易迅速增长，集团内部贸易在成员国对外贸易总额中所占比重提高。

2. 区域经济一体化促进集团内部国际分工的深化

区域经济一体化使成员国之间实现了生产要素的完全自由流动，使各成员国的企业可以按照比较优势在更广大的区域内实现生产要素的优化组合，使成员国间的国际分工更为合理；由于要素流动范围的扩大，贸易壁垒的消失，企业的规模经济效益能够得到更好的发挥；区域经济一体化的建立还有助于成员国之间的协调与合作。所有这些都使成员国间可以在更高的水平上进行分工与合作，使区域内各成员国间的国际分工进一步深化。例如，鉴于新技术的开发往往需要巨额资金，难度和风险也很大，有时单靠一国力量难以办到；新技术的利用一般需要广阔的市场，更需要真正地消除非关税壁垒，建立统一机构加以推动。为从根本上加强实力，适应外部竞争的需要，欧盟采取了一系列高科技联合与协调政策，从而获得了研究与开发的最佳效益。在调整高科技政策时，欧盟还把未来的研究成果与技术扩散和商业化一并考虑，从而可使“技术领先”适时地转化为商业竞争力，并为欧盟企业创造“欧盟工业平台”，与世界经济技术大国——美国、日本分庭抗礼。

3. 区域经济一体化加强了企业的融合与竞争

区域经济一体化使其内部的市场进一步统一，它给企业提供了更多的商机。首先，市场开放度加大。原本受到保护的成员的市场放开了对来自其他成员的竞争的限制。比如，1992 年之前，欧洲保护程度最高的是法国和意大利，随着欧洲内部市场的进一步统一，联盟其余成员进入这两个市场比以前容易多了。其次，降低了交易成本。在内部统一的市场上，产品可以跨越国界自由流动。产品标准的相互协调和税收制度的简化，使成员的企业能够将生产活动集中在成本要素和技能组合最佳的地点，从而实现了成本效益；同时，一个企业可以在区域内挑选某一地点生产产品，并向整个一体化组织成员市场提供该产品。

当然，在给企业带来商机的同时，也构成了挑战。首先，地区经济一体化组织内部市场竞争将加剧。国家间货物贸易和投资壁垒的降低会使成员国间的价格竞争更加激烈。为了在竞争激烈的统一市场环境下求得生存，企业和公司必须利用统一市场所带来的机会，实现合理化生产，降低成本，否则将在竞争中处于不利地位。其次，即使在贸易和投资的壁垒解除以后，文化和竞争的手段方面持续存在的差异也限制了企业通过在一个主要地点集中生产，以及为单一的多国市场生产标准产品，从而利用规模经济实现成本节约的能力。

（二）区域经济一体化对整个世界经济发展的影响

1. 区域经济一体化对多边贸易体制构成双重影响

区域经济一体化进一步减少乃至消除了内部的贸易障碍，实现了小范围的真正的自由贸易，这与多边贸易体制的基本目标是一致的。区域经济一体化与多边贸易体制的相容性主要体现在：第一，区域经济一体化组织比较容易建立，往往开放程度更高，可以成为达到更高层次多边一体化的中间阶段；第二，区域经济一体化可以平衡各个集团在多边贸易谈判中的力量，有利于形成照顾各方利益的多边贸易体制；第三，区域谈判和多边谈判可以相互推动；第四，区域集团的形成和发展还可以为成员国参加多边谈判，开辟贸易自由化新领域并制定相应的国际规则提供一个良好的学习和培训机会。但与此同时，区域经济一体化与多边贸易体制也有矛盾和冲突，主要表现在：首先，区域经济一体化构成了对多边贸易体制非歧视原则的挑战；其次，区域经济一体化的贸易转移效应与世界贸易组织的多边贸易自由化相矛盾；最后，成员方的双重资格使其通常为了寻求区域内部利益而损害多边利益。

2. 区域经济一体化组织在当代世界经济格局中具有主体化倾向

区域经济一体化组织在当代世界经济格局中主体化倾向的产生，一方面是由于在当代世界经济格局中，各行为主体要想巩固和发展自己的主体地位，除了加速自身的经济发展以外，最有效的方法就是利益一致行为的主体结盟，以实现区域内资源合理配置，优化资源组合，实现规模经济，提高经济效率，促进经济增长。另一方面，当前的北美、欧盟、亚太三大区域经济一体化组织之间的竞争，亚欧会议和跨大西洋自由贸易区等松散的一体化和自由化组织对话的加强，推动了当代世界经济格局多极化的主体由主权国家向政府间的区域经济一体化组织过渡。可以说，区域经济一体化组织在当代世界经济格局中的主体化倾向可以为世界经济的发展提供更多的挑战和机遇。因此，如何使其走向全球经济一体化，建立公正合理的新的经济格局，以实现各国经济的共同发展，是世界经济面临的重大课题。

五、区域经济一体化的理论

（一）关税同盟理论

1. 关税同盟的静态效果

以维纳（Jacob Viner）为代表的一些学者提出的关税同盟理论是区域经济一体化研究的开端。在有关研究中，静态分析占据主导地位。该学说以欧洲煤钢联营及稍后成立的欧洲经济共同体为原型，通过对关税同盟的经济效益加以静态分析，得出如下结论：各国资源是静态不变的，它们只能依据自己的固有优势，通过对外贸易获得静态比较利益。成立关税同盟的最大益处是，成员国间可以实现自由贸易，在区域范围内合理配置资源，降低生产成本，扩大产品消费，从而在生产与消费之间相互促进。当然，组建关税同盟也可能给成员国，乃至世界经济的发展带来某些负面效果。可见，静态效果有积极和消极之分。根据关税同盟理论，静态效果可定义为：假定在经济资源总量不增加、技术条件没有改进的情况下，对集团内国际贸易、经济发展，以及物质福利的影响。这种影响涉及贸易创造、贸易转移、贸易扩大、行政开支减少、走私减少等方面。其中，前两项，即贸易创造效果和贸易转移效果表现较为明显。

（1）贸易创造效果（Trade Creating Effect），由生产利得和消费利得构成。关税同盟成立以后，在比较优势基础上使生产更加专门化。这样，关税同盟某个成员国的一些国内生产品将被其他生产成本更低的产品的进口取代，致使资源使用效率提高，生产利益扩大；同时，使本国该项产品消费开支减少，社会需求扩大，结果会使贸易量增加。贸易创造效果因此使关税同盟国的社会福利水平提高。

(2)贸易转移效果(Trade Diversing Effect),是指在关税同盟成立以前,关税同盟国从世界上生产效率最高、成本最低的国家进口产品;关税同盟成立以后,关税同盟国转从同盟内生产效率最高的国家进口;但如果同盟内生产效率最高的国家不是世界上生产效率最高的国家,则进口成本较前增加,消费开支扩大,使同盟国的社会福利水平下降,这就是贸易转移效果。

一般认为,贸易创造型关税同盟有利于世界资源的优化配置,并可扩大自由贸易,对成员国的福利及经济发展的影响是积极的,对集团外国家也不会造成伤害。但贸易转移型的关税同盟则是朝着贸易保护主义的方向发展,它不利于国际分工和贸易的扩大,因而具有消极的影响。通常,关税同盟在下列情况下带来贸易创造,并使成员国福利增加:①结盟前成员国的关税壁垒越高,则关税同盟形成后在成员国之间创造贸易的可能性就越大。②关税同盟与世界其余国家的贸易壁垒越低,贸易转移的损失就越小。③形成关税同盟的成员国越多,并且它们的规模越大,就更有可能将低成本的生产者吸纳到同盟之中,带来贸易创造的可能性就越大。④成员国之间的地理位置靠得越近,则运输成本越少,成员国间贸易创造的障碍就越少。⑤同盟前成员国间潜在的经济关系越紧密,同盟后更有机会获得显著的静态利益。⑥成员国间的竞争性越大,同盟后集团内生产专业化分工就会越发展,贸易创造的机会也就越大。因此,关税同盟容易在资本、劳动禀赋相差不大,经济发展阶段、技术、收入、文化水平、需求结构等类似或接近的国家间产生。

做中学 5-1　　美国对华反倾销导致中国出现贸易转移

根据 WTO 反倾销数据统计,2022 年全球新发起反倾销调查 208 起,其中针对中国的反倾销调查有 73 起,占全球反倾销总数的 35%。1995—2023 年,全球对中国实施的反倾销案总计 1 614 起。其中,排名前三的申诉国家/地区分别为印度 298 起、美国 189 起、欧盟 155 起。中国已经连续多年成为遭遇反倾销调查最多的成员,包括鞋、布、帽子、化工产品、钢铁以及电子产品等领域的产品,涉案金额呈现出逐年递增态势。出口的商品遭遇反倾销后大量滞留和返销国内的状况,不利于中国市场机制的良好运作,还会挫伤外国对华企业投资的积极性,反倾销的间接损失不可估量。

被征收反倾销税后,中国出口企业产品对美国的出口成本增加,企业积极开拓其他出口市场,开始寻找第三方市场,逐渐增加对其他地区的出口。出口机器设备、家具、纺织品、纸制品、塑料制品的企业对欧盟地区发生贸易转移,出口其余产品的企业并未对欧盟发生贸易转移。需要指出的是,中国出口到美国的产品中 65%是机器设备、化工、纺织产品,与向第三方市场发生转移的产品类型吻合,由此也弱化了美国对华反倾销制裁所带来的损失。

分析提示

做中学5-1

资料来源:关建波、王绍媛主编:《国际贸易教学案例》,东北财经大学出版社 2023 年版。

请问:美国对华反倾销调查给中国产品出口造成了什么样的影响?

2. 关税同盟的动态效果

关税同盟不仅有静态经济效益,而且有动态经济效应。在关税同盟理论中,经济学家从关税同盟可使资源合理配置、获取规模经济效益、刺激投资及加速经济发展方面阐述了经济一体化的动态效应。关于关税同盟动态效应是否成立,有人认为由于缺少定量分析,研究不够深入,现在还没有令人信服的答案。

(二)大市场理论

与关税同盟相比,共同市场的一体化范围又进了一步。共同市场的目标是消除保护主义的障碍,把被保护主义分割的每一个国家的国内市场统一成为一个大市场,通过大市场内的激烈竞争,实现专业化、批量化生产等方面的利益。共同市场的理论是超越静态的关税同盟理论的动态的大市场理论，其代表人物是西陶斯基(T. Scitovsky)和德纽(J. F. Deniau)。这一理论不仅对共同市场，而且对于其他形式的经济一体化也具有普遍意义。根据该理论，经济一体化对集团内成员国的贸易和经济发展产生如下积极影响：

第一，能够获得规模经济效益。如果各国为了本国的狭隘利益而实行保护贸易，把市场分得过于细小而又缺乏弹性，就无法实现规模经济利益。组成一体化经济集团后，就能把分散孤立的小市场结成大市场，获取规模经济等利益。当然，一个不参加区域经济集团的小国也可通过扩大出口实现规模经济。但是，在世界市场的激烈竞争中，组建经济一体化可使成员国有一个比较稳定的扩大的市场；同时，由于共同市场内部生产要素可以自由流动，也便于生产资料的集中使用，有利于实现规模节约。

第二，可激化竞争。一体化经济集团形成后，实行自由贸易和生产要素的自由移动，使各成员国企业面临更加激烈的竞争。在其他条件不变的情况下，市场竞争的程度越高，经济效率就越高，经济资源的分配也就趋于最优状态。共同市场成立后，撤除了成员之间的贸易壁垒，各国企业必须迎接来自集团内其他成员的挑战，从而刺激劳动生产率的提高和成本的下降，刺激新技术的开发和利用。产品成本和价格下降了，再加上人们收入水平随生产发展而提高，消费增加，便出现了大市场→竞争激化→大规模生产→大量消费的良性循环。当然，在竞争增强的同时，一体化经济集团往往会出于与集团外国家竞争的需要，促使集团内有关企业联营、合营甚至合并，这就可能导致各成员国企业之间形成卡特尔一类的垄断组织，致使竞争淡化，效率下降。对此，可以通过法律加以限制。

第三，可扩大投资。一体化经济集团内各企业为了应付市场的扩大和竞争的加剧，必然千方百计地增加投资，以更新设备、改进技术、扩大生产，同时，也会吸引集团外国家在一体化区域经济内投资。而投资是冲破贸易壁垒不致被日益壮大的统一大市场排斥在外的有力手段。因此，经济一体化集团的形成不仅刺激成员国增加投资，而且吸引了大量集团外国家的资金。投资的增加无疑会有力地推动区域经济集团国家的经济增长。当然，一体化组织也要采取必要措施避免因投资不均而导致的经济发展不平衡。

（三）协议分工理论

日本一桥大学教授小岛清(Kiyoshi Kojima)考察了经济共同体内部分工的理论基础后，在其代表作《对外贸易论》(1950 年版)中，提出了协议性国际分工的理论。所谓协议性国际分工原理，就是成本长期递减下的国际分工和国际平衡原理。因为经济一体化的目的就是要通过大市场化来实现规模经济，这实际上也就是成本长期递减的问题。

小岛清认为，传统自由贸易理论均假设贸易各国的国际分工是通过自由竞争、市场机制来完成的。无论是李嘉图的比较优势理论，还是赫一俄的生产要素禀赋理论，都将私人企业的自由竞争作为国际分工形成的依据。他认为，以前的传统的国际分工理论所讲的只是在成本递增下通过竞争原理达成国际分工和平衡，而对成本递减(以及成本不变)的情况却没有涉及。随着经济一体化的出现，对于在规模经济条件下生产的商品，完全可以通过各国之间的协商和调节机制确立国际分工，发展国际贸易；另外，建立在国家协调基础之上的国际分工，会有效地配置国家之间的资源，增加贸易利益。仅靠以完全自由竞争为基础的比较优势和生产要素禀赋分工的理论不可能完全实现规模经济的好处，还可能导致各国企业的集中和垄断，影响分工的和谐和贸易的稳定发展。

进行协议性国际分工的方法是：在两国结成经济共同体的条件下，针对两种具有规模经济的商品，双方以协议的方式，各自只生产其中的一种商品，同时放弃另一种商品的生产，并向对方提供另一种商品的销售市场，使两种商品的生产规模都能扩大，实现生产成本的递减、价格的下降和需求的增加，使双方都能获得更大的贸易利益。由于双方必须达成互相提供市场的协议，因此把它称为协议性的国际分工。

达成协议的主要条件是：两个(或多个)国家的资本、劳动禀赋比率必须没有太大差别，工业化水平和经济发展阶段大致相等，协议性分工的对象商品在哪个国家都能进行生产；作为协议分工对象的商品，必须是能够获得规模经济的商品；不论对哪个国家，选择其中任意商品进行生产的利益都应该没有很大差别。

学中做 5—1　　以 RCEP 推动区域经济一体化

分析提示

学中做5-1

2020 年 11 月 15 日，中、日、韩，东盟 10 国，澳大利亚和新西兰 15 个国家在东盟峰会上成功签署 RCEP，标志着自 2013 年 5 月开启的 RCEP 谈判成功达成，亚太经贸区域化合作掀开新篇章。2021 年 11 月，已有文莱、柬埔寨、老挝、新加坡、泰国、越南 6 个东盟成员国和中国、日本、新西兰、澳大利亚 4 个非东盟成员国向东盟秘书长正式提交核准书，达到协定生效门槛。按规定，RCEP 将于 2022 年 1 月 1 日起对上述 10 国生效。其他成员国在完成国内核准程序后，也将加入进来。RCEP 的达成既是各成员国主动顺应经济规律的内在需求，也是适应国际形势变化的要求。按协定要求，各成员国将大幅削减经贸合作限制，促进商品与要素流通，深化分工合作，提高生产效率和国际话语权，获得更大经济政治好处。

请问：RCEP 的生效，对各成员国推进协作、促进地区和世界经济增长等方面具有的意义。

应知考核

一、单项选择题

1. 经济一体化程度最低级、组织最松散的一种形式是(　　)。

A. 优惠贸易安排　B. 自由贸易区　C. 经济同盟　D. 关税同盟

2. 在成员方间完全废除关税与数量限制，建立对非成员方的共同关税外，成员方间的生产要素也实现自由移动的是(　　)。

A. 自由贸易区　B. 关税同盟　C. 共同市场　D. 经济同盟

3. 在下列经济一体化的各种形式中，一体化程度最高的是(　　)。

A. 共同市场　B. 关税同盟　C. 自由贸易区　D. 完全经济一体化

4. 在自由贸易区内，各成员方之间(　　)。

A. 人员自由流动　B. 资金自由流动

C. 对区外进口的关税统一　D. 商品自由流动

5. 在关税同盟中，下列说法正确的是(　　)。

A. 成员对非成员实行统一的关税壁垒　B. 成员对非成员不实行统一的关税壁垒

C. 成员间实施共同的经济政策　D. 成员与非成员间的生产要素自由流动

6. 在自由贸易区中(　　)。

A. 成员对非成员实行统一的关税壁垒　B. 成员对非成员保持独立的关税壁垒

C. 成员间执行共同的经济政策　D. 成员间的生产要素自由流动

7. 世界贸易组织始终坚持的货物贸易的主要保护手段是(　　)。

A. 进口许可证　B. 进口配额　C. 关税　D. 技术性贸易措施

8. 在贸易条约与协定中，通常适用的法律待遇条款是(　　)。

A. 最惠国待遇条款　B. 普惠制条款　C. 选择性保障条款　D. 授权条款

9. 成员方之间完全废除关税与数量限制，建立统一对外关税，允许生产要素跨国界自由流动，商品、资本、服务和人员均可自由流动的区域经济一体化形式是(　　)。

A. 优惠贸易安排　B. 自由贸易区　C. 关税同盟　D. 共同市场

10. 在商品倾销的做法中，以占领、垄断国外市场，获取高额利润为目的，其实施会严重地损害进口国的利益，并通常会招致“反倾销税”等措施抵制的商品倾销方式是(　　)。

A. 偶然性倾销　B. 掠夺性倾销　C. 长期性倾销　D. 季节性倾销

二、多项选择题

1. 目前国际商品协定的经济条款主要有(　　)。

A. 缓冲存货的规定　B. 出口限额的规定

C. 出口限额与缓冲存货相结合的规定　D. 多边合同规定

2.《关税与贸易总协定》的宗旨是(　　)。

A. 提高生活水平，保证充分就业　B. 保障实际有效需求大量而稳定增长

C. 充分利用世界资源　D. 彼此增加关税，进行贸易壁垒

3.《关税与贸易总协定》的基本原则包括(　　)。

A. 非歧视原则、非互惠贸易原则　B. 关税保护原则

C. 公平贸易原则　D. 透明度原则

4. 世贸组织的机构及职能主要有(　　)。

A. 部长会议　B. 总理事会

C. 专门委员会　D. 秘书处与总干事

5.《关税与贸易总协定》和世贸组织为促进公平竞争而采取的措施有(　　)。

A. 反倾销、反出口补贴

B. 纺织品服装和农产品贸易“回归”到多边自由贸易体制中来

C. 加强对知识产权的保护

D. 规范政府采购行为、扩大公平竞争机会

三、简述题

1. 简述贸易条约与协定的种类。

2. 简述《关税与贸易总协定》的作用与局限性。

3. 简述世界贸易组织的目标和实现途径。

4. 简述世界贸易组织的基本原则。

5. 简述区域经济一体化的影响。

应会考核

■ 观念应用

【背景资料】

一个国家实施贸易保护措施的松紧度，从经济角度看主要与该国的什么密切相关？掌握这一规律，对我们的出口贸易实践有什么指导意义？

【考核要求】

请根据本项目的内容并结合实际，谈谈你的看法。

■ 技能应用

实行国民待遇和对等原则

世贸组织规则中有很多基本的原则，国民待遇和对等原则是其中很重要的两条。我国最高人民法院公布的《关于审理国际贸易行政案件若干问题的规定》的司法解释中，就引入了这两条原则。

这个司法解释的第十条规定："外国人、无国籍人、外国组织在中华人民共和国进行国际贸易行政诉讼，同中华人民共和国公民、组织有同等的诉讼权利和义务，但有《行政诉讼法》第71条第2款规定的情形的，适用对等原则。"《行政诉讼法》第71条第2款规定的内容是外国法院对我国公司和组织的行政诉讼权利加以限制的，我国人民法院对该国公司和组织的诉讼权利，实行对等原则。

【技能要求】

请结合本项目的内容，分析国民待遇和对等原则对我国的影响。

■ 案例分析

欧盟的未来不会局限在27个成员国

从1957年3月比利时、法国、联邦德国、意大利、荷兰和卢森堡6国签订《罗马条约》，至2013年7月1日克罗地亚加入欧盟，正式成为第28个欧盟成员，欧盟成员一直在不断增加。2016年启动的英国脱欧进程使欧盟不断扩大的趋势突然出现了逆转，欧盟成员将减至27个①，英国在格林威治标准时间2020年1月31日23:00正式脱离欧盟。欧盟成员是否会继续减少？欧盟不断扩大的趋势是否还能延续？可以肯定的是，欧盟成员不会局限在27个。

随着欧盟的不断扩大，成员国之间的经济发展水平差异也在扩大，穷国白拿钱，财富一边倒，已经违背了当初的原则，内在矛盾也开始显现，有脱欧想法的不只是英国。瑞典把自己看作"斯堪的纳维亚半岛上的英国"，拒绝引入欧元作为法定货币，在欧盟的政治方面与英国在90%的问题上都持相同意见。丹麦在2017年12月举行全民公投，决定不移交更多的权力给欧盟。荷兰右翼自由党主席基尔特·威尔德斯曾表示支持英国脱欧，并希望荷兰也举行类似的全民公投。债务危机和英国退出欧盟将有可能威胁希腊的欧盟成员国地位。甚至法国也被认为是欧盟最大的怀疑论者之一，有61%的人不支持欧盟。不过真要脱欧，英国的经历有可能会使这些国家望而却步。

有人要退出，还有人想进来。目前，欧盟正在同阿尔巴尼亚、黑山、北马其顿、塞尔维亚和土耳其5个入盟候选国进行入盟谈判。最早提出入盟申请的是土耳其。土耳其只有3%的国土在欧洲，多数欧洲人不承认土耳其是欧洲国家。1987年，土耳其申请加入当时的欧洲经济共同体，1997年，作为欧盟在移民、安全、反恐、经济等问题方面的重要战略伙伴，土耳其被宣布有资格加入欧盟。由于近年来土耳其在民主、法治和基本权利等诸多领域无法满足欧盟的要求甚至不断"倒退"，2018年6月以来入盟谈判已事实上被冻结。北马其顿于2004年3月申请加入欧盟，欧盟理事会于2005年12月决定给予该国候选国地位，2019年6月入盟谈判正式启动。2008年，黑山申请加入欧盟，2011年12月，欧盟理事会启动了黑山入盟进程，2012年6月29日开始入盟谈判。2009年，塞尔维亚正式提出入盟申请，2012年3月获得欧盟候选国地位，2014年1月21日入盟谈判正式开始。2009年，阿尔巴尼亚正式申请加入欧盟，2012年10月，欧盟委员会建议给予阿尔巴尼亚欧盟候选国地位，2018年6月1日，欧盟理事会决定开启入盟谈判之路。

不难看出，这些候选国的入盟谈判将是一个漫长的过程，不可能一蹴而就。预计，欧盟会在2025年前后接纳新成员，届时欧盟成员国将有可能达到30个。

---

① 英国脱欧之后，欧盟还有27个成员国，它们分别是：法国、荷兰、德国、意大利、丹麦、卢森堡、葡萄牙、西班牙、奥地利、瑞典、斯洛文尼亚、塞浦路斯、波兰、匈牙利、捷克、斯洛伐克、拉脱维亚、立陶宛、爱沙尼亚、芬兰、马耳他、罗马尼亚、保加利亚、克罗地亚、爱尔兰、希腊、比利时。

资料来源：根据欧盟官方网站(https://europa.eu)及相关媒体报道资料整理。

【分析要求】

1. 脱欧对英国的好处和影响？

2. 英国脱欧对中国有哪些影响？

3. 为什么有的国家要脱欧，而有的国家要入盟？如何解释这种现象？

项目实训

【实训项目】

加强对区域经济一体化的认识能力。

【实训情境】

● 目标。该项练习旨在帮助学生掌握区域经济一体化的知识，增强学生对区域经济一体化的组织形式的认识能力。

● 内容。学习和研究贸易条约与协定的内容，在了解《关税与贸易总协定》后，从我国加入世贸组织的实际出发，研究区域经济一体化问题。(结合当今区域经济一体化组织形式来举例)

● 时间。在讲完本项目内容之后，利用业余时间进行。

【实训任务】

1. 任务要求

(1)将班级同学分成若干读书和调研小组，每组确定正、副组长各1人。

(2)围绕内容研读世贸组织方面的专著，并写出读书笔记，了解《关税与贸易总协定》和世贸组织、区域经济一体化。

(3)小组在班级交流。

2. 撰写《加强对区域经济一体化的认识能力》实训报告。

《加强对区域经济一体化的认识能力》实训报告		
项目实训班级：	项目小组：	项目组成员：
实训时间：　　年　　月　　日	实训地点：	实训成绩：
实训目的：		
实训步骤：		
实训结果：		
实训感言：		

下篇

国际贸易实务

International Trade Theory and Practice

项目六　国际货物交易条件(一)

● 知识目标

理解:相关的国际贸易惯例、国际公约。

熟悉:与国际货物买卖合同有关的货物品名、品质、数量、包装、价格等条款。

掌握:国际商会六个重要的贸易术语,《INCOTERMS 2020》的变化。

● 技能目标

学生具有订立国际货物买卖合同相关条款的能力及技巧,并具有进行价格核算的能力。

● 素质目标

学生具备与国际贸易接轨的基本素质;同时,能够比较全面地认识和分析事物,认识并分析怎样的条款既有利于己方,又能为对方所接受,且能有针对性地解决相关分歧。

● 思政目标

培养学生坚决拥护中国共产党领导,具有深厚的爱国情感、国家认同感、中华民族自豪感;遵守法律法规和国际贸易惯例;具有契约精神;形成良好的职业道德和职业素养,诚实守信、爱岗敬业,正如孔子所说"言必诚信,行必忠正";树立精益求精的工匠精神。

● 项目引例

忽视品质机动幅度,交货品质与样品不符

中国A公司曾向B外商出售一批农产品。成交前,该公司给外商寄送过样品。签约时,在合同品质条款中规定了商品的具体规格。签约后,卖方经办人员又主动电告买方,确认"成交商品与样品相似"。在货物装运前,当地海关进行了检验并签发了品质规格合格证书。但该批货物运到目的地后,买方认为,所交货物品质比样品低,要求减价。卖方认为,合同并未规定凭样成交,而且所交货物,经检验符合约定的规格,故不同意减价。于是买方便请当地检验机构检验,出具了交货品质比样品低7%的证明,并据此提出了索赔要求,卖方拒赔。由于合同中未规定仲裁条款而发生争议后,双方又达不成仲裁协议,买方遂请中国仲裁机构协助处理此案争议。鉴于签约前卖方给买方寄送过样品。签约后,卖方又主动确认"交货与样品相似"且存样已经遗失,故在仲裁机构的协调

下，以由卖方赔付买方品质差价的办法了结此案。

● **引例讨论**

请分析：中国仲裁机构这样处理的理由？我方应该吸取哪些教训？

【课程思政】通过本项目的学习，大学生在学习期间要不断提高专业技能，通过国际贸易条件的认知，要自信自强、谦虚谨慎，增强意识观念，具有无私奉献的敬业精神，在平凡的岗位上创造不平凡，勇毅前行；在工作岗位上展现勤勤恳恳、兢兢业业、忠于职守、尽职尽责的工作精神和作风；熟悉贸易合同标的条款注意事项，勇于创新、恪尽职守、精益求精，不负重托，在提高工作效能、效益、效率和效果上下功夫，努力成为可堪大用、能担重任的经贸栋梁之材。

进出口商达成国际货物交易是有条件的。这些条件主要有：货物的品名、品质、数量、包装、价格、运输、保险、货款、检验和不可抗力等。买卖双方只有就这些条件进行磋商达成一致才能成交。因此，交易条件是国际货物贸易实务和国际货物贸易合同中最主要的内容。本项目着重阐述货物的名称、品质、数量、包装和价格条件等。

● **知识支撑**

任务一 货物的品名和品质

国际贸易交换的各种货物都有其具体名称，并具有一定的质量。货物的品名与质量是国际货物买卖中双方首先需要商定的交易条件，是买卖双方进行交易的物质基础。如果商品的品名和质量不明确，买卖双方也就失去了洽商的依据，无法开展贸易。因此，商品的品名和质量是国际货物买卖合同中的主要条款之一。

一、货物的品名

（一）货物品名与H. S

品名(Name of Commodity，Name of Goods)，即商品的名称，是指某种商品区别于其他商品的称呼或概念。它是贸易合同中构成商品说明的一个首要的重要组成部分。货物一般按自然属性(如植物产品、动物产品、矿产品等)和加工深度(原料、半制成品、制成品)命名与分类。为了使国际贸易货物分类体系进一步协调和统一，海关合作理事会和联合国统计委员会经过多年的共同努力，制定出了适合国际贸易有关各方需要的标准国际贸易商品分类体系，即《商品名称及编码协调制度》，简称《协调制度》(Harmonized System，H. S)。《协调制度》是一个新型、系统、多用途的国际贸易商品分类体系。它可用于对运输商品的计费与统计、计算机数据传递、国际贸易单证简化、普遍优惠制的利用、海关税则、贸易统计等方面。我国目前实施的商品分类制度，全部采用了《协调制度》目录中对商品的分类原则、结构和全部商品名称，将商品分为21类、97章(其中第77章为空章，以备未来发展之需)，各章涵盖若干个4位数品目和6位数子目。国际贸易中的相关工作人员在实际应用中，应尽可能地使用国际上通用的名称，并使其在《协调制度》中能准确地进行归类。

（二）合同中的品名条款

国际贸易中的品名条款一般比较简单，通常是在“商品名称”或“品名”的标题下，列明买卖双方同意买卖的商品名称，有时为省略，也可以不加标题，只在合同开头部分列明买卖双方同意买卖某种商品的文句。

品名条款的规定，还取决于成交商品的品种和特点。就一般商品来说，有时只要列明商品的名称即可。但有的商品，往往有不同的品种、等级和型号，因此，为了明确起见，有时也可把有关具体品种、等级和型号的概括性描述包括进去,作为进一步的限制。这实际上是把品名条款与品质条款合并在一起了。

在规定品名条款时,应注意下列事项:①商品的品名必须准确、具体,切忌作空泛、笼统的规定,以免给履约造成麻烦。商品种类复杂多样的,品名栏可写总称,具体名称则另制附表,如钢笔、床、花瓶、衬衫等。②商品的品名要统一,一种商品不能用几个名称,应尽可能使用国际上的通用名称。③注意选择合适的品名,以利于降低关税,节省运费。④约定品名要实事求是,切实反映商品的实际情况,凡做不到或不必要的描述性词句都不应列入条款,以免影响履约。⑤品名应能高度概括出商品的特征,又符合消费者的心理,诱发其购买欲望。若使用地方性名称,则需要双方就其含义取得共识。

二、货物的品质

一定的货物品质体现着一定的质量,在国际贸易中,质量是一个头等重要的问题。品质的优劣直接影响商品的使用价值和价值,它是决定商品使用效能和影响商品市场价格的重要因素。

(一)品质的表示方法

在国际贸易中,所交易的商品种类繁多、特点各异,品质的表示方法也多种多样。归纳起来,包括凭实物样品表示和凭文字说明表示两类。

1. 凭实物样品表示商品质量

凭实物样品表示商品质量,是指买卖双方在洽商时,由卖方或买方提供一件或数件或少量足以代表商品质量的实物作为样品,请对方确认,样品一经确认便成为买卖双方交接货物的质量依据。这种表示商品质量的方法,在国际贸易中称为"凭样品买卖"(Sale by Sample)。这是由于这些商品本身的特点,难以用文字说明表示商品质量,也是市场习惯采用的一种方法。在国际贸易中,凭实物样品表示商品质量的方法按提供者的不同可分为以下两种:

(1)卖方样品(Seller's Sample)。由卖方提供的样品称为卖方样品。卖方选择样品时,应注意需具有充分的代表性,并以此样品提供给买方。在将样品即原样(Original Sample)或称标准样品(Type Sample)送交买方的同时,应保留与送交样品质量完全一致的另一样品,即留样(Keep Sample)或称复样(Duplicate Sample),以备将来组织生产、交货或处理质量纠纷时作核对之用。卖方应在原样和留样上编制相同的号码,注明样品提交给买方的具体日期,以便日后联系、洽谈交易时参考。

【提示】 留存的复样应妥善保管,对于某些易受环境影响而改变质量的样品,还应采取适当措施,诸如密封、防潮、防虫害、防污染等,以保证样品质量的稳定。

(2)买方样品(Buyer's Sample)。由于买方熟悉目标市场的需求状况,其提供的样品往往更能直接地反映出当地消费者的需求。但在确认按买方提交的样品成交之前,卖方应充分考虑该样品所代表的商品在原材料、加工生产技术、设备和生产时间安排等方面的可行性,以防止日后交货困难。为此,卖方可以根据买方的来样仿制或选择质量相近的自产品的样品,即"回样"(Return Sample)或称"对等样品"(Counter Sample)提交给买方,待买方确认后,就变凭"买方样品"销售为凭"卖方样品"销售。为防止发生意外或纠纷,一般还应在合同中明确规定,如果出现由买方来样引起的工业产权等第三者权利问题,与卖方无关,概由买方负责。

此外,买卖双方为发展贸易关系和增进彼此对对方商品的了解,往往采用互相寄送样品的做法。这种以介绍商品为目的而寄出的样品,最好标明"仅供参考"(For Reference Only)字样,以免与标准样品混淆。

为避免买卖双方在履约过程中产生质量争议,必要时还可使用封样(Sealed Sample),即由第三方或由公证机关在一批商品中抽取同样质量的样品若干份，每份样品采用铅丸、钢卡、封识章、不干胶印纸和火漆等方式加封，由第三方或公证机关留存一份备案，其余供当事人使用。有时，封样也可由出样人自封或买卖双方会同加封。

2. 凭文字说明表示商品质量

在国际贸易中，大多数商品的品质用文字说明来表示。这类表示商品品质的方法可细分为如下几种：

(1)凭规格买卖(Sale by Specification)。凭规格买卖这种方法明确具体、简单方便，在国际贸易中使用最广。它用化学成分、含量、纯度、性能、容量、长短、粗细等主要指标来表示商品的规格。凭规格买卖时，表明商品品质的指标因商品不同而异，商品用途不同，要求的质量指标也有差异。

例如：中国大豆	含油量(Oil Content)	最低(Min)18%
	水分(Moisture)	最高(Max)15%
	杂质(Admixture)	最高(Max)1%
	不完善粒(Imperfect Grains)	最高(Max)9%

(2)凭等级买卖(Sale by Grade)。凭等级买卖是指同一类商品，按其规格上的差异，分为若干等级，用文字、数字或符号进行分类，如优等、中等、低等，大号、中号、小号，一级、二级、三级等。等级不同的商品规格不同，买卖双方对交易商品的等级理解一致时，只需在合同中加以明确。但对于双方不熟悉的等级内容，由于不同等级的商品具有不同的规格，为了便于履行合同和避免争议，在品质条款中列明等级的同时，最好一并规定每一等级的具体规格。例如：中国绿茶特珍一级。

(3)凭标准买卖(Sale by Standard)。凭标准买卖是指将商品的规格和等级予以标准化。它一般由标准化组织、政府机关、行业团体、商品交易所等规定并公布。随着科学技术的发展，商品的标准不断地被修改或变动，同一组织颁布的某类商品的标准往往有不同年份的版本，版本不同，质量标准内容也不相同。在合同中援引标准时，应注明采用标准的名称及年份。例如：利福平(甲哌利福霉素)英国药典 2024 年版。

在国际贸易中，对于某些品质变化较大而难以规定统一标准的农副产品，往往采用“良好平均品质”(Fair Average Quality，F. A. Q.)和“上好可销品质”(Good Merchantable Quality，G. M. Q.)来表示交易商品的品质。

①良好平均品质是指一定时期内某地出口货物的平均品质。在我国外贸实践中，用 F. A. Q. 来说明品质，一般是对大路货而言的。采用这种方法，由于标准比较笼统，除了在合同中注明 F. A. Q. 字样和年份外，一般还需订明该商品的具体规格指标。

例如：中国大米　2024 年　F. A. Q.

水分(最高)15%；杂质(最高)1%；碎粒(最高)35%

②上好可销品质是指卖方交货品质只需保证为上好的、适合销售的即可。如果卖方所交货物无该类货物通常的使用目的，无市场交易可能，则由卖方承担责任。显然，这种标准更为笼统，一般只适用于无法以样品或国际公认的标准来检验的产品，如木材或冷冻鱼类等商品。

【注意】我国在国际贸易中较少使用上好可销品质这种表示方法。

(4)凭牌名或商标买卖(Sale by Brand or Trade Mark)。商品的牌名是指厂商或销售商所生产或销售商品的牌号，以便与其他企业的同类产品区别开来，简称“品牌”。一个品牌可用于一种产品，也可用于一个企业的所有产品。商标则是牌号的图案化，它由一个或几个具有特色的单词、字母、数字和图形等组成。

当前，国际市场上行销的商品，尤其是日用消费品、加工食品、耐用消费品等，都标有一定的商标或牌名。各种不同商标的商品具有不同的特色，代表着一定的质量水平，能诱发买方或消费者的购买欲望,成为强有力的竞销手段。一些名牌产品的厂家为了维护其声誉,对其产品进行了严格的品质控制,以保证产品品质达到一定的标准。可以说,商标或牌名本身就是一种品质象征。人们在交易中可以只凭商标或牌名进行买卖,无须对品质提出详细要求。但是,如果同一商标或牌名反映不同型号或规格的商品,则在合同中必须明确商标或牌名的同时,还要明确规定型号或规格。

应当指出的是,商标、牌名属于工业产权,各国都制定了商标法加以保护。在凭商标或牌名交易时,厂家或销售商应注意有关国家的法律规定,在销售国办理登记注册手续时,以维护商标专用权。

例如:海信牌彩色电视机 型号 SC374 制式 PAL/BG

200 伏 50 赫兹 双圆头插座带遥控

"Golden Star" Brand Colour Television Set

Model: SC374 PAL/BG System,220V 50Hz

2-Round-Pin Plug, with Remote Control

(5)凭产地名称或凭地理标志买卖(Sale by Name of Origin/Geographical Indication)。在国际贸易中,有些商品受产区的自然条件、传统加工工艺等因素影响,在品质方面具有其他产品所不具有的独特风格和特色,尤其是在国际上享有盛誉的传统农副产品。对于这类商品,可以采用产地名称或地理标志来表示其独特的品质,如"金华火腿""景德镇瓷器""杭州龙井茶"等。这些标志不仅标记了特定商品的产地,更重要的是无形中对这些商品的品质提供了一定的保障。地理标志在《关贸总协定》乌拉圭回合最终协议文件中,被正式列入知识产权保护范畴。

(6)凭说明书和图样买卖(Sale by Description and Illustration)。在国际贸易中,有些机器、电器和仪表等技术密集型商品,由于其结构复杂,对材料和设计的要求严格,用以说明其性能的数据较多,很难用几个简单的指标来表明其品质的全貌。对于这类商品,通常以说明书并附以图样、照片、设计图纸、分析表及各种数据来说明其具体性能和结构特点。例如:在合同中规定"品质和技术数据必须与卖方所提供的产品说明书严格相符"(Quality and technical data to be strictly in conformity with the description submitted by the seller)。

但是,由于这类商品的技术要求较高,有时与说明书和图样相符的产品,在使用时不一定能发挥设计所要求的性能。买方为了维护自身的利益,往往要求在买卖合同中加订卖方品质保证条款和技术服务条款。

在实际业务中,用文字说明表示商品品质的方法被广泛应用,但又常常与凭样品表示商品品质的方法结合使用。有一些样品往往只是被用来反映某种商品的一个或几个方面的质量,而不作为全部质量的反映指标,如只表示商品色彩的色彩样品、只表示纺织品花样款式的花样款式样品等,该商品其他的质量内容则通过文字说明来表示。这时,卖方既要承担质量符合文字说明的责任,又要承担与样品质量完全一致的责任。

【注意】在国际贸易中,有些特殊商品,既无法用文字概括其质量,又没有质量完全相同的样品可以作为交易的质量依据,如珠宝、字画等。对于这些商品,买卖双方只能看货成交。

(二)合同中的品质条款

1. 基本内容

在实际业务中,表示品质的方法有凭样品表示和凭文字说明表示两种。由此,买卖合同中品质条款的内容相应地也有所不同。在凭样品表示商品品质时,必须列明样品的编号、寄送时间。在凭文字说明表示商品品质时,必须根据需要列明商品的规格或等级、标准、牌名、商标、产地名称等内容。在以图样和说明书表示商品品质时,还应在合同中列明图样、说明书的名称和份数等内容。

2. 订立品质条款注意事项

(1)适当运用品质机动幅度。某些商品由于生产过程中存在自然损耗,以及受生产工艺、商品本身特点等因素的影响，难以保证交货质量与合同规定完全一致。对于这些商品，如果条款规定过死或把质量指标订得绝对化，必然会给卖方交货带来困难。为此，在订立合同品质条款时，可规定得灵活一些，允许卖方交货的质量在一定范围内浮动。在国际贸易中，常见的品质条款有下列几种：

①品质机动幅度。对品质的规定，允许有一定的差异，具体方法有规定范围、极限和上下差异三种。品质机动幅度主要适用于初级产品或农副产品。

②品质公差。在工业制成品中，对产品的质量指标产生一定的误差是难以避免的，如手表走时每天误差若干秒。这种误差若为国际上公认的产品品质误差，即为品质公差(Quality Tolerance)。对于国际上公认的误差，可以不在合同中明确规定。但如果没有明确的规定，或者买卖双方对品质公差理解不一致，或者由于生产原因需要扩大公差范围时，也可在合同中具体规定品质公差的内容。

③交货品质与样品大体相等或其他类似条款。如卖方交货品质在品质机动幅度或品质公差允许的范围内，一般均按合同的单价计价，不再另作调整。但有些商品为了体现按质论价，也可根据交货品质情况调整价格，即所谓的品质增减价条款。也就是说，对约定的机动幅度内的品质差异，可按照实际交货品质规定予以加价或减价。

(2)正确运用各种表示品质的方法。一般来说，凡能用科学的指标说明其质量的商品，则适用规格、等级或标准买卖；有些难以规格化和标准化的商品，如工艺品等，则适用凭样品买卖；某些性能复杂的机器、电器和仪表，则可凭说明书买卖。上述这些表示品质的方法，不能随意滥用，而应当合理选择。

(3)品质条款要有科学性和合理性，不宜规定得过高或过低。一些与品质无关的条件，不宜订入。品质条款应明确、具体，不宜采用诸如大约、左右、合理误差之类的笼统含糊字眼，以避免在交货时因品质问题引起争议。

案例应用 6—1　　山东大蒜引发的争议

韩国 KM 公司向我国 BR 土畜产公司订购大蒜 650 公吨，双方当事人几经磋商最终达成了交易。但在合同缮制时，由于山东胶东半岛地区是大蒜的主要产区，通常我国公司以此为大蒜的货源基地，所以 BR 公司就按照惯例在合同品名条款中打上了“山东大蒜”，可是在临近履行合同时，大蒜产地由于自然灾害导致歉收，货源紧张。BR 公司紧急从其他省份征购，最终按时交货。但 KM 公司来电称，所交货物与合同规定不符，要求 BR 公司作出选择，要么提供山东大蒜，要么降价，否则将撤销合同并提出贸易赔偿。

案例精析

案例应用6-1

请问：KM 公司的要求是否合理？为什么？

任务二　货物的数量

在国际货物买卖中，货物的数量是国际货物买卖合同中的主要交易条件之一，合同中的数量条款是双方交接货物的数量依据。正确把握成交数量，对买卖双方顺利达成交易、合同的履行以及今后交易的进一步发展，都具有十分重要的意义。

一、货物的计量单位

(一)常用的计量单位

在国际贸易中使用的计量单位很多，通常采用的计量单位名称及适用的商品有以下六种：

1. 按重量(Weight)计算

这是当今国际贸易中广泛使用的一种。常用的计量单位有：千克(Kilogram or kg)、吨(Ton or t)、公吨(Metric Ton or M/T)、长吨(Long Ton or L/T)、短吨(Short Ton or S/T)、磅(Pound or lb.)、盎司(Ounce or oz)。适用商品:农副产品、矿产品和部分工业制成品,如羊毛、棉花、矿产品、药品等。

2. 按数量(Number)计算

常用的计量单位有:只(Piece or pc.)、双(Pair)、套(Set)、打(Dozen or doz.)、件(Package or pkg.)、罗(Gross or gr.)、令(Ream or rm)、卷(Roll or Coil)、箱(Case)、袋(Bag)、桶(Barrel)。适用商品:大多数工业制成品,尤其是日用消费品、轻工业品、机械产品、一部分土特产品和杂货类商品,如文具、纸张、绳子、成衣、石油、拖拉机、活牲畜等。

3. 按长度(Length)计算

常用的计量单位有:码(Yard or yd.)、米(Metre or m.)、英尺(Foot or ft.)、厘米(Centimetre or cm)。适用商品:金属绳索、丝绸、布匹等。

4. 按面积(Area)计算

常用的计量单位有:平方码(Square Yard or yd^2)、平方米(Square Metre or m^2)、平方英尺(Square Foot or ft^2)、平方英寸(Square Inch)。适用商品:玻璃板、地毯、皮革制品、塑料制品等。

5. 按体积(Volume)计算

常用的计量单位有:立方码(Cubic Yard or yd^3)、立方米(Cubic Metre or m^3)、立方英尺(Cubic Foot or ft^3)、立方英寸(Cubic Inch)。适用商品:木材、天然气和化学气体等。

6. 按容积(Capacity)计算

常用的计量单位有:公升(Litre or l.)、加仑(Gallon or gal.)、蒲式耳(Bushel or bu.)。适用商品:各种谷物和液体货物。公升、加仑用于酒类、油类商品的计算。美国以蒲式耳作为各种谷物的计量单位。

(二)常见的度量衡制度

在国际贸易中,通常采用的度量衡制度有四种:公制(Metric System)、美制(U. S. System)、英制(Britain System)和国际计量组织在公制基础上颁布的国际单位制(International System of Units)。

上述不同的度量衡制度会使同一计量单位所表示的数量有差异。例如,重量单位吨,英国采用英制,用长吨表示,1 长吨=1 016 千克;美国采用美制,用短吨表示,1 短吨=907.2 千克;实行公制的国家一般采用公吨表示,1 公吨=1 000 千克。

为了解决各国度量衡制度不同带来的弊端,国际单位制已为越来越多的国家所采用。国际单位制的实施和推广,标志着计量制度的日趋国际化和标准化。根据我国《计量法》规定,我国采用国际单位制。国际单位制计量单位和国家选定的其他计量单位为国家法定计量单位。目前,我国除个别特殊领域外,一般不许再使用非法定的计量单位。在外贸业务中,出口商品时,除合同规定采用公制、英制或美制计量单位外,均应使用法定计量单位;进口商品时,一般不进口采用非法定计量单位的仪器设备,如有特殊需要,必须经过有关主管部门的批准。

二、货物计量重量的方法

(一)按净重(Net Weight)计

净重是指商品本身不带包装的重量。按净重计是国际贸易中最常用的计重办法。在买卖合同和信用证业务中,如按重量计量又没有明确是按净重还是按毛重计,则按惯例以净重计算。

(二)按毛重(Gross Weight)计

毛重是指商品本身的重量加上包装的重量(即皮重)。在国际贸易中,有些价值较低的商品,包装价与商品价差不多,或因包装本身不便分别计算,如粮食、饲料、卷筒新闻纸等,常常就按毛重计价，习惯上称作以毛作净(Gross for Net)。所谓以毛作净，实际上就是按毛重计。

(三)按公量(Conditioned Weight)计

有些商品，如羊毛、生丝等，价值较高，又有较强的吸湿性，使水分含量不稳定，因而其重量也就不稳定。为了准确计算这类商品的重量，国际上通常采用公量的计重方法。所谓公量，是指用科学方法抽出商品中的水分，再另加标准含水量所求得的重量。公量的计算公式为：

公量＝干量＋标准含水量

＝实际重量(1＋标准回潮率)/(1＋实际回潮率)

回潮率是指水分与干量之比。标准回潮率是交易双方商定的商品中的水分与干量之百分比，如羊毛、生丝在国际上公认的标准回潮率均为11%。实际回潮率是指商品中的实际水分与干量之百分比。

做中学 6—1

某公司出口羊毛10公吨，买卖双方约定标准回潮率为11%，其实际回潮率则从10公吨货物中抽取部分样品进行测算。假设抽取10千克，然后用科学方法去掉10千克羊毛中的水分，若净剩8千克干羊毛，则实际回潮率＝2/8＝25%。将两种不同的回潮率代入公式，得公量为：

公量＝实际重量×(1＋标准回潮率)/(1＋实际回潮率)

＝10×(1＋11%)/(1＋25%)

＝8.888(公吨)

(四)按理论重量(Theoretical Weight)计

有些商品有固定的规格、形状和尺寸，每件重量大体是相同的，所以可以根据件数计算出重量，如马口铁、钢板等。

(五)按法定重量(Legal Weight)和实物净重(Net Net Weight)计

按照我国《海关法》的规定，在征收从量税时，商品的重量是以法定重量计算的。所谓法定重量，是指商品重量加上直接接触商品的包装物料(如销售包装等)的重量。而除去这部分重量所表示的纯商品的重量，则称为实物净重，又称净净重(Net Net Weight)。净净重的计量方法主要为海关征税时使用。

学中做 6—1

我国某外贸公司以CIF条件与外商达成一笔进口合同，进口500吨的大豆。信用证规定：采用麻袋包装，每袋装25吨，但是货到后我方检查发现，交货时每袋毛重为25吨，净重为24吨。我方马上致电询问，并要求扣除短量部分的货款。

请问，我方的要求是否合理，为什么？作为外商应该如何处理？

分析提示

学中做6-1

三、合同中的数量条款

买卖合同中的数量条款，主要包括成交商品的具体数量和计量单位。订立数量条款应注意的事项有以下方面：

动漫视频

溢短装条款

(一)灵活应用溢短装条款

在国际货物买卖中，有许多商品受本身特性、生产、运输、包装条件、计量工具等的限制，在交货时往往很难做到绝对的数量准确。为了便于合同的顺利履行，减少争议，买卖双方可在合同中规定合理的数量机动幅度，即溢短装条款。所谓溢短装条款(More or

Less Clause),是指在买卖合同的数量条款中,明确规定卖方允许多装或少装的百分比,但以不超过规定的百分比为限。例如,100 公吨,卖方可溢短装 5%(100 M/T,with 5% more or less at seller's option)。按此规定,卖方交货的数量在 95M/T～105M/T,买方不得提出异议。

利用溢短装条款时,应注意下面三点:①允许溢短装的比例。其通常以百分比表示,我国大多数规定为 5%,具体多少,应视商品特性、行业或贸易习惯和运输方式等因素而定。②溢短装的选择权一般规定为卖方掌握,但在买方租船接货时,为便于与租船合同衔接,也可规定为买方掌握。③溢短装数量的计价要公平合理,通常按合同价格计算。但是,数量上的溢短装在一定条件下关系到买卖双方的利益。在按合同价格计价的条件下,交货时市价下跌,多装对卖方有利;但如果市价上升,多装却对买方有利。

【提示】为了防止有权选择多装或少装的一方当事人利用行市的变化,有意多装或少装以获取额外的好处,也可在合同中规定,多装或少装的部分不按合同价格计价,而按装船时或到货时的市价计算,以体现公平合理的原则。

(二)规定机动幅度的方法

数量的机动幅度是指卖方可按买卖双方约定某一具体数量多交或少交若干的幅度。在出口业务中,关于交货的机动幅度,大致有以下几种规定方法:

(1)合同中明确具体地规定数量的机动幅度。这种做法是在合同中具体规定允许交货数量有一定范围的机动,一般仅适用于矿产品、粮谷、化肥等大宗交易。它可以有两种订法:第一种只简单地规定机动幅度,例如:数量 1 000 公吨,2%伸缩。第二种是在规定上述幅度的同时,还约定由谁行使这种选择权以及溢短装部分如何计价等。例如,数量 1 000 公吨,为适应船舱容量需要,卖方有权多装或少装 5%,超过或不足部分按合同价格计算。

(2)合同中未明确规定数量机动幅度,但在交易数量前加上"约"字。为使装货数量可以有所机动,合同中对数量规定为"约"数,但在进出口合同中,一般不宜采用大约(About)、左右(Circa)、近似(Approximately)等带伸缩性的字眼来表示,因为对这种表达法目前缺乏统一的认识,成交数量只是一个约量。由于各国和各行业对这类词语的解释不尽相同,有的理解为 2%的伸缩,有的理解为 5%甚至 10%的伸缩,因此容易引起争议。

【注意】如果合同中采用信用证支付方式,根据《跟单信用证统一惯例》国际商会第 600 号出版物第 30 条 a 款的规定,"约"或"大约"用语信用证金额或信用证规定的数量或单价时,应解释为允许有关金额或数量或单价有不超过 10%的增减幅度。

(3)合同中未明确规定数量机动幅度。在合同中没有明确规定机动幅度的情况下,卖方交货的数量原则上应与合同规定的数量完全一致。但在采用信用证支付方式时,根据《跟单信用证统一惯例》国际商会第 600 号出版物第 30 条 b 款的规定,在信用证未以包装单位件数或货物自身件数的方式规定货物数量时,只要总支取金额不超过信用证金额,货物数量允许有 5%的增减幅度。

【提示】以信用证支付方式进行散装货物的买卖,交货的数量可有增减 5%的机动幅度。

(三)机动幅度的选择权

在合同规定有机动幅度的条件下,一般是由卖方行使多交或少交的选择权,有时也可由买方选择。如果涉及海洋运输,由于交货量的多少与承载货物的船只的舱容关系非常密切,交货的机动幅度一般由安排舱容和装载货物的一方根据具体情况作出选择。例如,采用 FOB 条件成交,由买方负责签订运输合同,安排租船订舱,则数量的机动幅度一般就由买方和船方共同协商予以确认;如果采用 CIF 或 CFR 条件成交,由卖方负责安排租船订舱,故数量的机动幅度一般由卖方和船方来决定。

视野拓展 6－1　　《跟单信用证统一惯例》(UCP)

随着国际贸易的发展，实施了多年的 UCP 已经不能完全满足和适应实际业务的需要。因此，国际商会(ICC)于 2006 年 10 月 25 日在巴黎举行的 ICC 银行委员会会议上通过了《跟单信用证统一惯例》第 600 号出版物(UCP600)。该惯例于 2007 年 7 月 1 日开始实施。UCP600 在原来 UCP500 的基础上有一定的修改，在实践中应予以注意。

任务三　货物的包装

在国际贸易中，包装(Package)分为两类：一类是运输包装(Transport Packing)，又称外包装或大包装(Outer Packing)。它是将货物装入特定容器，或以特定方式成件或成箱的包装。运输包装的作用有两个：①保护货物在长时间和远距离的运输过程中不被损坏或丢失；②方便货物的搬运、减少运费、节省仓租、方便计数等。另一类是销售包装(Selling Packing)，又称小包装(Small Packing)、内包装(Inner Packing)或直接包装(Immediate Packing)。它是指在商品制造出来后以适当的材料或容器所进行的初次包装。销售包装除了保护商品的品质外，还有美化商品，宣传推广，便于陈列展销，吸引顾客和方便消费者识别、选购、携带和使用，促进销售，提高商品价值的作用。有的商品，如罐头食品等，只有进行了销售包装，生产工序才算真正完成。目前，商品的内包装更趋向小型化、透明化、艺术化和实用化。

一、运输包装

(一)运输包装的种类

运输包装(Shipping Package)可分为单件运输包装(Single Package for Transport)和集合运输包装(Assemble Transport Packaging)。单件运输包装有箱装(Case)、打包(Bundle，Bale)、桶装(Drum，Cask)、袋装(Bag)。此外，还有瓶装、坛装、篓装等。集合运输包装常见的有集装袋[1]、集装包、托盘和集装箱等，是一种现代化的运输方式，特别是集装箱运输包装方式，除了可以更好地保护商品外，还可以大大地提高装卸效率、减轻劳动强度，并可降低运输和保险费用。

(二)运输包装的标志

动漫视频
唛头

运输包装必须有标志。运输包装的标志是指为了方便货物运输、装卸、储存保管、识别和防止损坏而在商品外包装上刷写的标志。按其作用可分为运输标志、指示性标志和警告性标志等。

1. 运输标志

运输标志(Shipping Mark)俗称唛头。其作用是在运输过程中使有关人员易于辨认货物和核对单证，避免货物在运输过程中发生混乱或被延误，使货物顺利和安全地运抵目的地。它通常由一个简单的几何图形和一些字母、数字及简单的文字组成。

【提示】 运输标志的内容繁简不一，由买卖双方根据商品特点和具体要求商定。

动漫视频
唛头表示方式

以前运输标志的内容较多，由几何图形、发货人或收货人代号的字母、合同号码、体积、重量、标记、件号、批号、发货地、目的地等组成。过于繁杂的内容不利于运输和装卸，又造成人力、物力的浪费。随着货运量的增加、运输方式的变革和计算机在运输与单据流转方面的应用，联合国欧洲经济委员会简化国际贸易程序工作组在国际

① 在铁路实务中常用集装袋，俗称吨袋，又称柔性集装袋(Flexible Freight Bags)、太空袋等，是一种中型散装容器，是集装单元器具的一种。如果配以起重机或叉车，就可以实现集装单元化运输。

标准化组织和国际货物装卸协调协会的支持下,制定了一项标准化运输标志向各国推荐使用。该标准化运输标志包括:①收货人或买方名称的英文缩写字母或简称;②参考号,如运单号、订单号、发票号、买卖合同号等;③目的地,即货物的最终目的港或目的地的名称;④件号,包装货物每件的顺序号和总件数均需标上,如"No. 1/100""No. 2/100""No. 100/100"。

此外,该标准要求将以上四项分列四行,每行不超过17个字母。至于根据某种需要而在运输包装上刷写的其他内容,如许可证号等,则不作为运输标志必要的组成部分。现列举标准化运输唛头如下:

ARATRA CO.	收货人代号
SC200101	参考号
SINGAPORE	目的地
1/25	件数代号

在外贸实践中,我国外贸企业应尽量参照上述标准化运输标志设计和制作唛头。在制作单据时,要把运输标志印载于发票、提单、保险单、产地证、装箱单、检验证书及其他有关单据中。这样,相关人员就可以根据这些标志,顺利地交接和查验货物。

【注意】 标准化运输标志不使用几何图形或其他图形。这是为了便于刻唛、刷唛,节省时间和费用,以及在制单和信息传递中使用打印机、传真机和电子通信设备等。

按照国际贸易惯例,运输标志一般由卖方设计,因而在买卖合同的包装条款中可以不作具体规定。如买方要求由自己指定运输标志,卖方也可接受,但要在合同中具体规定其式样的内容,或者规定买方提供运输标志的时间,并应订明如在装运前若干天尚未收到买方提供的运输标志,卖方也可自行决定。

视野拓展6—2　正唛和侧唛的涂刷

运输标志的涂刷位置,应该在包装箱(外箱)的两个对称面上,称为"正唛"(也称主唛,Mina Mark),而另外两个对称面则涂刷了包装的体积、毛重/净重(有时也列明产地)等内容,这称为"侧唛"(Side Mark),如图6—1所示。

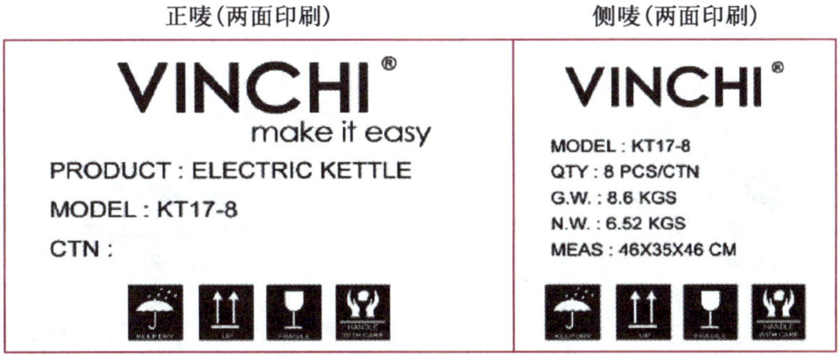

图6—1　正唛和侧唛

【提示】 一般而言,在合同或信用证中没有写明具体的运输标志,则由出口商(卖方)决定,运输标志(主唛)往往是由进口商通知出口商的。出口商可以自行设计侧唛。

【注意】 在发票、装箱单、提单(运单)、许可证、产地证、保险单等单据中显示的是主唛而不是侧唛。

2. 指示性标志

指示性标志(Indicative Mark)是根据商品的特性,对一些容易破碎、残损、变质的商品,为了提醒人们在装卸、运输和保管过程中加以注意，一般以简单、醒目的图形和文字在包装上做的标志，如怕湿、向上、小心轻放、禁用手钩等。几种常见的指示性标志如图 6－2 所示。

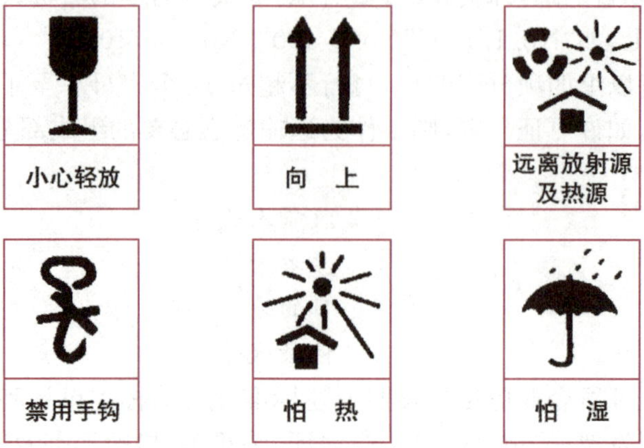

图 6－2 常见的指示性标志

为了统一各国运输包装指示性标志的图形与文字，一些国际组织制定了包装储运指示性标志。我国也制定了运输包装指示性标志的国家标准，所用图形与国际上通用的图形基本一致。

3. 警告性标志

警告性标志（Warning Mark）又称危险品标志（Dangerous Cargo Mark），是指在装有爆炸品、易燃物品、腐蚀性物品、氧化剂和放射物质等危险货物的运输包装上用图形或文字表示各种危险品的标志，以示警告，使装卸、运输和保管人员按货物的特性采取相应的防护措施，以保护物资和人员的安全。几种常见的警告性标志如图 6－3 所示。

（符号：黑色或白色 底色：正红）

（符号：黑色 底色：白色）

（符号：黑色 底色：白色）

（符号：黑色 底色：上黄下白，附三道红竖条）

（符号：黑色 底色：白橙红色）

（符号：黑色 底色：白色）

图 6－3 常见的警告性标志

为了保证国际危险货物运输的安全,联合国、国际海事组织、国际铁路合作组织和国际民航组织分别制定国际海上、铁路、航空危险货物运输规则。其中,《国际海运危险品货物标识》已被许多国家采用,我国也颁布了《危险货物包装标志》。

有的国家规定进口危险品时要在运输包装上标明“国际海运危险品”,否则不准靠岸卸货。因此,在我国出口危险货物的运输包装上,要标明我国和国际上所规定的两套危险品标志。

除上述标志外,商品的运输包装上一般还刷上包装件的毛重、净重、体积尺码和商品的生产国别或地区,有时也刷上许可证号、信用证号、型号、色泽等。这些内容除少数情况下作为运输标志的组成部分外,一般均以印刷在非唛头部位的外包装其他空白位置为宜。

二、销售包装

(一)销售包装的装潢

销售包装通常包括图案与色彩。其装潢应美观大方,富有艺术吸引力,并突出商品的特性。其图案和色彩应符合有关国家的风俗习惯。

(二)文字说明

文字说明包括商标、品牌、品名、产地、数量、规格、成分、用途和使用方法等内容。这些内容应同装潢、画面紧密结合,彼此补充,以树立产品及企业形象,达到促销的目的。使用的文字要简洁,并能让消费者看懂,必要时也可中外文并用。有些国家如加拿大、瑞士等,要求同时标上几种文字。此外,还应注意文字说明不能违反有关国家标签管理条例的规定。各国政府对进口商品特别是食品和药品的标签内容都有具体要求,一般要求标明产地、重量、成分、生产者名称、生产日期、保质期以及有关添加剂、化学成分或脂肪含量等。

(三)条形码

动漫视频

为什么商品上都有条形码

条形码是一种产品代码,是由一组粗细间隔不等的平行线条及其相应的数字组成的标记,代表一定的信息数据。使用光电扫描阅读设备,向计算机输入这些数据,计算机就能自动地识别条形码的有关信息,如商品的生产国别或地区、生产厂家、品种规格等,从而可在数据库中查询其单价,可以方便地进行货款结算,提高了准确率,也方便了顾客。因此,条形码成了商品进入超级市场和大型百货公司的先决条件。国际上通用的条形码主要有两种:一种是美国统一代码委员会编制的 UPC 码(Universal Product Code),另一种国际物品编码协会编制的 EAN 码(European Article Number)。目前,EAN 码是国际上公认的、使用最广的物品编码标志系统。它由 12 位数字的产品代码和 1 位校验码组成:12 位数字中的前 3 位为国别码,中间 4 位为厂商号,后 5 位为产品代码。我国于 1988 年批准成立了中国物品编码中心,该中心于 1991 年 4 月代表中国加入国际物品编码协会。目前,该协会分配给我国的国别号为“690”至“695”,凡标有“690”“691”“692”“693”“694”“695”条形码的商品,即表示中国生产的商品。此外,我国的书籍代码为“978”,杂志代码为“977”。

【提示】由于国际上存在这两种编码系统,因此,我国产品若销往美国、加拿大时,应使用 UPC 码;而出口到其他国家和地区时,则需要使用 EAN 码。

三、定牌、无牌生产和中性包装

采用定牌、无牌生产和中性包装是国际贸易中的习惯做法。我国在国际贸易中,有时应客户的要求,也采用这些做法。

(一)定牌生产

定牌生产(Fixed-mark Producing),是指卖方按买方要求在其出售的商品或包装上标明买方指定的商标或牌名。当前,世界许多国家的超级市场、大型百货公司和专业商店经营出售的商品,要求在商品或包装上标上它们使用的商标或牌名,以扩大它们的知名度和显示该商品的身价。在我国的出口贸易中,如外商订货数量较大,需求比较稳定,也可使用定牌生产,以利用买主的企业商誉和名牌声誉,提高商品售价。但应注意,外商有时会以此来排挤使用我方商标的货物,影响我国出口产品的品牌形象。

(二)无牌生产

无牌生产(Unlicensed Production),是指买方要求在出口商品或包装上免除任何商标或牌名。其主要是避免浪费,节省广告费用,降低销售成本,从而实现薄利多销。

【注意】无牌生产主要用于半制成品、低值易耗的日用消费品。

(三)中性包装

中性包装(Neutral Packing),是指在商品及其内外包装上不注明生产国别的包装,包括定牌中性和无牌中性包装两种。前者是指不注明产地但使用买方指定的商标或牌名;后者是指在商品和包装上均不使用任何商标或牌名,也不注明生产国别。采用中性包装是为了适应国际市场上的特殊需要(如转口销售等),打破某些进口国家与地区的关税和非关税壁垒。它是出口厂商加强对外营销和扩大出口的一种手段。但应注意,近年来中性包装的做法在国际上屡遭非议。如果国外商人要求做中性包装,我方必须谨慎行事。

【注意】在一般的定牌或无牌生产中,我方的出口商品或包装上均需标明"中国制造"字样。

案例应用 6—2　　中性包装引发的思考

案例精析

菲律宾某公司与上海自行车厂洽谈进口业务,打算从我国进口"永久"牌自行车1 000 辆,但要求我方改用"剑"牌商标,并在包装上不得注明"Made in China"字样。

请问:我方是否可以接受?在处理此项业务时,应注意什么问题?

案例应用6-2

四、合同中的包装条款

(一)包装条款的基本内容

合同中的包装条款一般包括包装材料、方式、件数、标志、费用负担和运输标志。包装材料和包装方式一般是根据商品的性能、特点及运输方式而定,通常采用的包装方式和材料有纸箱装、木箱装、麻袋装和铁桶装等。在规定包装材料和包装方式时,还要订明用料、尺寸、每件重量以及填充物和加固条件等。

按照国际惯例包装费包括在货价之内,不必在合同中另外订明。但有时买方认为卖方的包装不能满足要求,而使用特殊包装,由此产生的超出正常的包装费用应由买方承担,并在合同中具体规定负担的金额和支付方法。

【提示】运输标志按国际惯例一般由卖方设计确定,然后通知买方。但如果买方要求自己设计运输标志,卖方也应接受,但必须在合同中订明买方提供运输标志的式样和内容及具体的时间,如超过时间,卖方可自行决定。

(二)订立包装条款的注意事项

1. 对包装的规定要明确具体

一般不宜采用"海运包装""习惯包装"之类的术语,因为此类术语缺乏统一的解释,容易引起纠纷。

2. 包装费用

包装费用一般包括在货价中,不另计收。但如买方对包装有特殊要求,其超出的包装费用原则上应由买方负担，并应规定费用的支付办法。如商定包装材料由买方提供，还应明确材料最迟到达卖方的时限和逾期到达的责任，并应与合同中交货期限相适应。

3. 注意有关国家对包装的特殊要求和风俗习惯

近年来，各国政府对包装的要求越来越严格，如在包装材料方面，有的国家不允许使用玻璃和陶瓷，有的国家(如美国、日本、加拿大、新西兰)禁止用稻草、报纸做包装衬垫。同时，订立包装条款还应考虑各国的风俗习惯，如非洲许多国家不喜欢有狗的包装图案，而带象的包装图案在东南亚国家很受欢迎。

任务四 货物的价格

货物的价格(Price)是买卖双方磋商的中心议题和矛盾的焦点，直接关系到买卖双方的经济利益。买卖双方必须就价格达成一致，否则合同不能成立。货物的价格通常是指货物的单价(Unit Price)。

在国际贸易中，商品单价的规定远比国内贸易复杂：除了与国内贸易一样，需规定单位价格金额、计量单位、计价货币之外，还需标明国际贸易中惯用的贸易术语，如 USD 6.00 per pc FOB Ningbo 中的 FOB。鉴于贸易术语是交易磋商和订立买卖合同不可缺少的专门术语，从事外贸的人士必须对其有充分的认识，以便在实际业务中正确运用，从而维护企业和国家的经济利益。

一、国际贸易术语的概念及有关的国际贸易惯例

(一)国际贸易术语的概念

动漫视频

国际贸易术语

国际贸易术语(Trade Term)又称价格术语(Price Term)，是指用一个简短的概念(如 Free on Board)或三个字母的外文缩写(如 FOB)，表示价格的构成和买卖双方在货物交接过程中有关手续、费用和风险的责任划分。采用某种专门的贸易术语，就能明确买卖双方的交货条件。贸易术语不同，其报价也就不同，特别是货价中所包含的从属费用。由此可知，贸易术语也表示了价格的构成。

【提示】 贸易术语具有两重性：一是表示交货条件，二是表示成交价格的构成因素。

(二)有关贸易术语的国际惯例

在国际贸易中使用贸易术语始于 19 世纪。随着国际贸易的发展，逐渐形成了一系列贸易术语规则，这些规则在国际贸易实践中被广泛采用，从而成为国际贸易惯例。目前，在国际上有较大影响的贸易术语惯例主要有三种：

1.《1932 年华沙—牛津规则》

《1932 年华沙—牛津规则》(Warsaw-Oxford Rules 1932)是国际法协会专门为解释 CIF 合同而制定的。19 世纪中叶，CIF 贸易术语在国际贸易中得到广泛采用，然而对使用这一术语时买卖双方各自承担的具体义务，并没有统一的规定和解释。对此，国际法协会于 1928 年在波兰首都华沙开会，制定了关于 CIF 买卖合同的统一规则，称为《1928 年华沙规则》，共包括 22 条内容。其后，在 1930 年的纽约会议、1931 年的巴黎会议和 1932 年的牛津会议上，将此规则修订为 21 条，并更名为《1932 年华沙—牛津规则》，沿用至今。这一规则对于 CIF 的性质、买卖双方所承担的风险、责任和费用的划分以及货物所有权转移的方式等问题都作了详细的解释。

2.《1990 年美国对外贸易定义修订本》

《美国对外贸易定义修订本》(Revised American Foreign Trade Definition)是由美国的九大商业团体制定的。它最早于 1919 年在纽约制定，原称为《美国出口报价及其缩写条例》，后来于 1941 年在美国第 27 届全国对外贸易会议上对该条例作了修订。这一修订本经美国商会、美国进口商协

会和全国对外贸易协会所组成的联合委员会通过，称为《1941年美国对外贸易定义修订本》(Revised American Foreign Trade Definition 1941)。后经1990年再次修订，它被称为《1990年美国对外贸易定义修订本》(Revised American Foreign Trade Definition 1990)。《1990年美国对外贸易定义修订本》主要在美洲国家有较大影响，它对以下6种贸易术语作了解释：①EXW(Ex works)(产地交货)。②FOB(Free on Board)(在运输工具上交货)。③FAS(Free Alongside Ship)(在运输工具旁边交货)。④CFR(Cost and Freight)(成本加运费)。⑤CIF(Cost, Insurance and Freight)(成本加保险费、运费)。⑥DEQ(Deliver Ex Quay)(目的港码头交货)。

【注意】 由于《1990年美国对外贸易定义修订本》在美洲国家采用较多。它对贸易术语的解释，特别是对FOB、FAS、DEQ的解释尤为独特，且与《国际贸易术语解释通则》有明显的差异，在同美洲国家进行交易时应加以注意。

3.《国际贸易术语解释通则》

国际商会制定的《国际贸易术语解释通则》(International Rules for the Interpretation of Trade Terms, INCOTERMS)，简称《通则》，它是国际商会为了统一对各种贸易术语的解释而制定的。最早的《通则》产生于1936年，后来为适应国际贸易业务发展的需要，先后经历了八次修订和补充。最新一次是2019年9月10日，国际商会于法国巴黎正式在全球发布《INCOTERMS 2020》(简称《2020通则》)，该通则于2020年1月1日全球正式生效。《2020通则》是当今世界对国际贸易影响最大、使用范围最广、包括的内容最多的有关贸易术语的国际贸易惯例。

【注意】《2020通则》的发布实施，并不意味着《2010通则》自动废止。《2020通则》是在《2010通则》的基础上，做出了小范围改善，因此，在使用贸易术语时，最好能标明《2020通则》或《INCOTERMS 2020》，以免引起不必要的争议。

2010年之前的INCOTERMS的版本将贸易术语按卖方承担的责任、费用和风险由小到大分为四组，即E组、F组、C组和D组。《2020通则》共有11个贸易术语，按照适用运输方式不同被划分成两类，将贸易术语分为E组、F组、C组和D组，如表6—1至表6—3所示。E组有1个术语为EXW；F组有3个术语，分别为FCA、FOB和FAS；C组有4个术语，分别为CFR、CIF、CPT和CIP；D组有3个术语，分别为DAP、DPU和DDP。

表6—1 《INCOTERMS 2020》中的11个贸易术语

组　别	术语缩写	术语英文名称	术语中文名称
适用于任何运输方式的术语	EXW	EX Works	工厂交货
	FCA	Free Carrier	货交承运人
	CPT	Carriage Paid to	运费付至
	CIP	Carriage and Insurance Paid to	运费和保险费付至
	DAP	Delivered at Place	目的地交货
	DPU	Delivered Place Unloaded	目的地卸货后交货
	DDP	Delivered Duty Paid	完税后交货
适用于海运和内河水运的术语	FAS	Free alongside Ship	船边交货
	FOB	Free on Board	船上交货
	CFR	Cost and Freight	成本加运费
	CIF	Cost, Insurance and Freight	成本、保险费加运费

表 6—2　《INCOTERMS 2020》买卖双方费用的划分

贸易术语	出口清关	装货费	运费	保险费	进口清关	卸货费
EXW	买方	买方	买方	买方	买方	买方
FCA	卖方	买方/卖方	买方	买方	买方	买方
FAS	卖方	买方	买方	买方	买方	买方
FOB	卖方	卖方	买方	买方	买方	买方
CFR	卖方	卖方	卖方	买方	买方	买方
CIF	卖方	卖方	卖方	卖方	买方	买方
CPT	卖方	卖方	卖方	买方	买方	买方
CIP	卖方	卖方	卖方	卖方	买方	买方
DAP	卖方	卖方	卖方	卖方	买方	买方
DPU	卖方	卖方	卖方	卖方	买方	卖方
DDP	卖方	卖方	卖方	卖方	卖方	买方

表 6—3　《INCOTERMS 2020》按交货地点分类和分组

按交货地分类	组别	性质	国际代码	交货地点	适用范围
出口国境内	E 组	启运术语	EXW	商品所在地、产地	全能
	F 组	主运费未付术语	FCA	出口国指定地点	全能
			FAS	装运港船边	水运
			FOB	装运港船上	水运
	C 组	主运费已付术语	CFR	装运港船上	水运
			CIF	装运港船上	水运
			CPT	出口国指定地点	全能
			CIP	出口国指定地点	全能
进口国境内	D 组	到达术语	DAP	进口国指定地点	全能
			DPU	进口国指定地点	全能
			DDP	进口国指定地点	全能

每个 INCOTERMS 通则对买卖双方各有 10 项义务，在编排上将卖方义务和买方义务分别以对应方式列出 A/B 条款，A 表示卖方义务，B 表示买方义务。每次《通则》的修订，会对各条规则的内部顺序、内容和排版方式进行调整。《INCOTERMS 2020》根据买卖双方义务的重要性，对 A1～A10、B1～B10 进行了重新排序，突出了交货、提货、风险转移的重要性。《INCOTERMS 2020》A/B 条款顺序调整情况，如表 6—4 所示。

表 6—4　《INCOTERMS 2020》A/B 条款顺序调整情况一览表

INCOTERMS 2020				INCOTERMS 2010			
A	卖方义务	B	买方义务	A	卖方义务	B	买方义务
A1	一般义务	B1	一般义务	A1	卖方一般义务	B1	买方一般义务
A2	交货	B2	提货	A2	许可证、授权、安检通关和其他手续	B2	许可证、授权、安检通关和其他手续
A3	风险转移	B3	风险转移	A3	运输合同和保险合同	B3	运输合同和保险合同
A4	运输	B4	运输	A4	交货	B4	收取货物
A5	保险	B5	保险	A5	风险转移	B5	风险转移
A6	交货/运输单据	B6	交货/运输单据	A6	费用划分	B6	费用划分
A7	出口/进口清关	B7	出口/进口清关	A7	通知买方	B7	通知卖方
A8	查验/包装/标记	B8	查验/包装/标记	A8	交货凭证	B8	交货证据
A9	费用划分	B9	费用划分	A9	查对、包装、标记	B9	货物检验
A10	通知	B10	通知	A10	协助提供信息及相关费用	B10	协助提供信息及相关费用

二、水运贸易术语

（一）贸易术语 FOB

动漫视频

FOB

FOB 的全称是 Free on Board，即船上交货（指定装运港），是指卖方必须在合同规定的装运期内，在指定的装运港将货物交至买方指定的船上，并承担货物在装上船之前的一切费用和货物灭失或损坏的风险，在需要时办理出口货物所需的一切海关手续。本术语只适用于海洋和内河运输。

1. 买卖双方的主要义务划分

FOB 是海上运输最早出现的国际贸易术语，也是目前国际上普遍使用的贸易术语之一。根据《INCOTERMS 2020》对 FOB 的解释，FOB 术语中买卖双方承担的主要义务如下：

（1）卖方义务

这包括：①在合同规定的时间或期限内，在指定的装运港，依据港口惯例将符合合同规定的货物交至买方指定的船上，并给予买方充分的通知。“充分”是指在时间上必须及时，内容上必须详尽，通知方式快捷，一般应以电信方式将装船的具体详情告知买方。②自行承担风险和费用，取得出口许可证或其他官方核准文件，并在需要时办理出口货物所需的一切海关手续。③承担货物在装运港装上船之前的一切与货物有关的费用和货物灭失或损坏的风险。④必须自负费用，向买方提供商业发票和证明货物已交至船上的交货凭证、运输单据或具有同等效力的电子信息。

（2）买方义务

这包括：①必须自负费用，订立从指定的装运港运输货物的合同，并给予有关船名、装船地点和要求交货时间的充分通知。②必须自担风险和费用，取得所需进口许可或其他官方许可，并在需要时办理货物进口和从他国过境的一切海关手续。③必须承担货物在装运港装上船之后的一切与货物有关的费用和货物灭失或损坏的风险。④必须收取卖方按合同规定交付的货物，接受按合同规定提交的交货凭证。⑤为自身利益考虑，应负责办理保险手续并支付保险费。⑥必须按照合同规定支付价款。

FOB 术语下买卖双方各自的主要义务划分如表 6－5 所示。

表 6－5 FOB 术语下买卖双方各自的主要义务划分

卖 方	买 方
按合同规定交货,移交单据	付款,接单,提取货物
办理出口清关手续,支付费用	办理进口清关手续,支付费用
	租船订舱,支付运费
	办理保险,支付保险费
承担货物在装运港装上船之前的一切风险	承担货物在装运港装上船之后的一切风险

2. 使用 FOB 贸易术语时应注意的问题

(1)关于船货衔接的问题

在 FOB 贸易术语下,买方必须租船订舱,并将船名和装船时间通知对方,而卖方必须负责在合同规定的装船期和装运港,将货物装上买方指定的船只。这时买卖双方之间就存在一个船货衔接的问题,如果衔接不好,就会出现“货等船”或“船等货”的现象,从而给卖方或买方造成经济损失。这由此又会产生一个责任承担划分问题。如果买方未经卖方同意,提前将船派到装运港,卖方有权拒绝装货,由此产生的一系列经济损失由买方自己承担,与卖方无关;如果未经卖方同意,买方延迟将船派到装运港,使卖方不能在合同规定的装运期内将货物装上船,则由此引起的卖方仓储、保险等费用均由买方承担,卖方甚至可以拒绝交货;如果买方所派的船只按时到达装运港,因卖方货未备妥而不能及时装运,则卖方应承担由此造成的空舱费或者滞期费。卖方在装船后应及时地给予买方以充分的通知,以便买方及时办理运输保险、收取货物并安排货物入库等事项。

【注意】 在 FOB 条件下,买卖双方应在合同中明确三个通知期限:卖方货妥通知的期限、买方派船通知的期限、卖方装船通知的期限。在订约后,双方还应加强联系,密切配合,防止衔接不好。

另外,在班轮运输中,由于费率固定,班轮订舱的手续由买方还是卖方来办理没有区别,甚至卖方办理比买方更为方便。因此,在买方的要求下,卖方可以在由买方承担风险和费用的条件下,协助办理此类事项。但卖方并没有非办不可的义务,往往只是基于良好的贸易关系才这样做。因此,卖方如拒绝协助并不构成违约。

(2)关于装船费用的负担——FOB 的变形问题

以 FOB 条件买卖时,如果使用班轮运输,由于班轮方负责装卸,一切费用都包括在运费之内,则装卸费用由买方负担。如果租船,在目的港的卸货费用理应由买方负担。而在装运港的装船费用,如平舱费、理舱费、捆扎费、加固费等由谁来承担,这在买卖双方之间必须明确,通常可以采用 FOB 的变形形式。

常见的 FOB 变形有:①FOB 班轮条件(FOB Liner Terms)。它是指装船费用按班轮条件来办理,即由买方负担。②FOB 并理舱(FOB Stowed,FOBS)。它是指卖方负责将货物装入船舱并承担包括理舱费在内的装船费用。③FOB 并平舱(FOB Trimmed,FOBT)。它是指卖方负责将货物装入船舱并支付包括平舱费在内的装船费用。若买方租用自动平舱船,卖方应退回平舱费用。④FOB 包括理舱、平舱(FOB Stowed and Trimmed,FOBST)。它是指卖方负责将货物装入船舱,并支付包括理舱费和平舱费在内的装卸费用。⑤FOB 吊钩下交货(FOB under Tackle)。它是指卖方将货物置于轮船吊钩可及之处,从货物起吊开始的装船费用由买方负担。由于吊钩下的地点不确定,可能在码头,也可能在驳船上,另外大件货物使用什么吊钩也不确定,有的是常吊,有的是浮吊,其租用的费用也不相同,易引起争议,因此,一般不用此变形。

【提示】以上 FOB 变形只涉及装船费用，不涉及风险划分问题，风险应按《INCOTERMS 2020》中 FOB 确定的界点来划分。

需要注意的是，对以上 FOB 的变形国际上并无统一的权威性解释。为避免产生不必要的麻烦，在使用 FOB 变形时，应在合同中明确规定卖方所需承担的额外义务，以防止由于双方理解不一致而引起纠纷。另外，在租船时，船方一般不负责装卸，但这也不是绝对的，船方是否负责装卸由租船合同具体规定。

另外，更要注意的是，某些国家的某些港口对 FOB 有关装船费用的特别解释。例如，①FOB Liverpool：除非合同另有规定，卖方须负责将货物装到利物浦港口的船上并理好舱。②FOB London：除非合同另有规定，卖方须负责将货物装到伦敦港口的船上，但不负责平舱及理舱费用，风险以货物实际装到船上为界。

【注意】在实际业务中，如果采用租船方式且对装船费用未作明确规定，一定要注意有关国家的习惯做法，以免产生不必要的麻烦或纠纷。

(3)关于《1990 年美国对外贸易定义修订本》对 FOB 术语的不同解释问题

在《1990 年美国对外贸易定义修订本》中，FOB 适用于各种运输方式只能在 FOB 后加注“vessel”并列明装运港名称，才认同是在装运港交货。采用此种解释时，如在旧金山进行船上交货就应表示为 FOB vessel San Francisco；如未写明为 FOB vessel San Francisco，则卖方有权在旧金山市的内陆运输工具上交货，不负责交到旧金山港口的船上。因此，与北美商人做交易时，尤其是进口贸易，一定要注意在 FOB 后接的港口名称之间加上“vessel”(货轮)一词，并注意两者之间的区别。

另外，关于办理出口手续问题上也存在分歧。根据《INCOTERMS 2020》在 FOB 条件下，卖方义务之一是自负风险及费用，取得出口许可证或其他官方批准证件，并办理货物出口所必需的一切海关手续。但是，根据《1990 年美国对外贸易定义修订本》，卖方只是“在买方请求并由其负担费用的情况下，协助买方取得由原产地及装运地国家签发的、为货物出口或在目的地进口所需的各种证件”。在实际业务中，如果买方不想承担出口清关的税费，应明确提出按《INCOTERMS 2020》办理。

案例应用 6—3　FOB 术语的应用案例

案例精析

我国某外贸公司以 FOB 中国港口条件与新加坡某商人达成一笔出口交易。该商人开来信用证的金额和单价均按 FOB 中国港口计，要求货运日本横滨港，并在提单上表明“运费已付”字样。请分析该商人为什么要这样做？我方应如何处理？

案例应用6-3

(二)贸易术语 CFR

CFR 的全称是 Cost and Freight，即成本加运费(指定目的港)，是指卖方必须在合同规定的装运期内，在装运港将货物交至运往指定目的港的船上，承担货物装上船之前的一切灭失或损坏的风险及由于各种事件造成的任何额外费用，并负责租船订舱，支付至目的港的正常运费，办理货物出口清关手续。货物交付后灭失或损坏的风险，以及因货物交付后发生的事件而引起的任何额外费用，自交付时起由卖方转移至买方承担。本贸易术语只适用于海洋和内河运输。

1. 买卖双方的主要义务划分

根据《INCOTERMS 2020》对 CFR 的解释，CFR 术语中买卖双方承担的主要义务如下：

(1)卖方义务

这包括：①在买卖合同规定的时间和港口，将合同要求的货物装上船并支付到目的港的运费，装船后及时通知买方；②承担货物在装运港装上船之前的一切费用和风险；③取得许可证或其他官方证明，并办理货物出口所需的一切海关手续；④提交发票、运输单据，或具有相同效力的电子信息。

(2)买方义务

这包括:①承担货物在装运港装上船之后的一切风险;②取得进口许可证或其他官方证明,并办理货物进口所需的一切海关手续,支付关税及其他费用;③接受卖方提供的有关单据,受领货物,并按合同规定支付货款。

CFR 术语下买卖双方各自的主要义务划分如表 6—6 所示。

表 6—6 CFR 术语下买卖双方各自的主要义务划分

卖　方	买　方
按合同规定交货,移交单据	付款,接单,提取货物
办理出口清关手续,支付费用	办理进口清关手续,支付费用
租船订舱,支付运费	
	办理保险,支付保险费
承担货物在装运港装上船之前的一切风险	承担货物在装运港装上船之后的一切风险

2. 使用 CFR 贸易术语时应注意的问题

(1)关于卖方必须向买方及时发出货物已装船的充分通知问题

在 CFR 贸易术语下,由卖方办理租船订舱以及在装运港将货物装上船的手续,对这一切买方可能会毫无所知。因此,卖方必须及时地向买方发出货物已按规定交付至船上的充分通知,以便买方及时在目的港办理货运保险,针对货物装上船后可能遭受灭失或损坏的风险取得保障;否则,如果货物在运输途中遭受灭失或损坏,而买方又未及时办理相关保险,根据货物买卖合同的适用法律,卖方将要承担违约责任,并就损害进行赔偿。

(2)关于卖方的装运义务问题

在 CFR 贸易术语下,虽然运输由卖方来安排,但卖方必须按合同规定的期限发运货物,随意延迟装运或提前装运均属违约,买方有权拒收货物或提出索赔。另外,按照惯例,卖方在安排运输时,按照通常的航线和使用通常的船只即可,买方无权对此提出过多要求。

(3)关于卸货费用的承担——CFR 变形问题

以 CFR 术语成交,由卖方负责签订运输合同和支付运费,在装运港的装船费用由卖方承担。而货物运至目的港时卸货费用由谁来承担,这一问题,买卖双方在商订合同时,可在 CFR 贸易术语后附加相应的短语,以明确卸货费由谁来承担。这便出现了 CFR 的以下变形:①CFR 班轮条件(CFR Liner Terms)。由卖方或船方承担卸货费,包括驳船费和码头费。②CFR 卸至岸上(CFR Landed)。由卖方承担将货物卸到码头上的各项有关费用,包括驳船费和码头费。③CFR 舱底交货(CFR Ex Ship's Hold)。买方负担货物到达目的港后自船舱起吊直至卸到码头的卸货费用。④CRF 吊钩下交货(CRF Under Ship's Tackle)。卖方承担将货物从船舶吊起卸到吊钩所及之处(码头上或驳船上)的费用。

(4)关于在进口业务中采用 CFR 应慎行的问题

使用 CFR 术语比使用其他术语更容易发生欺诈。这是因为按 CFR 条件进口时,由外商安排装运,我方负责保险,外商有可能和船方勾结出具假提单,或租用不适航的船舶,或伪造品质证书与产地证明等。若出现这类情况,会使我方蒙受不应有的损失,故应选择资信好的国外客户成交,并对船舶提出适当要求。

案例应用 6—4 CFR 术语的应用案例

我方以 CFR 贸易术语与 B 国的 H 公司成交一批消毒碗柜的出口合同，合同规定装运时间为 4 月 15 日前。我方备妥货物，并于 4 月 8 日装船完毕，由于业务繁忙，我公司业务员忘记及时向买方发出装运通知，导致买方未能及时办理投保手续，而货物在 4 月 8 日晚因发生了火灾被烧毁。请问：货物损失责任由谁承担？为什么？

案例精析

案例应用6-4

（三）贸易术语 CIF

CIF 的全称是 Cost，Insurance and Freight，即成本、保险费加运费（指定目的港），是指卖方必须在合同规定的装运期内在装运港将货物交至运往指定目的港的船上，承担货物装上船之前的一切灭失或损坏的风险及由于各种事件造成的任何额外费用，并负责办理货运保险，支付保险费以及负责租船订舱，支付从装运港到目的港的正常运费。货物交付后灭失或损坏的风险，以及因货物交付后发生的事件所引起的任何额外费用，自交付时起由卖方转移至买方承担。本贸易术语只适用于海洋和内河运输。

1. 买卖双方的主要义务划分

根据《INCOTERMS 2020》对 CIF 的解释，CIF 术语中买卖双方承担的主要义务如下：

（1）卖方义务

这包括：①卖方必须在约定的日期或期限内，在指定的装运港将符合合同规定的货物交至运往指定目的港的船上，并给予买方充分的通知，以便买方能够为受领货物而做好准备工作；②卖方自行承担风险和费用，取得出口许可证或其他官方核准的文件，并办理货物出口所需的一切海关手续；③负责租船订舱，并交付至目的港的运费；④负责办理货物运输保险，支付保险费；⑤卖方必须承担货物在装运港装上船之前的一切灭失或损坏的风险及由于各种事件造成的任何额外费用；⑥卖方必须自付费用向买方提供商业发票和证明货物已交至船上的交货凭证、运输单据或具有同等效力的电子信息。

（2）买方义务

这包括：①买方必须自担风险和费用，取得进口许可证或其他官方核准的文件，并在需要时办理货物进口以及经由他国过境运输的一切海关手续；②买方必须承担货物在装运港装上船之后的一切灭失或损坏的风险及由于各种事件造成的任何额外费用；③买方必须收取卖方按合同规定交付的货物，接受按合同规定提交的交货凭证；④买方必须按照销售合同规定支付价款。

CIF 术语下买卖双方各自的主要义务划分如表 6—7 所示。

表 6—7 CIF 术语下买卖双方各自的主要义务划分

卖　方	买　方
按合同规定发货，移交单据	付款，接单，提取货物
办理出口清关手续，支付费用	办理进口清关手续，支付费用
租船订舱，交付运费	
办理保险，支付保险费	
承担货物在装运港装上船之前的一切风险	承担货物在装运港装上船之后的一切风险

2. 使用 CIF 贸易术语时应注意的问题

（1）关于货物运输风险问题

在 CIF 条件下，卖方在装运港将货物装上船即完成了交货义务。因此，采用 CIF 术语订立的合同属“装运合同”,而不是“到货合同”。卖方在合同规定的装运港将货物装上船后,对货物可能遭遇的任何风险不再承担责任,其风险已转移给了买方,由买方承担。

(2)关于保险的有关规定问题

按 CIF 术语达成的交易,卖方必须为买方代办保险。买卖双方在订立合同时应该对保险险别、投保加成、保险金额等问题作出明确规定,以免发生争议和纠纷。如果没有规定,可按国际惯例,卖方只需投保最低险别,最低保险金额应包括合同规定的价款另加 10%,即发票金额的 110%。

(3)关于象征性发货、单据买卖和货物必须符合合同要求的问题

交货可分为实际交货和象征性交货。前者是指卖方要在规定的时间和地点将符合合同规定的货物提交给买方或其指定人,而不能以交单代替交货;后者是指卖方只要按期在约定的装运港完成装运,并向卖方提交合同规定的包括物权凭证在内的有关单证,就算完成了交货义务,而无须保证到货,这是一种单据买卖。只要卖方如期提交齐全、正确的单据,即使货物在运输途中损坏或灭失,买方也必须承担付款义务;反之,如果卖方提交的单据不符合要求,即使货物是符合合同要求的,并且货物完好无损地抵达目的地,买方仍有权拒付货款。CIF 条件下的交货属于象征性交货,即单据买卖。因此,装运单据在 CIF 交易中具有特别重要的意义。

但是,必须指出,按 CIF 贸易术语成交,卖方履行交单义务,只是得到买方付款的前提条件。除此之外,它还必须按照合同要求履行交货义务。如果卖方提交的货物不符合合同要求,买方即使已经付款,仍然可以根据合同的规定向卖方提出索赔。

(4)关于租船运输方式下卸货费用的负担——CIF 的变形问题

在 CIF 条件下,班轮的货物装卸费由卖方支付。如果是大宗货物,往往采用租船运输方式,在装运港的装货费用也由卖方支付。由于船公司一般不负担装卸费,因此,在目的地的卸货费用究竟由何方承担就成了问题。对此,买卖双方应在合同中订明。其可以用文字具体订明,也可以采用 CIF 贸易术语的变形来表示。

在实际业务中,常见的 CIF 变形有:①CIF 班轮条件(CIF Liner Terms)。它是指卸货费用按班轮条件处理,由支付运费的卖方承担。②CIF 舱底交货(CIF Ex Ship's Hold)。它是指货物运到目的港后,由买方承担将货物从舱底起吊至码头的费用。③CIF 吊钩交货(CIF Ex Tackle)。它是指卖方承担将货物从船舱吊起到船舶吊钩所及之处(码头上或驳船上)的费用。在船舶不能靠岸的情况下,租用驳船的费用和货物从驳船卸到岸上的费用,概由买方承担,其中包括驳船运费和码头费。④CIF 卸到岸上(CIF Landed)。它是指由卖方承担卸货费,其中包括驳船运费和码头费。

【提示】 上文阐述 FOB 变形时在实际业务中通常应注意的事项,也同样适用于 CIF 变形。

案例应用 6—5　CIF 术语下须提交全套合格单据

有一份 CIF 合同,出售一级咖啡豆 50 吨,合同规定“CIF 纽约每吨 569 美元,6 月份装船。卖方在纽约提供单据,由买方支付现金”。货物于 6 月 15 日装船,但卖方一直拖到 7 月 20 日才把单据交给买方,由于当时咖啡豆国际市场价格下跌,买方拒绝接受单据,除非卖方赔偿差价损失。试问在上述情况下,买方有无拒绝接受单据的权利?为什么?

案例精析

案例应用6-5

视野拓展 6—3　FOB、CFR、CIF 贸易术语费用构成和主要义务的异同

从买方支付给卖方费用的角度看,在 FOB 交易条件下,买方只向卖方支付货物成本一项费用;在 CFR 交易条件下,买方需向卖方支付货物成本、运费两项费用;在 CIF 交易条件下,买方需向卖方支付货物成本、运费、保险费三项费用。可见,买方向卖方支付的货物成本费用,FOB、CFR、CIF

三种贸易术语是相同的。不同的是，CFR 比 FOB 多了一项运费；CIF 比 FOB 多了运费和保险费两项费用；CIF 比 CFR 多了一项保险费。这三种贸易术语买方支付给卖方费用项目构成的异同如表 6—8 所示。

表 6—8　FOB、CFR、CIF 费用项目构成

FOB	成本		
CFR	成本	运费	
CIF	成本	运费	保险费

可见，在上述三种贸易术语交易条件下，买方向卖方所支付费用的项目既有相同又有不同。这也就决定了买方与卖方各自履行的义务既有相同性，又有不同性，如表 6—9 和表 6—10 所示：

表 6—9　FOB、CFR、CIF 买卖双方各自相同义务

卖　方	买　方
1. 装货，充分通知	1. 接货
2. 办理出口手续，提供证件	2. 办理进口手续，提供证件
3. 交单	3. 收单，付款

表 6—10　FOB、CFR、CIF 买卖双方各自不同义务

术　语	卖　方	买　方
FOB		租船订舱，支付运费，办理保险，支付保险费
CFR	租船订舱，支付运费	办理保险，支付保险费
CIF	租船订舱，支付运费，办理保险，支付保险费	

尽管 FOB、CFR、CIF 买卖双方各自义务存在差异，但这三种贸易术语的属性又是相同的，如表 6—11 所示。

表 6—11　FOB、CFR、CIF 贸易术语属性的相同点

1. 风险点划分相同	都是在装运港船上交货后风险由卖方转移至买方
2. 交货性质相同	都是装运合同，“象征性交货”；凭单交货，凭单付款
3. 适合运输方式相同	都仅适用于海洋和内河运输

（四）贸易术语 FAS

FAS 的全称是 Free alongside Ship，即船边交货（指定装运港），是指当卖方在指定的装运港将货物交到买方指定的船边（如置于码头或驳船上）时，即完成交货。买方必须承担自那时起货物灭失或损坏的一切风险。FAS 术语要求卖方办理出口清关手续。但卖方无义务办理进口清关、支付任何进口税或办理任何进口海关手续。该术语仅适用于海运或内河运输。

1. 买卖双方的主要义务划分

根据《INCOTERMS 2020》对 FAS 的解释，FAS 术语中买卖双方承担的主要义务如下：

（1）卖方义务

这包括:①在合同规定的时间和装运港口,将符合合同规定的货物交到买方所派船只的旁边,并及时通知买方。②承担货物交至装运港船边之前的一切费用和风险。③提交商业发票或具有同等作用的电子信息,并且自费提供通常的交货凭证。④自负风险和费用,取得出口许可证或其他官方批准证件,并办理货物出口所需的一切海关手续。

(2)买方义务

这包括:①订立从指定装运港口运输货物的合同,支付运费,并将船名、装货地点和要求以及交货的时间及时通知卖方。②在合同规定的时间、地点受领卖方提交的货物,并按合同规定支付货款。③承担受领货物之后所发生的一切费用和风险。④自负费用和风险,取得进口许可证或其他官方批准证件,并且办理货物进口的一切海关手续。

FAS 术语下买卖双方各自的主要义务划分如表 6—12 所示。

表 6—12　　FAS 术语下买卖双方各自的主要义务划分

卖　方	买　方
交货(按照合同规定)、移交单据	付款、接单、提取货物
办理出口清关手续、支付费用	办理进口清关手续、支付费用
	租船订舱、支付运费
承担货交船边之前的一切风险和费用	承担货交船边之后的一切风险和费用

2. 使用 FAS 贸易术语时应注意的问题

(1)关于装货地点问题

由于卖方承担在特定地点交货前的风险和费用,而且这些费用和相关作业可能因各港口惯例不同而变化,特别建议双方尽可能清楚地约定指定港口内的装货点。另外,当货物装在集装箱里时,卖方通常将货物在集装箱码头移交给承运人,而非交到船边。这时,FAS 术语不合用,而应当使用 FCA 术语。

(2)关于船货衔接问题

在 FAS 术语下,买方必须自付费用订立自指定装运港起运货物的运输合同,因此,买方要及时将船名和要求装货的具体时间、地点通知卖方,以便于卖方按时做好备货出运工作。卖方也应将货物交至船边的情况及时通知买方,以利于买方办理装船事项。如果买方未按时受领货物,只要货物已被划归到具体的合同项下,由此产生的风险和费用均由买方承担。

(3)关于不同贸易惯例对 FAS 的不同解释问题

根据《INCOTERMS 2020》的规定,FAS 仅适用于水上运输,交货地点只能是装运港。而按照《1990 年美国对外贸易定义修订本》的规定,FAS 的英文全称为 Free Along Side,即卖方将货物交到指定运输工具的旁边完成交货,并不一定在船边,适用的运输方式也就更加广泛。因此,在同美洲地区的企业交易时,要么在合同中明确贸易术语的来源,要么在 FAS 术语后面加上 Vessel 字样,以明确表示“船边交货”,避免贸易争议的发生。

案例应用 6—6　　FAS 术语的应用案例

案例精析

案例应用6-6

我某公司按照 FAS 条件进口一批木材,在装运完成后,卖方来电要求我方支付货款,并要求支付装船时的驳船费。试问:对卖方的要求我方应如何处理?

三、全能贸易术语

（一）贸易术语 FCA

动漫视频

FCA

FCA 的全称是 Free Carrier，即货交承运人（指定交货地点），是指卖方必须在合同规定的交货期内在指定地点，将经出口清关的货物交给买方指定的承运人，卖方的风险随即转移至承运人。指定交付地点的选择会影响卖方在该地的装货和卸货义务。如果交付是在卖方的所在地，卖方应当装载货物；如果交付在任何其他地方进行，则卖方不负责卸载货物。

承运人是指在运输合同中，履行铁路、公路、航空、海洋、内河运输或多式联运义务的人。因此，承运人既可以是实际承运人，也可以是缔约承运人。后者不一定自己履行运输义务，但要承担承运人的责任。如果买方指定非承运人的其他人接收货物，则自货物交付给该人之时起，视为卖方已经履行了交付货物的义务。

1. 买卖双方的主要义务划分

根据《INCOTERMS 2020》对 FCA 的解释，FCA 术语中买卖双方承担的主要义务如下：

（1）卖方义务

这包括：①卖方必须自担风险和费用，取得所需出口许可证或其他官方许可证，并在需要时办理出口货物所需的一切海关手续。②卖方必须在合同规定的日期或期间内，在指定的多个交货地点，将货物交给买方指定的承运人，并给予买方已按照规定交货的充分通知。③卖方必须承担货物被交由承运人处置之前的一切与货物有关的费用和货物灭失或损坏的风险。④卖方必须自付费用向买方提供商业发票和证明货物移交给承运人的交货凭证、运输单据或具有同等效力的电子信息。

（2）买方义务

这包括：①买方必须自费订立自指定地承运货物的合同，支付运费，并将承运人名称及其他有关信息及时通知给卖方。②买方必须承担货物被交由承运人处置之后的一切与货物有关的费用和货物灭失或损坏的风险。③买方必须收取卖方按合同规定交付的货物，接受按合同规定提交的交货凭证或具有同等效力的电子信息，并按合同规定支付货款。④买方自担风险和费用，取得进口许可证或其他官方许可证，并在需要时办理货物进口以及在必要时从他国过境的一切海关手续。⑤买方需对货物在运输途中可能发生的灭失或损坏的风险取得货物保险，订立保险合同，并支付保险费。

FCA 术语下买卖双方各自的主要义务划分如表 6—13 所示。

表 6—13　　FCA 术语下买卖双方各自的主要义务划分

卖　方	买　方
按合同要求交货，移交单据	付款，接单，提取货物
办理出口清关手续，支付费用	办理进口清关手续，支付费用
	办理运输，支付运费
	办理保险，支付保险费
承担货物交给承运人处置前的一切风险和费用	承担货物交给承运人处置后的一切风险和费用

2. 使用 FCA 贸易术语时应注意的问题

（1）关于交货点和风险转移的问题

FCA 适用于各种运输方式，因此它的交货点和风险转移需要按不同的运输方式而定。其大致有以下两种情况：①交货点在卖方所在地，则当货物被装上由买方指定的承运人的收货运输工具上，卖方即完成了交货义务，风险便转移给了买方。②交货点在卖方所在地之外的其他地点，且在卖方的运货工具上未卸下，被交由买方指定的承运人处置时，卖方即完成了交货义务，风险便转移给了买方。

（2）关于买方安排运输的问题

买方安排运输，必须自付费用，订立自指定地运输货物的合同，并将承运人名称及有关情况及时通知给卖方，卖方并无订立运输合同的义务。如果买方提出要求，或按照商业惯例，在与承运人订立运输合同时需要卖方提供协助的话，卖方可代为安排运输，但有关费用和风险应由买方负担。当然，卖方也可以拒绝协助订立运输合同。如若拒绝，则应立即通知买方，以便买方另作安排。如果卖方愿意协助买方与承运人订立运输合同，但买方可能会取得比卖方较低的运价，或按其本国政府规定必须由买方自行订立运输合同，而不需要卖方协助的话，则买方应在订立运输合同时明确告知卖方，以免双方重复订立运输合同而产生相关问题和发生额外费用。

（3）关于货物集合化的费用负担问题

在 FCA 条件下，买卖双方的费用划分由交货点来确定。卖方负担交货之前所发生的一切费用，而交货之后所发生的费用，则由买方负担。鉴于在利用 FCA 时，货物大多做了集合化或成组化处理，如装上集装箱或装上托盘，卖方应考虑将货物集合化所需的费用也计算在价格之内。

（4）关于已装船海运提单的可选机制问题

根据《INCOTERMS 2020》的规定，卖方必须向买方提供已完成交货的通常证明。在 FCA 术语下，卖方在指定的地点将货物交给买方指定的承运人即完全交货，因此，卖方只需要提交货物已收妥待运的声明即可满足此项要求。但是，在实际业务中存在采用 FCA 术语而信用证中仍要求出口商提交已装船海运提单的情况。为此，《INCOTERMS 2020》首次在 FCA 规则下提供了以下可选机制：如果买卖双方已在合同中如此约定，则买方必须指示承运人出具已装船海运提单给卖方；如果在买方承担费用和风险的情况下，承运人已向卖方出具了提单，卖方必须将该单据提供给买方，以便买方凭该单据向承运人提取货物。

【注意】即使采用可选机制，卖方对买方也不承担运输合同条款下的义务，只是协助买方获得运输单据。此外，采用这种可选机制时，卖方一定要慎重，因为内陆交货与装船的日期将可能不同，有可能会影响其收汇的时间。

案例应用 6—7　　FCA 术语的应用案例

我方以 FCA 贸易术语从意大利进口布料一批，双方约定最迟的装运期为 4 月 12 日，由于我方业务员的疏忽，导致意大利出口商在 4 月 15 日才将货物交给我方指定的承运人。当我方收到货物后，发现部分货物有水渍，据查是因为货交承运人前两天大雨淋湿所致。据此，我方向意大利出口商提出索赔，但遭到拒绝。试问：我方的索赔是否有理？为什么？

案例精析

案例应用6-7

（二）贸易术语 CPT

CPT 的全称是 Carriage Paid to，即运费付至（指定目的地），是指卖方将货物交付给由其指定的承运人，并支付将货物运到指定目的地所必需的运费。交货后，货物灭失或损坏的风险，以及由于发生事件而引起的任何额外费用，即从卖方转移至买方。如果需要由后续承运人将货物运至指定目的地，风险自货物交付给第一承运人时转移。本贸易术语适用于各种运输方式，包括多式联运。

动漫视频

CPT

1. 买卖双方的主要义务划分

根据《INCOTERMS 2020》对 CPT 的解释，CPT 术语中买卖双方承担的主要义务如下：

(1)卖方义务

这包括：①办理出口结关手续，自费订立运输合同，按期将货物交给承运人，以运至指定目的地，并向买方发出货物已交付的充分通知。②承担货物交付承运人之前的一切费用和货物灭失或损坏的一切风险，以及从装运地至目的地的通常运费。③向买方提交约定的单证或具有相等效力的电子信息。④在买方自负风险和费用的情况下，按买方要求提供其安全清关和后续所需的单据和信息。

(2)买方义务

这包括：①自卖方交付货物时起，承担货物灭失或损坏的一切风险。②支付除通常运费之外的有关货物在运输途中所产生的各项费用和卸货费。③在目的地从承运人那里受领货物，并按合同规定支付各项费用。④在卖方自负风险和费用的情况下，按卖方要求提供其运输、出口和安全清关所需的单据和信息。

CPT 术语下买卖双方各自的主要义务划分如表 6－14 所示。

表 6－14　　CPT 术语下买卖双方各自的主要义务划分

卖　方	买　方
按合同要求交货，移交单据	付款，接单，提取货物
办理出口清关手续，支付费用	办理进口清关手续，支付费用
办理运输，支付运费	
	办理保险，支付保险费
承担货物交付承运人处置之前的一切风险和费用	承担货物交给承运人处置之后的一切风险和费用

2. 使用 CPT 贸易术语时应注意的问题

(1)关于风险和费用的划分问题

按照 CPT 条件成交，虽然卖方要负责订立从启运地到指定目的地的运输合同，并支付正常运费，但正常运费之外的其他费用由买方承担。卖方承担的风险并没有延伸至目的地，当卖方将货物交付给承运人时风险也就转移至买方，运输途中的风险由买方承担。

(2)关于装运通知问题

按照 CPT 条件成交，卖方负责安排运输，风险从交付开始转移至买方。为了买方能及时办理货物运输保险，避免两者脱节，卖方在交付货物后应及时向买方发出装运通知，否则卖方要承担违约、损害赔偿的责任。

案例应用 6－8　　CPT 术语的应用案例

我国某出口商和澳大利亚某进口商签订了黄豆的出口合同。合同规定每公吨 180 美元，共计 1 000 公吨，采用 CPT 条件。我国出口商委托运输公司 B 负责全程运输，并在指定时间和地点将货物交付给 B 公司，同时及时告知进口商货物已装运。但在 B 公司进行海上运输停靠在中途港加油时，船只被 B 公司的债权方强行扣押，并通过法庭进行了拍卖。货物被滞留在加油港港口仓库中。澳大利亚进口商多次来电催促，我方又重新和另一家运输公司签订运输合同，才将货物运达了澳大利亚目的港。之后，我方向 B 公司进行

案例精析

案例应用6－8

索赔,要求B公司承担其再次委托其他运输公司代为运输的费用。但B公司认为我方多此一举,是我方自愿与其他运输公司签订运输合同的,这部分费用应由我方承担。试分析此案例。

(三)贸易术语 CIP

CIP 的全称是 Carriage and Insurance Paid to,即运费和保险费付至(指定目的地),是指卖方将货物交付给指定的承运人,支付货物运至指定目的地的运费,并针对货物在运输途中灭失或损坏的风险办理货物保险,订立保险合同,支付保险费。在货物被交由承运人保管时,货物灭失或损坏的风险以及由于交给承运人后发生的事件而引起的额外费用,从卖方转移至买方。本贸易术语适用于各种运输方式。

1. 买卖双方的主要义务划分

根据《INCOTERMS 2020》对 CIP 的解释,CIP 术语中买卖双方承担的主要义务如下:

(1)卖方义务

这包括:①必须自担风险和费用,取得任何出口许可证或其他官方许可,并在需要时办理出口货物所需的一切海关手续;②必须自费订立将货物运往指定目的地的运输合同,并支付有关运费;③必须在合同规定的地点和日期将货物交给承运人,并给予买方已交货的充分通知;④必须承担货物被交由承运人监管前的一切与货物有关的费用和货物灭失或损坏的风险;⑤必须针对货物在运输途中可能发生的灭失或损坏风险办理货物保险,订立保险合同,并支付保险费;⑥必须自负费用向买方提供商业发票和证明货物已交给承运人的交货凭证、运输单据或具有同等效力的电子信息。

(2)买方义务

这包括:①必须承担货物被交由承担人监管之后的一切与货物有关的费用和货物灭失或损坏的风险;②必须收取卖方按合同规定交付的货物,并按合同规定支付货款;③必须自担风险和费用,取得所需进口许可证或其他官方许可,并在需要时办理货物进口和在必要时从他国过境的一切海关手续;④必须按合同规定提交交货凭证或具有同等效力的电子信息。

CIP 术语下买卖双方各自的主要义务划分如表 6—15 所示。

表 6—15 CIP 术语下买卖双方各自的主要义务划分

卖 方	买 方
按照合同规定交货,移交单据	付款,接单,提取货物
办理出口清关手续,支付费用	办理进口清关手续,支付费用
租船订舱,支付运费	
办理保险,支付保险费	
承担货交承运人控制之前的一切风险和费用	承担货交承运人控制之后的一切风险和费用

2. 使用 CIP 贸易术语时应注意的问题

(1)关于卖方办理保险的问题

在 CIP 条件下,如果买卖双方事先未在合同中规定保险险别和保险金额,卖方只需按最低责任的保险险别办理,最低保险金额为 CIP 合同价款的 110%,并以合同货币担保。

(2)关于合理确定价格问题

在 CIP 条件下,卖方要承担较多的责任和费用。它要负责办理从交货地至目的地的运输手续,承担有关的运费;办理货物保险,并支付保险费。因此,卖方在对外报价时,要认真核算成本,应把货物运费和保险费考虑进去。

案例应用 6—9　“空运方式”是用 CIP 还是用 CIF?

某出口公司 A 同新加坡的客户因价格条款发生了一些分歧，一直争执不下。A 和这个客户做的业务是空运方式进行运输，A 认为“CIF”只适用于“海运及陆运方式”而不适用于“空运方式”，所以坚持用“CIP”条款(并且银行方面也坚持按照国际惯例空运必须使用“CIP”)。可客户坚持要用“CIF”，认为“CIP”比“CIF”多一个费用。请问：“CIP”和“CIF”在费用上有什么区别？A 的做法是否正确？

案例精析

案例应用6-9

视野拓展 6—4　FCA、CPT、CIP 与 FOB、CFR、CIF 之间的联系和区别

(一)FCA、CPT、CIP 与 FOB、CFR、CIF 之间的联系

FCA 是在 FOB 贸易术语的基础上发展起来的；CPT 是在 CFR 贸易术语的基础上发展起来的；CIP 是在 CIF 贸易术语的基础上发展起来的。因此，FCA、CPT、CIP 与 FOB、CFR、CIF 这六种贸易术语对买卖双方责任和义务划分的基本原则是相同的。

(二)FCA、CPT、CIP 与 FOB、CFR、CIF 之间的区别

(1)运输方式和承运人不同。FOB、CFR、CIF 这三种贸易术语仅适用于海运和内河运输，其承运人只限于船务公司；而 FCA、CPT、CIP 则不仅适用于海运和内河运输，而且适用于包括多式联运在内的其他各种运输方式，其承运人可以是船务公司、铁路局、多式联运经营人等。

(2)交货地点及风险、费用转移界限不同。FOB、CFR、CIF 这三种贸易术语的交货地点均为出口国指定的装运港，风险和费用的划分则以装运港货物装上船为界。FCA、CPT、CIP 这三种贸易术语的交货地点可视不同的运输方式和不同的约定而定，可以是出口地的某运输工具上，也可以是承运人的运输站或其他地点；至于风险和费用，则于卖方将货物交由承运人处置时转移至买方。

(3)装卸费用的负担不同。在 FOB、CFR、CIF 条件下，如采用租船运输方式，关于装卸费用的划分，采用的是贸易术语的变形；而在 FCA、CPT、CIP 条件下，即使是采用租船运输方式，在运费中已包含了承运人接管货物后在装运港的装货费用和在目的港的卸货费用，因此也就不存在装卸费用负担的划分问题了。

(4)运输单据不同。在 FOB、CFR、CIF 条件下，卖方一般应向买方提交已装船清洁提单；而在 FCA、CPT、CIP 条件下，卖方提交的运输单据会因运输方式的不同而不同，如备运提单、海运单、铁路运单、航空运单、国际多式联运单据等。

(5)运费负担不同。按照 FOB、CFR、CIF 术语，运费主要是指从装运港到目的港的海运运费或内河运费；而按照 FCA、CPT、CIP 术语，运费则包括从出口国指定地点到进口国指定地点的运输费用，其中可能涉及一种或多种不同的运输方式，因此运费相应的也就是一种费用或几种运输方式的运费之和。

(6)保险的内容不同。FOB、CFR、CIF 主要涉及海洋货物运输保险。FCA、CPT、CIP 则涉及各种运输方式下的货物保险；若涉及多种不同的运输方式，保险费用则为多种不同的运输方式的投保费之和。

FOB、CFR、CIF 与 FCA、CPT、CIP 的区别如表 6—16 所示：

表 6—16　FOB、CFR、CIF 与 FCA、CPT、CIP 的区别

比较项目	FOB、CFR、CIF	FCA、CPT、CIP
运输方式	海运和内河运输	各种运输方式
承运人	船公司	船公司、铁路局、航空公司或多式联运承运人

续表

比较项目	FOB、CFR、CIF	FCA、CPT、CIP
交货地点	装运港船上	视不同方式而定
风险转移界限	装运港货交船上	货交承运人处置后
运输单据	已装船清洁提单	提单、海运单、内河运单、铁路运单、航客运单或多式联运单据
装卸费用负担	FOB的变形以明确装船费用由谁负担,CFR、CIF的变形以明确卸货费用由谁负担	FCA卖方负担装船费,CPT、CIP卖方负担卸货费,不存在术语变形
术语后随地名	FOB后加注装运港名称,CFR、CIF后加注目的港名称	FCA后加注装运地名称,CPT、CIP后加注目的地名称

(四)贸易术语EXW

EXW的全称是EX Works,即工厂交货(指定交货地点),是指卖方在其所在处所(如工场、工厂或仓库等)将货物置于买方处置之下时,即履行了交货义务。

自卖方将货物交给买方或其代理人控制时起,风险即由卖方转移给买方。这就是说,如果此后再发生货物损坏或者灭失的情况,其后果即由买方自己承担。随着风险的转移,其他相关的责任和费用也相应转移给买方。卖方不必过问货物出境、入境及运输、保险等事项。所以,在卖方与买方达成的合同中可不涉及运输和保险问题。除非合同中有相反规定,卖方一般无义务提供出口包装。如果签约时已明确该货物是供出口的,并对包装的要求作出了规定,卖方则应按规定提供符合出口需要的包装。

由此可见,按EXW术语成交时,卖方承担的风险、责任以及费用都是最小的。

1. 买卖双方的主要义务划分

根据《INCOTERMS 2020》对EXW的解释,EXW术语中买卖双方承担的主要义务如下:

(1)卖方义务

这包括:①在合同规定时间、地点,将符合合同要求的货物置于买方的处置之下。②承担将货物交给买方处置之前的一切费用和风险。③提交商业发票或具有同等作用的电子信息。

(2)买方义务

这包括:①在合同规定的时间、地点,受领卖方提交的货物,并按合同规定支付货款。②承担受领货物之后所发生的一切费用和风险。③自负费用和风险。取得出口和进口许可证或其他官方批准证件,并办理货物的出口和进口的一切海关手续。

EXW术语下买卖双方各自的主要义务划分如表6—17所示。

表6—17 EXW术语下买卖双方各自的主要义务划分

卖 方	买 方
交货(按照合同规定)、移交单据	付款、接单、提取货物
	办理出口清关手续、支付费用
	办理进口清关手续、支付费用
	租船订舱、支付运费
承担买方处置货物之前的一切风险和费用	承担卖方交货之时起的一切风险和费用

2. 使用 EXW 贸易术语时应注意的问题

(1)关于国内贸易问题。按 EXW 贸易术语达成的交易，在性质上类似于国内贸易。因为卖方是在本国的内地完成交货，其所承担的风险、责任和费用也都局限于国内，卖方不必过问货物出境、入境及运输、保险等事项，由买方自己安排车辆或其他运输工具到约定的交货地点接运货物，所以，在卖方与买方达成的合同中可不涉及运输和保险的问题。

【提示】 在 EXW 术语下，卖方不负责出口通关，如果买方不能直接或间接办理出口手续，则不应使用 EXW 术语，而应使用 FCA 术语。EXW 术语适用于各种运输方式。EXW 适用于国内贸易，而 FCA 一般更适用于国际贸易。

(2)关于装货义务问题。卖方对买方没有装货的义务，即使实际上卖方也许更方便这么做。如果卖方装货，也是由买方承担相关风险和费用。当卖方更方便装货时，FCA 一般更为合适，因为该术语要求卖方承担装货义务(当交货地点是卖方所在地时)，以及与此相关的风险和费用。

(3)关于出口清关问题。按这一术语成交，买方要承担办理货物出口和进口的清关手续的义务，因此应考虑在这方面有无困难。如果买方不能直接或间接地办理出口和进口手续，则不应采用这一术语成交。另外，买方仅有限度地承担向卖方提供货物出口相关信息的责任。但是，卖方则可能出于缴税或申报等目的，需要这方面的信息。

由于在 EXW 条件下，买方要承担过重的义务，所以对外成交时，买方不能仅仅考虑价格低廉，还应认真考虑可能遇到的各种风险以及运输环节等问题，要权衡利弊，注意核算经济效益。

案例应用 6—10　　EXW 术语的应用案例

案例精析

案例应用6—10

某公司按 EXW 条件出口一批电缆，但在交货时，买方以电缆的包装不适宜出口运输为由，拒绝提货和付款。请问：买方的行为是否合理？

(五)贸易术语 DAP

DAP 的全称是 Delivered at Place，即目的地交货(指定目的地)。DAP 术语是适用于任何运输方式的贸易术语，包含多式联运在内的一种或者多种运输方式。

当使用 DAP 术语成交时，卖方要负责将合同规定的货物按照通常航线和惯常方式，在规定期限内将装载于到达的运输工具上准备卸载的货物交由买方处置，即完成交货。卖方承担将货物运至指定地为止的一切风险。

1. 买卖双方的主要义务划分

根据《INCOTERMS 2020》对 DAP 的解释，DAP 术语中买卖双方承担的主要义务如下：

(1)卖方义务

这包括：①订立将货物按照通常路线和习惯方式运往进口国约定地点的运输合同，并支付运费。②在合同规定的时间、地点，将货物置于买方控制之下。③承担在指定港口或目的地运输终端约定地点将从运输工具上卸下的货物交给买方控制之前的一切费用和风险。④自负费用和风险，取得出口许可证和其他官方文件，并办理货物出口的一切海关手续。⑤提交商业发票或具有同等作用的电子信息，并自负费用提供通常的交货凭证。

(2)买方义务

这包括：①接受卖方提供的有关单据，在指定的运输终端受领货物，并支付货款。②承担受领货物后发生的一切费用和风险。③自负费用和风险，取得进口许可证和其他官方文件，并办理货物进口的一切海关手续。

DAP 术语下买卖双方各自的主要义务划分如表 6—18 所示。

表 6－18 **DAP 术语下买卖双方各自的主要义务划分**

卖　方	买　方
交货(按照合同规定)、移交单据	付款、接单、提取货物
办理出口清关手续、支付费用	办理进口清关手续、支付费用
订立运输合同、支付费用	
承担货物在指定目的地交买方处置之前的一切风险和费用	承担货物在指定目的地交买方处置之后的一切风险和费用

2. 使用 DAP 贸易术语时应注意的问题

(1)关于目的地的卸货费用问题

根据《INCOTERMS 2020》的规定，当卖方在指定目的地将还在运抵运输工具上可供卸载的货物交由买方处置时，即为交货。因此，卖方并不需要负责在目的地的卸货环节。但是在贸易实际业务中，由于是卖方负责签订运输合同，承担将货物运往指定的目的地的运费，运输合同中可能规定由承运人负责卸货，卖方承担卸货的费用。如果卖方按照运输合同在目的地发生了卸货费用，除非双方另有约定，卖方无权向买方要求偿付。

(2)关于 DAP 与 CIP 的异同比较问题

根据《INCOTERMS 2020》的规定，在 CIP 条件下，卖方要负责签订运输合同，将货物运至目的地的指定地点。看起来这与 DAP 术语十分相似，但要注意，两者的交货地点是不同的，在 CIP 条件下，在出口国的交货地将货物交给承运人，卖方即完成交货义务，货物损坏或灭失的风险也转移至买方；而在 DAP 条件下，是在进口国的目的地将货物交由买方处置才完成交货，风险同时发生转移。此外，在两种术语下，卖方办理保险的性质是不同的，在 CIP 条件下，卖方有义务为货交承运人后买方承担的货物损坏或灭失的风险办理保险，属于代办性质；而在 DAP 条件下，到进口国目的地之前货物损坏或灭失的风险由卖方承担，因此，卖方是出于自身利益考虑而选择办理保险。

(3)关于买方办理进口清关手续对卖方交货的影响问题

如果买方没有安排进口清关，货物将被滞留在目的地国家的港口或内陆运输终端，而无法运往最终的目的地。在此种情况下，根据《INCOTERMS 2020》中 DAP 规则下 B3 中的规定，如果买方未完成进口清关手续，就要承担货物因此滞留在目的地国家的入境地时可能发生损失的风险。

案例应用 6－11　　DAP 术语的应用案例

中国清远公司出口一批货物，DAP 术语成交，不可撤销信用证付款，2 月 20 日交货。1 月下旬，中国清远公司的货物装船驶向目的港。此时，买方要求货装船后卖方将全套提单空邮给买方，以便买方及时凭以办理进口通关手续，中国清远公司即以照办。由于海上风浪过大，船舶迟到几天才到达目的港，遭到买方降价要挟，经过协调，对方才未予以追究。货物到达目的港后，对卸货费用由谁负担的问题双方发生了争议。最后，由中国清远公司负担卸货费用，但中国清远公司却蒙受了不小的损失。请问：该如何处理？

案例精析

案例应用6-11

(六)贸易术语 DPU

DPU 的全称是 Delivered at Place Unloaded，即目的地卸货后交货(指定目的地)，在《INCOTERMS 2020》中，是指当卖方在指定目的地将已从运输工具上卸下且未完成进口清关的货物交由买方处置时，即为交货。卖方承担在指定目的地卸货后交给买方处置之前的一切风险和费用，所承担的费用包括需要办理出口清关手续时所需的出口报关费用，出口应缴纳的一切关税税款，需经另一国过境时应缴纳的一切费用，货物运至指定目的地的运费以及卸货费。买方承担从目的地接收货物之后的一切风险和费用，包括需要办理进口清关手续所需的一切关税、税款和任何其他费用。DPU 是《INCOTERMS 2020》的新增术语，旨在替代《INCOTERMS 2010》中的 DAT 术语，替代的主要原因是 DAT 术语的“终端”(Terminal)一词容易出现理解混乱。

1. 买卖双方的主要义务划分

根据《INCOTERMS 2020》对 DPU 的解释，DPU 术语中买卖双方承担的主要义务如下：

(1)卖方义务

这包括：①卖方必须签订运输合同，支付将货物运至指定目的地或指定目的地约定地点所发生的运费，在指定目的地卸货后将货物交给买方处置即完成交货，并必须向买方发出所需通知，以便买方采取收取货物通常所需的措施。②卖方承担将货物运至指定的目的地卸货交付给买方之前的一切风险和费用(除进口费用)。③卖方自负风险和费用取得出口所需的许可或其他官方授权办理货物出口和交货前从他国过境运输所需的一切海关手续并提供商业发票及买方能够收取货物的凭证或相等的电子信息。

(2)买方义务

这包括：①买方承担在指定目的地卸货交货后的一切风险和费用。②买方自负风险和费用取得进口所需的许可或其他官方授权办理货物进口所需的一切海关手续，并按合同约定支付货款，接受交货凭证收取货物。

DPU 术语下买卖双方各自的主要义务划分如表 6—19 所示。

表 6—19　DPU 术语下买卖双方各自的主要义务划分

卖　方	买　方
自负风险和费用签订运输合同或安排运输，将货物运至指定目的地，并及时通知买方	承担抵达指定目的地的货物从运输工具上卸下后的一切风险和费用
承担抵达指定目的地的货物从运输工具上卸下交由买方处置之前的一切风险和费用	如有需要，办理和支付进口要求的所有手续
如有需要，办理和支付出口国要求的所有出口清关手续，协助买方办理进口清关	按照合同约定提取货物，以及接受与合同相符的单据，并按合同规定支付货款
提供商业发票和其他单据，根据双方约定可以是纸质或电子形式	

2. 使用 DPU 贸易术语时应注意的问题

(1)关于卸货费问题

《INCOTERMS 2020》用 DPU 替代 DAT。DPU 术语的交货地点仍旧是目的地，但这个目的地不再限于运输的终端，而可以是任何地方。卖方在指定目的地交货，并承担卸货费用和风险。

(2)关于卸货地点问题

根据《INCOTERMS 2020》的规定，在 DPU 术语下，卖方要承担在指定的目的地将货物从载货运输工具卸下之前的风险、责任和费用。使用 DPU 贸易术语成交时，卖方承担将货物运送到指定目的地以及卸载货物的一切风险，因此卖方交货的地点和到货的目的地是相同的。DPU 是《INCOTERMS 2020》中唯一要求卖方在目的地卸货的贸易术语。因此，卖方应当确保其可以在指定地点安排卸货。如果存在困难或较大风险，则不宜使用 DPU 术语，而应使用 DAP 术语成交。

(3)关于进口清关问题

根据《INCOTERMS 2020》规定，使用 DPU 术语，由买方办理货物进口手续，支付进口税费。如果买卖双方希望由卖方办理进口所需的许可或其他官方授权，以及货物进口所需的一切海关手续(包括支付所有进口税费)，则应使用 DDP 术语。

案例应用 6—12　　DPU 术语的应用案例

广东省 A 公司向新加坡 B 公司出口服装并签订合同，双方约定采用 DPU 术语。5 月份，广东 A 公司备好货后，自付费用(运输和保险)将货物运到新加坡，并于约定时间通知买方 B 公司于 5 月 20 日到约定地点提货。双方就应由谁从运输工具上卸货并承担相应费用问题发生争议，卖方坚持自己不负责卸货，因为货物已到达目的地，而买方则坚持让卖方卸货，否则构成违约。请分析哪个公司的观点是正确的。

案例精析

案例应用6-12

(七)贸易术语 DDP

DDP 的全称是 Delivered Duty Paid，即完税后交货(指定目的地)，是指卖方在指定目的地将在交货运输工具上尚未卸下的货物交与买方处置，并办理进口清关手续，就算完成交货义务。其间，卖方必须承担将货物运至目的地的一切风险和费用，包括在需要办理海关手续时在目的地应缴纳的任何进口税项。而买方只需在指定目的地领取货物。

1. 买卖双方的主要义务划分

根据《INCOTERMS 2020》对 DPU 的解释，DDP 术语中买卖双方承担的主要义务如下：

(1)卖方义务

这包括：①订立将货物按惯常路线和习惯方式运往指定目的地的运输合同，并支付有关运费。②在合同规定的时间、地点，将合同规定的货物置于买方的处置之下。③承担在指定目的地的约定地点将货物置于买方处置下之前的风险和费用。④自负风险和费用，取得出口和进口许可证及其他官方批准证件，并且办理货物出口和进口所需的海关手续，支付关税及其他有关费用。⑤提交商业发票和自负费用单据，提交提货单或买方为提取货物所需的通常的运输单证，或具有同等作用的电子信息。

(2)买方义务

这包括：①接受卖方提供的有关单据，在目的地约定地点受领货物，并按合同规定支付货款。②承担在目的地约定地点受领货物之后的风险和费用。③根据卖方的请求，并由卖方负担风险和费用的情况下，给予卖方一切协助，使其取得货物进口所需的进口许可证或其他官方批准证件。

DDP 术语下买卖双方各自的主要义务划分如表 6—20 所示。

表 6—20　　DDP 术语下买卖双方各自的主要义务划分

卖　方	买　方
交货(按照合同规定)、移交单据	付款、接单、提取货物
办理出口清关手续、支付费用	办理进口清关手续、支付费用
租船订舱、支付运费	
承担货物在指定目的地交买方处置之前的一切风险和费用	承担货物在指定目的地交买方处置之后的一切风险和费用

2. 使用 DDP 贸易术语时应注意的问题

(1)关于进口手续与清关问题。在 DDP 交货条件下，卖方是在办理好进口报关手续之后，在指定目的地交货的，这实质上是卖方已将货物运进了进口方的国内市场，这与其他在当地市场就地销售货物的卖方并无多大区别。若卖方不能直接或间接地取得进口许可证，则不应使用此术语。如双方希望买方承担所有进口清关的风险和费用，则应使用 DAP 术语。除非买卖合同中另有明确规定，任何增值税或其他应付的进口税款由卖方承担。

(2)关于卖方办理保险事宜问题。DDP 卖方本无须办理保险的义务，但由于 DDP 术语是卖方承担责任、费用及风险最大的术语，为了能在货物受损或灭失时及时得到经济补偿，卖方应该办理货运保险。选择险别的原则，要考虑货物的性质、运输方式等来灵活决定。

(3)关于交货地点和卸货费问题。由于卖方承担在特定地点交货前的风险，特别建议双方尽可能清楚地约定指定目的地内的交货地点。建议卖方取得完全符合该选择的运输合同。如果卖方按照运输合同在目的地发生了卸货费用，除非双方另有约定，否则卖方无权向买方要求偿付。

案例应用 6—13　　DDP 术语的应用案例

法国出口商向荷兰进口商出口 80 000 件纸巾，合同约定采用 DDP 术语，交货地点在荷兰的鹿特丹，交货时间为 12 月 21 日。卖方通过公路运输将货物于 12 月 21 日运抵鹿特丹交货地点。在卸货费用上，双方发生了争执，买方坚持由卖方承担卸货费用，卖方则援引《INCOTERMS 2020》原文，明确卖方不承担卸货费用，因为运输合同没有规定由卖方承担。你认为应该由哪一方承担卸货费？为什么？

案例精析

案例应用6-13

《INCOTERMS 2020》的 11 种贸易术语对比如表 6—21 所示。

表 6—21　　《INCOTERMS 2020》的 11 种贸易术语对比

英文缩写	中文全称	交货地点	风险划分	出口报关	进口报关	适用的运输方式	标价时后注
EXW(Ex Works)	工厂交货	卖方处所	买方处置货物后	买方	买方	任何方式	指定地点
FCA(Free Carrier)	货交承运人	出口国内地、港口	承运人处理货物后	卖方	买方	任何方式	指定地点
CPT(Carrier Paid to)	运费付至指定目的地	出口国内地、港口	承运人处理货物后	卖方	买方	任何方式	指定目的地
CIP(Carriage and Insurance Paid to)	运费、保险费付至指定目的地	出口国内地、港口	承运人处理货物后	卖方	买方	任何方式	指定目的地
DAT(Delivered at Terminal)	指定运输终端交货	进口国指定运输终端	买方在指定运输终端收货后	卖方	买方	任何方式	指定运输终端
DAP(Delivered at Place)	指定目的地交货	进口国指定目的地	买方在指定地点收货后	卖方	买方	任何方式	指定目的地
DPU(Delivered at Place Unloaded)	指定目的地卸货后交货	进口国指定目的地	买方在指定目的地收货后	卖方	买方	任何方式	指定目的地
DDP(Delivered Duty Paid)	指定目的地完税后交货	进口国指定目的地	买方在指定目的地收货后	卖方	买方	任何方式	指定目的地
FAS(Free alongside Ship)	装运港船上交货	出口国装运港口	货交船边后	卖方	买方	水上运输	指定装运港
FOB(Free on Board)	装运港船上交货	出口国装运港口	货物装上船	卖方	买方	水上运输	指定装运港

续表

英文缩写	中文全称	交货地点	风险划分	出口报关	进口报关	适用的运输方式	标价时后注
CFR（Cost and Freight）	成本加运费到指定目的港	出口国装运港口	货物装上船	卖方	买方	水上运输	指定目的港
CIF（Cost Insurance and Freight）	成本加保险费加运费到指定目的港	出口国装运港口	货物装上船	卖方	买方	水上运输	指定目的港

四、E组、F组、C组、D组贸易术语的特点

(一)E组贸易术语

按E组的EXW这一贸易术语达成的交易，在性质上类似于国内贸易。国际商会在《INCOTERMS 2020》的引言中指出，人们认为理想的是仍然保留EXW条件下卖方义务最小的传统原则，其目的是适用于那些卖方不愿意承担任何装货义务的情况。

由于在EXW条件下，买方要承担过重的义务，所以对外成交时，买方不能只考虑价格问题，还应认真考虑可能遇到的各种风险以及运输环节等问题，要权衡利弊，注意核算经济效益。另外，按这一术语成交，买方要承担办理货物出口和进口的清关手续的义务。如果买方不能直接或间接地办理出口和进口手续，则不应采用这一术语成交。

(二)F组贸易术语

F组中包括的三种贸易术语FCA、FAS和FOB。它们的共同点是按这些术语成交时，卖方要负责将货物按规定的时间运到双方约定的交货地点，并按约定的方式完成交货。按这些术语达成交易，卖方承担的费用在交货地点随着风险的转移而相应地转移给了买方。另外，按照《INCOTERMS 2020》的解释，采用这三种贸易术语成交时，均由卖方负责货物出口报关的手续和费用，由买方负责货物进口报关的手续和费用。

由于按F组术语成交时，卖方负责在交货地点提交货物，而由买方安排运输工具到交货地点接运货物，所以，如何做好船、货的衔接工作很重要。为了避免因货等船或船等货而造成当事人的损失，卖方与买方之间应加强联系，将备货和派船的情况及时通知对方，遇到问题加强协商，妥善解决。

(三)C组贸易术语

C组贸易术语中的CFR和CIF是在装运港交货，风险划分均以装运港船上为界，适用于水上运输方式；CPT和CIP则是在约定地点向承运人交货，风险划分以货交第一承运人为界，适用于各种运输方式。它们的共同点是卖方在约定的装运港(地)交货后，还要负责办理货物从装运港(地)到目的港(地)的运输事项，并承担相关费用。

C组术语下，风险划分和费用划分是两个不同的概念，风险划分在装运港(地)，费用划分则是在目的港(地)。也就是说，卖方虽然承担从交货地至目的地的运输责任，并负担相关费用，但不承担从交货地至目的地的运输途中货物发生损坏、灭失及延误的风险。

【提示】 E组、F组、C组都属于装运合同(Shipment Contract)[①]使用的贸易术语，另外，除EXW属于"实际交货"方式以外，其他7种术语都属于"象征性交货"的方式。

(四)D组贸易术语

D组包括的三种贸易术语中，都是在进口国的目的港或目的地交货，这就与前面各组术语有了

---

① 装运合同：只保证货物按时装运，不保证货物按时到达。

明显的区别。按照D组术语成交的合同称到达合同(Arrival Contract)[①]。按D组术语成交时，卖方要负责将货物安全及时地运达指定地点，包括边境地点、目的港口和进口国内地，实际交给买方处置，才算完成交货。卖方要承担货物运至该地点之前的一切风险和费用。

在D组术语条件下，卖方所承担的风险要大于前面各组，特别是按照DDP术语成交时，卖方负责将货物交到进口国内的约定地点，承担在此之前的一切风险、责任和费用，其中包括办理货物出口和进口的手续以及相关费用。所以，作为卖方在对外成交时，一定要认真考虑该项业务中可能会遇到的各种风险以及可以采取的防范措施。另外，在打算采用DDP条件对外成交时，卖方还应考虑办理进口手续有无困难，如果卖方不能直接或间接地取得进口许可证，则不应采用DDP条件成交。

【注意】 区别买卖合同按照性质可以划分为“装运合同”和“到达合同”，而确定合同性质的关键是看它们是属于象征性交货方式还是属于实际交货方式。确定合同性质有助于使买卖双方的责任、费用和风险更加明确。

五、选用贸易术语应考虑的主要因素

(一)考虑运输条件

买卖双方采用何种贸易术语，首先应考虑采用何种运输方式运输。在本身有足够运输能力或安排运输无困难，而且经济上又划算的情况下，可争取按由自身安排运输的条件成交(如进口可以按照FCA、FAS或FOB成交，出口可以按CIF、CFR或CIP成交)；否则，应酌情争取按由对方安排运输的条件成交。

(二)考虑货源情况

国际贸易中货物品种很多，不同类别的货物具有不同的特点，它们在运输方面各有不同要求，故安排运输的难易不同，运费开支大小也有差异。这是选用贸易术语应考虑的因素。此外，成交量的大小，也直接涉及安排运输是否有困难和经济上是否划算的问题。当成交量太小，又无班轮通航的情况下，负责安排运输的一方势必会增加运输成本，故选用贸易术语时也应予以考虑。

(三)考虑运费因素

运费是货价构成因素之一，在选用贸易术语时，应考虑货物经由路线的运费收取情况和运价变动趋势。一般来说，当运价看涨时，为了避免承担运价上涨的风险，可以选用由对方安排运输的贸易术语成交，如按C组术语进口、按F组术语出口。但如因某种原因不得不采用按由自身安排运输的条件成交(多数情况如此)，则应将运价上涨的风险考虑到货价中，以免遭受运价变动的损失。

(四)考虑运输途中的风险

在国际贸易中，交易的商品一般需要通过长途运输，货物在运输过程中可能遇到各种自然灾害、意外事故等风险，特别是在遇到战争或正常的国际贸易遭到人为障碍与破坏的时期和地区，则运输途中的风险更大。因此，买卖双方洽商交易时，必须根据不同时期、不同地区、不同运输路线和运输方式的风险情况，并结合购销意图来选用适当的贸易术语。

(五)考虑办理进出口货物结关手续有无困难

在国际贸易中，关于进出口货物的结关手续，有些国家规定只能由结关所在国的当事人安排或代为办理，有些国家则无此项限制。因此，当某出口国政府规定，买方不能直接或间接办理出口结关手续，则不宜按EXW条件成交，而应选用FCA条件成交；若进口国政府规定，卖方不能直接或

---

① 到达合同：卖方保证货物在约定的交货期内到达。如不能按时到达，买方可根据合同拒收或索赔。凡是按卖方在两国边境或进口国内完成交货义务的贸易术语签订的买卖合同都属于“到达合同”。到达合同属于“实际交货”方式的范畴。

间接办理进口结关手续，此时则不宜采用DDP，而应选用D组的其他术语成交。

任务五　佣金和折扣的应用

在国际贸易中，正确掌握和运用佣金、折扣，有利于灵活掌握价格和调动外商经营我国产品的积极性，可达到扩大销售、提高经营效益的目的。

一、佣金

(一)佣金的概念和作用

动漫视频

佣金

佣金(Commission)是卖方或买方付给中间商为其对货物的销售或购买提供中介服务的酬金，如出口商支付佣金给销售代理人，或进口商支付佣金给采购代理人。因此，它适用于进出口商与代理人或佣金商签订的合同。正确运用佣金，可以提高中间商经营、推销我方商品的积极性，提高有关货物在国外市场的竞争力，因此在我国进出口业务中经常使用。

(二)佣金的规定方法

佣金可以有不同的规定方法，可用文字表示，如每公吨1 000美元CIF伦敦，包括佣金3%(USD 1 000 per M/T CIF London including 3% commission)；也可在贸易术语后面加注“佣金”的英文缩写字母“C”，并注明佣金的百分比，如每公吨1 000美元CIFC 3%伦敦(USD 1 000 per M/T CIFC 3% London)，或表示为USD 1 000 per M/T CIFC 3 London。

(三)佣金的计算方法

佣金通常以买卖双方的成交额(即发票金额)为基础进行计算。上面所提的USD 1 000 per M/T CIFC 3 London，即表示佣金率为3%，应付佣金商佣金额30美元，卖方实际收入为970美元。也可以FOB或CFR为基础，即在扣除运费、保险费的基础上计算佣金。最后以哪一个价格为基础计算佣金，并无定论，主要由双方协商决定。以成交额计算佣金，在操作上比较简便，在实践中使用较多。佣金的计算公式为：

$$佣金额=含佣价\times佣金率$$

净价的计算公式为：

$$净价=含佣价-佣金额$$

从以上两个公式可推导出含佣价(已知净价)的计算公式为：

$$含佣价=净价\div(1-佣金率)$$

二、折扣

(一)折扣的概念和作用

折扣(Discount)是卖方给予买方的一定的价格减让。从性质上看，它是一种优惠措施，使用折扣可达到照顾老客户、确保销售渠道、扩大销售量等目的。针对不同客户，应灵活运用各种折扣方法，如为了扩大销售，可使用数量折扣(Quantity Discount)；为发展客户关系，可以适当给予特别折扣(Special Discount)等。

(二)折扣的规定方法

如价格中允许给予折扣，一般不用缩写英文字母“D”来表示，只用文字来明确规定。例如，每公吨1 000美元CIF伦敦减折扣3%(USD 1 000 per M/T CIF London less 3% discount)。

（三）折扣的计算方法

动漫视频

折扣计算

折扣的计算方法较为简单，一般按实际发票金额乘以约定的折扣百分比，即应减除的折扣金额。这里不存在按FOB价格还是按CIF价格计算的问题。

折扣通常是以成交额或发票金额为基础计算的。

单位折扣额＝含折扣价×折扣率

三、佣金和折扣的支付办法

在我国的出口合同中，佣金有明确规定的，称为明佣；如不在合同中规定，称为暗佣。无论是前者还是后者，通常由我国出口企业收到全部货款后再支付给中间商或代理商，因为中间商不仅介绍买卖，促进交易，而且是合同圆满履行的服务提供者。为了避免引起误会，关于佣金于收妥全部货款后予以支付的做法，应与中间商在建立业务关系之初予以明确，并达成书面协议。

通常，佣金可以在合同履行后逐笔支付，也可按月、按季、按半年甚至按一年汇总支付。折扣一般由买方在支付货款时直接扣除。凡价格中含有佣金的，称为含佣价；不含有佣金和折扣的，称为净价。

任务六 合同中的价格条款

一、合同中价格条款的基本内容

动漫视频

单价

合同中的价格条款，一般包括商品的单价和总值两项基本内容。至于确定单价的作价办法和与单价有关的佣金及折扣的运用，也属价格条款的内容。商品的单价通常由四个部分组成，即包括计量单位（如“公吨”）、单位价格金额（如“580”）、计价货币（如“美元”）和贸易术语（如“CIF纽约”）。在价格条款中可规定：

每公吨	580	美元	CIF 纽约
计量单位	单位价格金额	计价货币	贸易术语

【提示】总值是单价和数量的乘积。在总值项下，一般也同时列明贸易术语。总值所使用的货币必须与单价使用的货币相一致。

二、订立合同时价格条款的注意事项

订立合同时，价格条款的注意事项包括以下方面：

（1）单价条款由币种、单位价格金额、计量单位、贸易术语四部分组成，缺一不可。

（2）注意单价条款的书写顺序，不可颠倒。中文的书写顺序应为：计量单位、单位价格金额、币种、贸易术语，如每公吨1 000美元CIF纽约。英语的书写顺序应为：币种、单位价格金额、计量单位、贸易术语，如USD 1 000 per M/T CIF New York。

（3）计量单位必须与数量条款中的计量单位一致。

（4）灵活运用各种不同的作价方法，尽可能避免承担价格变动的风险。

（5）参照国际贸易的习惯做法，注意佣金和折扣的合理运用。

（6）交货品质、交货数量有机动幅度或包装费另行计价时，应一并订明机动部分作价和包装费计价的具体办法。

（7）单价中的计量单位、计价货币和装运地或卸货地名称，必须明确清楚。

（8）争取选择有利的计价货币，必要时可加订保值条款。

（9）合理地确定商品的单价，防止偏高或偏低。

(10)根据船期、货源等实际情况，选择适当的贸易术语。

任务七　贸易术语价格换算与出口商品成本核算

一、贸易术语价格换算

在进出口贸易中，不同的贸易术语表示其价格构成因素不同。例如，FOB 术语中不包括从装运港至目的港的运费和保险费；CFR 术语中则包括从装运港至目的港的通常运费；CIF 术语中除包括从装运港至目的港的通常运费外，还包括保险费。在对外洽商交易过程中，交易双方都希望选用于己有利的贸易术语。有时一方按某种贸易术语报价时，对方要求改报其他术语所表示的价格，如一方按 FOB 报价，对方要求改按 CIF 报价或 CFR 报价。为了把生意做活以及有利于达成交易，也可酌情改报价格，这就涉及价格的换算问题。掌握贸易术语的价格构成及其换算方法，乃是从事进出口贸易人员所必须掌握的基本知识和技能。

FOB、CFR 和 CIF 三种价格的换算：

FOB 价格＝成本＋国内费用＋预期利润

CFR 价格＝成本＋国内费用＋出口运费＋预期利润

＝FOB 价格＋运费

CIF 价格＝成本＋国内费用＋出口运费＋出口保险费＋预期利润

＝CFR＋国外保险费

这里要特别注意的是，国外保险费是以 CIF 价格为基础计算的。所以，如果写明保险费的计算方法，则应为：

CIF 价格＝FOB 价格＋国外运费＋CIF 价格×保险费率×投保加成

(1)如已知 FOB 价格，现改报 CFR 价格或 CIF 价格，则 CFR 价格和 CIF 价格分别为：

CFR 价格＝FOB 价格＋国外运费

CIF 价格＝(FOB 价格＋国外运费)/(1－保险费率×投保加成)

(2)如已知 CIF 价格，现改报 FOB 价格和 CFR 价格，则 FOB 价格和 CFR 价格分别为：

FOB 价格＝CIF 价格×(1－保险费率×投保加成)－国外运费

CFR 价格＝CIF 价格×(1－保险费率×投保加成)

(3)如已知 CFR 价格，现改报 FOB 价格和 CIF 价格，则 FOB 价格和 CIF 价格分别为：

FOB 价格＝CFR 价格－国外运费

CIF 价格＝CFR 价格/(1－保险费率×投保加成)

另外，我国与世界上许多国家一样，也实行出口退税政策。所谓出口退税，是指国家为帮助出口企业降低成本、增强出口产品在国际市场上的竞争能力、鼓励出口创汇而采取的由国内税务部门退还出口商品国内税的措施。出口商品总成本的计算公式如下：

出口总成本＝进货成本＋定额费用－出口退税额

出口退税额＝进货成本(含增值税税率)÷(1＋增值税税率)×退税率

学中做 6－2

我国某公司向荷兰出口农产品一批，向客户发盘为每公吨 800 欧元 CIF 鹿特丹，按 CIF 金额 120％投保，对方要求改报 FOB 价格，我方同意。经查，自中国口岸至鹿特丹运费为每公吨 100 欧元，保险费率为 2％。请计算我方改报价格应为多少？

解析：FOB价格＝CIF价格×(1－保险费率×投保加成)－国外运费

＝800×(1－2%×120%)－100

＝680.8(欧元)

做中学6—2

我方出口某商品，FOB价为38 600美元，该批货物的运费为4 580美元，投保一切险加战争险，两者保险费率合计为1.2%，加成10%投保。请分别计算CFR、CIF价格。

解析：CFR＝FOB＋国外运费

＝38 600＋4 580

＝43 180(美元)

CIF＝FOB＋国外运费＋保险费

＝CFR÷[1－(1＋投保加成率)×保险费率]

＝43 180÷(1－110%×1.2%)

＝43 757.6(美元)

二、出口商品成本核算

换汇成本和外汇盈亏率是考核外贸企业经营管理水平的重要指标。为了控制亏损，增加盈利，减少换汇成本，我国外贸企业在对外报价或磋商交易之前，首先要做好成本核算工作，这样才能对外组织成交。

出口商品的换汇成本，在我国，目前一般是指商品出口后的净收入每一美元所耗费的人民币成本。换汇成本是反映出口盈亏的一种形式。人民币盈利率越高，换汇成本越低；反之，人民币亏损率越高，则换汇成本也越高。外贸企业在每笔出口交易中，应做到出口商品的换汇成本不高于单位外汇收入的兑换率(银行外汇买入价)，这样才可以盈利。

(一)出口商品换汇成本

出口商品换汇成本是指出口某商品收入一美元需要多少人民币的总成本，也可以理解为多少元人民币能换回一美元。换汇成本高于银行外汇牌价，出口为亏损，反之则为盈利。

其计算公式为：

换汇成本＝出口总成本(元人民币)÷出口销售外汇净收入(美元FOB价)

(二)出口盈亏额

出口盈亏额是指出口销售人民币净收入与出口总成本的差额，前者大于后者为盈利，反之为亏损。

其计算公式为：

出口盈亏额＝出口销售人民币净收入－出口总成本

出口盈亏率＝(出口销售人民币净收入－出口总成本)÷出口总成本×100%

在具体业务中，有些进出口公司还要计算出口创汇率(外汇增值率)，以此来分析进料加工或来料加工的外汇增值率。

出口商品创汇率＝(出口商品外汇净收入－原料外汇成本)÷原料外汇成本×100%

通过外汇增值率的计算，可看出成品出口的创汇情况，即是出口原料有利还是出口成品有利。

(三)外汇增值率

外汇增值率是指加工后成品出口的外汇净收入与原料外汇成本的比率。原料如果是进口的，则外汇成本按CIF价格计算；如果是本国原料，则参照FOB价格进行计算。通过对外汇增值率的计算，可以得知成品出口外汇的增值程度。

其计算公式为:

外汇增值率=(成品出口外汇净收入—原料外汇成本)÷原料外汇成本×100%

做中学 6—3

某商品出口总成本为 48 000 元人民币,出口销售价为 CFR 7 800 美元,其中运费 42 美元,汇率如果按当时的银行牌价 1 美元=6.44 元人民币计算。求该商品的换汇成本和盈亏额。

解析:出口销售外汇净收入(FOB 价)=7 800—42=7 758(美元)

换汇成本=出口总成本(元人民币)÷出口销售外汇净收入(美元)

=48 000÷7 758

=6.187 1(元人民币/美元)

出口销售人民币净收入=7 758×6.44=49 961.52(元人民币)

出口盈亏额=出口销售人民币净收入—出口总成本

=49 961.52—48 000

=1 961.52(元人民币)

应知考核

一、单项选择题

1. 出口生丝计算重量的方法通常是(　　)。

A. 毛重　　B. 净重　　C. 公量　　D. 理论重量

2. 珠宝、首饰等商品具有独特的性质,在出口确定其品质时,(　　)。

A. 用样品磋商　　B. 最好用文字说明

C. 最好看货洽谈成交　　D. 最好凭规格买卖

3. 出口羊毛通常采用(　　)计算重量。

A. 毛重　　B. 净重　　C. 公量　　D. 以毛作净

4. 国际商会第 600 号出版物《跟单信用证统一惯例》对“约量”的解释幅度为不超过(　　)。

A. 3%　　B. 5%　　C. 10%　　D. 15%

5. 根据《INCOTERMS 2020》的解释,在下列术语中,适用于各种运输方式的是(　　)。

A. FCA　　B. FAS　　C. FOB　　D. CFR

6. 表明“主运费已付”的是(　　)术语。

A. E 组　　B. F 组　　C. C 组　　D. D 组

7. 专门为解释 CIF 合同而制定的国际贸易惯例是(　　)。

A.《海牙规则》　　B.《1932 年华沙—牛津规则》

C.《1990 年美国对外贸易定义修订本》　　D.《INCOTERMS 2020》

8. 就卖方承担的责任和费用而言,下列排序正确的是(　　)。

A. FOB>CFR>CIF　　B. FOB>CIF>CFR

C. CIF>CFR>FOB　　D. CIF>FOB>CFR

9. 在国际贸易中,含佣价的计算公式是(　　)。

A. 净价÷(1—佣金率)　　B. 净价×(1+佣金率)

C. 净价×佣金率　　D. 单价×佣金率

10. 出口某商品100公吨，报价每公吨USD 1 850 FOB上海，客户要求改报CFR伦敦价，已知该货为6级货，计费标准为W，每运费吨运费USD 70。若要保持外汇净收入不变，应对外报（　　）。

A. 1 920美元/公吨　　B. 1 900美元/公吨

C. 1 850美元/公吨　　D. 1 930美元/公吨

二、多项选择题

1. 按《INCOTERMS 2020》的规定，C组贸易术语的特点有（　　）。

A. 卖方要确保按时完成装运并保证按时到货

B. 均属装运合同

C. 由卖方订立运输合同，并承担相关的费用

D. 费用和风险界限相分离

2. FOB、CFR、CIF三种贸易术语的主要区别在于（　　）。

A. 风险划分的界限不同　　B. 交货地点不同

C. 买卖双方所承担的责任不同　　D. 买卖双方所承担的费用不同

3. FOB、CFR、CIF三种贸易术语的共同点有（　　）。

A. 交货地点相同　　B. 适用的运输方式相同

C. 风险划分的分界点相同　　D. 费用负担相同

4. 在进出口合同中，单价条款包括的内容有（　　）。

A. 计量单位　　B. 单位价格金额

C. 计价货币　　D. 贸易术语

5. FOB、CFR、CIF三种贸易术语的价格构成中，都包括（　　）。

A. 进货成本　　B. 运费　　C. 保险费　　D. 利润

三、简述题

1. 为什么说将CIF称为"到岸价"容易引起误会？

2. FOB、CFR和CIF术语的相同点和区别有哪些？

3. 简述FCA、CPT和CIP之间的异同。

4. FAS术语适用于集装箱货物出口吗？为什么？

5. 与《INCOTERMS 2010》比较，《INCOTERMS 2020》有哪些变化？

四、综合题

某进出口公司以CIF汉堡向英国某客商出售供应圣诞节的应节杏仁一批，由于该商品的季节性较强，买卖双方在合同中规定：买方须于9月底以前将信用证开抵卖方，卖方保证不迟于12月5日将货物运抵汉堡，否则，买方有权撤销合同。如卖方已结汇，卖方须将货款退还买方。

(1)本案例的合同性质是（　　）。

A. 装运合同　　B. 象征性交货合同　　C. 到达合同　　D. 实际交货合同

(2)作出上述判断的理由是（　　）。

A. 案例中出现CIF术语　　B. 案例中规定卖方保证货物运抵

C. 商品季节性比较强，过期影响销售　　D. 买方采用信用证方式付款

(3)根据《INCOTERMS 2020》的解释，采用CIF术语时卖方应履行的基本义务包括（　　）。

A. 租船订舱，将货物装船并支付正常运费 B. 办理货运保险

C. 承担将货物运至目的港之前的风险 D. 办理出口通关手续

(4)根据《INCOTERMS 2020》的解释,采用 CIF 术语时买方应履行的基本义务包括( )。

A. 租船订舱,将货物装船并支付正常运费 B. 办理货运保险

C. 承担将货物运至目的港之前的风险 D. 办理进口通关手续

(5)本案例中,存在的问题是( )。

A. 时间安排过紧

B. 贸易术语选用不当

C. 卖方不应该以保证货物运抵作为结汇条件

D. 信用证结汇方式存在风险

应会考核

■ 观念应用

【背景资料】

品质的表示方法

①长毛绒玩具熊,货号 NT002,尺码 24 英寸,详情根据 2024 年 5 月 15 日卖方寄送的样品。

②光明牌婴儿奶粉(1～2 岁)。

③柠檬酸钠,纯度不低于 99%,符合 2024 年版英国药典标准。

④文件柜,中国橡木和橡木三夹板面,黄铜拉手,两个抽屉,16′W×17′D×28′H。

⑤1515A 型多梭箱织机,详细规格如所附文字说明与图样。

⑥东北大豆,水分最高 14%,杂质≤9%。

【考核要求】

试分析以上商品分别用了哪种品质的表示方法?

■ 技能应用

中国某公司出口一批货物到德国,途中货物遭遇暴风雨而全部损失(沉船),买卖双方因买方是否该支付货款而发生争执:

卖方:我方已按规定交货,你方应付款。

买方:船已沉,我方没有收到货物,如何付款?

卖方:合同规定适用《INCOTERMS 2010》,我方不承担运输途中的风险。

买方:可是合同规定“货物到达目的港时付款”。

卖方:按照惯例,你方应该付款。

买方:按照合同,我方无须付款。

【技能要求】

请结合本项目的内容,分析哪一方更有理?

■ 计算题

1. 出口羊毛 10 公吨,实际回潮率从货物中抽取小样进行测算,假设抽取 10 千克,用科学方法去掉水分后,净剩 8 千克羊毛(标准回潮率为 11%)。问该出口羊毛的公量是多少?

2. 某公司出口生丝,买卖双方约定标准回潮率为 11%。现有生丝 105 公吨,经过测定,回潮率为 13%。问符合双方约定回潮率的重量应为多少公吨?

3. 某公司出口水产品 10 公吨。合同规定为箱装,每箱净重为 40 磅,总数量可以有 5%的机动

幅度。请问在信用证金额也有5%增减的情况下，该批货物最多能装多少箱？最少应装多少箱？(已知1磅=0.453 59千克)

4. 我方对外出口某商品，CIFC 2%价为5 000美元，现在外商要求改报CIFC 5%价。在保持我方净收入不变的情况下，应如何报价？

5. 某商品出口总成本为48 000元人民币，出口销售价为CFR 7 800美元，其中运费42美元。汇率如果按当时的银行牌价1美元=6.22元人民币计算，求该商品的换汇成本和盈亏额。

6. 我某公司出口一批货物，CIF发票金额为45 500英镑，按合同规定加一成投保，险别为水渍险，保险费率0.5%。现客户要求改报CFR价，如我方同意，为不影响收汇，应报CFR价为多少？

■ 案例分析

1. A公司按凭样品成交的方式，从国外B公司进口当饲料用的谷物，由于B交货品质太好，使A公司的国家海关误以为是供人食用的谷物而课以重税，使A公司增加了税收负担。因此，A要求B公司赔偿因交货品质与样品不同而造成的关税差额损失。

【分析要求】

如上诉到法院，将如何判决，原因为何？

2. 我国无锡某公司采用FOB上海向美国出口货物一批，装运期为5月份，集装箱装运。我方4月26日收到买方发来的装船通知，告知我方载货船舶将于5月15日到达装运港。为了及时装运，我公司业务员于5月10日将货物从无锡运至上海码头仓库，不料货物因当夜仓库发生火灾而全部损失。

【分析要求】

(1)以上损失是否应该由我方承担？为什么？

(2)若采用FCA无锡交货，该损失是否应该由我方承担？为什么？

(3)采用FCA贸易术语和FOB贸易术语，在交货地点、运输方式和单据、结汇时间等方面存在哪些不同？

3. 我国某出口公司就某出口商品向法国客户询盘，法商的报价是每公吨480欧元CIF马赛，而我国该公司对该商品内部掌握价是每公吨2 800元人民币FOB大连，已知当时中国银行欧元兑人民币的汇率是1∶8.03。我国该公司备有现货，只要不低于公司内部掌握价即可出售。现在该商品自中国大连港至汉堡港的运费为每公吨360元人民币，保险费每公吨150元人民币。

【分析要求】

我国该公司能否接受此报价？为什么？

■ 专业技能题

1. 专业术语翻译

(1)商品的品质 (2)毛重 (3)运输标志 (4)皮重 (5)Sale by Specification

(6)Sale by Description and Illustration (7)More or Less (8)About or Approximately Clause

(9)贸易术语 (10)装运港船上交货 (11)货交承运人 (12)运输终端交货

(13)Incoterms (14)Delivered at Place (15)Carriage Paid to

2. 试翻译以下合同的标的物条款

(1)20 000 metric tons, 5% more or less at seller's option.

(2)36 pairs packed in a carton size assorted.

(3)品质与技术数据与所附技术协议相符，该技术协议视为本合同不可分割的一部分。

(4)大米50千克麻袋装“以毛作净”。

(5)每只套一塑料袋，每一打装一坚固新木箱，防湿、防潮、防震、防锈。

3. 试翻译下列条款，并推测进行交易的大致是什么样的货物：

(1)In iron drums of 185—190kgs, Net each.

(2)In cartons each containing 4 boxes about 9 lbs. each piece waxed and wrapped with paper.

(3)Goods are in neutral packing and buyer's labels must reach the seller 45 days before the month of shipment.

项目实训

【实训项目】

提高学生订立外贸合同的能力。

【实训情境】

● 目标。该项练习旨在帮助学生掌握国际货物交易的品名、品质、数量、包装、价格条件方面的知识，提高学生签订合同的能力。

● 内容。在学校所在地选择若干外贸企业，进行已签合同的调研。

● 时间。在讲完本项目内容之后，利用双休日或节假日进行。

【实训任务】

1. 任务要求

(1)将班级学生分成若干小组，每组确定正、副组长各1人。

(2)到联系好的外贸企业查看已签订的贸易合同。

(3)请企业从事签订合同工作的业务人员进行讲解、分析。

(4)重点了解企业贸易合同中关于品名、品质、数量、包装、价格条款方面存在的问题。

(5)给定有关条件，拟订一份货物贸易合同。

2. 撰写《提高学生订立外贸合同的能力》实训报告。

《提高学生订立外贸合同的能力》实训报告		
项目实训班级：	项目小组：	项目组成员：
实训时间：　　年　　月　　日	实训地点：	实训成绩：
实训目的：		
实训步骤：		
实训结果：		
实训感言：		

项目七 国际货物交易条件(二)

● 知识目标

理解:国际货物运输、保险、货款收付的基本知识。

熟知:海上货物运输保险的承保范围及险别;国际贸易货款结算的工具——汇票、支票、本票。

掌握:国际货物运输方式的内容和特点及主要的运输单据;国际货物运输保险业务及合同中的保险条款;国际贸易货款结算的方式——汇付、托收、信用证。

● 技能目标

学生能够掌握国际各种货物运输费用以及保险金额和保险费的计算方法;掌握国际货物运输、保险和货款支付方面的运作程序;具有订立国际货物运输、保险、货款支付合同条款的能力;具有办理国际货物运输、保险和货款支付方面业务的能力。

● 素质目标

学生能够认识到国际货物运输、保险和货款支付是国际货物买卖的主要交易条件,是实现买卖双方交易目的的关键;具备良好的商业伦理和社会职业道德及知识产权保护、个人隐私保护等意识。

● 思政目标

培养学生透过现象看本质的认知思维能力;树立学生从唯物主义角度全面认识世界的观念,培养辩证思维的能力。激发学生的爱国情怀,增强学生的民族自尊心、自信心和自豪感。具有风险意识和社会责任感。结合国际货物运输保险案例,清楚日后在不同的岗位,都要具有高度的风险防范意识和社会责任感。结合实务中的货款收付案例,培养进出口货物交易中货款结算的风险防范意识。

● 项目引例

CIF 合同下支付货款的应用

一份买卖日用品的 CIF 合同规定:9 月份装运,即期信用证的有效期为 10 月 15 日。卖方 10 月 6 日向银行办理议付所交的单据中包括 9 月 29 日签发的已装船清洁提单。经银行审核,单单相符、单证相符,银行接受单据并支付货款。但买方收到货物后,发现货物受损严重,且短少 50 箱。

买方因此拒绝收货,并要求卖方退回货款。

- **引例讨论**

(1)买方有无拒收货物并要求退回货款的权利?为什么?

(2)此案中的买方应如何处理此事才合理?

【课程思政】通过本项目的学习,当代大学生要具有奋发有为的奋斗姿态。习近平总书记指出,“青年都要珍惜韶华、不负青春,努力学习掌握科学知识,提高内在素质,锤炼过硬本领,使自己的思维视野、思想观念、认识水平跟上越来越快的时代发展”。国际货物运输距离较长、风险较大,要具有风险控制和防范意识;在国际货物运输保险中,要深化对“友善”价值观的认识,深刻体会保险的作用中所蕴含的“一人为众,众为一人”的经济互助关系;在国际贸易货款支付结算中,应加强自身认知能力和辨别能力的提升。

- **知识支撑**

任务一　国际货物运输

在国际贸易中,货物从卖方国家(或地区)位移到买方国家(或地区)必须通过运输来实现。国际贸易货物运输有很多种方式,在实际业务中,应根据进出口货物的特点、货运量大小、距离远近、运费高低、风险大小、交通条件和装卸港的具体情况等的不同,选择合理的运输方式。在买卖合同签订后,卖方应按合同规定的时间、地点和交付货物的方式交付货物。因此,在买卖合同中,应明确装运条款,订好货物的运输方式和交付条件。

一、海洋运输

海洋运输(Ocean Transport)简称海运,是指利用商船在国内外港口之间通过一定的航区和航线运输货物的方式。与其他运输方式相比,海洋运输具有通过能力强、运量大、投资小、运费低和适应性强等优点,所以许多国家和地区特别是沿海国家和地区乐于采用这种方式。目前,世界贸易总运量的2/3是通过海洋运输实现的。因此,海洋运输已成为国际贸易中最重要的运输方式。我国海岸线长达1.8万多千米,沿海拥有许多终年不冻的港口。近年来,为适应对外开放的新形势,我国建设新港口,增加新航线,扩大远洋船队,使我国的海运事业有了更大的发展,为扩大对外贸易创造了基本条件。

然而,海洋运输也存在速度慢、易受自然条件影响和风险较大等缺陷。因此,对于那些急需而又易受气候条件影响、不能经受长途运输的货物,不宜采用此种运输方式。海洋运输按船舶的经营方式可分为班轮运输和租船运输两种形式。

(一)班轮运输

动漫视频

班轮运输

班轮运输(Liner Transport)又称定期船运输,是指船舶在固定的航线上和固定港口间按事先公布的船期表航行,并按事先公布的费率计取运费,从事客、货运输业务的经营方式。它是国际海运中主要的运输方式之一。

1.班轮运输的特点

一般而言,班轮运输具有以下特点:①“四固定”,即固定航线、固定费率、固定停靠港口、固定航行日期。②“两管”,即由船方负责配载装卸,装卸费包括在运费中,供货方不再另付装卸费,船货双方也不再计算滞期费和速遣费。③船货双方的权利、义务与责任豁免,以船方签发的提单条款为依据。④班轮承运货物的品种、数量比较灵活,货运质量较有保证,并且一般采取在码头仓库交接货物,为货主提供了较便利的条件。

【提示】班轮运输适用于一般杂货和小额贸易货物的运输，手续简便，方便货方。

2. 班轮运输的费用

班轮运输的费用(Liner Freight)是承运人为承运货物而向托运人收取的费用。计算运费的单价(或费率)称为班轮运价，一般以运价表的形式公布，相对比较固定。

(1)班轮运价表。它的分类方法主要有：根据运价表的制定来划分，可分为班轮公会运价表、班轮公司运价表和货方运价表；根据运价表的形式来划分，可分为等级运价表和单项费率运价表。班轮运价表一般包括的内容有：说明及有关规定、货物分级表、航线费率表、附加费率表、冷藏货费率表及活牲畜费率表。

(2)班轮运费的计算标准。根据不同的货物，班轮运费的计收方法和标准主要有以下几种：

①按货物的毛重计收。在运价表中，以字母"W"(Weight 的缩写)表示，一般以 1 公吨为计算单位，吨以下取两位小数，也有按长吨或短吨计算的。

②按货物的体积计收。在运价表中，以字母"M"(Measurement 的缩写)表示，一般以 1 立方米为计算单位，也有按 40 立方英尺为 1 尺码吨计算的。

③按货物的毛重或体积计收，计收时取其数量较高的。在运价表中，以 W/M 表示。按惯例，凡一重量吨货物的体积超过 1 立方米或 40 立方英尺，即按体积收费；一重量吨货物的体积不足 1 立方米或 40 立方英尺，按毛重计收。

④按货物的价格计收。在运价表中，以拉丁文"Ad Val"(Ad Valorem 的缩写)表示，一般按 FOB 货价的百分之几计收运费。按价格计收运费的货物，一般属于高值货物。

⑤按货物的重量、体积、价格三者中最高的一种计收。在运价表中，以"W/M or Ad Val"表示。也有按货物重量或体积计收，然后再加收一定百分比的从价运费的，在运价表中，以"W/M plus Ad Val"表示。

⑥按货物的件数计收。包装固定，包装内的数量、重量、体积也固定的货物，一般按这种方法计收运费。另外，对那些用其他方法难以计收的商品，如汽车、活牲畜等，也采用件数计收。

⑦按议价计收。这主要是针对大宗低值货物，如粮食、煤炭、矿砂等。

⑧按起码费率计收。这是指按每一提单上所列货物的重量或体积计算运费。尚未达到运价表中规定的最低运费额时，按最低运费计收。

【注意】如果不同商品混装在同一包装内，则全部运费按其中较高者计收。同一商品包装不同，其计费标准及等级也不同。托运人应按不同包装分列毛重及体积，这样才能分别计收运费，否则全部货物均按较高者收取运费。

【提示】同一提单内如有两种及两种以上不同货名，托运人应分别列出不同货名的毛重和体积，否则将全部按较高者收取运费。

(3)班轮运费的构成。班轮运费由基本运费和附加费两部分构成。基本运费是指货物从装运港运到卸货港所应收取的运费。它主要由启运港至目的港的运输费用、启运港装船费和目的港卸货费构成。其计算基础是基本费率。基本费率是指班轮航线内基本港之间对每种货物规定的必须收取的费率，包括各航线等级费率、从价费率、冷藏费率、活牲畜费率及议价费率等，可从运价表中查得。基本运费额是所运货物的数量(重量或体积)与规定的基本费率的乘积，即：

基本运费额＝货运量×基本费率

附加费是指针对一些需要特殊处理或由于客观情况的变化等使运输费用大幅增加的货物，班轮公司为弥补损失而额外加收的费用。它的种类很多，而且随着客观情况的变化而变化。

在班轮运输中常见的附加费有下列几种：①超重附加费(Extra Charges on Heavy Lifts)，是指由于货物单件重量超过一定限度而加收的一种费用。②超长附加费(Extra Charges on Over

Lengths),是指由于单件货物的长度超过一定限度而加收的一种费用。③选卸附加费(Additional on Optional Discharging Port)。对于选卸货物(Optional Cargo)需要在积载方面给予特殊的安排,这就会增加一定的手续和费用,甚至有时会发生翻船,由于上述原因而追加的费用,称为选卸附加费。④直航附加费(Additional on Direct)。如一批货物达到规定的数量,托运人要求将一批货物直接运达非基本港口卸货,船运公司为此加收的费用,称为直航附加费。⑤转船附加费(Transshipment Additional)。如果货物需要转船运输的话,船运公司必须在转船港口办理换装和转船手续,由于上述作业所增加的费用,称为转船附加费。⑥港口附加费(Port Additional)。由于某些港口的情况比较复杂,装卸效率较低或港口收费较高等原因,船运公司特此加收一定的费用,称为港口附加费。除上述各种附加费外,船运公司有时还根据各种不同情况临时决定增收某种费用,如燃油附加费、货币贬值附加费、绕航附加费等。

附加费的主要计算方法有两种:①用绝对数表示,即每运费吨增加若干金额;②用百分比表示,即在基本费率的基础上增加一个百分比,多数情况下,附加费按这种方法计算。

(4)班轮运费的计算方法。其计算公式为:

班轮运费=基本运费+N项附加费之和

班轮运费的计算方法分为以下五步:①审查托运人提供的货物名称、重量、尺码(是否超重、超长)、装卸港口、是否需要转船以及卸货港的选择等;②根据货物名称,从有关运价表中查出该货物的计费标准及运价等级;③查找所属航线的等级费率表,找出该等级货物的基本费率;④查出各附加费的费率及计算方法;⑤根据上述各项内容,按班轮运费计算公式进行计算。

【提示】运费的支付方式主要有预付、到付、部分到付与部分预付相结合三种。对于低值货、易腐货、舱面货、活动物和目的港没有船代理的货物,一般不实行到付。

做中学 7—1

我方按CFR迪拜价格出口洗衣粉100箱,该商品内包装为塑料袋,每袋0.5千克,外包装为纸箱,每箱100袋,箱的尺寸为:长47cm、宽30cm、高20cm,基本运费为每尺码吨HK\$367,另加收燃油附加费33%,港口附加费5%,转船附加费15%,计费标准为M。试计算:该批商品的运费为多少?

解析:该批商品的运费为:

运费=计费标准×基本运费×商品数量×(1+各种附加费率)

=0.47×0.30×0.20×367×100×(1+33%+5%+15%)

=0.028 2×367×100×1.53

=1 583.46(港元)

答:该批货物的运费是1 583.46港元。

做中学 7—2

某公司出口货物共200箱,对外报价为每箱438美元CFR马尼拉,菲律宾商人要求将价格改报为FOB价。试求每箱货物应付的运费及应改报的FOB价为多少?(已知该批货物每箱的体积为45cm×35cm×25cm,毛重为30千克,商品计费标准为W/M,每运费吨基本运费为100美元,到马尼拉港需加收燃油附加费20%、货币附加费10%、港口拥挤费20%。)

解析:(1)45cm×35cm×25cm=0.039 4m^3,因为0.039 4>0.03,且基本运费的计收方法是W/M,所以应选择0.039 4m^3来计算运费。代入公式:

单位运费＝计费标准×基本运费×(1＋各种附加费率)

＝0.039 4×100×(1＋20%＋20%＋10%)

＝5.91(美元)

(2)应该报的 FOB 价是:FOB＝CFR－运费＝438－5.91＝432.09(美元)

答:该批货物每箱的运费是 23.29 美元,应该报的 FOB 价是 432.09 美元。

(二)租船运输

动漫视频

租船运输

租船运输(Shipping by Chartering)又称不定期船运输,是租船人向船东租赁船舶用于运输货物的一种运输方式。其特点与班轮运输的特点正好相反,即航线、装卸港口、船期、运费都不固定。这种方式主要适用于运输大宗货物。租船主要有定程租船(Voyage Charter)、定期租船(Time Charter)和光船租船(Bareboat Charter)三种方式。

1. 定程租船

定程租船又称航次租船,是以船程为基础的租船运输方式。定程租船的特点包括:①船方负责船舶的航行、驾驶、管理、货物运输以及船舶在航行中的一切费用开支;②运费一般按所运货物数量计算,租船人按约定支付运费;③规定一定的航线和装运的货物种类、名称、数量以及装卸港口;④规定一定的装卸期限或装卸率,并计算滞期费、速遣费;⑤船租双方的权利与义务以定程租船合同为准。

定程租船按运输形式可分为以下几种:①单程租船。它是指所租船舶只装运一个航次,航程结束时租船合同即告终止。②来回程租船。它是指所租船舶在完成一个航次任务后,回程时再接着装运货物的运输方式。③连续单程租船。它是指所租船舶在同一去向的航线上连续完成几个单航次运输。船舶必须是一程运货、一程空放,船东不能利用空船揽载其他货物。这种方式一般适用于航程较近的运输。④包运合同租船。它是指船东在约定的期限内,派若干条船,将规定的一批货物,按照同样的租船条件进行运输,航次不作具体规定。

定程租船合同常用的条款有:①船舶说明的规定;②"解约日"的规定;③装货港和卸货港的规定;④运载货物的种类、数量和包装的规定;⑤关于装货、卸货和装卸时间的规定;⑥滞期费与速遣费的规定;⑦出租人责任的规定;⑧承租人责任终止和出租人留置权的规定;⑨运费与装卸费的规定。

2. 定期租船

定期租船又称期租船,是以租期为基础的租船运输方式。定期租船有以下特点:①租赁期间,船舶的经营管理由租船人负责;②船方负责船舶的维护、修理和机器的正常运转,并负责船员的配备和给养供应;③不规定船舶航线和装卸港口,只规定船舶航行区域;④除特别规定外,可以装运各种合法货物;⑤不规定装卸期间和装卸率,不计算滞期费、速遣费;⑥租金按租期每月或每载重吨(DWT)若干金额计算;⑦船租双方的权利与义务以定期租船合同为准。

目前,国际上常用的定期租船合同范本有三种,即纽约土产交易所期租合同(New York Produce Exchange Time Charter)、统一定期租船合同(Uniform Time Charter)、中国定期租船合同标准格式(China National Chartering Corporation Time Charter Party)。期租合同的主要内容有:①船舶说明;②船舶租期;③船舶装货范围和航行区域;④交船和还船;⑤起租、停租时验船;⑥船东负责事项;⑦租船人负责事项;⑧租金支付;⑨停租;⑩转租。

3. 光船租船

光船租船是指船舶所有人将船舶出租给承租人使用一个时期,但船舶所有人所提供的船舶是一艘空船,既无船长,又未配备船员,承租人自己要任命船长、船员,承担船员的给养和船舶劳动管理所需的一切费用。这种光船租船,实际上属于单纯的财产租赁,与上述定期租船有所不同。这种租船方式,在当前国际贸易中很少使用。

近年来,国际上发展起一种介于航次租船和定期租船之间的租船方式,即航次租期(Time Charter Trip Basis,TCT),这是以完成一个航次运输为目的,按完成航次所花的时间,按约定的租金率计算租金的方式。

视野拓展 7—1　　租船合同

租船合同是租船人和船东双方当事人权利与义务所达成的法律文件。外贸企业有大宗货物需要租船运输时,一般使用程租船。程租船合同的内容除船东和租船人名称外,通常应对船名、船旗、承运货物的名称和数量、装卸港口、受载期、运费和装卸费用、装卸时间或装卸率、滞期费和速遣费等作出规定。

运费(Freight)是船方提供运输服务的报酬,支付运费是租船人的主要业务。在程租船合同中,一般规定运费率(Rate of Freight)即按货物载重每吨若干金额计费,或整船包干运费。

程租船装卸费用的划分有以下四种方式:

(1)F. I. O. (Free In and Out),即船方不承担货物的装卸费用。为进一步明确船舱内货物装载以及散装货平舱的责任和费用划分,就需要使用 F. I. O. S. T. (Free In and Out Stowed Trimmed),即船方不承担货物的装卸、理舱和平舱。

(2)F. O. (Free Out),即船方承担装货费用,但不承担卸货费用。

(3)F. I. (Free In),即船方承担卸货费用,但不承担装货费用。

(4)Gross Terms 或 Liner Terms,即船方承担装卸费用。

视野拓展 7—2　　班轮运输与租船运输的区别

(1)船期、航线和停靠港口不同。班轮运输下有固定的船期、航线和停靠港口;租船运输下由承租双方约定,并不固定。

(2)运费率不同。班轮运输条件下运费率相对固定;租船运输条件下根据船货的供需关系来确定运费,运费率不固定。

(3)装卸费不同。班轮运输下班轮的港口装卸由船方负责,因此班轮运费包括装卸费;租船条件下装卸费由承租双方临时议定,租金不一定包含装卸费。

(三)海运单据

海运单据主要有海运提单、海运单和电子提单。

1. 海运提单

海运提单(Ocean Bill of Lading, B/L),简称提单,是货物的承运人或其代理人在收到货物后签发给托运人的一种证明。它既是承运人收到货物后发给托运人的货物收据,也是所载货物的物权凭证。取得提单的人有权支配该货物,一般情况下,其合法持有人可在载货船舶到达目的港前进行背书转让,也可凭单向银行办理抵押贷款,以及在目的港从轮船公司提取货物。同时,它又是承运人与托运人之间运输合同的书面证明,双方的权利、义务都列明在提单之内,是双方执行合同的依据。

动漫视频

海运提单

海运提单的性质:①货物收据。海运提单是承运人或其代理人签发给托运人的货物收据,证明承运人已收到或接管提单上所列的货物。②物权凭证。海运提单是代表货物所有权的凭证,提单在法律上具有特权证书的作用,船货抵达目的港后,提单的合法持有人可以凭提单在目的港向轮船公司提取货物,提单可以通过背书转让。③运输合同的证明。海运提单是承运人与托运人之间订立的运输合同的证明。提单条款明确规定了承、托双方之间的权利与义务、责任与豁免,是处理承运人与托运人之间的争议的法律依据。

提单通常有正本(Original)和副本(Non－negotiable Copy)之分。由船方签发的提单正本通常有 2～3 份,有时可达 4 份;副本份数不限,船方不签字。提货人凭正本提单提货,一份正本提单提货后,其余各份自动失效。

海运提单是由各国轮船公司自己制定的,是一种具有涉外性质的法律文件。每个公司都有自己的提单格式,但其基本内容大致相同,一般包括正面的记载事项和背面印刷的运输条款。

提单正面的内容主要有:托运人(Shipper)、收货人(Consignee)、被通知人(Notify Party)、收货地或装货港(Place of Receipt or Port of Loading)、目的地或卸货港(Destination or Port of Discharge)、船名及航次(Vessel's Name & Voyage Number)、唛头及件号(Shipping Marks & Number)、货名及件数(Description of Goods & Number of Package)、重量和体积(Weight & Measurement)、运费预付或运费到付(Freight Prepaid or Freight to Collect)、正本提单的张数(Number of Original Bill of Lading)、船公司或其代理人的签名(Name & Signature of the Carrier)、签发提单的地点及日期(Place & Date of Issue)。

提单背面的内容主要有:法律诉讼条款,承运人责任条款,免责条款,有关改航、换装、改卸目的港、甲板货物、危险货物、冷藏货物、装货、卸货、交货、共同海损等条款,赔偿条款,运费条款,留置权条款等。海运提单格式如表 7－1 所示。

表 7－1　　海运提单

<table>
<tr><td>托运人
Shipper</td><td></td><td colspan="3" rowspan="5">CHINA OCEAN SHIPPING COMPANY
总公司 HEAD OFFICE:北京 BEIJING
广州 CANTON
分公司 BRANCH OFFICE:上海 SHANGHAI
天津 TIENTSIN
电报挂号 CABLE ADDRESS,"COSCO"
提单 BILL OF LADING　　正本 ORIGINAL
直运或转船
DIRECT OR WITH TRANSSHIPMENT
装货单号 S/O No.　　提单号 B/L No.</td></tr>
<tr><td>收货人
Consignee</td><td>或让受人
or Assigns</td></tr>
<tr><td>通知
Notify</td><td></td></tr>
<tr><td>船名
Vessel</td><td>航次
Voyage</td></tr>
<tr><td colspan="2"></td></tr>
<tr><td colspan="2">装货港
Port of Loading</td><td colspan="3">卸货港
Port of Discharge</td></tr>
<tr><td>国籍
Nationality</td><td>中华人民共和国
THE PEOPLE'S REPUBLIC OF CHINA</td><td colspan="3">运费　支付
Freight　Payable at</td></tr>
<tr><td colspan="5">托运人所提供的详细情况
Particulars furnished by Shipper</td></tr>
<tr><td>标志和号数
Marks and Numbers</td><td>件数
No. of Packages</td><td>货名
Description of Goods</td><td>毛重
Gross Weight</td><td>尺码
Measurement</td></tr>
<tr><td></td><td></td><td></td><td></td><td></td></tr>
<tr><td colspan="5">合计件数(大写)
Total Packages(in words)</td></tr>
</table>

续表

<table>
<tr><td colspan="2">上列外表情况良好的货物(另有说明者除外)已装在上列船上并应在上列卸货港或该船所能安全到达并保持浮泊的附近地点卸货。
Shipped on board of the vessel named above in apparent good order and condition(unless otherwise indicated)the goods or packages specified herein and to be discharged at the above mentioned port of discharge or as near there to as the vessel may safely get and be always afloat.
重量、尺码、标志、号数、品质、内容和价值是托运人所提供的,承运人在装船时并未核对。
The weight,measure,marks,numbers,quality,contents and value,being particulars furnished by the Shipper are not checked by the Carrier on loading.
托运人、收货人和本提单的持有人兹明白表示接受并同意本提单和它背面所载的一切印刷、书写或打印的规定、免责事项和条件。
The Shipper,Consignee and the Holder of this Bill of Lading hereby expressly accept and agree to all printed,written or stamped provisions,exceptions and conditions of this Bill of Lading,including those on the back hereof.</td></tr>
<tr><td>运费和其他费用
Freight and Charges</td><td>为证明以上内容,承运人或其代理人已签署本提单若干份,其中一份经完成提货手续后,其余各份失效。
In witness whereof,the Carrier or his Agent has signed Bills of Lading all of this tenor and date,one of which being accomplished,the others to stand void.</td></tr>
<tr><td>请托运人特别注意本提单内与该货保险效力有关的免责事项和条件。
Shippers are requested to note particularly the exceptions and conditions of this Bill of Lading with reference to the validity of the insurance upon their goods.</td><td>签单日期
Dated at...
船　长
...For the Master</td></tr>
</table>

国际上有关提单的重要国际公约有 1924 年签订的《海牙规则》(The Hague Rules,即《统一提单的若干法律规则的国际公约》),1968 年签署的《维斯比规则》(The Visby Rules,即《布鲁塞尔议定书》)和 1978 年签署的《汉堡规则》(The Hamburg Rules,即《联合国海上货物运输公约》)。由于各国对这些公约态度不一,因此,各船务公司签发的提单背面条款就有所差异。

海运提单可以从不同的角度进行分类,主要有以下几种:

(1)根据货物是否已装船,分为已装船提单和备运提单。已装船提单(On Board B/L)是承运人将货物装上指定船舶后所签发的提单。其特点是提单上有载货船舶名称和装船日期。备运提单(Received for Shipment B/L)又称收讫待运提单,是承运人收到托运货物等待装船期间签发给托运人的提单。其特点是提单上没有具体船名和装船日期。

(2)根据提单上对货物表面状况有无不良批注,分为清洁提单和不清洁提单。清洁提单(Clean B/L)是货物装船时表面状况良好,承运人签发提单时未加注任何货损、包装不良或其他有碍结汇的批注的提单。不清洁提单(Unclean/Foul B/L)是承运人在提单上加注了货物表面状况不良或货物存在缺陷和包装破损的提单。例如,提单上批注有"被雨淋湿""×件损坏""包装不固""包装破损"等。

动漫视频

清洁提单

【提示】 在信用证支付方式下,银行一般不接受不清洁提单。因此,出口商或托运人常常出具保函换取清洁提单。

(3)根据收货人抬头不同,分为记名提单、不记名提单和指示提单。记名提单(Straight B/L)是指提单上的收货人栏内填明特定收货人的名称,只能由该特定收货人提货。它一般不能通过背书转让,因而在国际贸易中很少使用。通常,国际上只对价值很高的货物或特殊用途的货物采用记名提单。不记名提单(Bearer B/L)是指提单上的收货人栏内没有指明任何收货人,谁持有提单,谁就可以提货。这种提单无需任何背书手续就可转让,如发生遗失或被窃,极易引起纠纷。由于不安全,故在国际贸易中很少采用。指示提单(Order B/L)是在收货人栏内只填写"凭指示"(To Order)或“凭某人指示”(To the Order of…)字样的一种提单。这种提单可以通过背书转让。背书可分为空白背书和记名背书两种。空白背书在提单背面仅有转让人签章,不注明被背书人的名称,可以继续背书转让;记名背书在提单背面既有转让人签章,又注明被背书人的名称。

【提示】目前,在实际业务中,多采用“指示抬头、空白背书”提单。

(4)根据运输方式不同,分为直达提单、转船提单和联运提单。直达提单(Direct B/L)是在装运港装货后,中间不经换船直接驶往指定目的港所签发的提单。转船提单(Transshipment B/L)是在装运港装货后,需在中途港换装另外船舶所签发的提单。这种提单上应注明“转船”或“在某港转船”字样。转船提单往往由第一程船的承运人签发。联运提单(Through B/L)是采用海运与其他运输方式联运时第一承运人签发的包括全程运输手续及运费的提单。第一承运人会在提单上载明只负自己承运区段的责任。

(5)根据船舶营运方式的不同,分为班轮提单和租船提单。班轮提单(Liner B/L)是经营班轮运输的船运公司或其代理人出具的提单。提单上有详细的条款。租船提单(Charter Party B/L)是船方根据租船合同签发的一种提单。提单上批注“根据某租船公司合同成立”或注明“一切条件、条款和免责事项按某年某月某日的租船合同”字样。因此,租船提单要受租船合同的约束,不能成为一个完整、独立的文本。银行或买方在接受这种提单时,往往要求卖方提供租船合同副本,以了解提单和租船合同的全部情况。

(6)根据提单内容的繁简,分为全式提单和略式提单。全式提单(Long Form B/L)是既有正面内容,又在背面列有承运人和托运人权利、义务详细条款的提单,在实际业务中应用较多。略式提单(Short Form B/L)是省略背面条款的提单。提单副本和租船合同项下签发的提单通常是略式提单。

(7)其他提单。包括:集装箱提单、舱面提单、过期提单、倒签提单、预借提单、电子提单和电放提单等。

①集装箱提单(Container B/L)是用集装箱运输货物时签发的提单。

②舱面提单(On Deck B/L)又称甲板提单,是针对甲板上的货物签发的提单。承运人对舱面货的损坏或灭失不承担责任,但采用集装箱运输时除外。

③过期提单(Stale B/L)是错过规定的交单日期或晚于货物到达目的港的提单。前者期限为21天,即提单签发日后21天才向银行提交,银行通常拒收;后者一般在订立条款后,银行通常会接受。

动漫视频

倒签提单

④倒签提单(Anti Dated B/L)是承运人应托运人请求,签发提单日期早于实际装船日期的提单,以符合信用证对装船日期的规定,便于结汇。这是一种违法行为。

⑤预借提单(Advanced B/L)又称无货提单,是信用证规定的装运日期和议付日期已到,货物已由承运人接管,但因故未能及时装船或装船完毕,托运人出具保函,要求承运人签发的已装船提单。这也是一种违法行为。

【注意】由于倒签提单和预借提单都是违法行为,所以不可使用。

⑥电子提单(E-B/L),是指通过电子数据交换(EDI)系统传递的有关海上货物运输合同数据生成的无纸“提单”。通过电子数据交换系统传递一系列按一定的规则组合而成的电子数据并凭密码进行流转,既加速了单证的流转,也防止了利用传统提单进行海运欺诈的行为,是“有纸贸易”向“无纸贸易”高质量演变的重要内容。

动漫视频

电放提单

⑦电放提单(Telex Release B/L),是船公司或其代理人签发的一种特殊提单形式。它是为了解决货物到港但正本提单未到的问题而产生的。电放提单上注明了“电放”(Surrendered, Telex Release)字样,代表货权可以通过电放回执方式转移。收货人凭借电放回执号和身

份证明即可提货,而无须实际持有正本提单。

【注意】电放提单一般用于提高操作效率和降低物流成本,但并不适用于信用证付款等情况。

案例应用 7—1　　倒签提单的签发合理吗?

我国某公司与瑞士某公司签订出售某产品的合同,装船时间为当年 12 月至次年 1 月。我方公司在租船装运时,因原定船舶临时损坏,在国外修理,不能在预定时间到达我国口岸装货,临时改派香港地区某公司期租船装运,但又因连日风雪,迟至 2 月 11 日才装载完毕,2 月 13 日起航。我某公司为取得符合信用证规定装船日期的 B/L,要求承运人按 1 月 31 日签发 B/L,并以此 B/L 向银行办理了议付。试问:我方行为有可能会造成什么后果?

案例精析

案例应用7-1

2. 海运单

自 1500 年提单问世后,海运中货物权利的转移就一直是通过提单的转让来实现的。提单成了国际海运的唯一媒凭。但是,500 多年的实践已将利用提单在目的港交货的不便和风险全部表露出来:①如按正本提单放货,当货到而提单未到收货地或收货人还未经承兑或付款取得正本时,就会出现货等提单而引起延迟卸货或码头拥挤现象;②由于海运提单是所载货物的物权凭证,取得提单的人有权支配该货物,如果第三者非法得到或捡到提单,就可以取货,因此提单对收货人来说就存在着一定的风险。要解决这两个问题,就要在不必使用提单的情况下,尽量使用海运单,使货物一到目的港,就能及时卸交。1990 年 6 月,国际海事委员会第 34 届大会全票通过了《1990 年国际海事委员会海运单统一规则》。海运单(Sea Waybill,Ocean Waybill)是证明海上运输合同和货物由承运人接管或装船,以及承运人保证据以将货物交付给单证所载明的收货人的一种不可流通的单证,因此又称"不可转让海运单"(Non-negotiable Sea Waybill)。

动漫视频

海运单和提单的区别

(1)海运单的性质及作用。海运单是发货人与承运人之间货物运输的凭证,是一种物流单证,不是货物的物权凭证,故不得转让。收货人不凭海运单提货,而是凭到货通知提货,因此,海运单收货人一栏应填写实际收货人的名称和地址,以便于货物到达目的港后通知收货人提货。

海运单具有三个基本作用:①承运人收到由其照管的货物的收据;②运输合同的证明;③在解决经济纠纷时作为货物担保的基础。

(2)海运单的使用。海运单作为合同证明,应根据承托双方一致同意的条件来签发,通常只签发一份正本运单。但是,如经托运人请求,也可以签发两份或两份以上正本提单。

海运单流转的程序是:租船公司签发运单给托运人;租船公司在船舶到卸货港前约一个星期向通知运单上标明的具体收货人发出到货通知;收货人签署到货通知,并退还给船代理;船代理据以签发提货单给收货人;船抵港后,收货人凭提货单提货。

3. 电子提单

近几年,国际运输领域已开始利用现代化的计算机技术,通过电子数据交换系统来实现运输途中货物支配权的转移。电子提单(Electronic Bill of Lading)在逐渐替代传统的提单,这无疑是一场深刻的革命。

(1)电子提单概述。电子提单是一种利用电子数据交换(Electronic Data Interchange,EDI)系统对海运途中货物支配权进行转让的程序。

这种程序的特点是:卖方、发货人、银行、买方和收货人均以承运人(或船舶)为中心,通过专有计算机密码通告运输途中货物支配权的转移时间和对象;在货物运输过程中,通常情况下不出现任何书面文件;收货人提货,只要出示有效证件证明身份,由船舶代理验明即可。

电子提单的优点是:可快速、准确地实现货物支配权的转移;可方便海运单的使用,当海上运输航程较短时,可避免传统提单因为邮寄而可能出现的船到而提单尚未寄到的现象;可防冒领和避免误交,由于整个过程的高度保密性,能大大减少提单欺诈的发生。

(2)电子提单的运用。假设卖方与买方签订了一份 CIF 合同,根据 EDI 系统,上述合同履行的过程为:①卖方向承运人订舱,承运人根据双方都同意的条款进行确认。②卖方提供货物的详细说明,承运人确认承运这批货物,卖方同时向承运人指明银行。③卖方将货物交给承运人,承运人向卖方发送一个收到该批货物(但同时可做某些保留)的电讯。这里所讲的"保留"是诸如"货物的品质、数量是由卖方提供的,承运人对具体情况不明"之类的保留。在电讯中,承运人给卖方一个密码,卖方在此后与承运人的电讯往来中可用此密码,以保证电讯的保密和完整。④承运人将货物装上船后通知卖方和银行。⑤卖方凭信用证即可取款,货物支配权由卖方转移到银行。这时承运人即销毁与卖方之间的电讯密码,并向银行确认,给银行一个新的密码。⑥卖方告诉银行谁是买主。⑦买方支付货款并获得货物支配权后,银行则通知承运人货物权利的转移。承运人即销毁与银行之间的密码,向买方确认其对货物的控制权,并给买方一个新的密码。⑧船舶抵达目的港后,承运人通知买方。买方指定一个收货人,否则自己就是收货人。⑨收货人实际接收货物后通知承运人,买方对货物的支配权终止。此时,承运人销毁与买方之间的密码。

(3)使用电子提单必须具备的条件。EDI 系统的使用对世界航运界来说是一个新的课题。使用 EDI 系统必须具备一定的条件,主要有:①在硬件方面,涉及机型的配套和联网等一系列技术问题,计算机的应用须具有世界普遍性;②在软件方面,要培训既懂国际贸易与运输,又懂计算机业务,并通晓外语及 EDI 系统操作规则的专门人才;③各国在航运体制和管理水平方面必须先进,为 EDI 系统的采用开绿灯。

二、国际铁路运输和国际航空运输

(一)国际铁路运输

铁路运输(Rail Transport)是现代运输业中的主要运输方式之一。在国际货物运输中,铁路运输具有运载量大、运行速度快、成本低、运输准确性和连续性强、受气候自然条件影响小等优势。因此,它是一种仅次于海洋运输的运输方式,特别是在内陆接壤国家间的贸易中起着很重要的作用。

在我国对外贸易中,从进出口货物的运量来看,铁路运输仅次于海运而位居第二。铁路运输可分为国际铁路货物联运和国内铁路货物运输两种。

1. 国际铁路货物联运

国际铁路货物联运是使用一份统一的国际联运票据,由铁路当局负责经过两国或两国以上铁路的全程运送,在由一国铁路向另一国铁路移交货物时,无须收、发货人参加的一种运输方式。

国际铁路货物联运的主要单据是国际铁路货物联运运单。该运单是参加国际铁路货物联运的铁路与发货人、收货人之间缔结的运输合同。它体现了参加联运的各国铁路和发货人、收货人之间在货物运送上的权利、义务、责任及其豁免,对铁路当局和发货人、收货人都具有法律效力。

国际铁路货物联运运单由正本、副本、运行报单、货物交付单和货物到达通知单等组成。联运运单由铁路局签发,运单中所列各栏由发货人和铁路局按照要求分别填写清楚,从始发站随同货物附送至终点站并交给收货人。运单副本经发站铁路局加盖戳记,证明货物已被承运和承运日期,发货人可凭此副本到银行办理结汇。

国际铁路货物联运运送费用的计算和核收,必须遵循《国际铁路货物联运协定》《国际铁路货物联运统一过境运价规程》(简称《统一货价》)和中国国家铁路集团有限公司《铁路货物运价规则》的规定。联运货物运送费用包括货物运费、押运人乘车费、杂费和其他费用。

2. 国内铁路货物运输

国内铁路货物运输包括两种情况:一种是我国进出口货物铁路运输,即我国进口货物卸船后,经铁路转运至全国各地以及全国各地出口货物经铁路运至各港口装船。另一种是内地供应香港地区的货物的铁路运输。随着"三趟快车"(82751、82753、82755)退出历史舞台,供港澳鲜活产品逐步从铁路运输转变为更经济、更灵活、更便捷的公路运输。港珠澳大桥是连接香港、珠海和澳门的桥隧工程。截至2024年5月28日,通过港珠澳大桥的出入境车辆累计1 000万辆/次。

(二)国际航空运输

航空运输是指利用飞机通过空中飞行在航空港之间运送客货的运输方式。它具有速度快,不受地面条件限制,安全准时,节省包装、保险、利息等费用的优点,因此特别适用于那些急需、贵重、时令性、鲜活货物的运输。当然,航空运输也有其局限性,主要表现为飞机的舱容有限、运费高、飞行易受恶劣气候的影响等,因此不适用于低值货物、大件货物或大批量货物的运输。

中国的各航空公司一般只负责空中运输,空运进出口货物的报关、托运、提货和中转运输等工作由中国对外贸易运输总公司(简称"外运公司")负责安排。外运公司既是中国民航的代理,也是各进出口公司的代理。

1. 国际航空货物运输的方式

(1)班机运输(Scheduled Airline)。班机是指在固定航线上定期航行运送客货的航班。班机运输一般具有固定的时间、航线、始发站、经停站和终点站。按照业务对象的不同,可分为客运航班和货运航班,以及以客为主的客货混合航班。班机运输由于具有上述"五固定"等特点,收、发货人可确切掌握班机起飞和到达的时间,故适合运送急需品、鲜活易腐和时令性商品。由于能确保合同按期履行,便于跨国公司分拨产品、半成品,班机运输正成为众多贸易商和跨国公司的首选运输方式。

(2)包机运输(Chartered Carrier)。包机可分为整机包机和部分包机两种。包机运输因受到各国政府的限制,因此目前使用包机业务的地区较少。

(3)集中托运(Consolidation)。它是集中托运人将若干批单独发运的货物组成一整批,向航空公司办理托运,采用一份航空总运单集中发运货物到同一目的站,由集中托运人在目的地的指定代理收货,再根据集中托运人签发的航空分运单分拨给各实际收货人的运输方式。这是航空货物运输中的主要方式,也是航空货运代理的主要业务之一。

【提示】 集中托运人在运输中扮演双重角色:在与单独货物托运人的关系中,是货物的承运人;在与航空公司的关系中,是一整批货物的托运人。

(4)航空快递(Air Express)。它是指具有独立法人资格的企业将进出境货物或物品从发件人所在地通过自身或代理网络,利用空运快速送达收件人的运输方式。航空快递适用于急需的药品、医疗器械、贵重物品、图纸资料、货样及单证等的传送。航空快递的收件范围主要有文件和包裹两大类。其主要业务形式有:门/桌到门/桌(Door/Desk to Door/Desk)、门/桌到机场(Door/Desk to Airport)和专人派送(Courier on Board)。

2. 国际航空货物运输的单据

航空运单(Air Waybill)是托运人与航空承运人之间的运输合同,是承运人签发的已接收货物的证明,是承运人据以核收运费的账单,是报关单证之一,可作为保险证书,也是承运人内部业务的依据。但航空运单不可转让。

3. 国际航空货物运输运费的计算

国际航空货物运输中与运费有关的各项规章制度、运费水平都是由国际航空运输协会统一协调、制定的。

(1)计费重量(Chargeable Weight)。它是据以计算运费的货物的重量，有重货(High Density Cargo)、轻货(Low Density Cargo)和多件货物之分。

(2)公布的直达航空运价。它是指航空公司在运价本上直接注明的承运人对由甲地运至乙地的货物收取的一定费用。直达航空运价又分为四种，即特种货物运价(Specific Commodity Rate，SCR)、等级货物运价(Class Rate or Commodity Classification Rate，CCR)、普通货物运价(General Cargo Rate，GCR)和起码费(Minimum Charge，MC)。

(3)非公布的直达航空运价。如果甲地至乙地没有可适用的公布的直达航空运价，就实行非公布的直达航空运价。它包括比例运价(Construction Rate)和分段相加运价(Combination of Rate)。

(4)航空附加费。它主要包括声明价值费(Valuation Charge)、制单费、货到付款附加费、提货费等。

(5)航空运输货物的运价是指从起飞机场至目的机场的运价，不包括其他额外费用(如提货、仓储费等)。运价一般是按重量(千克)或体积重量(6 000 立方厘米折合 1 千克)计算的，而以两者中高者为准。空运货物是按一般货物、特种货物和货物的等级规定运价标准。

案例应用 7—2　　空运出口受骗

案例精析

案例应用7-2

某年，某裘皮进出口公司(卖方)与德国一家公司在交易会上订立了一份裘皮服装买卖合同，价值 20 万美元。价格术语为 CIF 法兰克福，运输方式为空运，支付方式为不可撤销信用证。合同签订后，买方按时开来了信用证。国内卖方接证后，按合同规定发运了货物，将信用证要求的各种单据提交给国内银行，并办理议付手续。看来一切顺利，不料，国内银行在将有关索汇单据寄给德国开证行后第七天即收到开证行的拒付通知，理由是单证不符。卖方马上与货物承运人某国际航空公司联系，被告知，货物早已被空运单上写明的人(实际上就是买方)提走。再与买方联系，已杳无音信。后经查证，该公司经理以不同公司名义，以同样的手段，已从国内数家企业手中“提货”，价值近百万美元。3 个月后，国内银行以单证不符，开证行拒付为由，收回议付款，并加收利息，卖方落得货款两空。

试问：买方的骗术是什么？卖方怎样可以避免？

三、集装箱运输

动漫视频

集装箱运输

集装箱运输(Container Transport)是以集装箱作为运输单位进行货物组成运输的一种现代化、先进的运输方式，可适用于海洋运输、铁路运输及国际多式联运等。

(一)集装箱运输的特点

集装箱运输是一种先进的货物组成运输方式。与传统的货物运输方式相比，它有利于提高运输速度和运输质量，能减少货损货差，有利于节省各项费用，降低运输成本，也有利于简化货运手续等。

(二)集装箱的种类

集装箱按其用途不同，可分为杂货集装箱(Dry Container)、冷藏集装箱(Refrigerated Container)、散货集装箱(Solid Bulk Container)、开顶集装箱(Open Top Container)、框架集装箱(Flat Rack Container)、罐装集装箱(Tank Container)和特种专用集装箱等。

(三)集装箱运输的关系人

随着集装箱运输的逐步发展和成熟,与之相适应的运输管理方法和工作机构也发展起来了,形成一套适应集装箱运输特点的运输体系。其中的关系人有:经营集装箱货物运输的实际承运人、无船承运人、集装箱租赁公司、联运保赔协会、集装箱码头(堆场)经营人、集装箱货运站和货主。

(四)集装箱运输方式

1. 集装箱货物装箱方式。根据集装箱货物装箱数量和方式的不同,可分为:①整箱货(Full Container Load,FCL)。它是指货方在海关人员的监管下,自行将货物装满箱,加锁、铅封后,以箱为单位托运的集装箱。这种方式通常在货主有足够货源能装满一个或数个整箱时采用。②拼箱货(Less than Container Load,LCL)。它是指承运人(或代理人)接受货主托运的数量不足整箱的小票货物后,根据货物的性质和目的地进行分类整理,把去同一目的地的同类货物集中到一定的数量,拼装在一个集装箱内的集装箱。

2. 集装箱货物交接方式。因集装箱货物装箱方式不同,货物在交接方式上也有所不同。根据当前国际上的普遍做法,其交接方式大致有以下四种:①整箱交、整箱接(FCL/FCL),即承运人在托运人和收货人之间以整箱为单位负责交接,货物的装箱和拆箱均由货方负责。②拼箱交、拆箱接(LCL/LCL),即承运人在小票货物托运人和收货人之间,负责拼箱、装箱和拆箱,拆箱后,收货人凭单接货。③整箱交、拆箱接(FCL/LCL),即承运人在整箱交的货主与多个收货人之间,负责接收整箱和拆箱,各收货人凭单接货。④拼箱交、整箱接(LCL/FCL),即承运人在多个小票货运货主与同一收货人之间,负责拼装和以整箱交接。

3. 集装箱货物交接地点。一般可分为:①门到门(Door to Door),即从发货人工厂或仓库至收货人工厂或仓库;②门到场(Door to CY),即从发货人工厂或仓库至目的地或卸箱港的集装箱堆场;③门到站(Door to CFS),即从发货人仓库或工厂至目的地或卸箱港的集装箱货运站;④场到门(CY to Door),即从启运地或装箱港的集装箱堆场至收货人工厂或仓库;⑤场到场(CY to CY),即从启运地或装箱港的集装箱堆场至目的地或卸箱港的集装箱堆场;⑥场到站(CY to CFS),即从启运地或装箱港的集装箱堆场至目的地或卸箱港的集装箱货运站;⑦站到门(CFS to Door),即从启运地或装箱港的集装箱货运站至收货人工厂或仓库;⑧站到场(CFS to CY),即从启运地或装箱港的集装箱货运站至目的地或卸箱港的集装箱堆场;⑨站到站(CFS to CFS),即从启运地或装箱港的集装箱货运站至目的地或卸箱港的集装箱货运站。以上九种交接地点,进一步可归纳为四种:①门到门,适用于整箱交、整箱接;②门到场,适用于整箱交、拆箱接;③场到门,适用于拼箱交、整箱接;④场到场,适用于拼箱交、拆箱接。

(五)集装箱运输的运费计算

1. 最低运费的计算。其包括:①拼装货的最低运费。在每一航线上,各规定一个最低运费额,任何一批货物运费额低于规定的最低运费额时,需按最低运费金计算。②整箱货的最低运费。其计费标准不是金额,而是运费吨。对不同规格的集装箱分别规定最低应计收的运费重量吨和尺码吨,如实际运费低于最低运费,则运费按最低运费标准计算。但各船运公司或公会对最低运费标准的规定又各不相同。

2. 最高运费的计算。最高运费是针对一个集装箱内装有几种货物、其计费等级和费率又不相同的情况,为计算这部分货物的运费而规定的。最高运费的计收标准是运费吨(主要是尺码吨)。目前,国际上对最高计费吨的规定,一般是 20 英尺集装箱为 31 立方米,40 英尺集装箱为 67 立方米。如果所装货物尺码低于上述规定,按上述最低规定计收运费;如超过上述规定,则可免计运费。在整箱货运的情况下,如托运人仅提供部分货物的计费资料,这部分货物即按规定等级的费率计算运费,其余未提供资料的货物,则按最高运费吨减去已提供资料的货物运费吨计算运费。如果这部分货物的计费等级或费率又有差异，则按其中的最高费率计算运费。

案例应用 7—3　　集装箱运输的应用案例

我国某公司按 CFR 条件、即期不可撤销信用证以集装箱装运出口纺织品 200 箱，装运条件为 CY/CY。货物交运后，我方取得清洁已装船提单，提单上标明："Shipper's Load and Count"，在信用证规定的有效期内，我方及时交单议付了货款。25 天后，接买方来函称：经有关船方、海关、保险公司、公证行一同对到货开箱检验，发现其中有 20 箱包装严重破损，每箱均有短少，共缺纺织品 280 件。各有关方均证明集装箱外表完好无损，为此，买方要求我方赔偿其货物短缺的损失，并承担全部检验费 3 000 美元。试问：对方的要求是否合理？为什么？

案例精析

案例应用7-3

(六)集装箱货运进出口程序

1. 集装箱货运出口程序。具体程序如下：订舱→签发装货单→发送空箱→拼箱货装箱/整箱货装箱→集装箱货运交接→换取提单结汇→装船。

2. 集装箱货运进口程序。具体程序如下：货运单证→到货通知→提单→提货单→提货(整箱交/拆箱交)。

四、大陆桥运输和国际多式联运

(一)大陆桥运输

大陆桥运输(Land Bridge Transport)，是指以横贯大陆的铁路、公路运输系统为中间桥梁，把大陆两端的海洋连接起来的运输方式，即海→陆→海运输方式。它能达到缩短运输里程、降低运输成本、加速货物运输的目的。大陆桥运输一般采用集装箱运输方式。这样在中途的多次装卸过程中，可大大简化卸货、搬运、储存、保管、理货和检验等操作环节，从而收到便捷、降低成本和保证商品质量的良好效果。大陆桥运输主要有以下几条路线：

1. 西伯利亚大陆桥

它利用俄罗斯西伯利亚铁路作为陆地桥梁，把太平洋地区与波罗的海和黑海沿岸以及西欧大西洋口岸连接起来。

2. 新亚欧大陆桥

1990 年 9 月 11 日，我国陇海—兰新铁路的最西段乌鲁木齐至阿拉山口的北疆铁路与苏联土西铁路接轨，第二条亚欧大陆桥运输线全线贯通，并于 1992 年 9 月正式通车。此条运输线东起我国连云港，西至荷兰鹿特丹，跨亚欧两大洲，联结太平洋和大西洋，穿越中国、哈萨克斯坦、俄罗斯，与第一条运输线重合，经白俄罗斯、波兰、德国到荷兰，辐射 20 多个国家和地区，全长 1.08 万千米，在我国境内全长 4 134 千米。这条运输线与第一条运输线相比，总运距缩短了 2 000～2 500 千米，可缩短运输时间 5 天，减少运费 10%以上。这条大陆桥东端和南端的桥头堡较多，可多港上岸、多线承运，且东南端的桥头堡为不冻港，可以全年使用，因此其利用价值极高。新亚欧大陆桥对我国的西部大开发起到了巨大作用。

3. 北美大陆桥

它是指从日本港口海运至太平洋沿岸港口卸货，再用铁路将货物从美、加西部港口运至美、加东部大西洋沿岸港口，再经由海运至欧洲各地。有时也将其分别称为美国大陆桥和加拿大大陆桥，其中美国大陆桥的作用更为突出。美国有两条大陆桥运输线：一条是从西部太平洋口岸至东部大西洋口岸的铁路(公路)运输系统，全长约 3 200 千米；另一条是西太平洋口岸至南部墨西哥湾口岸的铁路(公路)运输系统,全长500~1 000千米。

4. 美国OCP运输方式

OCP(Overland Common Point)意为“内陆地区”,是指货运目的地为美国内陆的一个区域,是海运货物卸在沿海港口后再陆运到内陆运输可到达的地区(或反向)的一种运输方式。根据美国运费率的规定,内陆地区是指美国落基山脉以东的地区,其范围约占美国大陆的2/3。OCP的运费率比其他运费率低。凡以OCP方式运输的货物,不仅可享受美国内陆运输的优惠费率(比一般费率低3%~5%),还可享受OCP海运的优惠费率(比一般正常海运运费每吨低3~5美元)。出口方在采用OCP方式时,应注意下列问题:①货物最终目的地必须是OCP地区;②货物必须经美国西海岸港口中转;③装货单、提单、唛头上必须注明OCP字样,并加注内陆区域城市名称。

(二)国际多式联运

1. 国际多式联运的概念

动漫视频

国际多式联运

国际多式联运(International Multimodal Transport/International Combined Transport)是以集装箱为媒介,把传统单一的陆、海、空运输方式结合起来,形成统一的有机整体,加以有效综合利用而构成的一种国际连贯运输方式。1980年5月8日联合国贸发会议上通过的《联合国国际货物多式联运公约》把国际多式联运定义为:“按照多式联运合同,以至少两种不同的运输方式,由多式联运经营人将货物从一国境内接管货物的地点运至另一国境内指定交付货物的地点。”根据上述定义,国际多式联运应具备以下基本特征:①必须有一个多式联运合同;②必须有一个多式联运经营人对全程负责;③必须使用一份包括全程的多式联运单据;④必须对货主实行全程单一运费费率;⑤必须是至少两种不同运输方式的连贯运输;⑥必须是国际的货物运输。

2. 国际多式联运的经济效益

它主要在于手续简便、安全准确、运送迅速、节省包装、提早收汇和合理运输。

3. 国际多式联运的一般程序

它包括:①宣传揽货;②接受委托,安排作业;③装箱及运送;④报关;⑤保险与索赔;⑥订舱;⑦签发多式联运单据;⑧单证寄送。

4. 开展国际多式联运应注意的事项

开展此项业务应注意以下事项:①要建立路程最短、时间最省、效益最明显的最佳组合的多式联运路线;②要建立国外业务活动网络;③制定联运单证;④制定多式联运单一运费费率;⑤在业务和管理上要具备必要的硬件和软件;⑥要懂得运输法规,特别是懂得有关国际多式联运法规及其适用原则。

5. 多式联运单据

根据《联合国国际货物多式联运公约》的规定,多式联运单据(Multimodal Transport Documents,MTD)应载明:①货物类别、识别货物所必需的主要标志;②货物外表状况;③多式联运经营人的名称和主要营业场所;④发货人名称;⑤如指定收货人,写明收货人的名称;⑥多式联运经营人接管货物的地点和日期;⑦交货地点;⑧如双方已明确协议,在交付地点交货的日期或期限;⑨表示该单据可转让或不可转让的声明;⑩多式联运单据的签发地点和日期;多式联运经营人或其授权人的签字;有关运费的说明;如签发多式联运单据,其预期经过的路线、运输方式和转运地点。

6. 我国开展国际多式联运的路线

包括:①我国内地—我国港口—日本港口—日本内地(包括相反方向);②我国内地—我国港口—科威特—伊拉克;③我国内地—我国港口(包括香港)—美国港口—美国内地(包括相反方向);④我国港口—肯尼亚港口—乌干达内地;⑤我国内地—我国港口(包括香港)—德国港口或比利时

港口—西欧内地(包括相反方向)；⑥我国东北地区—图们—朝鲜清津港—日本港口(包括相反方向)；⑦我国港口—日本港口—澳大利亚港口—澳大利亚内地。除了已开设的上述路线外，我国还在不断开辟新的路线。

视野拓展 7—3　　国际集装箱多式联运的责任制

(1)统一责任制。统一责任制(Uniform Liability System)就是多式联运经营人对货主负有不分区段的统一原则责任。即货物如发生灭失、损坏，无论其发生在哪个区段，联运经营人都要按一个统一原则负责并一律按约定的限额进行赔偿。但如果多式联运经营人已尽了很大努力仍无法避免的或确实证明是货主的故意行为过失等原因所造成的灭失、损坏，联运经营人可以免责。统一责任制对联运经营人来说责任负担较重。

(2)分段责任制。分段责任制又称网状责任制(Network Liability System)，就是多式联运经营人的责任范围以各区段运输的原有责任为限，如海上区段按《海牙规则》、铁路区段按《国际铁路运输公约》、公路区段按《国际公路货物运输公约》、航空区段按《华沙公约》办理。在不适用上述国际规则和公约时，则按相应的国内法规定办理。赔偿限额也是分别按各区段的国际或国内法规的规定进行赔偿，对不明区段货物隐蔽损失，或作为海上区段，按《海牙规则》办理，或按双方约定的一个原则办理。

(3)修正统一责任制。修正统一责任制(Modified Uniform Liability System)是介于上述两种责任制之间的责任制，故又称混合责任制。也就是在责任范围方面与统一责任制相同，而在限额方面则与分段责任制相同。

目前，国际上大多数国家，包括我国，采用分段责任制。

案例应用 7—4　　一起多式联运引发的思考

案例精析

案例应用7-4

重庆某出口企业同某国A公司达成一笔交易，买卖合同中规定：支付方式为即期付款交单；装运自重庆至汉堡；多式运输单据可以接受，禁止转运。我方按期将货物委托B外运公司承运，货物如期在重庆被装上火车经上海改装轮船运至香港地区，在香港地区转船至汉堡，并由B外运公司于装车日签发多式运输单据。但货到目的港后，A公司已宣布破产倒闭。当地C公司竟伪造提单向第二程船公司在当地的代理人处提走了货物。我方企业装运货物后，曾委托银行按跟单托收付款交单方式收款。但因收货人已倒闭，货款无着落，后又获悉货物已被冒领，我出口企业与B外运公司交涉，凭其签发的多式联运单据要求其交出承运货物。B外运公司却以承运人只对第一程负责，对第二程不负责为由，拒绝赔偿，于是诉至法院。

请问：对此案件，你认为法院应如何判决，理由何在？

五、合同中的装运条款

目前，我国的进出口货物大部分是通过海运进出口的，也大多以FOB、CFR、CIF价订立，即大多是装运港交货合同。这种合同的装运条款主要应订明装运时间、装运港、目的港、分批装运、转船、装运通知、装卸日期、滞期、速遣等内容，现将这些内容介绍如下：

(一)装运时间

装运时间(Time of Shipment)又称装运期。在装运港交货的条件下，它是指卖方履行交货义务的时间。如卖方未在装运期内将货物实际装上船，则属于违约，买方有权撤销合同并提出索赔。

1. 装运时间的规定方法

包括:①明确规定具体的装运时间,即规定具体的装运月份或季度,如某年某月装运,或于某年某月某日前装运,或某年某两个月、三个月或几个月装运等。这种规定方法,由于含义明确,不易产生误解,故在国际贸易中被普遍采用。②规定在收到信用证后的一定时间内装运。对于某些进口管制较严的国家或地区,或专为买方制造的特定商品,或一旦买方拒绝履约就难以转售的商品,或对买方资信了解不够等情况,为防止对方不履约而遭受损失,可采用这种规定方法。在采用此方法时,必须同时规定有关信用证的开到日期或开出日期。为了促使买方开证,通常在合同中加订约束性条款,如"买方如不按合同规定开证,卖方有权按买方违约提出索赔"。③收到信汇、票汇或电汇后若干天装运。④笼统规定近期装运,如"立即装运""即期装运""尽快装运""有船即装"等。

【注意】由于各国、各地区、各行业对这类术语的解释不尽相同,因此容易产生分歧,除非买卖双方对上述术语已取得一致的理解,否则一般不宜采用。

2. 规定装运时间应注意的事项

包括:①装运时间的规定,要明确具体,装运期限应当适度。海运装运期限的长短,应视不同商品和租船订舱的实际情况而定,装运期限过短,势必给船、货安排带来困难;装运期过长也不合适,特别是采用在收到信用证后多少天内装运的条件下,装运期过长,会造成买方积压资金,影响资金周转,从而会影响卖方的售价。②注意货源情况、商品的性质和特点以及交货的季节性等,如雨季一般不宜装运烟叶,夏季一般不宜装运沥青、易腐性肉类及橡胶等。对买方来说,要考虑商品市场的供需变化的特点,避免集中到货;另外,对一些季节性强的商品,尤其要安排好到货的时间。③应结合考虑交货港、目的港的特殊季节因素。如北欧、加拿大东海沿岸港口冬季易封冻结冰,故装运时间不宜订在冰冻时期。反之,热带某些地区,则不宜订在雨季装运等。④在规定装运期的同时,应考虑开证日期的规定是否明确合理。装运期与开证日期是互相关联的,为保证按期装运,装运期和开证日期应该互相衔接起来。

(二)装运港和目的港

装运港(Port of Shipment),又称装货港(Loading Port),是指货物开始装运的地点,通常是由卖方根据便利货物的装运而提出,经买方同意后确定的。目的港(Port of Destination),又称卸货港(Unloading Port),是指贸易合同中规定的最后卸货港口,通常是由买方根据使用或销售货物的需要而提出,经卖方同意后确定的。

1. 装运港和目的港的规定方法

包括:①只分别确定一个装运港和目的港,如装运港青岛、卸货港伦敦等。②规定两个以上的港口作为装运港或卸货港,如装运港为大连/天津/青岛,卸货港为伦敦/汉堡/鹿特丹。采用这种方法时,应在合同中订明增加的运费、附加费由谁负担。③规定选择港,即从某几个港口中任选一个或规定某一航区中的任一港口作为装卸港。

2. 在规定装卸港时应注意的问题

包括:①装卸港必须是进出口国政府许可往来的港口;②装卸港的规定必须明确;③采用选择港时,备选港口不宜超过三个,而且必须是同一航区、同一航线比较靠近的港口;④不可将内陆城市作为装卸港;⑤必须注意装卸港的具体运输和装卸条件;⑥必须考虑装卸港货物运输成本的合理性;⑦对于同名的外国装卸港,应在其港名前面冠以国家或地区名称。

(三)分批装运和转运

1. 分批装运

分批装运(Partial Shipment),是指一笔成交的货物分若干批装运。根据《跟单信用证统一惯例》的规定,只要货物使用同一运输工具(如同一船只),经同一航次运输,运输单据注明的是同一目的地,即使在不同的时间、不同的港口装运货物,都不属于分批装运。买卖双方应根据交货数量、运输条件和市场需要等因素，在进出口合同中订明是否允许分批装运。若双方同意分批装运，在进出口合同中应进一步订明每批装运的具体时间和数量。在合同或信用证规定了分批装运的条件下，卖方应严格执行约定的分批装运条款。根据国际惯例，如果其中任何一批未按规定的时间和数量装运，则该批和以后各批均视为无效，可作违约处理。因此，在出口合同中，一笔货物在很短的时间内不宜规定分若干批装运，以免船只安排困难而影响合同的正常履行。

案例应用 7—5　信用证中关于装运期的案例

案例精析

案例应用7-5

某合同中规定："6、7月份分两批平均装运。"我公司于5月12日收到美国开来的信用证，信用证规定："装运期不迟于7月31日。"我公司货物早已全部备好，信用证中并没有规定必须分期装运，因此我公司于6月10日一次装船并运出。试问：我公司的这种做法是否妥当，为什么？

案例应用 7—6　正确理解外贸业务中的分批装运

案例精析

案例应用7-6

大连某公司向新加坡出口一批水果，共6 000千克。国外开来信用证规定：不许分批装运，在9月30日以前装船。我方于9月8日和9月10日分别在大连和烟台各装3 000千克于"东方"号货轮运往新加坡，提单上也注明了不同的装运港和装船日期。试问：我方的行为是否构成违约？银行能否拒付？

2. 转运

转运(Transshipment)又称转船，是指货物装运后允许在中途换其他船舶转运至目的港。在出口业务中，凡至目的港没有直达船，或虽有直达船但船期不定或航次间隔时间太长，以及成交量大而港口条件差或拥挤严重的，为便于装运，均应在合同中加订"允许转船"条款。除上述情况之外，由于转船既耽误时间，又增加费用，也容易产生货损货差，因此买方往往在合同中要求加订"限制转船"条款。

(四)装运通知

装运通知(Shipping Advice)，是在采用租船运输大宗进出口货物的情况下，买卖双方为使相互间的配合默契，共同做好船货衔接工作，在合同中订立的旨在明确双方责任的条款。装运通知主要有：

1. 卖方向买方发出的"货已备妥"通知

按照国际贸易的一般做法，在按FOB条件成交时，卖方应在约定的装运期开始前若干天(一般为30天或45天)向买方发出"货已备妥"通知，以便买方及时安排船只接货。

2. 买方向卖方发出的船舶到港受载日期通知

买方收到卖方的"货已备妥"通知后，应按照约定的时间，将船名、船舶到港受载日期等通知卖方，以便卖方及时安排货物出运和准备装船。

3. 卖方在货物装船后及时电告买方

在货物装船后(包括CFR、CIF条件)，卖方应在约定时间，将合同号、货物品名、重量、件数、发票金额、船名及装船日期等项内容电告买方，以便买方及时办理保险，并做好接、卸货准备，及时办理进口报关手续。

(五)装卸期限、滞期和速遣

在国际贸易中，大宗货物的运输大多采用程租船的运输方式。在这种方式下，船方核算航次运费时已将船在港停泊时间(包括装、卸时间)和在港停泊期间的费用，作为成本要素包括在内。为缩短船舶在港的停泊时间,减少费用,降低成本,加快船舶的周转率,增加船方的营运收入,在程租船合同中,船方往往要求规定装卸期限,并规定延误装卸时间和提前完成装卸任务的罚款与奖励办法。买卖双方为了约束对方按时完成装卸任务,并与租船合同相衔接,通常在买卖合同中也规定上述内容。

1. 装卸时间的规定

装卸时间(Lay Time),是指完成装卸任务所规定的时间。

(1)装卸时间的规定方法。包括:①规定装卸货物的定额标准或装卸率,即每船或每个舱口每个工作日装卸货物的数量;②规定固定的装卸天数;③按港口习惯快速装卸(Customary Quick Despatch,C. Q. D.)。这种方法由于不规定确切的装卸期限,容易引起争议。前两种方法都涉及工作日的计算方法问题,关于装卸时间的计算方法必须在合同中加以明确。

(2)装卸时间的计算方法。包括:①日(Days)或连续日(Running/Consecutive Days)。它是指时钟连续走过 24 小时的时间。这种计算方法把实际上不可能进行装卸作业的时间也都计入装卸时间内,很受船方欢迎,一般只用于矿石、石油等少数合同。②连续 24 小时的好天气工作时间(Weather Working Days of 24 Consecutive Hours)。它是指在好天气情况下,连续 24 小时算一个工作日,如中间因坏天气影响而不能作业,则将这一段时间扣除。这种方法适用于昼夜作业的港口。由于其条款比较合理,船方、租方都能接受,目前在国际贸易中采用较多。我国一般也采用这种方法。在使用时,一般还应具体订明如何扣除星期日、节假日和因受坏天气影响而不能作业的时间。通常扣除有以下两种方法:一是在工作日之后加订"星期日和节假日除外"(Sundays and Holidays Excepted)。二是如果在除外的时间(星期日和节假日)实际上进行了作业,有两种订法:一种是不用不算,用了要算;另一种是用了也不算。

(3)计算装卸时间的起算和止算问题。各国法律和习惯对起算时间的规定不完全一致,一般规定在船长向承租人或代理人递交了"装卸准备就绪通知书"若干时间后开始计算,以货物装卸完毕的时间作为装卸期间的止算时间。

2. 滞期和速遣

滞期是指在规定的装卸期间内,租船人未能完成作业,耽误了船期的时间;滞期费是指由于货物未在合同约定的装卸期间内装卸完毕,租船方向船方支付的罚款。速遣是指在合同约定的装卸期间内,租船人提前完成了作业;速遣费是租船人因提前完成了作业,船方给予的奖励。滞期费和速遣费一般订为每天若干金额,不足一天的,按比例计算。

【注意】速遣费通常为滞期费的一半。

3. 订立装卸期限、滞期、速遣条款应注意的主要问题

应注意的主要问题包括:①滞期时间的计算。一般是在船舶滞期这段时间里,原按合同规定可扣除的时间也不再扣除,仍作滞期时间处理。②买卖合同中的滞期、速遣条款应注意与租船合同中的滞期、速遣条款相衔接。③注意工作日中"好天气"与"许可天气"的区别。"好天气"是指只要天气不好就可以扣除,不管有无其他原因;"许可天气"是指如果租船方认为某日的天气不能装卸,必须提供证据加以证明。④装卸时间的计算。通常两者是分开的,但装卸时间也可以约定合并计算。从经济角度看,装卸时间合并计算对租方有利。

任务二 国际货物运输保险

国际货物运输保险是以运输过程中的各种货物作为标的,在被保险人支付了一定保费的前提下,保险人对保险标的在运输过程中所发生的约定范围内的损失给予被保险人以经济上补偿的一

种经济业务。它属于财产保险的一种。

国际货物运输的方式主要有海上运输、陆上运输(包括铁路和公路)、航空运输和邮包运输,与此相适应,货物运输保险也有海上货物运输保险、陆上货物运输保险、航空运输保险和邮包运输保险。由于海上货物运输保险形成得最早,应用得最多,也比较完善,所以其他货物运输保险都是以此为基础,并结合自身运输的特点,做某些调整而发展起来的。本任务主要介绍海上货物运输保险,其他货物运输保险只略作介绍。

一、海上货物运输保险的范围

海上货物运输保险承保的范围包括风险、损失和费用。

(一)风险

在保险业务中,风险主要分为海上风险和外来风险两类。

1. 海上风险

海上风险(Perils of Sea)又称海难,是指被保险货物及船舶在海运途中所发生的风险。一般来说,海上风险只包括自然灾害和意外事故,但不包括海上发生的一切其他风险。①自然灾害(Natural Calamities)是指人力难以抗拒的自然界破坏力量所造成的灾害,一般包括恶劣气候(Heavy Weather,主要指海上暴雨、飓风、大浪)、雷电(Lightning)、海啸(Tsunami)、地震或火山爆发(Earthquake or Volcanic Eruption)。②意外事故一般是指偶然的、难以预料的原因造成的事故,主要包括搁浅(Grounded)、触礁(Strand or Strike a Reef)、沉没(Sunk)、碰撞(Collision)、失踪(Missing)、失火(Fire)、爆炸(Explosion)。

2. 外来风险

外来风险(Extraneous Risk),是指海上风险以外的其他意外的、难以预料的、不是必然发生的外来原因造成的风险。外来风险可分为三种情况:①一般外来风险。这是指被保险货物在运输途中由于偷窃、淡水雨淋、短量、渗漏、玷污、破碎、受潮受热、串味、生锈、钩损、提货不着等外来原因产生的风险。②特别外来风险。这是指交货不到、进口关税、黄曲霉素、舱面货物损失、拒收、出口货物到港澳地区存仓着火等外来原因产生的风险。③特殊外来风险。这是指运输过程中由于军事、政治、国家政策、法令及行政措施等外来原因产生的风险,主要包括战争、敌对行为和罢工等。

(二)损失

损失是指海运途中因遭受海上风险所产生的任何损失。根据损失的程度不同,海上损失可分为全部损失和部分损失。

1. 全部损失

全部损失(Total Loss)又称全损,是指运输中的整批货物或不可分割的一批货物的全部灭失或损坏。全损又可分为实际全损和推定全损两种。

(1)实际全损(Actual Total Loss),是指该批被保险货物完全灭失(或完全变质),已失去原有的使用价值,或者货物实际上是已不可能归还被保险人。构成被保险货物"实际全损"的情况有:①保险标的物全部灭失,如船、货遇难沉没;②保险标的物已全部丧失无法复得,如货物被劫或被敌方扣押;③保险标的物已丧失商业价值或原有用途,如水泥遭水浸泡而成为硬块;④船舶失踪达到一定时期,如半年无音讯,即可视作全部灭失。

(2)推定全损(Constructive Total Loss),是指当被保险货物受损后的实际全损已无法避免,或者为避免实际全损而支出的恢复、修理、施救、收回及运送货物到原目的地的费用之和超过修复或收回货物的价值。但推定全损只有在被保险人向保险人提出委付并经保险人同意的情况下才能被确认,按推定全损赔付。委付(Abandonment)是指在推定全损的情况下,被保险人将保险标的的一切权利包括所有权转让给保险人,而要求保险人按实际全损的赔偿额予以补偿。

2. 部分损失

部分损失(Partial Loss),是指保险标的的部分损坏或灭失。按其损失的性质不同,可分为共同海损和单独海损。

(1)共同海损(General Average,G. A.),是指载货船舶在海运途中遭受自然灾害或意外事故,船长为解除船与货的共同危险或为使航程得以继续,有意而合理地做出的特殊牺牲,或采取合理救难措施而引起的特殊损失和合理的额外费用。造成共同海损最主要的原因是自然灾害和意外事故。还有其他原因,如船员不适应途中某地气候而生病,使船无法继续航行。

动漫视频

共同海损

构成共同海损的条件:

①共同海损的危险必须是真实存在的、紧迫的和不可避免的。只凭主观臆测可能会有危险发生而采取某些措施或可以预测的常见事故所造成的损失都不能构成共同海损。

②共同海损行为必须是为了船、货的共同安全而有意采取的紧急、合理的措施。例如,船在航行中搁浅,涉及船主和货主的共同利益。

③必须是主动采取合理措施所做出的特殊牺牲和支付的额外费用。即支付的费用是船舶运营所应支付费用以外的费用,是为了解除危险造成的。

④共同海损行为必须是最终有效的,即终于避免了船、货的全损,共同海损才能成立。这是因为若共同海损行为无效,船、货最终全损,则共同海损分摊的基础便不存在了,当然共同海损也就无法成立。

所谓有意识的,是指共同海损的发生必须是人为的、经过人的周密计划的,不是意外的。所谓合理的,是指在采取共同海损行为时,必须符合当时实际情况的需要,并能在谨慎的情况下较好地解除危及船、货双方的危险。例如,为了使搁浅船只浮起,应该抛出较重的、价值较低的、便于抛出的货物。如果危险还没有危及船货各方的共同安全,即使船长有意做出合理的牺牲和支付了额外的费用,也不能算作共同海损。

共同海损的牺牲和费用都是为了使船舶、货物和运费方免于遭受损失而支出的,因而应该由船舶、货物和运费方按最后获救价值的比例分摊,这种分摊称作共同海损的分摊(General Average Contribution)。

做中学 7—3

有一艘载货船舶在航行途中发生共同海损,货物共损失 50 万美元,其中 A、B、C、D 货主分别损失 10 万美元、20 万美元、20 万美元、0,船体损失 25 万美元、救助费 3 万美元、运费损失 1 万美元。货主 A、B、C、D 的货物价值分别为 120 万美元、140 万美元、120 万美元、100 万美元。船舶价值 500 万美元,承运人运费总计 20 万美元。

请问:船方应分摊多少共同海损的费用?

解析:总损失额=50+25+3+1=79(万美元)

分摊价值总额=120+100+140+120+500+20=1 000(万美元)

分摊率=79÷1 000×100%=7.9%

船方应分摊额=500×7.9%=39.5(万美元)

(2)单独海损(Particular Average)是指由承保风险直接导致的船或货的部分损失,是仅由各受损者单方面负担的一种损失。

学中做 7—1

一艘载有水泥和儿童玩具的船舶在航行途中不慎搁浅，情况非常紧急。为脱险，船长下令抛货（水泥）300 公吨，强行起浮，终于脱险。但船上轮机受损且船底被划破，致使海水渗进货舱，造成船内货物部分受损。该船驶进附近的港口修理并暂卸大部分货物，共花一周时间，增加了各项费用支出，包括船员工资等。船舶修复后装上原货重新起航。不久，船上 A 舱突然起火，火势有蔓延的趋势，船长下令灌水灭火，灭火后，发现部分儿童玩具和水泥被海水浸湿，造成损失。试分析上述各项损失各属于何种损失。为什么？

分析提示

学中做7-1

视野拓展 7—4　单独海损和共同海损的区别

（1）损失的构成不同。单独海损一般是指货物本身的损失，不包括费用损失，而共同海损既包括货物损失，又包括因采取共同海损行为而引起的费用损失。

（2）造成海损的原因不同。单独海损是承保风险所直接导致的船、货损失，一般是由海上风险直接导致的；而共同海损是为了解除或减轻船、货、运费三方共同危险而人为造成的损失。

（3）损失的承担者不同。单独海损由受损方自行承担损失，而共同海损则由船、货、运费三方按获救财产价值大小的比例分摊。若被保险人已投保海运保险，则由保险人按合同规定承担对被保险人分摊金额的赔偿责任。

动漫视频

单独海损与共同海损的区别

案例应用 7—7　部分损失案中的共同海损和单独海损

某货轮从天津新港驶往新加坡，在航行中船舱货物起火，大火蔓延至船舱，船长为了船、货的安全决定采取紧急措施，往舱中灌水灭火，火被扑灭，但由于主机受损，无法继续航行，于是船长决定雇用拖轮，将货船拖回新港修理，检修后，重新驶往新加坡。事后调查，这次事件造成的损失有：①1 000 箱货物被烧毁；②600 箱货由于灌水灭火受到损失；③主机和部分甲板被烧坏；④拖船费用；⑤额外增加的燃料和船长、船员的工资。从上述情况和各项损失的性质来看，哪些属单独海损，哪些属共同海损，为什么？

案例精析

案例应用7-7

（三）费用

海上费用是指由海上风险造成的由保险人承保的费用损失。它包括施救费用和救助费用。

1. 施救费用

施救费用（Sue and Labor Charges）是指货物遭遇承保范围内的事故时，被保险人或其代理人、雇员和受让人为避免或减少损失而采取各种抢救、保护措施所产生的合理费用。

施救费用应符合下列三个条件：①施救行为必须是由被保险人及其代理人、雇员或受让人所采取的，如属其他与被保险人无关的人员采取抢救行为所产生的费用，不属于施救费用的范畴。②只有承保责任范围内的施救费用，才能得到保险人的补偿。③施救费用应当是必要的、合理的，施救行为不当引起的费用，保险人不予补偿。施救费用的赔偿金额受保险金额限制，最多不能超过保险金额。

2. 救助费用

救助费用（Salvage Charges）是指被保险货物遭遇保险责任范围内的灾害事故时，由保险人和被保险人以外的第三者采取救助行为，在救助成功后，由被救方付给救助方的报酬。海上救助合同有两种：一种是雇用性救助合同，这种合同不论救助是否有效，均按约定付费标准支付救助费用；另一种为"无效果，无报酬"(No Cure，No Pay)的合同，目前国际上较多国家采用这种方式。救助费用往往属于共同海损费用，这种费用由保险人负责赔偿。

救助费用须满足的三个条件：①被救助的船舶或货物必须处于不能自救的危险境地，只要船舶或货物的一方遇险，即可采取海上救助。②救助人必须是与被保险人无关的第三者。③救助行为必须有实际效果，救助人才有权获得适当的报酬，即保险人才赔付救助费。

二、我国海洋货物运输保险的险别

保险险别是保险人对风险损失的承保责任范围，也是承保人责任、义务大小及被保险人缴付保费数额的依据。根据我国现行的《海洋货物运输保险条款》的规定，海洋货物运输保险可分为基本险和附加险两大类。

(一)基本险

基本险主要包括平安险、水渍险和一切险。

1. 平安险

平安险(Free from Particular Average，F. P. A.)，意即"单独海损不赔"。平安险的责任范围包括：①货物在海运途中遇到自然灾害，造成被保险货物的全部损失，包括实际全损和推定全损。②在海运途中，运输船舶遭到意外事故造成的被保险货物的全部或部分损失。③运输船舶在运输途中遇到意外事故，意外事故前后又遇到自然灾害造成的被保险货物的部分损失。④保险标的物在装卸、转船过程中，一件或数件落海所造成的全部或部分损失。⑤被保险人在保险标的遭受承保责任范围内的风险时，为对其进行抢救而采取防止或减少货损的措施而支付的合理费用，以不超过保险标的的保险金额为限。⑥船舶遭遇自然灾害或意外事故，在中途港或避难港停靠而引起的装卸、存仓等特别费用损失。⑦发生共同海损的牺牲、分摊费和救助费用。⑧运输合同订有"船舶互撞条款"，按规定应由货方偿还的损失。

动漫视频

平安险

2. 水渍险

水渍险(With Particular Average，W. P. A.)，意即"负责单独海损赔偿"。水渍险的承保责任范围是：除包括平安险的各项责任外，水渍险还负责被保险货物由于恶劣气候、雷电、海啸、地震、洪水等自然灾害所造成的部分损失。水渍险的责任范围大于平安险。

动漫视频

水渍险

3. 一切险(All Risks，A. R.)

一切险(All Risks)，除包括平安险和水渍险的各项责任外，还包括货物在运输途中由于一般外来风险所造成的被保险货物的全部或部分损失，但不包括特别附加险和特殊附加险。一切险的责任范围大于平安险和水渍险，即：平安险＜水渍险＜一切险。一切险并非保险公司对一切风险损失均负赔偿责任，它只对水渍险和一般外来原因引起的可能发生的风险损失负责，而对货物的内在缺陷、自然损耗以及由于特殊外来原因(如战争、罢工)所引起的风险损失，不负赔偿责任。

动漫视频

一切险

基本险可以单独投保，因此投保人可根据货运特点在上述三种险别中选择一种进行投保。由于上述三种险别承保责任的范围大小有别，因此它们的保费也有多少之分。

视野拓展 7—5　平安险、水渍险和一切险的责任范围比较

平安险的责任范围最小，它对自然灾害造成的全部损失和意外事故造成的全部与部分损失负赔偿责任，而对自然灾害造成的部分损失，一般不负赔偿责任。

水渍险的责任范围比平安险的责任范围大，凡因自然灾害和意外事故所造成的全部与部分损失，保险公司均负责赔偿。

一切险的责任范围是三种基本险别中最大的一种，它除包括平安险、水渍险的责任范围外，还包括被保险货物在运输过程中，由于一般外来原因所造成的全部或部分损失，如货物被盗窃、钩损、碰损、受潮、发热、淡水雨淋、短量、包装破裂和提货不着等。

案例应用 7—8　　皮手套合同引起的保险索赔案

我某外贸公司与荷兰进口商签订一份皮手套合同，价格条件为 CIF 鹿特丹，向中国人民保险公司投保了一切险，生产厂家在生产的最后一道工序将产品按标准做好，然后用牛皮纸包好装入双层瓦楞纸箱，再装入 20 尺的集装箱，货物到达鹿特丹后检验结果表明：全部货物湿、霉、变色、玷污，损失价值达 80 000 美元。据分析：该批货物的出口地不异常热，进口地鹿特丹不异常冷，运输途中也无异常，完全属于正常运输。

案例精析

案例应用7-8

试问：(1)保险公司对该项损失是否赔偿，为什么？(2)进口商对受损货物是否支付货款，为什么？(3)你认为出口商应如何处理此事？

(二)附加险

附加险可分为一般附加险、特别附加险和特殊附加险。

1. 一般附加险

一般附加险与一般外来风险包括的内容相对应，包括偷窃、提货不着险(Theft，Pilferage and Non?? Delivery，T. P. N. D.)，淡水雨淋险(Fresh Water Rain Damage，F. W. R. D.)，短量险(Risk of Shortage)，混杂、玷污险(Risk of Intermixture & Contamination)，碰损、破碎险(Risk of Clash & Breakage)，渗漏险(Risk of Leakage)，串味险(Risk of Odour)，受潮受热险(Sweating and Heating Risks)，钩损险(Hook Damage)，包装破裂险(Loss or Damage Caused by Breakage of Racking)，锈损险(Risks of Rust)11 种。

2. 特别附加险

特别附加险与特别外来风险包括的内容相对应，包括交货不到险(Failure to Delivery Risk)、进口关税险(Import Duty Risk)、舱面险(On Deck Risk)、拒收险(Rejection Risk)、黄曲霉素险(Aflatoxin Risk)和出口货物到香港(包括九龙在内)或澳门地区存仓火险责任扩展条款(Fire Risk Extension Clause for Storage of Cargo at Destination Hong Kong，Including Kowloon or Macao)。

3. 特殊附加险

特殊附加险与特殊外来风险包括的内容相对应，包括战争险(War Risk)和罢工险(Strikes Risk)两种。

【注意】实践中，附加险不能单独投保，必须在投保基本险后，再加投附加险。由于一切险的承保责任范围已包含了一般附加险，故在投保一切险时，不必加保一般附加险。

风险、损失、险别的比较归纳如表 7—2 所示。

(三)除外责任

除外责任是保险公司明确规定不予承保的损失和费用。它起到划清保险人、被保险人和发货人各自应负责任的作用。

对于下列损失，海洋货物运输保险不负赔偿责任：①被保险人的故意行为或过失所造成的损失；②属于发货人责任所造成的损失；③在保险责任开始之前，被保险货物已存在的品质不良或数量短差所造成的损失；④被保险货物本身的特性或缺点、潜在的缺点造成的损失；⑤被保险货物的自然损耗造成的损失;⑥市价涨跌、运输延迟所造成的损失和费用;⑦货物运输战争险条款和罢工险条款规定的除外责任。

表 7—2 风险、损失和险别的比较

<table>
<tr><th>风险种类</th><th>风险的内容</th><th colspan="5">损失种类</th><th>险别种类</th></tr>
<tr><td rowspan="5">海上风险
(Perils of Sea)</td><td rowspan="2">自然灾害(Natural Calamities):恶劣气候、雷电、海啸、地震、洪水等</td><td rowspan="5">海损</td><td rowspan="3">损失程度</td><td colspan="2">部分损失</td><td rowspan="5">基本险别</td><td rowspan="2">平安险</td></tr>
<tr><td rowspan="2">全部损失</td><td>实际全损</td></tr>
<tr><td rowspan="3">意外事故(Fortuitous Accidents):搁浅、触礁、沉没、互撞、失火、爆炸等</td><td>推定全损</td><td>水渍险</td></tr>
<tr><td rowspan="2">损失性质</td><td colspan="2">共同海损</td><td rowspan="2">一切险</td></tr>
<tr><td colspan="2">单独海损</td></tr>
<tr><td rowspan="4">外来风险
(Extraneous Risks)</td><td rowspan="2">一般原因:偷窃、雨淋、短量、锈损、玷污、渗漏、破碎、串味、受潮、钩损、碰损等</td><td rowspan="4">其他损失</td><td colspan="3" rowspan="2">一般外来原因引起</td><td rowspan="4">附加险别</td><td>一般附加险</td></tr>
<tr><td rowspan="2">特别附加险</td></tr>
<tr><td rowspan="2">特殊原因:战争、罢工、拒收、交货不到、黄曲霉素、存仓着火等</td><td colspan="3" rowspan="2">特殊外来原因引起</td></tr>
<tr><td>特殊附加险</td></tr>
</table>

(四)承保责任的起讫期限

1. 基本险责任的起讫期限

根据我国《海洋货物运输保险条款》的规定,在正常运输的情况下,基本险承保责任的起讫期限依照国际保险业中惯用的“仓至仓”(Warehouse to Warehouse,W/W)条款规定的办法处理。其规定是:货物保险的效力自被保险货物运离保险单所载明的启运地仓库或储存处所开始,包括正常运输过程中的海上、陆上、内河和驳船运输在内,直至该项货物到达保险单所载明的目的地收货人的最后仓库或储存处所或被保险人用作分配、分派或非正常运输的其他储存处所为止。如未抵达上述仓库或储存处所,则以被保险货物在最后卸载港全部卸离海轮后满 60 天为止。如在上述 60 天内被保险货物需转到非保单所载明的目的地,则在该项货物开始转运时,保险责任终止。

动漫视频

仓至仓条款

如果出现保险人无法控制的运输延迟、被迫卸货、航程变更等意外情况,在被保险人及时通知保险人并加付保费的前提下,保险人可按“扩展责任条款”(Extended Cover Clause)办理,扩展保险期。

【提示】 不同价格术语会影响 W/W 的责任起讫点。在 CIF 术语下,保险责任起讫期间是“仓至仓”;在 FOB 术语、CFR 术语条件下,保险责任起讫期间是“船至仓”。

2. 战争险、罢工险的责任起讫期限

(1)战争险的责任起讫期限。按照国际惯例,战争险的责任起讫以“水面危险”为限。其具体规定是:保险责任自被保险货物装上保险单所载启运港的海轮或驳船时开始,到卸离保险单所载目的港的海轮或驳船时为止。保险责任的最长期限以海轮到达目的港的当日午夜起算满 15 天为限。“到达目的港”是指海轮在该港区一个泊位或地点抛锚停靠或系缆。如没有这种停泊地点,则指海轮在原卸货港或附近第一次抛锚、停泊或系缆。

货物如果在中途港转船,不论货物在当地卸载与否,保险责任以海轮到达该港或卸货地点的当日午夜起算满 15 天为止,等货物再装上续运海轮时方有效。

运输合同在保单所载明的目的地以外的地点终止时,该地即被视为保险目的地而终止责任。

如需再运往原目的地或其他地方，被保险人必须在续运前通知保险人，并加缴保费，则自货物装上续运的海轮或驳船开始，保险继续有效。

如运输出现绕道、改变航程等情况或承运人运用运输合同赋予的权限做出任何航海上的改变，在被保险人及时将获知情况通知保险人，并在必要时加缴保费的情况下，保险仍继续有效。

(2)罢工险的责任起讫期限。它也采用“仓至仓”条款。如货物运输已投保战争险，加保罢工险一般无须加缴保险费。

三、伦敦保险协会海运货物保险条款

凡由我国保险公司承保的货物或船舶，一般采用中国人民保险公司的保险条款，但有时也接受国外客户或者国外开来的信用证要求使用的伦敦保险协会制定的“协会货物条款”。

伦敦保险协会货物条款最早制定于1912年，经多次修订，现在大多数国家办理海上保险业务所使用的“协会货物条款”是自1983年4月1日起实施的。“协会货物条款”共有6种，其中3种为主险条款，即协会货物条款(A)[I. C. C. (A)]、协会货物条款(B)[I. C. C. (B)]、协会货物条款(C)[I. C. C. (C)]。另外3种为附加险条款，即协会战争险条款(货物)(Institute War Clauses-Cargo)、协会罢工险条款(货物)(Institute Strike Clauses-Cargo)、恶意损害险条款(Malicious Damage Clauses)。

I. C. C. (A)、I. C. C. (B)、I. C. C. (C)的承保范围和除外责任如下：

(一)I. C. C. (A)的承保范围和除外责任

1. 承保范围

在该条款中，由于承保范围较广，不便把全部承保风险一一列出，故采用列出“除外责任”的方式，即除了除外责任外，其余风险损失均予负责。

2. 除外责任

(1)一般除外责任。其包括：①被保险人故意的不法行为造成的损失或费用；②保险标的自然渗漏，重量或容量的自然损耗或自然磨损；③保险标的的包装准备不足或不当造成的损失或费用；④保险标的本质缺陷或特性造成的损失或费用；⑤直接由延迟引起的损失或费用，即使延迟是由承保的风险所引起的；⑥船舶所有人、经理人、租船人或经营人破产或不履行债务造成的损失或费用；⑦使用任何原子或核子裂变和/或聚变或其他类似反应或放射性作用或放射性物质的战争武器造成的损失或费用。

(2)不适航和不适宜的除外责任。其包括：①船舶、运输工具、集装箱或大型海运箱不适宜安全运载保险标的，如果保险标的在装载时，被保险人或其受雇人知道这种不适航和不适宜的情况；②保险人放弃船舶必须适航和适宜将保险标的运往目的地的默示保证，除非被保险人或其受雇人知道这种不适航或不适宜的情况。

3. 战争除外责任和罢工除外责任

(1)战争除外责任：由于战争、内战、敌对行为等造成的损失或费用；由于捕获、拘留、扣留等(海盗除外)所造成的损失或费用；由于漂流水雷、鱼雷等造成的损失或费用。

(2)罢工除外责任：由于罢工者、被迫停工工人等造成的损失或费用；任何恐怖主义者或出于政治动机而行动的人所造成的损失或费用。

(二)I. C. C. (B)的承保范围和除外责任

1. 承保范围

包括：火灾或爆炸，船舶或驳船遭受搁浅、触礁、沉没或倾覆，陆上运输工具的倾覆或出轨，船舶、驳船或运输工具同除水以外的任何外界物体碰撞，在避难港卸货，地震、火山爆发或雷电，共同海损的牺牲，抛货或浪击落海，海水、湖水或河水进入船舶、驳船、运输工具、集装箱、大型海运箱或贮存处所，货物在船舶或驳船装卸时落海或跌落造成任何整体的全损。

2. 除外责任

I. C. C. (B)的除外责任是 I. C. C. (A)的除外责任再加上 I. C. C. (A)承保的“海盗行为险”和“恶意损害险”。

(三)I. C. C. (C)的承保范围与除外责任

1. 承保范围

I. C. C. (C)的承保范围比 I. C. C. (B)小。它只承保“重大意外事故”的风险，不承保 I. C. C. (B)中的自然灾害(如地震、雷电、火山爆发等)和非重大事故(如装卸过程中的整件灭失等)。

2. 除外责任

I. C. C. (C)的除外责任与 I. C. C. (B)的除外责任相同。英国伦敦保险协会海运货物保险条款的保险期限与我国海运货物保险条款的相应规定大体相同，也是“仓至仓”。在我国海运货物保险的实际业务中，尤其是在 CIF 出口合同中，如果外商提出按“协会货物条款”投保，我们一般可以接受。

I. C. C. (A)、I. C. C. (B)、I. C. C. (C)险别的责任范围如表 7—3 所示。

表 7—3 I. C. C. (A)、I. C. C. (B)、I. C. C. (C)险别的承保范围

承保范围	I. C. C. (A)	I. C. C. (B)	I. C. C. (C)
火灾或爆炸	√	√	√
船舶或驳船搁浅、触礁、沉没或倾覆	√	√	√
陆上运输工具的倾覆或出轨	√	√	√
在避难港卸货	√	√	√
抛货	√	√	√
共同海损的牺牲	√	√	√
船舶、驳船或其他运输工具同除水以外的任何外界物体碰撞或接触	√	√	√
地震、火山爆发或雷电	√	√	
浪击落海	√	√	
海水、湖水或河水进入船舶、驳船、运输工具、集装箱、大型海运箱或贮存处所	√	√	

四、投保手续、保险单证和保险索赔

(一)投保手续

1. 订立正式保险合同

投保时，投保人首先应向保险公司索取空白投保单，据实填写其中的有关项目，并附上有关单据(如信用证、提单等)一并交保险公司，保险公司核对同意后，即可订立正式保险合同。

保险人接受保险是以投保人填写的投保单为依据的，因此投保人必须填好每一项内容。所填内容如有不实，往往会在货物受损后直接影响到被保险人的利益。填写投保单时应注意以下事项：①必须遵循最大诚信原则；②投保单上的投保险别应与贸易合同及信用证规定的险别相同；③投保单中填写的内容如有遗漏、错误或变更，投保人应及时申请批改。

2. 修改保险单

如果在保险公司出具保险单后，投保人需更改险别、运输工具、航程、保险期限和保险金额等，应向保险公司提出修改申请。保险公司如接受了这项申请，则应立即出具批单，作为保险单的组成部分附在保险单上。保险公司将按批改后的内容承担保险责任。

3. 缴纳保险费

投保人填交投保单后，保险公司按投保金额的一定百分比收取保险费，这是保险合同生效的重要条件。保险费的计算公式为：

$$\text{保险费}=\text{保险金额}\times\text{保险费率}$$

保险金额的计算公式为：

$$\text{保险金额}=\text{CIF(CIP)价}\times(1+\text{投保加成率})$$

保险金额并非是投保货物的成本价格，而是以成本为基础，包括保险费、运费以及预期利润。实际上，保险金额就是 CIF 价，因此保险公司承保出口货物，保险金额一般是 CIF(CIP)价加成 10%的金额，即将买方预期利润和有关费用加入货价内并计算。

(1)出口货物的保险实务

$$\text{保险费}=\text{保险金额}\times\text{保险费率}$$

$$\text{保险金额}=\text{CIF}\times(1+\text{投保加成率})$$

$$\text{CIF}=\frac{\text{CFR}}{1-(1+\text{投保加成率})\times\text{保险费率}}$$

以 CIF 或 CIP 为基础加 10%，则：

$$\text{CIF}=\frac{\text{CFR}}{1-1.1\times\text{保险费率}}$$

$$\text{CFR}+\text{I}=\text{CFR}+\text{CIF}\times 110\%\times\text{保险费率}=\text{CIF}$$

$$\text{CFR}=\text{CIF}\times(1-1.1\times\text{保险费率})$$

如按 CIF(CIP)价加成投保：

$$\text{保险费}=\text{CIF(CIP)价}\times(1+\text{投保加成率})\times\text{保险费率}$$

做中学 7—4

某公司向日本出口钢材，已知 CFR 价为每公吨 520 美元，现改报 CIF 价，投保一切险，投保加成 10%。试计算 CIF 价和保险费。

解析：经查表，钢材为指明货物，其每公吨保险费计算如下：

(1)查一般货物费率表，到日本的一切险费率为 0.25%；

(2)查指明货物费率表，钢材加费费率为 0.3%。

实际保险费率＝0.25%＋0.30%＝0.55%

CIF＝520÷[1－(1＋10%)×0.55%]＝523.165 2(美元)

保险费＝保险金额×保险费率

＝523.162 5×(1 ＋ 10%)×0.55%

＝3.162 5(美元)

(2)进口货物的保险实务

如果合同中仅有 FOB(FCA)价格，可按与保险公司约定的平均运费率和平均保险费率来计算保险金额。

按 CFR 进口的计算公式：

保险金额=CFR价格×(1+特约保险费率)

按FOB进口的计算公式:

保险金额=FOB价格×(1+平均运费率+特约保险费率)

保险费率是在货物损失率和赔付率的基础上,根据不同的运输工具、目的地、货物和险别制定出来的。我国保险公司承保的进出口运输货物保险,分别按出口货物和进口货物制定有不同的费率表计收保险费。

①我国出口货物保险费率。它分为一般货物费率和指明货物费率两大类。一般货物费率是指对所有出口货物投保基本险别的收费标准。指明货物费率是指对一些在运输途中易造成破碎、短少、霉烂等损失的货物单独列明,除按照一般货物费率收取保险费外,还按一种附加费率加收保险费。此外,在指明货物中还有一部分货物规定有免赔率。

②我国进口货物保险费率。它也分为两种,即特约费率和进口货物费率。特约费率适用于同中国人民保险公司签订有预约保险合同的外贸企业。它对每一类商品,不分国别和地区,甚至有时也不分货物和险别,只确定一个费率,是一种优惠的平均费率。

进口货物费率适用于非专业外贸单位。它又分为一般货物费率和特价费率。①一般货物费率适用于除特价费率表中列明的货物以外的一切货物。这种保险费率是不分货物品种,按照不同的运输方式、地区和保险来确定的。②特价费率是对一些指明货物投保一切险时采用的费率。

(二)保险单证

保险单证是保险公司与投保人之间的保险合同,是保险公司对投保人的承保证明,也是保险人与被保险人之间订立的有关权利和义务关系的法律文件。一旦发生承保范围内的损失,它是被保险人凭以向保险公司索赔的依据。目前,我国进出口业务中使用的保险单证主要有以下四种:

(1)保险单。保险单(Insurance Policy)又称大保单或正式保险单,除了载明投保单各项内容外,还列有保险公司的责任范围及双方的权利与义务。

(2)保险凭证。保险凭证(Insurance Certificate)又称小保单。它简化了保险单对双方权利与义务条款的叙述,其余内容与保险单相同,与保险单具有同等的法律效力。

【注意】保险凭证中未列明的内容以保险单内容为准,但如有抵触以保险凭证为准。

(3)联合凭证。联合凭证(Combined Certificate)是一种比保险凭证更为简化的保险单据,由保险公司在货物发票上加注承保险别、保险金额和保险编号,其他条件均以发票上所列的内容为准。联合凭证仅适用于对港澳地区部分华商和一部分新加坡、马来西亚地区的出口业务。

(4)预约保险单。预约保险单(Open Policy)是承保一定时间内发运的一切货物的保险单。其保险期限可以为定期,也可以为长期。但订约一方要取消保险,必须事先通知对方。费率分为统一费率和不同费率两种。预约保险单目前在我国仅用于按FOB或CFR条件进口的货物和出口展卖的展卖品。

(三)保险索赔

保险索赔(Insurance Claim)也称提赔,是指当被保险货物遭受承保范围内的损失时,被保险人依据保险合同向保险人要求赔偿的行为。

1. 索赔的前提

索赔的前提包括两点:①可保权益。它是指投保人对保险标的物所拥有的某种合法的经济利益。国际货物运输保险不要求在订立保险合同时被保险人拥有保险利益,但要求就保险标的提出索赔时被保险人必须拥有保险利益。这是保险的基本原则之一。②近因。一起事件的发生,原因可能多种多样,有过去的、现在的、将来的,也有直接的和间接的。保险业中的惯例是:一起事件发生时,只注意造成这一事件的即时和直接原因,即近因。只有造成损失的近因在保险责任范围内,保险人才会针对被保险人的索赔进行理赔。

2. 索赔程序

被保险人所投保的货物发生损失后，被保险人向保险人要求索赔时，一般应遵循以下索赔程序：①在所投保的货物发生损失后，被保险人应立即向保险公司发出损失通知，并申请检验。②向承运人或其他有关责任方索取货损货差证明，以作为向保险人索取赔款的证明。③采取必要的施救措施，防止损失的扩大。④提交索赔的全部单证，主要包括保险单或保险凭证正本、运输合同、发票、装箱单、码单、检验报告、海事报告摘录或海事申明书、货损货差证明、索赔清单。

3. 索赔、理赔中应注意的问题

(1)索赔程度。货物保险一般为定值保险，当货物发生全损时，保险人应赔偿全部保险金额；如为部分损失，则应正确计算，合理确定赔偿比例；某些易碎、易断货物，应事先确定免赔率。免赔率分为相对免赔率和绝对免赔率：若货物损失额超过免赔率，前者不扣除免赔率，全部赔偿；后者则扣除免赔率，只赔偿超过的部分。中国人民保险公司采用绝对免赔率的做法。如果不计免赔率，保险公司要加收保险费。

(2)代位追偿权。它是指保险人向被保险人支付赔款后，取代被保险人向第三者索赔的权利。当货物遭受承保范围内的损失，而损失应由第三者负责时，被保险人在取得保险赔偿后，应将向第三者追偿的权利转让给保险人，以使其取得代位权(包括货物代位权和权利代位权)。

(3)推定全损赔偿。如果被保险的货物遭受严重损失，要求按推定全损赔偿时，必须将货物及其一切权利委付给保险人；否则，保险人只按部分损失赔偿。保险人对委付可接受，也可不接受。

(4)索赔时效。索赔必须在规定时间内提出方为有效，否则，保险公司可不予受理。我国保险公司的索赔提出时效为两年。但如果已向被保险人发出货损通知，即表明索赔行为已开始，可不再受索赔时效的限制。

五、合同中的保险条款

保险条款是国际货物买卖合同的重要组成部分，必须订得明确与合理。主要包括：

(一)投保责任的归属

投保责任的归属是与买卖合同的贸易术语相联系的。例如，以 FOB、CFR、FCA、CPT 条件对外成交的，货物在运输途中的风险及投保责任均由买方负责，可订明“由买方负责投保”；若买方委托卖方代办投保，则应订明“保险由买方委托卖方按发票金额×%代为投保×××险，保险费由买方负担”；按 CIF 或 CIP 成交的货物，可订明“由卖方负责投保”等。

(二)保险条款的选择

不同的保险条款，其责任有所不同。一般情况下，我国对外出口 CIF 及 CIP 合同按照中国人民保险公司制定的有关货物运输保险条款来办理投保，但有时外国商人要求采用伦敦保险协会条款时，一般也可接受。

(三)保险险别的确定

不同的险别，承保的责任范围不同，保险费率也不同，货物出险后得到的补偿也不同。因此，在险别的选择上，既要考虑能获得足够的经济保障，又要考虑节省不必要的保险费支出，做到该保的不漏保，不该保的不多保。选择保险险别主要应考虑：①货物的种类、性质和特点；②货物运输工具、运输路线及起讫港口的情况；③国际上政治、经济形势的变化；④货物的残损规律等。分析和预测在整个运输过程中可能会遇到哪些风险、会造成哪些损失，再根据损失的性质和类型决定投保的险别，这样才能做到既经济又保险。

视野拓展 7—6

表 7—4 运输保险凭证样本

中国人民保险公司

The People's Insurance Company of China

总公司设于北京 Head Office:BEIJING 1949 年创立 Established in 1949

运输保险凭证

CERTIFICATE OF INSURANCE

凭证号次 Certificate No.

被保险人:

Insured

兹依照本公司正式运输保险单内所载全部条款及本承保凭证所订之条款,承保下列货物保险,如保险单之条款与本凭证所订条款有抵触,应以本凭证所订条款为准。

We have this day noted a risk as hereunder mentioned subject to all clauses and conditions of the Company's printed form of Policy and to the terms outlined herein(which latter shall override the policy terms in so far as they may be inconsistent therewith).

保险货物项目及数量 Description of Goods　　保险金额 Amount Insured

标记 Marks & Nos.

总保险金额 Total Amount Insured　　保费 Premium as Arranged

装载运输工具 Per Conveyance S. S.　　开行日期 Sailing on or about

自 From　　至 To

承保险别

Conditions &/or Special Coverage

所保货物,如遇出险,本公司凭本凭证及有关证件给付赔款。

Claims,if any,payable to the Holder of the appertaining documents and on surrender of this Certificate.

所保货物,如发生损失事故,应立即通知本公司代理人查勘。

In the event of accident whereby loss or damage may result in a claim under this Certificate immediate notice applying for survey must be given to the Company's Agent as mentioned hereunder.

赔款偿付地点

Claim Payable at

出证公司地址　　日期　　于

Address of Issuing Office　　Date　　at

(四)保险金额

保险金额又称投保金额,是指被保险人对保险标的的实际投保金额。它是保险公司负担损失补偿或支付约定给付金额给被保险人及计收保险费的基础。

在国际贸易中,货物运输的保险金额一般是以发票价值为基础确定的。按照国际贸易的习惯做法,保险金额是按 CIF 或 CIP 的发票价值加 10%投保的,即以发票金额的 110%作为保险金额。由于受各种因素的影响,买方可能会提出超过 10%的加成幅度,一般来说,卖方可接受,但增加的费用由买方负责。当买方要求加成超过 30%时,要事先征得保险公司同意后方可接受。

目前,保险金额大多是以 CIF 价或 CIP 价为基础计算的,如需将 CFR 价或 CPT 价换算为 CIF 价或 CIP 价,有如下两种方法:

(1)运用换算公式计算,即:

CIF(或 CIP)价=CFR(或 CPT)价÷[1-保险费率×(1+投保加成率)]

(2)使用中国人民保险公司制定的常用"保险费率表"。只要将 CFR 价(或 CPT 价)直接乘以表内所列常数,即可算得 CIF 价(或 CIP 价)。

上述内容确定后,即可在合同中订明。例如,"由卖方按发票金额的 110%投保水渍险和战争险,按照 1981 年 1 月 1 日中国人民保险公司海运货物保险及战争险条款投保"。

六、其他运输方式的货物保险

其他运输方式的货物保险主要包括陆上货物运输保险、航空货物运输保险和邮包保险。

(一)陆上货物运输保险

其基本险别有陆运险和陆运一切险,附加险也分为一般附加险、特别附加险和特殊附加险。

1. 陆运险的承保范围

在陆运险下,保险公司负责被保险货物在运输途中遭受自然灾害或由于陆上运输工具(火车和汽车)及驳船在运输途中遭受意外事故所造成的全部或部分损失。此外,被保险人对遭受承保责任内的风险的货物采取抢救、防止或减少货损的措施而支付的不超过该批被救助货物保险金额的合理费用,其附加险不在陆运险的承保范围之内。陆运险与海运"水渍险"相似。

2. 陆运一切险的责任范围

除上述陆运险的责任范围之外,还负责货物在运输途中由于外来原因造成的全部或部分损失,即包括了一般附加险。陆运一切险的承保范围与海运保险中的"一切险"相似。此外,冷藏货物险也具有基本险的性质,其承保范围除包括陆运险的责任外,还负责赔偿由于冷藏设备在运输途中损坏而导致货物变质的损失。

3. 陆上货物运输保险的责任期限

陆上货物运输保险的责任期限采用"仓至仓"条款。投保陆运一切险时,如果加保战争险,则仅以铁路运输为限,其任务的起讫不是"仓至仓",而是以货物置于运输工具上为限。

(二)航空货物运输保险

根据中国人民保险公司的规定,航空货物运输保险包括航空运输险和航空运输一切险两种基本险别,以及各种附加险。其基本险的承保范围分别类似于海运的水渍险与一切险。

航空货物运输保险的责任起讫也采用"仓至仓"条款。与海运、陆运货物保险的"仓至仓"条款不同的是:如果货物运达保险单所载明的目的地未运抵收货人仓库或储存处,则以被保险货物在最后卸离飞机满 30 天时责任终止。如在上述 30 天内被保险货物需转送到非保险单所载明的目的地,则自该项货物开始转运时责任终止。

(三)邮包保险

邮包保险有邮包险和邮包一切险两种基本险,其承保范围与前述两种货运保险相同。

任务三 国际货物交易货款收付

在国际货物交易业务中,货款的收付是一个非常重要的环节,直接关系到卖方的利益,也会影响买方的利益。因此,买方在何时、何地、以何种方式付款就成了买卖双方共同关心的问题。在合同磋商过程中,必须就以上问题取得一致意见,并作出明确规定,形成合同中的支付条款。本项目主要就支付工具、支付方式、合同中的支付条款等内容作较详细的介绍。

一、支付工具

国际贸易中的货款结算有记账结算和现汇结算两类方法，而现汇结算又分为现金结算和票据结算两种。现代国际贸易已很少采用记账结算和现金直接结算，大多采用票据结算。

票据是国际通行的结算工具和信用工具，是可以流通转让的债权凭证，是以无条件支付一定金额为目的的有价证券。国际贸易中常见的票据有汇票、本票和支票，其中以汇票的使用最为广泛。

(一)汇票

动漫视频

汇票

汇票(Bill of Exchange,Draft)是一个人向另一个人签发的，要求即期或定期在可以确定的某一将来时间，对某人或其指定人或持票人支付一定金额的无条件支付命令。汇票范本如表 7—5 所示。

表 7—5　汇票范本

BILL OF EXCHANGE

凭　　　　　　　　　　　　　　　　　　　　信用证　第　　号

Drawn under 出票依据 ________　　　　**L/C No** ________

日期

Dated ________　支取 Payable with interest @　　%per annum 按年息　　付款

号码　　　汇票金额　　　　中国南京　　年　　月

日

No ____汇票号码____ **Exchange for** 汇票小写金额　NanJing China　出票时间与地点

见票　　　　日 后 (本 汇 票 之 副 本 未 付) 付 交

At ____付款期限____ sight of this **FIRST** of Exchange (Second of exchange　金额

being unpaid) **Pay to the order of**　收款人　　　**the sum of**

汇票大写金额

款已收讫

Value received

此致

To:

付款人 ________

____

________　　　　________出票人

1. 汇票的内容

各国票据法对汇票内容的规定不尽相同，一般应包括：①注明“汇票”字样，通常以“Exchange”或“Draft”表示。②无条件支付命令。③一定金额的货币。④受票人(Drawee)。它是接受汇票支付命令的人，即付款人(Payer)。在国际贸易中，往往是进口商或其往来银行。⑤收款人(Payee)。它是指有权凭汇票取得规定金额的人。在国际贸易中，收款人往往是出口商或其往来银行。一般有三种具体的规定方法，即限制性抬头、指示性抬头和持票来人抬头。⑥出票人(Drawer)签字。汇票只有经有权签发的人签字才生效。⑦付款日期或期限。常见的有即期付款、定期付款和延期付款。⑧出票日期与出票地点。⑨付款地点。一般是指付款人所在地。

汇票的上述基本内容必须齐全，否则受票人有权拒付。汇票是最典型的异地支付工具，出票人签发汇票的依据是他与受票人已经确立的债权和债务关系，在货物买卖中，这种依据就是买卖合同。

2. 汇票的种类

(1)按出票人的不同，汇票可分为商业汇票和银行汇票。前者由工商企业签发，常用于托收和信用证业务；后者由银行签发。

动漫视频 商业汇票

(2)按是否随附货运单据，汇票可分为光票和跟单汇票。光票是不附有提单等货运单据的汇票，一般只用于向对方收取佣金、劳务费或货款尾数等。银行汇票多是光票。跟单汇票是指附有提单等货运单据的汇票。商业汇票一般为跟单汇票。在国际贸易结算中，较多地使用跟单汇票；在托收和信用证业务中，也经常使用跟单汇票。

动漫视频 银行汇票

(3)按付款时间的不同，汇票可分为即期汇票和远期汇票。前者是见票立即付款的汇票，后者是规定付款人于将来的指定日期或可以确定的日期付款的汇票。具体规定方法一般有：见票后若干天付款(At ×× Days after Sight)；出票后若干天付款(At ×× Days after Date)；汇票载明的日期后若干天付款(At ×× Days after a Stated Date)；在固定的将来日期付款，即在汇票上明确规定汇票的到期日，也称按期付款(At a Fixed Date)。

动漫视频 承兑汇票

(4)按照承兑人的不同，汇票可分为商业承兑汇票和银行承兑汇票。前者是由工商企业履行承兑手续的远期汇票，后者是由银行进行承兑的远期汇票。

【提示】 一张汇票可以同时具有几种属性。如一张远期的商业跟单汇票，可以又是银行承兑汇票。

3. 汇票的使用和流通程序

因其是即期汇票还是远期汇票而有所不同，即期汇票的基本使用程序只有出票、提示、付款三步，一般不转让；远期汇票的基本使用程序则为出票、提示、承兑、付款，一般可以在承兑后至付款日前进行流通转让。汇票的基础票据行为如图 7—1 所示。

图 7—1 汇票的基础票据行为

(1)出票(Issue)。它是指出票人在汇票上填写付款人、付款金额、付款日期和地点以及受款人名称等内容并签字后交给受款人的行为。

(2)提示(Presentation)。它是指持票人向付款人提交汇票，要求承兑或付款的行为，分为承兑提示和付款提示。

(3)承兑(Acceptance)。它是指远期汇票的付款人在汇票上签字，承诺将按出票人的命令，在汇票到期时履行付款责任的行为。承兑的手续是由付款人在汇票正面写上“承兑”(Accepted)字样，加注承兑日期并签名。付款人在承兑汇票后便成为承兑人，不得以任何理由否认汇票的效力，拒绝对该汇票付款。履行承兑的日期就是见票日期。

(4)付款(Payment)。它是指当持票人作付款提示时，付款人立即把与票面金额相等的款项付给受款人的行为。付款后，汇票上的一切债务即告终止，汇票的使用也告终结。

(5)转让(Transfer)和背书(Endorsement)。远期汇票在付款人承兑后至付款到期之前，可以在票据市场上流通转让。持票人转让汇票的目的是提前得到票款。能转让的远期汇票有指示性抬头汇票和来人抬头汇票：前者转让时须经受款人背书；后者转让时则无须背书。背书是指汇票的受款人在汇票背面签名,有时还注明受让人名称,然后将汇票交于受让人的行为。承兑的远期汇票经背书转让,具有贴现的性质。汇票可经过背书不断地转让下去。在汇票经背书不断转让的过程中,对受让人来说,所有在他之前的背书人及原出票人都是他的"前手";而对背书人(出让人)来说,所有在他之后的受让人都是他的"后手"。前手对后手负有担保汇票一定被付款的责任,如果汇票遭到了拒付,他就保证偿还票款。

动漫视频

背书

常见的汇票背书有:①特别背书(Special Endorsement),又称记名背书。背书时,背书人先作被背书人记载,如"付 ABC 公司或其指定人",然后再签上背书人姓名。经记名背书的汇票,被背书人可以再作背书进行转让。②空白背书(Endorsement in Blank),又称无记名背书。空白背书的背书人仅在汇票背面签名,而不记载谁是被背书人。指示抬头的汇票作了空白背书后就成为来人汇票,受让人可仅凭交付来转让票据权利。③限制性背书(Restrictive Endorsement),即限制它不能再继续转让的背书,如"只能付 ABC 公司",或"付 ABC 公司,不可转让"。

(6)拒付(Dishonour)。它是指持票人向付款人提示汇票要求承兑或要求付款时遭到拒绝,或是由于付款人破产、死亡等原因使承兑或付款实际上成为不可能。

一旦汇票在合理时间内提示时遭到拒付,持票人应立即向付款地的公证人或法院、银行、公会等依法有权做出证书的机构申请办理拒绝证书,并以此作为法律依据向其所有前手行使追索权,追索票款及有关费用。持票人行使追索权的法定期限为一年,以做成拒绝证书之日起算。对出票人来说,汇票遭到拒付,他不应根据汇票本身而应根据原有合同与付款人交涉。

【注意】 商业汇票,一般开立一式两份分别寄发,以防遗失。但付款人只对其中一份承兑或付款。因此,汇票上应分别注明"付一不付二"和"付二不付一"字样。

(二)本票

本票(Promissory Note)是出票人对受款人承诺无条件支付一定金额的票据。

1. 本票的内容

本票没有固定的格式,其内容一般包括:在票面上注明"本票"字样,写出无条件支付一定金额的承诺,受款人名称或其指定人,付款期限与付款地点,出票日期和地点,出票人签字。本票一般格式如表 7—6 所示。

表 7—6　　本票格式

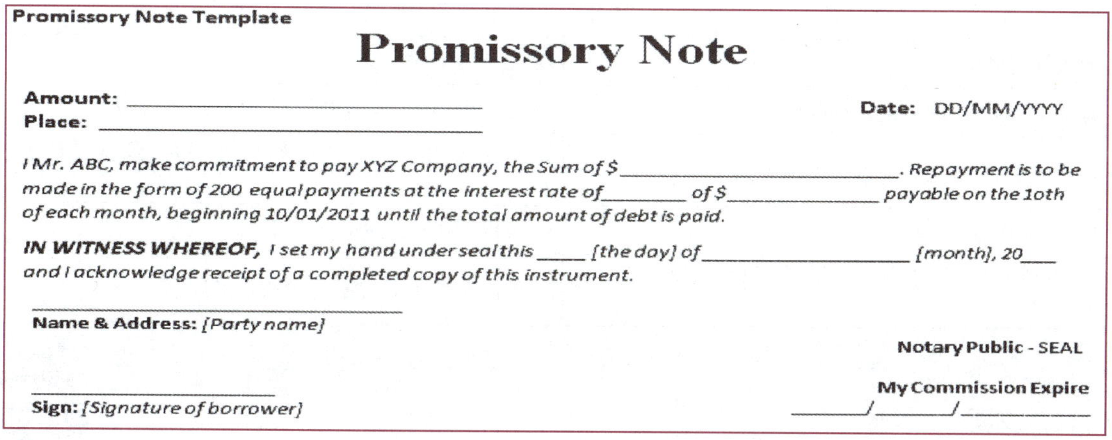
Promissory Note Template

Promissory Note

Amount: ____________________

Place: ____________________

Date: DD/MM/YYYY

I Mr. ABC, make commitment to pay XYZ Company, the Sum of $____________________. Repayment is to be made in the form of 200 equal payments at the interest rate of________ of $____________ payable on the 1oth of each month, beginning 10/01/2011 until the total amount of debt is paid.

IN WITNESS WHEREOF, I set my hand under seal this_____ [the day] of________________ [month], 20___ and I acknowledge receipt of a completed copy of this instrument.

____

Name & Address: [Party name]

Notary Public - SEAL

____

Sign: [Signature of borrower]

My Commission Expire

_______/_______/__________

2. 本票的种类

按出票人不同,本票可分为商业本票和银行本票。凡由工商企业签发的本票称为商业本票或一般本票；凡由银行签发的本票称为银行本票。商业本票有即期和远期之分，银行本票都是即期的。在国际贸易结算中使用的本票，大多数是银行本票，如表 7—7 和表 7—8 所示。

表 7—7 商业本票（一般本票）

£ 60 000.00 London, May 15, 2024
Three months after date I promise to pay John Tracy or order the sum
of SIXTY THOUSAND POUNDS for value received.

William Taylor

表 7—8 银行本票

ASIA INTERNATIONAL BANK, LTD
18 Queen's Road, Hong Kong
CASHIER'S ORDER
Hong Kong, Aug. 8, 2024
Pay to the order of Dockfield & Co. ---------------------------- the sum of Hong Kong Dollars Eighty
Thousand and Eight Hundred
Only --
For Asia International Bank, Ltd.
HK $ 80 800.00

Manager

3. 本票的特点

与汇票相比，本票具有以下特点：①从性质上看，本票允诺由自己付款，而不是命令他人付款；②本票只有出票人与受款人两个当事人；③由于本票的出票人与付款人是同一人，所以远期本票无须承兑；④本票只能开出一张；⑤本票的出票人始终是本票的主债务人，承担在规定期限内付款的责任。

视野拓展 7—7

表 7—9 本票与汇票的区别

本　票	汇　票
1. 无条件支付承诺	1. 无条件支付命令
2. 有两个当事人，即出票人和收票人	2. 有三个当事人，即出票人、付款人、收款人
3. 在任何情况下，出票人都是主债务人	3. 承兑前，出票人是主债务人；承兑后，承兑人是主债务人
4. 只能开出一张	4. 可以开出一式两份或一套几张
5. 英国《票据法》规定，外国本票退票时，无须做成拒绝证书	5. 外国汇票退票时必须做成拒绝证书

（三）支票

支票（Check or Cheque）是存款人向其开户银行开出的，要求该银行即期支付一定金额的货币给特定人或其指定人或持票人的无条件付款命令。支票一般格式如表 7—10 所示。

动漫视频
支票、汇票和本票的区别

表 7—10　支票格式

(1)Cheque No.　　　　　　(5)London,1st Jan.,2024
(2)　　　　(7)　　　　(9)
Pay to the order of British Trading Company　　　the sum of
(8)
Pounds Sterling Five Thousand Only
(3)TO:National Westminster Bank Ltd. (4)For London £5 000.00
(6)London　　　(Signed)

1. 支票的内容

支票的内容包括:①写明“支票”字样;②无条件支付一定金额的命令;③付款银行名称和地址;④出票人签字;⑤出票日期和地点;⑥付款地点;⑦必须写明“即付”字样(如未写明,视为即期支付);⑧支票金额;⑨受款人或其指定人。

2. 支票的种类

支票可分为:①一般支票(Uncrossed Check)。它是指可以通过银行收款入账,也可以提取现金的支票。②划线支票(Crossed Check)。它是指只能通过银行收款入账,不能提取现金的支票。③保付支票(Certified Check)。它是指付款银行在支票上加盖“保付”戳记,保证在提取时支付票款的支票。④银行支票(Banker's Check)。它是指由银行签发并由其付款的支票,是银行的即期支票。⑤旅行支票(Traveller's Cheque)。它是银行或旅行社为旅游者发行的一种固定金额的支付工具。旅行支票没有指定的付款人和付款地点,可在发行银行或旅行社的国外分支机构或代办点取款,金额较小,较为方便。旅游者购买旅行支票需当着发行银行的面在支票上签字(初签)作为印鉴。到国外取款时,仍需在支票上签字(复签)。初签与复签核对相符后方可取款,故这种支票较为安全。

3. 支票的特点

支票与汇票相比,具有以下特点:①支票的出票人一定是银行存款客户,付款人一定是其开户行;②支票都是即期的,不需要经过承兑;③银行对支票可以保付;④出票人可以向付款银行发出办理支票止付手续的通知;⑤支票的主债务人是出票人;⑥支票只能开出一张。

4. 空头支票

空头支票是指出票人签发的票面金额大于其在该银行存款额的支票。空头支票将遭到银行的拒付。开出空头支票的人要负法律上的责任。

二、支付方式

国际贸易的支付方式有汇付、托收、信用证和银行保证书等。

(一)汇付方式

汇付(Remittance)又称汇款,是指付款人主动将款项通过银行汇交收款人的支付方式。它属于顺汇。

1. 汇付方式的当事人

包括:①汇款人(Remitter)。它是指汇出款项的人,通常为进口人(买方)。②收款人(Payee)。它是指收取款项的人,通常是出口人(卖方)。③汇出行(Remitting Bank)。它是指受汇款人委托,汇出款项的银行,通常为进口地的银行。④汇入行(Paying Bank)。它是指受汇出行委托解付汇款的银行,通常为出口地的银行。

2. 汇付的种类

汇付方式根据采用的支付工具不同，分为三种：①电汇(Telegraphic Transfer，T/T)。它是指汇款人要求汇出行用电报或电传通知收款人所在地银行付款给收款人的方式。电汇方式的优点是收款人可迅速收到汇款，但费用较高。②信汇(Mail Transfer，M/T)。它是指汇款人将款项交给汇出行，由该银行用信件委托收款人所在地银行付款给收款人的方式。信汇方式的优点是费用较低，但收款人收到汇款的时间较迟。③票汇(Demand Draft，D/D)。它是指汇款人要求汇出行开立以其分行或代理行为付款人的银行汇票，交由汇款人由其自行携带或邮寄给国外收款人的方式。

3. 汇付的作用

汇付方式在国际贸易中通常用于预付货款或货到付款、分期付款、延期付款，也可用于支付佣金、样品费、索赔款等。

4. 汇付业务的程序。

(1)电汇、信汇业务的程序如图 7—2 所示。

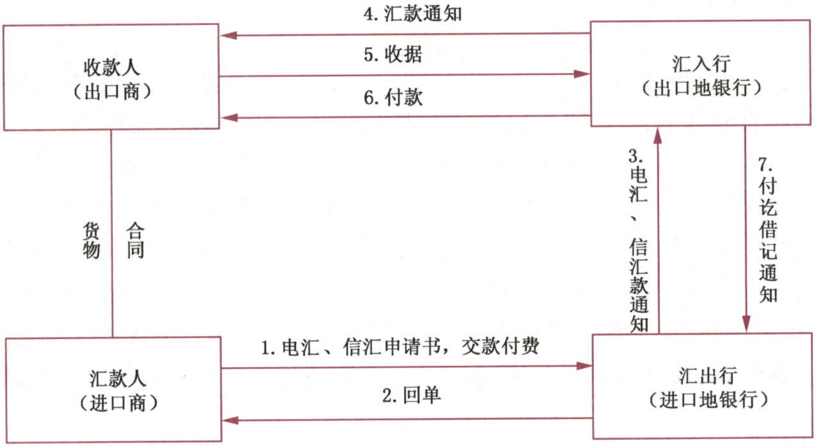

图 7—2　电汇、信汇业务的程序

(2)票汇业务的程序如图 7—3 所示。

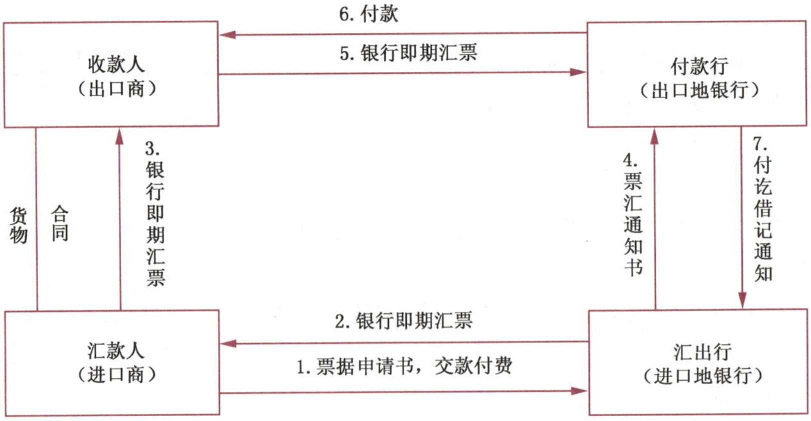

图 7—3　票汇业务的程序

(二)托收方式

动漫视频

托收

托收(Collection),是指出口商为了收取货款,出具以进口商为付款人的汇票,委托当地银行通过其国外分支或代理行向进口商收取货款的方式。托收一般通过银行办理,故又称为银行托收。

1. 托收方式的当事人

托收方式的当事人包括:①委托人(Principal)。它是指委托银行办理托收业务的客户,通常为出口商。②托收银行(Collecting Bank)。它是指接受委托人委托办理托收业务的银行,通常为出口地银行。③代收银行。它是指接受托收银行的委托向付款人收取票款的银行,通常是进口地的银行。④付款人(Payer)。它是指出口商出具汇票的受票人,通常是进口商。

托收方式当事人之间的关系是:委托人与托收银行之间、托收银行与代收银行之间都是委托代理关系;代收银行与付款人之间不存在任何合同关系,付款人向代收银行付款是基于其与出口商签订的买卖合同。如果付款人拒付,代收银行除将拒付情况通知托收银行,并由托收银行通知委托人外,不负付款责任。

2. 托收方式的种类

托收根据使用汇票的不同,分为:①光票托收(Clean Bill for Collection)。它是指出口商将不附带任何单据的汇票交托收银行代收票款的托收方式。在国际贸易支付中,光票托收一般用于收取佣金、样品费及贸易从属费用等。②跟单托收(Documentary Bill for Collection)。它是指出口商将汇票连同货运单据(包括提单、发票、保险单和商检证等)一并交给托收银行委托其代收票款的托收方式。国际贸易货款的托收大多采用跟单托收这种形式。在跟单托收方式下,依据交单条件的不同,又可分为付款交单、承兑交单和付款交单凭信托收据借单三种。

动漫视频

承兑交单

(1)付款交单(Documents against Payment,D/P)。它是指出口商在委托托收银行代收票款时指示,只有付款人付清票款后才可交出货运单据。按付款时间的不同,付款交单又有即期付款交单和远期付款交单两种情况:即期付款交单是立即付款赎单;远期付款交单是付款人先承兑汇票,待汇票到期再付款赎单。总之,对于付款交单方式,付款是交单的前提条件,进口商只有付清全部货款,才能取得代表货物所有权的货运单据,因此这对出口商来说比较安全。

(2)承兑交单(Documents against Acceptance,D/A)。它是指出口商在货物装运以后,开具远期跟单汇票交托收银行并委托其代收票款,代收行收到汇票后向进口商提示,进口商承兑远期汇票后,即可取得装运单据,提取货物,待汇票到期后再付清货款。这种方式对出口商来说,收取货款的风险很大,采用时应谨慎。

(3)付款交单凭信托收据借单(D/P,T/R)。它是指在远期付款交单的情况下,买方承兑汇票后,可凭信托收据借取货运单据,先行提货,待汇票到期时再付款。信托收据(Trust Receipt,T/R)是买方借单时向银行提供的一种书面担保文件,以表示愿意以代收银行的受托人身份代为提货、报关、存仓、保险、出售并承认货物的所有权仍属银行,货物出售所得的货款,应交付银行。

在实际业务中,这种方式包括两种情况:其一,卖方认可并指示代收银行可凭信托收据把单据借给买方。在这种情况下,若日后遇到买方在汇票到期日拒付的风险,应由卖方自己承担责任,与银行无关。其二,如果银行把凭信托收据借单作为其通常业务,允许一些资信较好的买方凭信托收据借单,则这种做法与卖方无关,那么银行要承担日后汇票到期时买方拒付的风险。

3. 托收的业务程序。

(1)即期付款交单的业务程序如图 7—4 所示。

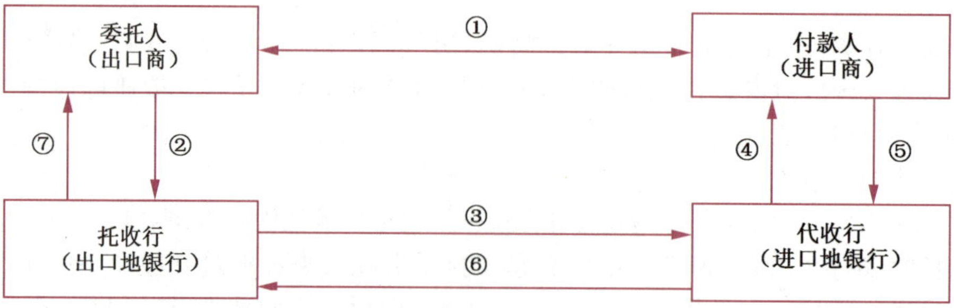

说明：①贸易双方约定，采用即期付款交单方式支付货款；②出口商按合同规定装运货物后，开具即期汇票，并填写托收委托书，连同全套货运单据交托收行代收票款；③托收行将汇票连同货运单据寄交代收行；④代收行收到汇票及货运单据后，向进口商做出付款提示；⑤进口商审核单据后，付清货款赎取单据；⑥代收行通知托收行，货款已收妥转账；⑦托收行将货款结汇给出口商。

图 7—4　即期付款交单的业务程序

（2）远期付款交单的业务程序如图 7—5 所示。

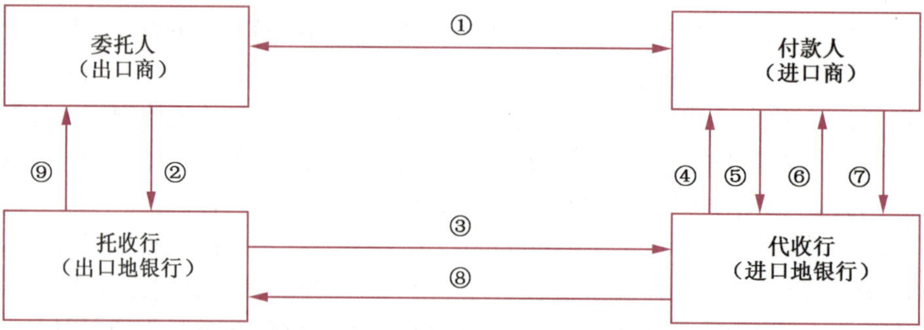

说明：①贸易双方约定，采用远期付款交单的方式支付货款；②出口商按合同规定装运货物后，开具远期汇票，并填写托收委托书，连同全套货运单据交托收行代收票款；③托收行将汇票连同货运单据寄交代收行；④代收行收到汇票及货运单据后，向进口商做出承兑提示；⑤进口商在远期汇票上做出承兑表示，代收行收回汇票及全套货物单据；⑥在远期汇票到期日，代收行向进口商做出付款提示；⑦进口商付清货款赎取单据；⑧代收行通知托收行，货款已收妥转账；⑨托收行将货款结汇给出口商。

图 7—5　远期付款交单的业务程序

（3）承兑交单的业务程序如图 7—6 所示。

4. 托收的国际贸易惯例

国际商会为统一托收业务的做法，减少托收业务各有关当事人可能产生的矛盾和纠纷，曾于 1958 年草拟《商业单据托收统一规则》（The Uniform Rules for Collection，ICC Publication No. 322）；1995 年再次修订，称为《托收统一规则》国际商会第 522 号出版物（简称《URC522》），1996 年 1 月 1 日起实施。《托收统一规则》自公布实施以来，被各国银行所采用，已成为托收业务的国际惯例。

【注意】《托收统一规则》本身不是法律，因而对一般当事人没有约束力。只有在有关当事人事先约定的条件下，才受该惯例的约束。

5. 托收的性质及业务中需注意的问题

托收具有商业信用的性质。在国际贸易中采用托收方式时，银行只是接受卖方的委托向买方收款，并不承担买方必然付款的义务，至于卖方能否收到货款，则完全取决于买方的信用。

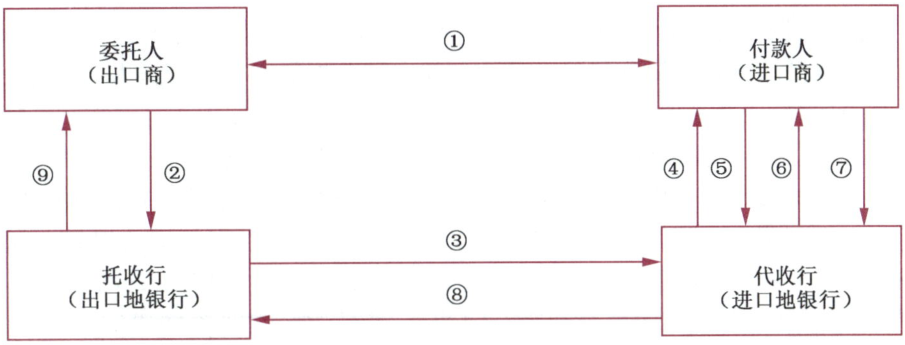

说明:①贸易双方在合同中约定,采用承兑交单的方式支付货款;②出口商按合同规定装运货物后,开具远期汇票,并填写托收委托书,声明“承兑交单”,连同全套货运单据交托收行代收票款;③ 托收行将汇票连同货运单据寄交代收行;④代收行收到汇票及货运单据后,向进口商做出承兑提示;⑤进口商承兑远期汇票后,取得全套货运单据,代收行保留承兑后的汇票;⑥在远期汇票到期日,代收行向进口商做出付款提示;⑦进口商付清货款;⑧代收行通知托收行,货款已收妥转账;⑨托收行将货款结汇给出口商。

图 7—6 承兑交单的业务程序

托收属于商业信用,对出口商来说,有一定的风险,但如果运用得当,可以增强外销商品的竞争能力,扩大出口。为避免风险发生,使用托收时必须注意以下问题:①必须了解买方的资信情况和经营作风,据此因人制宜。②要了解进口国外汇管制和贸易管制方面的规定以及当地的商业习惯,据此因国制宜。③为避免托收方式下货款遭拒付时货物无人照料,卖方可在托收申请书中预先指定一个忠实、可靠的进口地代理人,即“需要时的代理”。④出口托收方式下,应尽量争取以 CIF 或 CIP 成交,自办出口保险,以避免由买方办理货运保险而带来的风险;如不采用 CIF 条件,应投保卖方利益险。⑤办理托收业务,要定期检查,及时了解情况,催收清理,以避免或减少可能发生的损失。

(三)信用证方式

动漫视频

信用证

国际贸易中存在着买卖双方互不信任的情形,因此建立在商业信用基础上的汇付和托收方式就存在较大的局限性,不能适应国际贸易的发展。随着银行加入国际贸易货款的结算过程中,一种信用度更高的银行保证付款的支付方式出现了,即信用证方式。

信用证(Letter of Credit,L/C)是由开证银行根据申请人的请求和指示做出的在满足信用证要求的条件下,凭规定的单据向第三人付款的一项约定,或者说是一种银行开立的有条件的承诺付款的书面文件。

信用证属于银行信用。采用信用证方式,对出口商来说,安全收汇较有保障;对进口商来说,可避免预付货款的风险,从而解决了买卖双方互不信任的问题。正因为如此,自 19 世纪 80 年代在英国出现第一张信用证以来,信用证支付方式已在国际贸易中得到广泛应用,成为至今最常用的支付方式。

1. 信用证方式的当事人

信用证方式的当事人包括:①开证申请人(Applicant)。它是指向银行申请开立信用证的人,一般为进口商。②开证银行(Issuing Bank)。它是指接受开证申请人的委托开立信用证的银行,一般为进口商所在地银行。③通知银行(Advising Bank)。它是指接受开证银行的委托,将信用证转交给出口商的银行,一般为出口商所在地银行。④受益人(Beneficiary)。它是指有权享有信用证利益的人，一般为出口商。⑤付款银行(Paying Bank)。它是指信用证上指定的付款银行，通常是开证银行，也可以是其他银行，根据信用证条款的规定而定。⑥议付银行(Negotiating Bank)。它是指愿意买入或贴现受益人提交的符合信用证规定的单据的银行。受益人通常愿意选择通知行作为议付银行，有时也选择其他非指定银行。⑦保兑行(Confirming Bank)。它是指接受开证银行的请求，在信用证上加具保兑的银行。它承担与开证银行相同的付款责任，一般由通知行兼任。

以上前 4 个当事人是每一份信用证必然涉及的基本当事人。各当事人之间的关系是：开证申请人与受益人之间是买卖合同关系；开证申请人与开证银行之间的关系是在开证申请书的基础上建立的，开证银行严格按申请书的内容办理开证事宜并对信用证单独负责；开证银行与通知行之间是一种委托代理关系，这种关系受委托代理合同约束，通知银行只负责转递信用证；开证银行与议付银行之间是以信用证来确定关系的，议付银行承担议付或代付责任；通知银行与受益人及开证申请人之间不存在合同关系；开证银行与受益人之间的关系是在开证银行开立信用证而受益人接受后确定的，双方都受信用证条款的约束。

视野拓展 7—8

开立不可撤销跟单信用证申请书

合同编号：
外汇种类：
日期：
使用单位：
货名：

中国银行××分行：

请贵行按背面所列条款以航邮/简电/全电开立一份不可撤销跟单信用证。

我公司保证向贵行提供偿付该证项下货款、手续费、费用及利息等所需的外汇。我公司保证在单证表面相符的条件下对外付款/承兑，并自接到信用证规定的全套单据日起三个工作日内通知贵行办理对外付款/承兑。如因单证不符拒绝付款/承兑，当在三个工作日内将全套单据如数退回贵行并注明拒付理由，请贵行按国际惯例确定能否对外拒付。如经贵行确定不属单证不符，不能对外拒付，贵行有权办理对外付款/承兑，并从我公司账户项下扣款。

该信用证如因邮、电传发生遗失、延误、错漏，贵行概不负责。

该信用证如需修改，由我公司书面通知贵行办理。

银行审核意见　　　　申请公司签名盖章

2. 信用证的种类

(1)按汇票是否附有货运单据划分，分为跟单信用证和光票信用证。光票信用证(Clean Credit)是指受益人根据信用证的要求，仅凭汇票本身即可向银行索取货款的信用证；跟单信用证(Documentary L/C)是指受益人根据信用证的要求，凭汇票及货运单据向银行索取货款的信用证。

动漫视频
跟单信用证

(2)按有没有另一银行加以保证兑付划分，分为保兑信用证和不保兑信用证。保兑信用证(Confirmed L/C)是指开证银行开出的信用证，由另一银行保证对符合信用证条款的单据履行付款义务。这种信用证对受益人来说就有了双重的付款保障，收取货款没有问题，但需要付出双重的费用。不保兑信用证(Confirming Bank)是指未经另外一家银行加以保证兑付的信用证。开证银行资信可靠或成交金额不大时,多采用这种信用证。

(3)按付款期限的不同,分为即期信用证、远期信用证和假远期信用证。即期信用证(Sight L/C)是指开证银行或付款银行收到符合信用证条款的单据和汇票后,立即履行付款义务的信用证。国际贸易中经常使用的多为不可撤销即期信用证(Irrevocable L/C)。远期信用证(Usance L/C)是指开证银行或付款银行收到符合信用证条款的单据后不立即付款,而要等到远期汇票到期时再履行付款责任的信用证。国际贸易中使用的远期信用证主要有银行承兑的远期信用证、进口商承兑的远期信用证和延期付款信用证。假远期信用证(Usance Credit Payable at Sight)。信用证规定受益人开立远期汇票,由付款行负责贴现,并规定一切利息和费用由开证人承担。这种信用证对受益人来讲,实际上仍属即期收款,在信用证中有“假远期”(Usance L/C Payable at Sight)条款。

动漫视频

即期信用证

【提示】按《UCP 600》规定,任何一份信用证均须明确表示其适用于何种兑现方式。凡注明“付款兑现”(Available by Payment)的信用证即称为付款信用证。

(4)按受益人对信用证的权利可否转让,分为可转让信用证和不可转让信用证。可转让信用证(Transferable L/C)是指受益人有权将来证转让给第三者使用的信用证。这种信用证的第一受益人一般为中间商,第二受益人则为实际供货者。唯有开证银行在信用证中注明“可转让”字样,信用证方可转让。可转让信用证只能转让一次。不可转让信用证(Non－transferable L/C)是指不能将信用证的权利转让给他人的信用证。开证银行开出的信用证如未注明“可转让”字样,该信用证就被视为不可转让信用证。

(5)其他信用证

①循环信用证(Revolving L/C)。它是指受益人在规定的利用次数或总金额限度内,可以循环重复使用的信用证。当买卖双方预定在某一期间内,就同一种类的货物分批进行多次交易时,为简化手续,节省费用,进口商往往开立循环信用证。循环信用证通常有三种:自动循环、半自动循环和非自动循环信用证。

②预支信用证(Anticipatory L/C)。它是指信用证的受益人在办理货物交单之前预先支取并使用信用证部分或全部金额的信用证。预支款一般是供受益人收购及包装货物所用。预支信用证条款一般在信用证中用红字书写,以示提醒注意。

③对开信用证。它是指进出口双方为进行对等贸易而相互向对方开立的信用证。这种信用证一般用于来料加工、补偿贸易或易货贸易。

④对背信用证(Back to Back L/C)。它是指进出口贸易中的中间商在收到进口商开来的信用证后,要求该信用证的通知行或其他银行以该信用证作保证,并在此基础上向实际供货商重新开出的信用证。

⑤付款、承兑、议付信用证。付款信用证(Payment L/C)是指以开证银行自身或指定通知银行或通知银行以外的银行作为付款银行的信用证。承兑信用证(Acceptance L/C)是指规定受益人出具远期汇票,指定开证银行、通知银行或通知银行以外的银行作为承兑银行,待汇票到期再付款的信用证。议付信用证(Negotiation L/C)是指规定由某一银行或任何银行都可议付的信用证。

⑥备用信用证(Standby L/C)。它是指开证银行根据开证申请人的请求对受益人开立的承诺承担某种义务的凭证,即开证银行保证在开证申请人未能履行其应履行的义务时,受益人即可凭备用信用证及有关证明文件,向开证银行要求付款。

动漫视频

备用信用证

3. 信用证的主要内容

信用证的主要内容包括:①信用证的性质和种类。这是对信用证本身的说明,如不可撤销即期信用证等。②信用证的有关当事人。③信用证的金额、有效期限及有效地点。④对货物的要求，包括货物的品名、品质、数量(重量)、包装和价格等。⑤对运输的要求，包括装运期、装运港、目的港、运输方式、可否分批装运和转运等。⑥对单据的要求。主要有三类：货物单据(包括发票、装箱单、重量证明、商检证、产地证等)、运输单据(主要是提单)和保险单据。⑦特殊条款。这要根据每笔具体业务的需要而定。⑧开证银行的保证条款，即开证银行对受益人及信用证持有人保证付款的责任文句。

4. 信用证的形式

信用证的形式包括：①信开本。它是开证银行采用印就的信函格式开立的信用证，开证后以航空挂号信的方式寄送至通知银行。②电开本。它是指开证银行使用电报、电传、计算机等方式将信用证的条款传递给通知银行。电开本又分为简电本和全电本两种形式。国际贸易中开出的信用证多为全电本。

5. 信用证的特点

①开证行负第一性付款责任。按《UCP 600》的规定，在信用证业务中，开证行对受益人的付款责任是首要的、独立的，处于第一性付款人的地位。即使开证申请人事后丧失偿付能力，只要出口人提交的单据符合信用证条款，开证行也必须承担付款责任。

②信用证是一项自足的文件。开证申请书是依据买卖合同的内容提出的，因此，信用证与合同有一定的逻辑关系。但信用证是依据买卖合同开立的，但一经开立，即成为独立于买卖合同之外的契约。

【提示】信用证各当事人的权利和责任完全以信用证条款为依据，不受买卖合同的约束。

③信用证是一项纯单据文件。在信用证业务中，银行只审查受益人所提交的单据是否与信用证条款相符，以决定其是否履行付款责任。银行处理信用证业务只凭单据，不问货物的真实状况如何。银行以受益人提交的单据是否与信用证条款相符为依据，决定是否付款。如开证行拒付，也必须以单据上的不符点为理由。这种"相符"必须是"严格符合"，不仅要求单证一致，而且要求单单一致。

【注意】只要受益人提交符合信用证条款规定的单据，开证行就应承担付款责任。

6. 信用证的业务程序

采用信用证方式结算货款，要经过许多环节，办理各种手续。其基本的业务程序如图 7—7 所示。

7.《跟单信用证统一惯例》

虽然信用证一出现，立即得到了广泛应用，但由于当时信用证各当事人的权利、责任以及有关条款和术语等在国际上缺乏统一的解释与公认的准则，各国银行只能按各自的利益和习惯规定办理，因此经常造成信用证各有关当事人之间的纠纷，引起司法诉讼。为解决这些问题，国际商会于 1930 年首次拟定了一套《商业跟单信用证统一惯例》，并于 1933 年正式公布，建议各国银行采用。随着国际贸易的发展和变化，国际商会于 1951 年、1962 年、1974 年、1983 年、1993 年和 2006 年又对这一惯例进行了 6 次修订。2006 年的修订本作为国际商会第 600 号出版物出版发行，并自 2007 年 7 月 1 日起实施。

该惯例自诞生至今，已被世界各国银行广泛采用，成为一种国际惯例。当然，作为一种惯例，它不是法律，故只有在信用证中注明按该惯例办理时，信用证才受其约束。我国在进出口业务中也采用这一惯例。《跟单信用证统一惯例》(2007 年修订本，国际商会第 600 号出版物，简称《UCP 600》)是一套规则，适用于所有的其文本中明确受本惯例约束的跟单信用证(以下简称"信用证")(在其可适用的范围内，包括备用信用证)，除非信用证明确修改或删除，本惯例各条文对信用证所有当事人均有约束力。

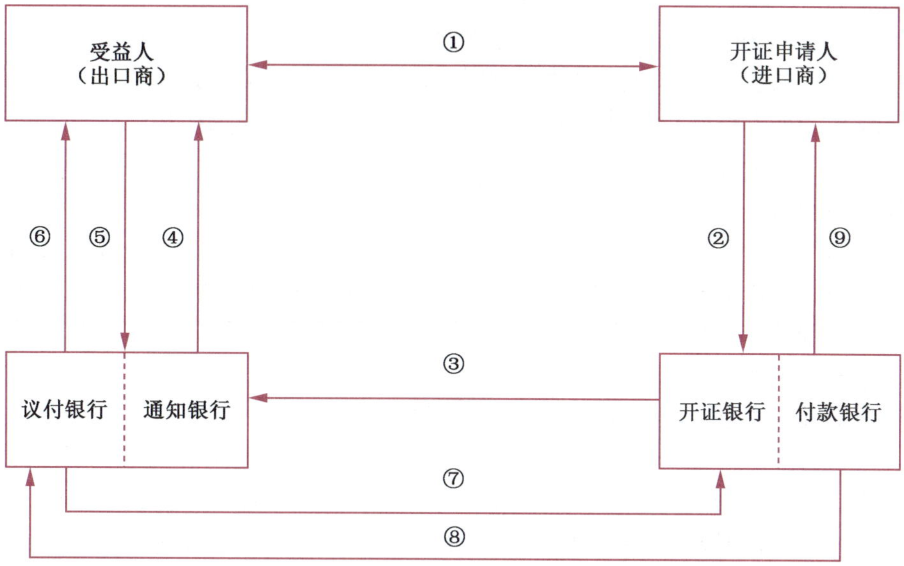

说明:①贸易双方在合同中约定,采用信用证方式支付货款。②进口商向当地银行申请,填写开证申请书,并交纳若干押金和手续费请求开证。③开证银行接受申请,并根据申请书内容开具信用证,寄交出口地通知银行。④通知银行接到信用证审核无误后转交受益人。⑤受益人审核信用证无误后,按信用证规定条件装运货物,并备齐各种货运单据,开具汇票,在信用证有效期之内向议付银行交单请求议付。⑥议付银行按信用证条款审核无误后,按汇票金额,扣除押汇利息,把货款垫付给出口商。⑦议付银行将汇票和货运单据寄交开证银行(或其指定的付款银行)索偿。⑧开证银行(或其指定的付款银行)核对单据无误后,付款给议付银行。⑨开证银行(或其指定的付款银行)通知开证申请人付款赎取单据。

图 7—7 信用证的业务程序

视野拓展 7—9

表 7—11 三种主要支付方式的比较

结算方式		手续	银行收费	买卖双方的资金占用	买方风险	卖方风险
汇付	预付货款	简单	最少	不平衡	卖方不交货;卖方不按时交货;货物与合同规定不符	买方不按时汇款
	货到付款	简单	最少	不平衡	卖方不按合同规定交货	买方不收货;买方收货后不付款;买方拖延付款;买方要求降价
跟单托收	付款交单(D/P)	稍繁	稍多	不平衡	收到的货物与单据不符	买方不付款赎单;买方要求降价后才付款赎单;进口国政治、经济局势恶化;代收银行改按承兑交单(D/A)处理,导致钱货两空
	承兑交单(D/A)	稍繁	稍多	不平衡	收到的货物与单据不符	买方不承兑;买方要求降价后才承兑收货;买方承兑收货后不付款;买方承兑后要求降价才付款
跟单信用证		最繁	最多	较平衡	付押金后,开证银行倒闭,卖主伪造单据;收到的货物与单据不符	买方不开证或不按期开证;开证银行失去偿付能力;信用证规定有卖方无法做到的或不能接受的“软条款”;开证行、开证人对单据无理挑剔,借口拒付,伪造信用证

（四）银行保证书方式

银行保证书（Letter of Guarantee，L/G）又称银行保函，是指银行应委托人的申请向受益人开立的担保委托人履行某项义务的书面文件。它属于银行信用。一般来说，银行一旦开出保证书，即承担保证付款或在委托人不履行某项义务时赔偿的责任。银行保证书应用较广，涉及货物买卖、招投标、国际工程承包、借贷等业务。

1. 银行保证书的当事人

银行保证书的当事人主要有三个：①委托人，即要求银行开立保证书的一方；②受益人，即收到保证书并凭以向银行索偿的一方；③保证人，即开立保证书的银行。非银行保证书也可由担保公司、保险公司、个人等开立。

2. 银行保证书的主要内容

银行保证书的主要内容包括：①有关当事人。保证书中应列明主要当事人的名称和地址。②责任条款，即说明保证人应承担的责任。③保证书的有效期限，即受益人把索偿要求送达保证人的有效期限。④保证书的到期日。它是指保证书失效的日期。若保证人在到期日仍未接到受益人的索偿要求，则保证书自动失效。若在此之前发生了索偿，则受益人按保证书规定应享有的一切权利得到满足时，保证书即告终止。受益人应将终止后的保证书立即退还保证人注销。⑤保证书的修改。保证人对保证书条款所作的任何修改，都必须经委托人和受益人同意才能生效。

3. 银行保证书的种类

（1）履约保证书（Performance Guarantee）。它是指银行（保证人）应货物买卖、劳务合作或其他经济合同当事人（委托人）的申请向合同一方当事人（受益人）发出的保证书。它保证如委托人未及时按合同条款履行其义务，对受益人支付一定金额限度以内的款项或根据保证书条款采取措施履行合同义务。

（2）投标保证书（Tender Guarantee）。它是指银行（保证人）应投标人（委托人）的申请向招标人（受益人）发出的保证书。它保证投标人在开标前不中途撤标或片面修改投标条件，中标后不拒绝签约及不拒绝交付履约保证金等；否则，银行负责赔偿招标人的损失。

（3）还款保证书（Repayment Guarantee）。它是指银行（保证人）应货物买卖、劳务合作、资金借贷或其他经济合同当事人（委托人）的申请向合同另一方当事人（受益人）发出的保证书。它保证如委托人不按其与受益人之间订立的合同规定，将受益人预付、支付或贷放给委托人的任何金额的款项退还，也未按其他方式还款，由银行向受益人支付一定金额限度内的款项。

关于银行保证书的性质问题，即保证人的付款责任是第一性的还是第二性的，取决于保证书中的索偿条件。过去大多采用银行承担第二性责任的做法，但易引起争议，故目前已倾向于由银行承担第一性的付款责任。

（五）综合支付方式

根据国际贸易的不同情况，进出口业务有时只选择某一种支付方式，有时又将各种支付方式结合在一起，采用综合支付方式。

综合支付方式主要有以下几种：①汇付与托收相结合。以汇付方式支付定金，以付款交单的托收方式支付大部分货款。②汇付与信用证相结合。以信用证支付大部分货款，以汇付方式支付货款余额。这适用于粮食、矿砂等散装货物的交易。③汇付与银行保证书或备用信用证相结合。进口方以汇付方式支付定金及每期货款与利息，同时以银行保证书或备用信用证为出口方的收款提供可靠保证。这适用于大型机械、成套设备的交易。④托收与信用证相结合。它是指部分货款通过光票信用证

动漫视频

不可撤销信用证

收取,部分货款通过跟单托收方式收取。具体手续为:买方开立的不可撤销信用证①中规定受益人开立两张汇票,属于信用证部分的货款凭光票支付,而全套货运单据附在托收部分的汇票项下,按即期或远期付款交单的方式付款。⑤托收与银行保证书或备用信用证相结合。它是指货款以托收方式收取,同时进口方可开银行保证书或备用信用证,为出口方的收款提供保证。

(六)国际保付代理(保理)

信用证属于银行信用,目前是一种较为安全的支付方式,因而受到出口方的欢迎,尤其是在我国对外贸易中使用最多。但是,这种方式也有其缺陷,如买方在申请开证时要交纳手续费,往往还要提供押金或其他担保。信用证从开立到最终付款通常需要相当长的一段时间,这就造成了进口方相当数量的资金被占用,影响其资金周转和正常经营。

为克服信用证的上述缺陷,近年来,在国际贸易结算中出现了一种更为灵活的付款方式,这就是国际保理(International Factoring)业务。

1. 国际保理业务的基本程序

在国际保理业务下,保理公司为出口方承担100%的买方信用风险,提供应收账款管理及追收服务,同时对出口商进行资金融通。其基本程序如图7—8所示。

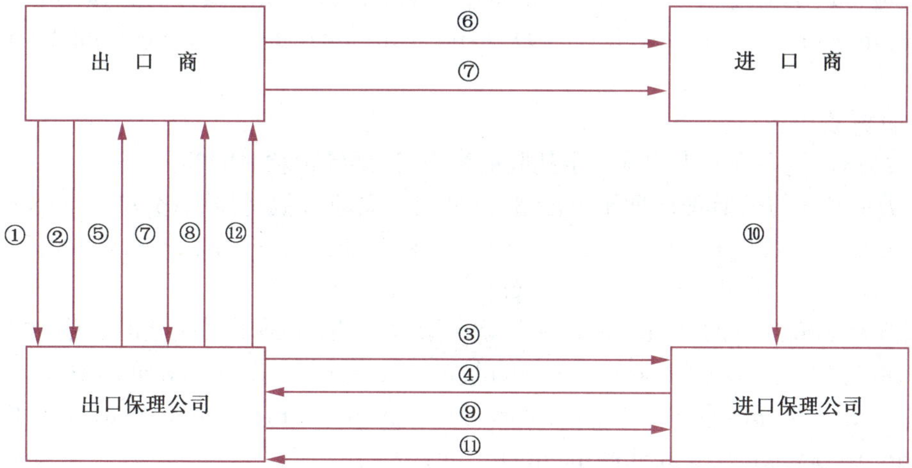

说明:①出口商与出口保理公司签订保理协议。②出口商将进口商的有关情况及交易资料提交给出口保理公司。③出口保理公司将资料整理后转送至进口商所在国经选定的进口保理公司。④进口保理公司对进口商的资信进行调查和评估,确定进口商的商业信用额度,并将调查结果及提供信用额度的建议通知出口保理公司。⑤出口保理公司通知出口商。如果该进口商资信可靠,则出口保理公司对进出口双方间的交易加以确认。⑥进出口双方签订以国际保理方式结算的贸易合同。⑦出口商按合同规定备货装船后,将发票及有关货运单据送交进口商;同时将一份发票副本交给出口保理公司。⑧出口保理公司按出口商要求,预付80%～90%的货款或采用买断票据形式,即按票面金额扣除利息等各项费用后,将货款余额无追索权地付给出口商。⑨出口保理公司随即将发票及单据副本转寄进口保理公司,进行财务处理及负责催收货款。⑩发票、汇票到期后,进口商按票面金额付款给进口保理公司。进口保理公司将货款划付出口保理公司。出口保理公司在扣除预付货款、佣金、银行转账费用及其他费用后,将货款交给出口商,如果是买断的,则结账即可,这笔交易就告完成。

图7—8 国际保理业务的基本程序

---

① 不可撤销信用证(Irrevocable Letter of Credit),是指开证行在信用证有效期内,非经信用证各有关当事人同意,开证行不能片面修改或撤销的信用证。国际贸易中使用的大部分是不可撤销信用证。

2. 保理方式的国际惯例

保理方式的国际惯例主要有：①保理公司承担信用额度内的风险担保；②因货物质量、数量及交货期不符合合同规定等违约行为引起的拒付、少付，保理公司不予担保；③保理业务的收费标准，按国际保理商联合会(Factors Chain International，FCI)的规定，费用率占货物价值的1%左右，买卖双方可协商支付。

1992年3月中国银行北京分行与国际保理商联合会的成员美国国民保理公司和英国鹰狮保理公司分别签署了国际保理协议，正式以出口保理商身份开办了保理业务；1992年7月以中国银行总行的名义加入了国际保理商联合会。继北京市分行之后，又有几家分行与英国、德国等国的保理公司签署了保理协议，使我国保理业务进一步规范化、国际化。

三、合同中的支付条款

现按不同的支付方式分别将合同中支付条款内容的表述举例说明如下：

(一)汇付方式

采用汇付方式时，应在合同中明确规定汇付的种类、时间和金额等。

例：买方应不迟于12月15日将100%的货款用汇票预付并抵达卖方。(The buyers shall pay 100% of the sales proceeds in advance by Demand Draft to reach the sellers not later than Dec. 15.)

(二)托收方式

采用托收方式，应在合同中明确规定托收的种类、汇票的付款时间等。

例1：买方应凭卖方开具的即期跟单汇票，于见票时立即付款，付款后交单。(Upon first presentation the Buyers shall pay against documentary draft drawn by the sellers at sight. The shipping documents are to be delivered against payment only.)

例2：买方对卖方开具的见票后××天付款的跟单汇票，于提示时应立即承兑，并应于汇票到期日即予付款，付款后交单。(The Buyers shall duly accept the documentary draft drawn by the sellers at ×× days' sight upon first presentation and make payment on its maturity. The shipping documents are to be delivered against payment only.)

例3：买方对卖方开具的见票后××天付款的跟单汇票，于提示时应立即承兑，并应于汇票到期日即予付款，承兑后交单。(The Buyers shall duly accept the documentary draft drawn by the sellers at ×× days' sight upon first presentation and make payment on its maturity. The shipping documents are to be delivered against acceptance.)

(三)信用证方式

采用信用证方式，应在合同中明确规定开证时间、开证银行、信用证种类、信用证金额、装运期、有效期和到期地点等内容。

例1：买方应通过卖方可接受的银行于装运月份前××天开立并送达卖方不可撤销即期信用证，有效期至装运月份后第15天，在中国议付。(The Buyers shall open through a bank acceptable to the sellers an Irrevocable Sight Letter of Credit to reach the Sellers ×× days before the month of shipment, valid for negotiation in China until the 15th day after the month shipment.)

例2：买方应通过可为卖方所接受的银行于装运月份前××天开立并送达卖方不可撤销见票后30天付款的信用证，有效期至装运月份后第15天，在上海议付。(The Buyers shall open through a bank acceptable to the sellers an Irrevocable Letter of Credit at 30 days' sight to reach the sellers ×× days before the month of shipment, valid for negotiation in Shanghai until the

15th day after the month of shipment.)

(四)综合支付方式

例 1:买方需在装运月份前××天送达卖方不可撤销信用证,规定××%发票金额凭即期光票支付,其余××%金额用即期跟单托收方式付款交单。全套货运单据附于托收项下,在买方付清发票的全部金额后交单。如买方不能付清全部发票金额,则货运单据需由开证行掌握,凭卖方指示处理。(Payment by Irrevocable Letter of Credit to reach the Sellers ×× days before the month of shipment stipulating that ××% of the invoice value available against clean draft, while the remaining ××% against the draft at sight on collection basis. The full set of shipping documents shall accompany the collection draft and shall only be released after full payment of the invoice value. If the buyers fail to pay the full invoice value, the shipping documents shall be held by the issuing bank at the seller's disposal.)

例 2:凭以电汇汇给卖方总金额××的预付货款装运,汇款时列明合同号×××,其余部分货款以托收方式即期付款,付款后交单。(Shipment to be made subject to an advanced payment amounting ×× to be remitted in favour of sellers by telegraphic transfer with indication of S/C No. ××× and the remaining part on collection basis. Document will be released against payment at sight.)

应知考核

一、单项选择题

1. 租船运输中的速遣费与滞期费的大小关系是(　　)。

A. 速遣费=1/2 滞期费　　B. 速遣费=2 倍滞期费

C. 速遣费=滞期费　　D. 无关系

2. 下列不属于海运提单性质和作用的是(　　)。

A. 承运货物的收据　　B. 货物投保的凭证

C. 货物所有权凭证　　D. 运输合同的声明

3. 目前在实际业务中,使用最多的海运提单是(　　)。

A. 记名提单　　B. 不记名提单

C. 指示抬头、空白背书提单　　D. 空白抬头、记名背书提单

4. 海运提单的抬头是指提单的(　　)。

A. SHIPPER　　B. CONSIGNEE

C. NOTIFY PARTY　　D. VOYAGE No.

5. 我方出口稻谷一批,因保险事故被海水浸泡多时而丧失其原有用途,货到目的港后只能低价出售。这种损失属于(　　)。

A. 单独损失　　B. 共同损失　　C. 实际全损　　D. 推定全损

6. 有一批出口服装,在海上运输途中,因船体触礁导致服装严重受浸。如果将这批服装漂洗后再运至原定目的港所花费的费用已超过服装的保险价格。这批服装应属于(　　)。

A. 共同海损　　B. 实际全损　　C. 推定全损　　D. 单独海损

7. "仓至仓"条款是(　　)。

A. 承运人负责运输起讫的条款　　B. 保险人负责保险责任起讫的条款

C. 出口人负责交货责任起讫的条款　　D. 进口人负责付款责任起讫的条款

8.(　　)是三种基本险别中保险人责任最小的一种。

A. 平安险　　B. 水渍险　　C. 一切险　　D. 战争险

9. 按照《UCP 600》的规定，受益人最后向银行交单议付的期限是不迟于提单签发日后(　　)。

A. 11 天　　B. 15 天　　C. 21 天　　D. 25 天

10. 若汇票受款人一栏内写明“Pay to the order of …”，则该汇票(　　)。

A. 不可流通转让　　B. 可以经背书转让

C. 无须背书，即可流通转让　　D. 由出票人决定是否可以转让

二、多项选择题

1. 信用证支付方式的特点有(　　)。

A. 信用证是一种银行信用　　B. 信用证是一种商业信用

C. 信用证是一种自足文件　　D. 信用证是一种单据的买卖

2. 支票与汇票的区别在于(　　)。

A. 前者只能用作结算工具，后者既可作为结算和押汇工具，也可以作为信贷工具

B. 前者无须承兑，后者的远期汇票通常要经过承兑

C. 前者的提示期限较短，后者的提示期限相对要长得多

D. 前者可以止付，后者在承兑后不可撤销

3. 某土产公司出口肠衣一批，为防止在运输途中因容器损坏而引起渗漏，应投保(　　)。

A. 渗漏险　　B. 一切险

C. 一切险加渗漏险　　D. 水渍险加渗漏险

4. 一般附加险包括(　　)。

A. 淡水雨淋险　　B. 包装破裂险　　C. 拒收险　　D. 舱面险

5. 不是物权凭证的运输单据有(　　)。

A. 邮包收据　　B. 航空运单　　C. 直达提单　　D. 指示提单

三、简述题

1. 海上货物运输保险承保的范围有哪些？

2. 国际货物买卖合同中的装运条款应订明哪些主要内容？

3. 国际货物买卖合同中的保险条款应订明哪些主要内容？

4. 即期汇票和远期汇票的使用程序是什么？

5. 信用证主要包括哪些内容？

四、综合题

我国某公司向银行申请开立信用证，以 CIF 条件向法国采购奶酪 3 公吨，价值 3 万美元，提单已经收到，但货轮到达目的港后却无货可提。经查，该轮在航行中因遭遇暴雨袭击，奶酪被水浸泡，船方将其弃于海中。

1.“暴雨袭击”在海上风险中属于(　　)。

A. 自然灾害　　B. 意外事故　　C. 一般外来风险　　D. 特别外来风险

2. 奶酪被水浸泡而被丢弃所造成的损失，若想向保险公司索赔，我方至少应投保了(　　)。

A. 平安险　　B. 水渍险　　C. 提货不着险　　D. 一切险

3. 若我方已向保险公司投保了水渍险加(　　)，则可以向保险公司索赔损失。

A. 短量险　　　　　　　　　　　　B. 淡水雨淋险
C. 舱面的货物损失险　　　　　　　D. 受潮受热险
4. 本案例中的损失若已在保险责任范围内,则此时的损失应为(　　)。
A. 实际全损　　　B. 推定全损　　　C. 单独海损　　　D. 共同海损
5. 本案例中的损失若已在保险责任范围内,则应由(　　)凭保险单向保险公司索赔。
A. 卖方　　　B. 买方　　　C. 船方　　　D. 银行

应会考核

■ 观念应用

【背景资料】

(1)船舶航行中,船上意外失火而引起火灾,船长下令灌水灭火,致使部分货物受潮造成的损失。

(2)航行过程中,船长认为前方可疑船只为海盗船,命令立即掉头远离该船,却意外触礁,导致船壳钢板裂损。事后得知遇到的并非海盗船。

(3)船只因故搁浅,船长为脱浅,命令船员将部分货物抛入海中以卸载。船舶起浮后,船员由于疏忽仍继续抛货。

(4)船只搁浅之后,为使其脱浅而非正常地使用轮机而致轮机受损。

(5)船在航行中推进器失灵,导致船舶失控,船长向附近港口呼救,要求派拖轮,发生了拖轮费用。

【考核要求】

试分析以上哪种情况造成的损失属于共同海损?

■ 技能应用

表 7—12

序号	货物名称	运输方式	贸易术语	启运地	目的地	险别
1	花生	海运	CIF	上海	纽约	
2	茶叶	铁路联运	CIP	连云港	鹿特丹	
3	新闻纸	海运	FOB	大阪	大连	

【技能要求】

试填制上列贸易背景下应选择的保险险别。

■ 计算题

1. 深圳某公司对某商人出口茶叶 300 箱(每箱净重 20 千克),价格条款 CIF 伦敦每箱 50 英镑,向中国人民保险公司投保水渍险,以 CIF 价加成 10%作为投保金额,保险费率为 0.2%。问:保险金额及保险费为多少?

2. 山东某公司出口某种商品,对外报价为 FOB 青岛每公吨 400 美元,现外商要求改为 CIF 旧金山,已知运费为 FOB 青岛价的 5%、保险费费率为 0.5%、投保加成率为 10%。问:该如何报价?

3. 某商品对外报价每公吨 320 英镑 CFR 汉堡,但客户要求改报 CIF 汉堡,并按发票的 110%投保一切险和战争险(一切险费率为 0.3%、战争险费率为 0.05%)。问:应报价多少?

4. 我国某公司出口一批货物到伦敦港,货物共有 100 箱,每箱毛重 50 千克,体积 0.04 立方米,运费计算标准为M10级，基本运费为100元人民币，加港口拥挤费29%。问：总运费是多少？

5. 我国某公司向美国出口商品2 000箱，用纸箱包装，每箱毛重50千克，体积为0.045立方米，运费计算标准W/M10级，基本运费为380元人民币，加燃油附加费25%，港口拥挤附加费16%。问：应付多少人民币运费？

■ 案例分析

1. 北京某公司出口2 000公吨大豆，国外来证规定：不允许部分装运。结果我方在规定的期限内分别在大连和青岛各装1 000公吨于同一航次的同一船只上，提单上也注明了不同的装货港和不同的装船日期。

【分析要求】

我方做法是否违约？银行能否议付？

2. 某出口公司收到国外来证："允许部分装运，8月和9月每月装500公吨。"8月，出口公司分别将200公吨和300公吨的货物装上不同的船后发运。

【分析要求】

该出口公司能否顺利收汇？

3. 一货轮载货驶离A港口。开航后不久因空气湿度很大，导致已老化的电线短路引起大火，将装在甲舱的毛毯全部烧毁。船到B港卸货时发现，装在同一货舱中的烟草和茶叶由于毛毯燃烧散发的焦糊味而遭受不同程度的串味损失。其中，茶叶已完全失去原有的芳香，只能作为廉价的填充物处理。而烟草由于包装较好，串味不严重，经过特殊处理仍能销售，但等级已大打折扣，售价下降三成。在继续航行途中，该船不幸又与另一货轮相撞，船舶受损严重，乙舱破裂，舱内进入大量海水，剧烈的撞击及海水浸泡导致舱内装载的精密仪器受损严重。为了救险，船长下令用亚麻临时堵住漏洞，造成大量亚麻损失。在船舶停靠在避难港大修时，船方就受损精密仪器的抢修整理事宜向专家咨询，发现修复费用十分庞大，已超过货物的保险价值。为了方便修理船舶，不得不将丙舱和丁舱的部分纺织品货物卸下，在卸货时造成一部分货物钩损。

【分析要求】

该货轮的各部分损失属于什么类型和性质？

4. 有批陶瓷制品出口，由甲、乙两轮分别载运，货主投保了平安险。甲轮在航行途中与他船发生碰撞事故，陶瓷制品发生部分损失；而乙轮却在航行途中遇到暴风雨天气致使陶瓷制品相互碰撞而发生部分损失。事后，货主向保险人提出索赔。

【分析要求】

保险人应如何处理？若投保的是水渍险又当如何处理？

5. 某出口公司以CIF条件向南美某国出口花生酥糖1 000箱，投保一切险。由于货轮陈旧、航速太慢且沿线到处揽货，结果航行3个月才到达目的港。花生酥糖因受热时间过长而全部软化，难以销售。

【分析要求】

保险公司对此是否负责赔偿？

6. 我国某公司按CIF条件向中东某国出口一批货物，根据合同投保了水渍险附加偷窃提货不着险。但在海运途中，因该国内战，船被扣押，而后进口商因提货不着便向我国保险公司进行索赔，我国保险公司认为不属于保险责任范围，不予赔偿。

【分析要求】

我国保险公司是否有理？在投保什么险种的情况下保险公司予以赔偿？

7. 我国某外贸公司与德国某进口商达成一项皮具出口合同，价格条件为CIF汉堡，支付方式为不可撤销即期信用证,投保协会货物保险条款 ICC(A)险。生产厂家在生产的最后一道工序将皮具的湿度降低标准,然后用牛皮纸包好装入双层瓦楞纸箱后,再装入集装箱。货物到达目的港后,检验结果表明,全部货物湿、霉、玷污、变色,损失达 10 万欧元。据分析,该批货物进出口地的气候环境均无异常,完全属于正常运输。

【分析要求】

保险公司对该批货物是否负责赔偿?为什么?

■ 专业技能题

1. 专业术语翻译

(1)班轮运输 (2)海运提单 (3)整箱货 (4)航空运单 (5)GROSS TERMS
(6)Partial Shipment (7)Port of Loading (8)Container Freight Station (9)平安险
(10)水渍险 (11)一切险 (12)仓至仓条款 (13)保险单 (14)War Risk
(15)General Average (16)Particular Average (17)Insurable Interest
(18)汇票 (19)票汇 (20)即期信用证 (21)付款交单 (22)跟单托收
(23)Telegraphic Transfer (24)Back to Back Credit (25)D/A

2. 试翻译以下运输、保险、货款收付条款。

(1)Partial shipment allowed during Aug. /Oct. in three equal monthly shipments.

(2)Port of Loading:Chinese Main Ports, Port of Destination:Long Beach

(3)一旦装载完毕,卖方应在 48 小时内以电子邮件方式通知买方合同编号、品名、已发运数量、发票总金额、毛重、船名及启程日期等。

(4)装运时间:收到信用证后 30 天内装运。

(5)由卖方按发票金额加成 10%投保中国人民保险公司 1981 年 1 月 1 日制定的海洋运输货物保险条款平安险、串味险和包装破裂险。

(6)To be covered by the Sellers for 110% of invoice value against ICC(C) and Institute War Clauses(Cargo) as per ICC dated 2009/1/1,including warehouse to warehouse clause.

(7)买方应于合同签署后 5 天内,以电汇方式预付合同总值的 20%给卖方。买方在收到卖方的提单传真复印件后 5 个工作日内将剩余货款以电汇方式支付给卖方。

(8)买方应凭卖方开具的即期跟单汇票,于第一次见票时付款,付款后由代收行代理出口方交付以下单据:①手签商业发票一式三份。②签署的装箱单一式三份。③全套清洁已装船海运提单,做成空白抬头、空白背书,注明运费"到付",通知买方。

(9)The Buyers shall open through a bank acceptable to the Sellers a 60 days after sight Letter of Credit, to reach the Sellers before May 10,2024,valid for negotiation in China until the 15th day after the date of shipment upon the first complying presentation of the following documents required. Application for L/C shall be subject to the final confirmation of the Seller. The banking charges outside the issuing bank are for the account of the sellers. Documents required:

①Signed commercial invoice in 3 copies showing L/C No., Proforma Invoice Date and No..

②Packing List in 3 copies showing package No. ,quantity, gross weight and net weight.

③Full set of clean on board ocean B/L made out "to order of Issuing Bank", blank endorsed, marked "freight prepaid" and notify the Buyers.

④Certificate of Origin in 3 copies issued by public recognized surveyor at the loading port.

⑤Insurance policy in 2 copies for 110% of invoice value, blank endorsed covering All Risks and War Risks.

项目实训

【实训项目】

提高执行运输合同的能力。

【实训情境】

● 目标。该项练习旨在帮助学生掌握国际货物运输合同的有关规定,提高学生执行运输合同的能力。

● 内容。上海某A公司按FOB条件向美国B公司购买一批大宗商品,双方约定的装运期限为2024年5月份,后因A公司租船困难,接运货物船舶不能按时到港接货,出现了较长时间的货等船情况,B公司便以此为由撤销了合同,并要求赔偿。

● 时间。在讲完本项目有关内容之后,学生利用课余时间进行讨论。

【实训任务】

1. 任务要求

(1)将全班同学分成若干讨论小组,每组指定1个负责人。

(2)将案例打印好发给每组。

(3)提出问题:你认为B公司的做法是否合理。

(4)围绕案例和问题查询有关法律规定。

(5)每个小组同学在一起讨论,并得出结论。

(6)每个小组把讨论的情况在班级进行交流。

(7)教师给予点评。

2. 撰写《提高执行运输合同的能力》实训报告。

<table>
<tr><th colspan="3">《提高执行运输合同的能力》实训报告</th></tr>
<tr><td>项目实训班级:</td><td>项目小组:</td><td>项目组成员:</td></tr>
<tr><td>实训时间: 年 月 日</td><td>实训地点:</td><td>实训成绩:</td></tr>
<tr><td colspan="3">实训目的:</td></tr>
<tr><td colspan="3">实训步骤:</td></tr>
<tr><td colspan="3">实训结果:</td></tr>
<tr><td colspan="3">实训感言:</td></tr>
</table>

项目八　国际货物交易条件（三）

● **知识目标**

理解：货物的检验及进出口商品检验的程序；不可抗力和仲裁的概念。

熟知：索赔与理赔；合同中的索赔条款。

掌握：合同中的不可抗力条款；仲裁的特点；合同中仲裁条款的主要内容。

● **技能目标**

熟悉进出口商品检验的程序，学会填制进出口商品检验申请单，并清楚应提供哪些有关证件；熟悉不同法律对违约行为的不同解释，清楚索赔时限的规定，以及索赔金额的计算；熟悉不可抗力范围的具体规定；熟悉仲裁的程序和仲裁条款的格式。

● **素质目标**

能够认识货物的检验、索赔、不可抗力、仲裁也是国际货物交易的条件。同时，具有办理进出口商品检验工作、处理具体的索赔理赔事宜、解决意外事故等的能力；具有在合同中订立进出口商品检验、索赔理赔、不可抗力和仲裁方面条款的能力。

● **思政目标**

通过学习，培养学生的诚信经营意识，具备良好的社会职业道德与规范，根据商业社会规则和经济形势进行谈判与磋商；签订合同后，能够按照合同法的要求，及时履行合同，既保证自身的商业利益，又能够考虑到合作伙伴的权益。

● **项目引例**

品质争议仲裁案

厦门S公司（卖方）与香港A公司于2024年2月28日签订了一份合同，由S公司提供海藻酸钠17公吨。合同条款规定：货物品质黏度为250～280CPS，装运日期为当年3月至4月10日，在厦门至香港允许转运和分批装运，检验条款规定“品质、数量、重量以海关或生产厂房所出的证明书为最后依据”。价格条款为CIF香港每吨5 380美元，货款总金额为91 460美元。A公司于当年3月3日向S公司开出信用证，并于3月23日通过开证行支付S公司货款总计91 734.01美元。3月9日，货物在厦门装船，3月11日到达香港地区。

货到香港后，A公司根据其与香港B公司签订的合同，以每公吨5 750美元的价格将17公吨海藻酸钠售予B公司，并于3月20日给B公司提供了检验证书，称所售货物的黏度不小于280CPS。B公司又依照其与德国VHI公司签订合同，将17公吨海藻酸钠转卖给VHI公司。目的港为荷兰鹿特丹港，B公司给VHI公司的检验证书及其译本中表明所售货物的黏度不小于280CPS。4月19日，货物装抵荷兰鹿特丹港，VHI公司提出货物的黏度达不到其与B公司所签订的合同规定的标准，并请瑞士SGS商检机构对货物进行抽样检验。SGS于5月17日签发的检验报告表明，被抽检的货物的样品黏度为108～111CPS。11月22日，VHI公司在香港特区高等法院对B公司提起诉讼，要求赔偿全部损失。B公司又向A公司追索，A公司向S公司追索，S公司拒赔，最后由A公司认赔750 000港元。A公司遂向中国经济贸易仲裁委员会提出仲裁要求。

● **引例讨论**

你认为中国经济贸易仲裁委员会会做出什么样的决定？

【课程思政】通过本项目的学习，提高对争端预防与争端解决的融合发展的认识，这是实现市场主体和国际社会“法治健康”的可行路径，也符合法律和法治的发展规律。这有助于构建完善的国际商事争端治理体系，有利于推动“一带一路”建设和国际贸易投资繁荣发展，从而推动构建人类命运共同体。因此，我们要树立依法办事的法律意识，强化对公正与法治观念的理解和体会，砥砺前行，把我国建设成为富强、民主、文明、和谐、美丽的中国式现代化社会主义强国。

● **知识支撑**

任务一 货物的检验

在国际贸易业务中，买卖双方要证实交货的商品在品质、数量和包装等方面是否符合合同规定，就必须进行商品检验。买卖双方在履行合同时，一方违约给另一方造成经济损失时，除不可抗力之外，受损失的一方有权向违约的一方提出赔偿损失的要求，即索赔。如果买卖双方就违约行为难以和解而发生争议时，可通过仲裁的方法来解决。如果世贸组织成员间发生贸易争端，可以通过世贸组织贸易争端解决机制来解决。为维护双方的合法权益，买卖双方在商订合同时，要在合同中订立检验、索赔、不可抗力和仲裁等条款。

一、货物检验的内容和作用

货物检验工作是对外贸易业务中一个不可或缺的环节。出口商不仅要按时、按地点交货，而且要按合同中规定的品质、数量和包装交货。因此，买卖双方要证实所交付的货物在品质、数量和包装方面是否符合合同规定，就必须进行货物检验。货物检验，是指在国际货物买卖过程中，由具有权威性的专业性商检机构对出口方交付的货物按照合同的规定进行品质、数量和包装等方面的鉴定。同时，对某些货物，根据国家的法律或政府法令的规定进行安全、卫生、环境保护和劳动保护等条件的检验，以及动植物病虫害的检疫。

上述各种规定说明，无论是一个国家的法规还是有关国际公约，都承认和规定买方有权对卖方交付的货物进行检验。但是必须指出，若买方没有利用合理的机会检验货物，那么也就等于放弃了检验权，从而也就丧失了拒收货物的权利。鉴于货物的检验权问题直接关系到买卖双方在货物交接方面的权利和义务，而在实际业务中又存在着各种不同的做法，为了慎重起见，买卖双方应在合同中就买方是否行使以及如何行使检验权的问题作出明确规定。

视野拓展8—1　我国必须向海关报检、由海关实施检验检疫的对象

这包括：列入《出入境海关实施检验检疫的进出境商品目录》内的货物；入境废物、进口旧机电产品;出口危险货物包装容器的性能检验和使用鉴定;进出境集装箱;进境、出境、过境的动植物、动植物产品及其他检疫物;装载动植物、动植物产品和其他检疫物的装载容器、包装物、铺垫材料;进境动植物性包装物、铺垫材料;来自动植物疫区的运输工具;装载进境、出境、过境的动植物、动植物产品及其他检疫物的运输工具;进境拆解的旧船舶;出入境人员、交通运输工具、运输设备及可能传播检疫传染病的行李、货物和邮包等物品;旅客携带物和携带伴侣动物;国际邮寄物;其他法律法规规定需要经过海关实施检验检疫的其他应检对象。

(一)商品检验的主要内容

商品检验(Commodity Inspection)简称"商检",主要内容包括:品质检验、数量和重量检验、包装检验、残损检验和卫生检验(主要是对肉类罐头食品、奶制品、禽蛋及蛋制品、水果等商品是否无菌、无寄生虫等进行检验)。我国《民法典》第 620 条规定:买受人收到标的物时应当在约定的检验期限内检验。没有约定检验期限的,应当及时检验。

案例应用 8—1　　进口希腊原棉严重霉烂残损案

浙江纺织品进出口公司通过香港华润纺织原料有限公司从希腊进口原棉 3 930.65 公吨,计 17 869 包,货物总价值 6 689 152 美元,由萨洛尼港装"鲁西加"轮于 2024 年 7 月 26 日运抵上海。卸货时发现原棉严重水湿、霉烂、破损、脏污,便立即停卸,并向上海进出口商品检验局申请商检事宜。试问:此案例给我们哪些启示?

案例精析

案例应用8-1

商品检验除上述内容外,还包括船舱检验、监视装载、鉴封样品、签发产地证书和价值证书、委托检验等项内容。

(二)商品检验的作用

1. 从商品出口的角度

通过商品检验,确定出口商品的数量、质量、包装等与买卖合同的规定是否相符,杜绝或制止假冒伪劣商品出口,以维护合同的严肃性,提高产品的美誉度、企业的信誉度和国家的声誉度,同时也保障买方的利益,促进商品买卖业务的顺利进行。另外,通过商品检验,可以发现出口商品存在的缺陷和不足,找出存在问题的原因,提出补救和改进的对策,不断提高出口商品的生产技术水平和管理水平,从而推动出口贸易的发展。

2. 从商品进口的角度

通过商品检验,严把进口商品的数量关和质量关,防止国外不法商人在履约交货中短缺数量、以次充好、以旧冒新、以假当真,揭露他们图谋诈骗的违法行为,维护我国进口商、用户单位和广大消费者的合法权益,促进国际贸易的健康发展。

可见,商品检验及合同中的检验条款,对维护买卖双方的合法权益、促进进出口业务的顺利进行起着积极的、不可或缺的作用。

二、检验的时间和地点

(一)在出口国检验

这种检验方法又可分为工厂检验(或产地检验)、装船前或装船时检验

1. 工厂检验

此种检验方法是由出口国生产工厂的检验人员按照合同规定会同买方验收人员于货物在工厂发运前进行检验。卖方承担货物离厂前的责任,买方承担在运输途中出现的品质、数量等方面的风险。这是国际贸易中普遍采用的习惯做法。我国在进口重要商品和生产线一类设备时一般采取工

厂检验，即在出口国发货前于工厂安装运转测试，凡发现有质量问题的，由供货厂家立即解决。

2. 装船前或装船时在装运港检验

出口货物在装运港装船前，以双方约定的海关验货后出具的品质、重量和包装等检验证明，作为决定商品品质和重量的最后依据。这也称作离岸品质和离岸重量(Shipping Quality and Shipping Weight)。所谓最后依据，是指卖方取得海关出具的各项检验证书时，就意味着所交货物的品质和重量与合同的规定相符，买方对此无权提出任何异议，从而否定了买方对货物的复验权，除非买方能证明，货到目的地时变质或短量是由于卖方未能履行合同要求的品质、重量、包装等条件，或因货物固有的瑕疵而引起的。离岸品质和离岸重量所代表的是风险转移时的质量和重量，至于风险转移后，货物在运输途中所发生的货损，买方仍然有权向有关责任方面索赔。

装船时检验，是指用传送带或机械操作的办法进行装船的散装货，在装船的过程中抽样检验或衡量，这与装船前检验一样，也属于离岸品质和离岸重量。

(二)在进口国检验

在进口国检验是指在进口国目的港、将货物运至买方营业处所或最终用户所在地进行检验。进口国目的港检验是指货至目的港卸船后，由双方约定的目的港海关验货并出具品质、重量等检验证明作为最后依据。这也称作到岸品质和到岸重量(Landed Quality and Landed Weight)。

对于密封包装的货物，或规格复杂、精密度高的货物，不能在使用之前开拆包装检验，或需要具备一定的检验条件和检验设备才能检验时，可将货物运至买方营业处所或最终用户所在地进行检验。由这里的检验机构出具的品质、重量等证明作为最后依据。

【提示】 实践中，如发现货物的品质或重量等与合同规定不符而责任属于卖方时，买方可向卖方提出索赔或按双方事先约定处理。

(三)出口国检验和进口国检验相结合

出口国检验和进口国检验相结合又分为出口国装运港检验、进口国目的港复验相结合，以及装运港检验重量、目的港检验品质相结合两种做法。

出口国装运港检验、进口国目的港复验相结合是指出口国装运港海关验货后出具的检验证明，作为卖方向银行议付货款的单据之一，而不作为最后依据。货到目的港后由双方约定的检验机构在规定的时间内复验，如发现货物的品质、重量等与合同规定不符而责任属于卖方时，买方可根据检验机构出具的复验证明向卖方提出异议，并作为索赔的依据。这种检验办法比较公平合理，因而在国际贸易中被广泛应用。

装运港检验重量、目的港检验品质相结合是指是以装运港检验机构验货后出具的重量检验证书作为最后依据，以目的港检验机构出具的品质证书作为最后依据。这也称作离岸重量和到岸品质(Shipping Weight and Landed Quality)。这种做法多应用于大宗商品交易的检验中，以调和买卖双方在检验问题上存在的矛盾。

三、货物检验机构

国际贸易中有关商品检验工作，一般是由专业性的部门或企业来办理的。这些部门和企业的名称多种多样，如公证鉴定人、宣誓衡量人或实验室等。尽管这些部门的名称叫法不一，但从它们的工作性质来说，统称为检验机构。

(一)国际贸易中从事商品检验机构的种类

大致包括：①官方机构，即由国家设立的检验机构；②非官方机构，即由私人或同业协会等开设的检验机构，如公证行；③工厂企业、用货单位设立的化验室、检测室等。

在实际交易中选用上述哪类检验机构检验商品，取决于各国的规章制度、商品性质及交易条件等。

检验机构国别的选定一般是与检验的时间和地点联系在一起的。在出口国工厂或装运港检验时,一般由出口国的检验机构检验;在目的港或买方营业所检验时,一般由进口国的检验机构检验。当然,对某些商品,双方也可以约定由买方派人到供货的工厂或出口地检验,或由双方派人实施联合检验。

(二)国际上的检验机构

目前,国际上比较著名的检验机构有:美国粮谷检验署、美国食品药物管理局、法国国家实验室检测中心、日本通商产业检查所等官方设立的检验机构,以及瑞士日内瓦通用公证行、美国保险人实验室、英国劳合公证行、日本海事鉴定协会、中国香港天祥公证化验行等民间或社团检验机构。

(三)我国的检验机构

我国现在从事进出口商品检验的机构是海关。海关的主要检验任务有三项:①对重点进出口商品实施法定检验;②对所有进出口商品的质量和检验工作实施监督管理;③办理对外贸易公证鉴定业务。

法定检验是根据国家有关法令的规定对重点进出口商品实行的一种强制性检验。目前,由海关实施法定检验的商品的范围包括:①凡列入"种类表"的进出口商品。②我国《食品卫生法》规定应实施卫生检验的出口食品和食品原料。③《国家进出口动植物检疫条例》规定应实施检疫的出口贸易性动物产品。④根据国外法规要求强制检验或认证的商品。⑤未列入"种类表"的商品,但对外贸易合同规定由海关出证的进出口商品。

【提示】凡属于法定检验范围的进出口商品,有关单位必须及时向海关办理报验,待检验发证放行后,方可进出口,以维护国家的信誉和利益。

四、检验证书及其作用

(一)检验证书

检验证书是进出口商品经海关检验、鉴定后出具的证明文件。在交易中,经买卖双方同意,也可由出口商品生产单位或进口商品的使用单位出具证明,该项证明也起检验证书的作用。常见的检验证书有:

(1)品质检验证书(Inspection Certificate of Quality)。运用各种检测手段,对进出口商品的质量、规格、等级进行检验后出具的书面证明。

(2)重量检验证书(Inspection Certificate of Weight)。根据不同的计重方式证明进出口商品的重量。

(3)数量检验证书(Inspection Certificate of Quantity)。根据不同计量单位,证明商品的数量。

(4)兽医检验证书(Veterinary Inspection Certificate)。证明动物产品在出口前经过兽医检验,符合检疫要求,如冻畜肉、皮张、毛类、绒类、猪鬃及肠衣等商品,经检验后出具此证书。

(5)卫生检验证书(Inspection Certificate of Health)。出口食用动物产品,如肠衣、罐头食品、蛋品、乳制品等商品,经检验后使用此种证书。

(6)消毒检验证书(Disinfection Inspection Certificate)。证明出口动物产品经过消毒,使用此种证书,如猪鬃、马尾、羽毛、人发等商品。

(7)产地检验证书(Inspection Certificate of Origin)。证明出口产品的产地时使用此种证书。

(8)价值检验证书(Inspection Certificate of Value)。需要证明产品的价值时使用此种证书。

(9)验残检验证书(Inspection Certificate on Damaged Cargo)。证明进口商品残损情况,估定残损贬值程度,判断残损原因,供索赔时使用的一种书面文件。

除上述各种检验证书之外，还有证明其他检验、鉴定工作的“检验证书”，如验舱证书(Inspection Certificate on Tank/Hold)、货载衡量(On Cargo Weight & Measurement)等证书。

在国际货物贸易业务中，出口方究竟提供何种证书，要根据成交货物的种类、性质、有关法律和贸易习惯以及政府的涉外经济贸易政策而定。例如，在我国出口冻禽、冻兔、皮张、毛类、猪鬃及肠衣等货物时，除规定出具品质检验证书、重量检验证书外，往往还需要出具兽医检验证书。又如，出口罐头食品、蛋制品、乳制品、冻鱼等，除提供品质检验证书、重量检验证书外，还需要提供卫生检验证书。因此，为了明确要求，分清责任，在检验条款中应订明所需证书的类别。

(二)检验证书的作用

在国际贸易中，商品检验证书有如下作用：

(1)作为证明卖方所交货物的品质、重量、包装和卫生条件等是否符合合同规定的依据。

(2)作为买方对品质、重量、包装等条件提出异议，拒收货物，要求索赔，解决争议的凭证。

(3)作为有关银行议付货款的一种单据。如果检验证明中所列的项目或检验与信用证中的规定不符，有关银行可以拒绝议付货款。

(4)作为通关验关的有效证件。凡列入“种类表”及其他法律、行政法规规定实施强制性检验的进出口商品由海关予以检验出证，作为经营进出口业务的检验申请人据以向海关报关验收的有效法律证件。

(5)作为证明货物的装卸、运输中的实际情况，明确责任归属的依据。货物在流通过程中，往往因装卸、搬运或其他原因而发生短量、残损或变质等情形，其责任究竟由发货人、承运人、保险人中哪一方承担，往往难以确定，海关签发的有关证件如监视装载、监视卸载、舱口监视等证书，就是证明货物装卸时的状况，明确责任界限和处理货损、货差责任事故的有效凭证。

五、进出口商品的检验程序

进出口商品的检验工作，无论是进出口商品的收货人、发货人及其他关系人办理检验，还是海关实施检验，都必须按照一定的程序来进行。我国进出口商品检验工作程序一般分三个阶段：申请检验、实施检验、签发证书。

(一)申请检验

申请检验阶段分为报验和海关受理检验两个环节。

(1)报验。管理员账号登录“单一窗口”后，在管理员信息—我的资质—填写报检单位注册号；如未绑定，系统会提示“请绑定报检注册号再继续操作”。包装和适载检验既可以在业务申报界面上传随附单据，也可以在通过点击菜单“报检无纸化”—“电子单据申报”，点击按钮“其他电子单据申报”，在打开的界面中选择对应“业务类型”，输入报检号进行上传。

①出口商品报验。全国海关全面启用海关新无纸化平台，企业须通过国际贸易“单一窗口”进行申报。其他渠道申报的无纸化随附单据，海关新无纸化平台将无法进行受理。报验的时间一般在发运前7～10天，鲜货则应在发运前3～10天；如申请单位不在商检部门所在地，则报验的时间应为发运前10～15天。

②进口商品报验。登录“单一窗口”，选择菜单“报检无纸化”项下“电子单据申报”，点击按钮“其他电子单据申报”，进入“电子单据录入”页面后，“报检号/报关单号”一栏可以输入两步申报入境报关单号，进行关联上传附件。进口商品的报验时间，最长不得多于1/3对外索赔有效期时间。如货物有残损、缺少，还需附理货公司与轮船大副共同签署的货物残损报告单、大副批准或铁路商务记录等有关证明材料。

(2)受理。海关在收到进口商品报验申请后，受理报验的人员在“单一窗口”后台对所填内容逐项审核,并对所需附件的有关单证逐一核对。在审核无误的基础上受理报验。之后,将全套单证移送有关检验部门,安排检验。

【注意】 登录“单一窗口”录入完相关信息后,当申报单据状态为可修改(暂存、发往海关失败、海关入库失败、退单)的情况下企业可以选择原单修改补充上传再申报;也允许对于同一票报检单进行多次申报随附单据,即新增电子单据申报重新录入同样的报检号进行上传附件申报。

(二)实施检验

实施检验阶段分为现场抽样和检验或鉴定两个环节。

(1)现场抽样。抽样就是按照规定的标准和方法,从整批商品中抽取一定数量的代表性样品。为使样品能代表整批货物的质量,一般采用随机抽样的方法。

(2)检验或鉴定。检验就是按照合同或技术标准的规定,对样品的有关特性进行检查、试验、测量或计量。鉴定是指对外贸易公证鉴定业务。检验和鉴定是进出口商品检验工作的中心环节。

(三)签发证书

对于出口检验,经检验机构检验合格后,签发“放行单”,或在“出口货物报关单”上加盖放行章。如合同、信用证规定由海关检验出证,或国外要求签发商检证书的,应根据规定签发所需证书。

对于进口商品,经检验后签发“检验情况通知单”或“检验证书”。凡由收(用)货单位自行验收的进口商品,如发现问题,应及时向海关申请复验。如复验不合格,签发商检证书,供对外索赔用。

《中华人民共和国进出口商品检验法》规定,凡在商检范围内,进口商品未经检验而擅自销售、使用的,出口商品未报验或检验不合格而擅自冲关出口的,将由海关处以重罚。如情节严重并造成重大经济损失的,将对直接责任人员追究刑事责任。

【注意】 我国《刑法》第230条规定:违反进出口商品检验法的规定,逃避商品检验,将必须经商检机构检验的进口商品未报经检验而擅自销售、使用,或者将必须经商检机构检验的出口商品未报经检验合格而擅自出口,情节严重的,处三年以下有期徒刑或者拘役,并处或者单处罚金。

六、合同中的商检条款

(一)出口合同的商检条款

(1)以装运港检验证书为最后依据,如“双方同意以装运港中国海关所签发的品质/重量检验证书为最后依据,对双方具有约束力”。

(2)以装运港检验证书为议付货款的依据,货到目的港后买方有权复验。

目前,在我国出口贸易中,一般采用出口国检验、进口国复验的办法,即货物在装船前由我国海关进行检验,并签发检验证书,作为向银行议付货款的依据;货到目的港后允许买方有复验权,并以目的港海关验货后出具的检验证明作为索赔的依据。具体规定如下:“双方同意以装运港中国海关签发的品质和数(重)量检验证书作为信用证项下议付单据的一部分,买方有权对货物的品质、数(重)量进行复验。复验费由买方负担。如发现品质和/或数(重)量与合同不符,买方有权向卖方索赔。索赔期限为货到目的港××天内。”

(二)进口合同的商检条款

在进口业务中,我方处于买方地位。因此,合同中商检条款的订立应持慎重态度。根据不同情况,进口合同中的商检条款有以下几种规定办法:

(1)双方同意以商品制造厂出具的品质及数量或重量证明书作为有关信用证项下付款的单据之一。货物的品质及数量或重量检验应按下列规定办理:货到目的港××天内,经中国海关复验,如发现品质、数量或重量与本合同规定不符时,除属保险公司或船公司负责外,买方凭中国海关出具的检验证明书,向卖方提出退货或索赔。因退货或索赔引起的一切费用(包括检验费)及损失,均由卖方负担。在此情况下，凡货物适于抽样者，买方可应卖方要求，将货物的样品寄交卖方。

(2)双方同意以卖方同意的买方国家海关或公证行出具的品质、数量或重量证明书和买方派人监造、监运、监装的证明书共同作为检验议付单据。具体做法是：货物到目的港××天内经中国海关复验，如发现品质、数量或重量与合同规定不符时，买方可凭中国海关出具的检验证书，向除卖方之外的有关当事人索赔。

(3)根据我国《进口商品质量监督管理办法》的规定，对于某些重要的进口货物，可以根据合同规定，到出口国进行货物装运前的事先检验、监造或监装，最后应当以到货后的检验为准。

卖方收到买方的索赔通知后，如在 30 天内未予答复，则应视为同意买方提出的一切索赔条件。

(三)订立检验条款应注意的问题

订立检验条款应注意的问题包括以下方面：①检验条款应与合同中的其他条款相互衔接。②品质条款应订得明确、具体，不能模棱两可，致使检验工作失去确切依据而无法进行，或只能按照不利于出口人的最严格的质量标准进行检验。③应明确规定复验的地点、复验期限和机构名称。④凡用地名、牌名、商标表示品质时，卖方所交合同货物既要符合传统优质的要求，又要有确切的质量指标说明，为检验提供依据；凡按样品成交的出口商品，交货的品质应与样品一致；样品与文字说明并用时，应明确二者的关系，说明以何者为准，使检验工作有据可循，还应将一份样品报送海关，以便凭以验货出证。⑤应明确规定检验标准和方法。⑥应明确规定商品包装的结构、方法以及所使用的材料。

任务二 索 赔

国际货物买卖的索赔一般有三种，即货物买卖索赔、运输索赔和保险索赔，本任务只讨论货物买卖索赔。

一、争议

争议(Disputes)是指买卖一方认为另一方未能全部或部分履行合同规定的责任和义务所引起的纠纷。从争议由买卖哪方引起的来看，可分为以下几种情况：

(1)卖方违约。如未按合同规定的时间、品质、数量、包装交货，或所提供的货运单据种类不齐、份数不足等。

(2)买方违约。在按信用证支付方式成交的条件下，未按合同规定按期开出信用证或不开信用证；不按合同规定付款赎单，无理拒收货物；在 FOB 条件下，不按合同规定如期派船接货等。

(3)买卖双方均有违约责任。如合同条款规定不明确，致使双方理解或解释不一致，造成一方违约，引起纠纷；在履约中，双方均有违约行为。

从违约的性质看，争议产生的原因：①当事人一方的故意行为导致违约而引起争议；②由于当事人的疏忽、过失或业务生疏导致违约而引起争议；三是对合同义务的重视不足而引起争议。

二、索赔与理赔

索赔(Claim)，是指受损失的一方向违约的一方提出赔偿损失的要求。理赔是指违反合同的一方受理受损方提出的赔偿要求的表示。索赔和理赔是一个问题的两个方面，在受害方是索赔，在违约方是理赔。

《联合国国际货物销售合同公约》[①]把违约区分为根本性违约(Fundamental Breach)和非根本性违约(Non-fundamental Breach)两类。根本性违约是指一方当事人违反合同的结果,如使另一方当事人蒙受损害,以致实际上剥夺了他根据合同规定有权期待得到的东西。这种根本违反合同是由当事人的主观行为造成的,以致给另一方当事人造成实质性的损害,如卖方完全不交付货物,或买方无理拒收货物、拒付货款。如果由于当事人不能预知,而且处于相同情况下换另外一个人也不能预知会发生这种结果,也就是说不是当事人的主观行为造成的,那么就不构成根本性违约。《公约》规定,如果一方当事人根本性违约,另一方当事人可以宣告合同无效,并要求损害赔偿。如果是非根本性违约,则不能解除合同,只能要求损害赔偿。

大陆法系国家一般将违约的形式概括为不履行合同和延迟履行合同两种情况。前者又称给付不能,是指债务人由于种种原因,不可能履行其合同义务。后者又称给付延迟,是指在债务人履行期已届满,而且是可能履行的,但债务人没有按期履行其合同义务。违约方是否要承担违约责任,则要看是否有归责于他的过失。如果有过失,违约方才承担违约的责任;但是当事人不履约时,只要能证明自己无过错,就可不承担任何责任。

英国的《货物买卖法》将违约分为违反要件和违反担保两种。①违反要件(Breach of Condition)是指违反合同的主要条款,即违反与商品有关的品质、数量、交货期等要件;在合同的一方当事人违反要件的情况下,另一方当事人,即受损方有权解除合同,并有权提出损害赔偿。②违反担保(Breach of Warranty)是指违反合同的次要条款,受损方只能提出损害赔偿,而不能解除合同。

美国的法律将违约分为"重大违约"(Material Breach)与"轻微违约"(Minor Breach)两种。重大违约是指当事一方没有履行合同或履行合同有缺陷,致使他方当事人不能得到该项交易的主要利益,受损害的一方当事人可以解除合同并请求损害赔偿。轻微违约是指当事一方在履约中尽管存在一些缺陷,但受损害的一方当事人已经从合同履行中得到该交易的主要利益,如履行的时间略有延迟,交付的货物数量和品质与合同略有出入等。

我国法律中也有类似《公约》的规定。我国《民法典》第562条规定:当事人协商一致,可以解除合同。当事人可以约定一方解除合同的事由。解除合同的事由发生时,解除权人可以解除合同。第563条规定:有下列情形之一的,当事人可以解除合同:①因不可抗力致使不能实现合同目的;②在履行期限届满前,当事人一方明确表示或者以自己的行为表明不履行主要债务;③当事人一方迟延履行主要债务,经催告后在合理期限内仍未履行;④当事人一方迟延履行债务或者有其他违约行为致使不能实现合同目的;⑤法律规定的其他情形。

三、合同中的索赔条款

进出口合同中对索赔条款有两种规定方式:一种是异议和索赔条款;另一种是罚金条款。在一般的货物买卖合同中,多数只订异议和索赔条款,但在大宗货物买卖和机械设备购置的合同中,还须另订罚金条款。

(一)异议和索赔条款

异议和索赔是指买卖合同中关于处理索赔和违约责任的规定。其内容除规定一方违反合同规定,另一方有权索赔外,还主要包括索赔依据、索赔期限、索赔办法和索赔金额等。

1. 索赔依据

索赔依据主要是规定提出索赔必须具备的证据以及出证的机构。索赔时必须按规定提供齐全有效的证据。若证据不全、不清,出证机构不符合要求,都可能遭到对方拒赔。因此,在规定索赔依

---

① 《联合国国际货物销售合同公约》,简称《公约》,本书以下内容采用简称表示。

据时，要与检验条款规定的内容相一致。索赔依据包括法律依据和事实依据两个方面。法律依据是指贸易合同和有关国家的法律规定；事实依据是指违约的事实真相及其书面证明，以证实违约的真实性。

2. 索赔期限

索赔期限主要是规定索赔一方向违约一方提出索赔要求的有效期限。如逾期提出索赔，违约方可不予理赔。因此，关于索赔期限的规定必须根据不同种类的商品做出合理安排。对那些易变质的商品，索赔的期限应尽量定得短一些，而对机器设备之类货物的索赔期限则可定得长一些，特别是对机器设备的质量订有保证期限的合同，索赔期限可规定为一年或一年以上。总之，在合同中索赔期限的规定，要根据商品性质及检验所需时间多少等因素而定。除一些性能特殊的货物（如机器设备等）外，一般不宜过长或过短。索赔期限过长，会使卖方承担过重的责任；索赔期限过短，又会使买方无法行使索赔权。

规定索赔期限时，还须对索赔期限的起算时间作出具体规定，通常有以下几种起算方法：①货物到达目的港后××天内提出；②货物到达目的港卸离海轮后××天内提出；③货物到达买方营业处所或用户所在地后××天内提出；④货物经检验后××天内提出。

在我国出口合同中，关于异议和索赔条款的规定大致如下：买方对于装运货物的任何索赔，必须于货到提单规定的目的地后××天内提出，并须提供经卖方同意的公证机构出具的检验报告。

3. 索赔办法和索赔金额

关于这个问题，除个别情况外，一般对此不作具体规定，而只在合同中作笼统的注明。因为违约原因复杂多样，在订立合同时难以预计。关于索赔金额，《公约》第 74 条明确规定："一方当事人违反合同应承担的损害赔偿额，应与另一方当事人因此而遭受的包括利润在内的损失额相等。"实际业务中，损失额有时比较清楚，有时却相当模糊，作为受损方，要本着实事求是、公平合理的原则来计算索赔金额，不可漫天要价。

（二）罚金条款

罚金条款是指合同中规定，如一方未履约或未完全履约，应向对方支付一定数量的约定金额。此条款一般适用于卖方延期交货，或者买方迟延开立信用证或延期接货等场合。罚金金额的多少与违约的时间长短相关，并应该规定最高限额。

违约金的起算日期有两种计算方法：①合同规定的交货期或开证期终止后立即起算；②规定优惠期，即在合同规定的有关期限终止后再宽限一段时间，在优惠期内免予罚款，待优惠期届满后起算罚金。卖方支付罚金后并不能解除继续履行合同的义务。

关于合同中的罚金条款，各国在法律上有不同的解释和规定，在外贸工作中应分国别进行研究和掌握。例如，英国的法律把合同中的固定赔偿金额条款按其性质分为两种：①"固定的损害赔偿金额"，这种赔偿金额是由当事人按双方在订立合同时，根据预计未来违约造成损失而估定的；②"罚款"，这种罚款则是当事人为了保证合同的履行而对违约方收取的罚金。

我国《民法典》第 585 条规定：当事人可以约定一方违约时应当根据违约情况向对方支付一定数额的违约金，也可以约定因违约产生的损失赔偿额的计算方法。约定的违约金低于造成的损失的，人民法院或者仲裁机构可以根据当事人的请求予以增加；约定的违约金过分高于造成的损失的，人民法院或者仲裁机构可以根据当事人的请求予以适当减少。当事人就迟延履行约定违约金的，违约方支付违约金后，还应当履行债务。

案例应用 8—2　　出口产品质量不合格遭索赔

出口商甲与进口商乙订立买卖合同并提供样品,由乙开出以甲为抬头的信用证。甲又与企业丙订立与此买卖合同内容完全相同的合同,企业丙接受订货后自行包装交货。而甲因与乙、丙的合同内注明“以生产企业检验为最后标准”。同时,甲与丙的合同内也订明与规格品质不符的,由丙负责调换或赔偿,没有另外选择检验及验货。货物到达国外,进口商乙发现货物的品质、规格皆不符合要求而提出赔偿要求。

案例精析

案例应用8-2

请问:丙有无道德缺失的问题?甲是否应负完全赔偿责任?或可否将责任推给丙?乙能否直接控告丙?或必须先告甲,由甲再告丙?如仲裁赔款应由何方负担?

任务三　不可抗力

一、不可抗力的概念

不可抗力(Force Majeure),是指在合同签订之后,签订合同的一方遇到了人力所不能控制的意外事故,以致不能履行合同或不能如期履行合同。不可抗力造成违约时,有关当事人可根据合同或法律的规定免除不履行合同或不能按期履行合同的责任,而另一方无权要求其履行合同或赔偿损失。

不可抗力事故通常可分为两种情况:一种是由于自然力引起的,如风灾、水灾、旱灾、雪灾、地震等;另一种是由于社会原因引起的,如战争、政府封锁、禁运等。在国际上对自然力引起的各种灾害,在解释上比较一致;而对于社会原因所引起的意外事故,在解释上经常发生分歧。其原因是:一方面,由于社会现象比较复杂,解释起来有一定困难;另一方面,由于不可抗力是一项免责条款,买卖双方特别是卖方都希望扩大不可抗力的范围,以减少自己的合同履约责任。在社会原因引起的不可抗力的范围方面,有的卖方把生产制作过程中的意外事故、战争预兆、罢工、怠工、货物运输中的事故、原材料匮乏、能源危机、原配件供应不及时,以及航运机构的怠慢、未按预定日期出航等,统统归为不可抗力的范围。因此,在签订不可抗力条款时,应认真分析,区别不同情况做出不同处理,不能盲目接受。对于一些含义不清或根本不属于不可抗力范围的事件,则不应列入;属于政治性的事件,买卖双方可在事件发生时根据具体情况协商解决。

不可抗力不仅是合同的一项条款,也是一项法律原则,在国际贸易中不同的法律、法规等对不可抗力都有相关规定。例如,《公约》在其免责一节中规定:“如果他能证明此种不履行义务,是由于某种非他所能控制的障碍,而且对于这种障碍没有理由预期他在订立合同时能考虑到或能避免或克服它或它的后果。”在这种情况下,一方当事人不能履行义务,可予免责。又如,在英美法系国家的法律中有“合同落空”原则的规定,在大陆法系国家也有“情势变迁”或“合同失效”原则的规定。这些称呼尽管不同,但其精神则大体上是相同的。其主要包括以下几点:①意外事故必须发生在合同签订以后;②不是因为合同当事人双方自身的过失或疏忽而导致的;③意外事故是当事人双方所不能控制的、无能为力的。

二、合同中的不可抗力条款

(一)在货物买卖合同中订明不可抗力条款的必要性

在货物买卖合同签订后发生的当事人双方无法控制的意外事故能否构成不可抗力,以及引起怎样的后果，国际上并无统一的解释，因而容易导致当事人之间出现意见分歧，产生纠纷。为了避免这种现象的发生，防止一方当事人任意扩大或缩小对不可抗力事故范围的解释，或在不可抗力事故发生后在履约方面提出不合理要求，在货物买卖合同中订明不可抗力条款是非常重要的和必要的。

（二）国际货物买卖合同中不可抗力条款的一般内容

1. 不可抗力事故的范围

意外事故哪些构成不可抗力，哪些则不能构成，买卖双方在磋商交易时应取得一致意见，同时要符合国家有关方针政策的要求，不能把政策不允许的内容列入不可抗力的范围，防止国外商人用扩大不可抗力范围的办法来推卸责任。另外，对不可抗力条款的表述应明确具体，防止因笼统含糊而造成解释上的分歧，产生不必要的麻烦或损失。

2. 不可抗力的后果

后果有中止合同（也称延期执行合同）和解除合同两种。不可抗力事故发生后，是中止合同还是解除合同，一般应看不可抗力事故对履行合同影响的程度。如果不可抗力只是暂时一定期限内阻碍合同的履行，就只能中止合同，待不可抗力事故消除后，有关方仍需履行合同。如果不可抗力发生后，即已影响到履行合同的根本基础，使履约成为不可能，在这种情况下，可以解除合同。总之，在什么情况下解除合同，在什么情况下延期履行合同，要看所发生事故的原因、性质、规模及对履行合同所产生的影响程度而定，并在合同中明确地加以规定。

学中做 8—1

分析提示

学中做8-1

我方某企业与外商按国际市场通用规格进口某化工原料。订约后不久，市价明显上涨。交货期届满前，外商生产该化工原料的两家工厂之一失火被毁。外商以火灾为不可抗力为由要求解除其交货义务。对此，我方如何处理？为什么？

3. 发生事故后通知对方的期限和方式

按照国际惯例，当发生不可抗力事故影响合同履行时，当事人必须及时通知对方，对方接到通知后应及时答复，如有异议应及时提出。尽管如此，买卖双方为明确责任起见，一般在不可抗力条款中还应规定一方发生事故后通知对方的期限和方式，例如，“一方遭受不可抗力事故后，应以电报通知对方，并应在 15 天内以航空挂号信提供事故的详情及影响合同履行程度的证明文件”。

案例应用 8—3　　不可抗力的应用案例

案例精析

案例应用8-3

有一份合同，卖方 A 工厂出售一批原料给买方 B 工厂，合同规定 6 月份交货。但 5 月 10 日 A 工厂发生火灾，生产设备及仓库全部烧毁。到 7 月 1 日，B 未见来货，便向 A 查问，并催促交货。这时 A 才把火灾的情况通知 B，并以不可抗力为理由，撤销合同。B 由于急需原料生产，于是立即从市场补进替代物。根据市场价格资料表明，5 月 15 日至 6 月 15 日的时价与合同接近，以后市场价格逐步上升，至 7 月 1 日，市场价格已比合同价上涨 40%。试问：买方在补进替代品后，能否要求 A 赔偿损失？如赔偿的话，应赔偿多少为合理？

4. 证明文件及出具证明的机构

在国际贸易中，当一方援引不可抗力条款要求免责时，必须向对方提交一定机构出具的证明文件,作为发生不可抗力的证据。出具证明的机构,在国外,一般是当地商会或合法的公证机构;在我国,是中国国际贸易促进委员会或其设在口岸的分会。

5.不可抗力条款的规定方法

(1)概括式规定。即在合同中不具体订明不可抗力事故的范围,如"凡是出口商力所不及的一切因素发生时,出口商可以免除履行合同的责任"。这种规定过于笼统、空泛,缺乏确定含义,任意性较大,容易被违约方利用而产生纠纷,不利于问题的正确解决,一般不宜采用。

(2)列举式规定。即将买卖双方共同认为可作为不可抗力的事故一一列入合同中,如"由于战争、地震、水灾、火灾、暴风雨、雪灾的原因,致使卖方不能全部或部分装运或延迟装运合同货物,卖方对于这种不能装运或延迟装运本合同货物不承担责任"。此种规定具体明确,便于条款的执行,但由于不可抗力事故很多,在合同中很难列全,当发生了未经列举又属于不可抗力性质的事故时,就可能会产生纠纷。

(3)综合式规定。即将列举式规定和概括式规定相结合的方式,除列举一些属于不可抗力的具体事故外,同时再注明"以及其他力所不及的事故",如"因战争、地震、水灾、火灾、暴风雨、雪灾或其他不可抗力的原因,致使卖方不能部分或全部装船或延迟装船,卖方对于这种不能装运、延迟装运或不能履行合同的情形均不负有责任"。条款中加列"其他不可抗力的原因"便于将来如果发生合同中未列明的意外事故时,由双方当事人共同磋商确定是否作为不可抗力事故。由于这种规定方法既明确具体,又有一定的灵活性,比较科学实用,因此在我国的贸易实践中多采用综合式规定的方法。

三、援引不可抗力条款应注意的事项

(一)按照合同规定严格审查对方的免责要求

在我国的进出口业务中,当交易的对方援引不可抗力条款要求免责时,我们应按照合同规定严格进行审查,以便确定其所援引的内容是否属于不可抗力条款规定的范围。凡不属于该范围又无"双方同意的其他人力不可抗拒事故"规定时,不能按不可抗力事故处理。即使有此规定,也应由双方协商。一方不同意时,不能算作不可抗力事故。

(二)实事求是地确定不可抗力的后果

援引不可抗力条款时,应本着实事求是的精神,弄清情况,确定影响履约的程度,以此来判断是解除履约责任还是延期履行合同。

案例应用 8—4　　能够引用"不可抗力"条款

我国某外贸公司接到国外开来的信用证,证内规定"数量共 6 000 箱,1—6 月份分 6 批装运,每月装运 1 000 箱"。该外贸公司 1—3 月每月装运 1 000 箱,银行已分批议付了货款,对于第四批货物,原定于 4 月 25 日装船出运。但由于台风登陆,该批货物延迟至 5 月 1 日才装船,当该公司凭 5 月 1 日的装船提单向银行交单议付时,却遭到银行拒绝。

案例精析

案例应用8-4

请问:在上述情况下,开证银行有无拒付的权利?该外贸公司能否引用"不可抗力"条款要求银行付款?银行拒付有道德缺失的问题吗?

任务四 仲 裁

一、仲裁的概念及特点

（一）仲裁的概念

从事国际贸易的买卖双方，当交易达成后，在履约的过程中，由于自然因素和社会因素的变化与影响，所签订的合同有时不能全面履行，从而引起这样或那样的争议，当争议通过相互协商或第三者出面进行调解不成时，往往通过仲裁的方式来解决。

仲裁（Arbitration）又称公断，是指买卖双方在争议发生之前或发生之后，签订书面协议，自愿将争议提交双方所同意的第三者进行裁决，是解决争议的一种方式。由于仲裁是依照法律所允许的仲裁程序裁定争议，因而仲裁裁决是最终裁决，具有法律约束力，当事人双方必须遵照执行。

（二）仲裁的特点

在国际贸易中，解决交易双方所发生的争议的方式有当事人双方自行友好协商处理、由第三者出面调解、通过仲裁或提交司法机关审理。仲裁既不同于友好协商和调解，又不同于司法诉讼。仲裁与司法诉讼相比，两者具有不同的特点：

（1）司法诉讼的特点是：受理争议案件的法院是国家司法机关，具有法定管辖权；当事人一方有权按照一定的司法程序，单方面向法院提起诉讼，而无须事先征得另一方的同意；法官由法定程序任命或选举；诉讼程序比较烦琐，处理问题比较慢；诉讼费用比较高；一次裁决也可能不是终局性的。

（2）仲裁的特点是：受理争议的仲裁机构是属于社会性民间团体所设立的组织，不具有强制管辖权；对争议案件的受理，以当事人自愿为基础；当事人双方通过仲裁解决争议时，必须先签订仲裁协议；双方均有在仲裁机构中推选仲裁员以裁定争议的自由；仲裁程序简单，处理问题比较迅速及时，而且费用比较低廉；仲裁机构的裁决一般是终局性的，对双方当事人均有约束力。

二、仲裁协议的形式及作用

（一）仲裁协议的形式

动漫视频

仲裁协议

仲裁协议是双方当事人表示愿意把他们之间的争议交付仲裁解决的一种书面协议。它是仲裁机构或仲裁员受理争议案件的依据。仲裁协议有两种形式：①争议发生之前，在买卖合同中订立的仲裁条款；②争议发生后，双方当事人订立的仲裁协议。这是由双方当事人在争议发生之后订立的，表示同意把已经发生的争议交付仲裁的协议。此种协议既可以是双方以正式书面文件形式订立的，也可以是通过来往函件、电报或电传达成的协议。

这两种仲裁协议的形式虽然不同，其法律作用与效力是相同的。大多数国家认为，如果合同中已订有仲裁条款，争议发生后提交仲裁时也就不需要再订立仲裁协议了。但也有少数国家认为，即使有仲裁条款，双方当事人在将争议提交仲裁之前，还得签订仲裁协议。

（二）仲裁协议的作用

根据多数国家仲裁法规定，仲裁协议的作用具体表现在以下三个方面：①它表明双方当事人是自愿提交仲裁的，从而约束双方当事人只能以仲裁方式解决争议，不得再向法院起诉。②它是仲裁机构和仲裁员取得对有关争议案件的管辖权的依据。它同时排除法院对有关案件的管辖权。绝大多数国家的法律规定法院不受理争议双方订有仲裁协议的案件。③申请执行文件。仲裁裁决做出之后,如果一方不执行裁决,另一方当事人便可申请法院强制执行。申请执行方当事人除向法院提供裁决书外,还必须提供带有仲裁条款的贸易合同或纠纷发生后达成的仲裁协议的正本或副本(副本必须经合法的公证机关正式证明)。

三、合同中仲裁条款的主要内容

对外贸易合同中的仲裁条款主要包括仲裁地点、仲裁机构的选择、仲裁程序规则的适用、仲裁裁决的效力和仲裁费用等内容。

(一)仲裁地点

仲裁地点是仲裁条款的重要内容,通常是指在哪个国家仲裁。这是争议双方最为关心的问题。因为仲裁地点与仲裁时所适用该国的有关仲裁规则或法律有密切关系,规定在哪个国家仲裁,往往就要适用该国的有关仲裁规则或法律。因此,争议双方一般都希望并力争将仲裁地点定在本国。因为当事人对本国法律和仲裁的做法比较了解,也比较信任。适用不同国家的法律,可能会使仲裁得出不同的结果。在这个问题上,双方都不会轻易妥协或让步。

在我国进出口买卖合同中,关于仲裁地点的规定主要有三种方式:①规定在我国仲裁;②规定在被告所在国仲裁;③规定在双方同意的第三国仲裁。

(二)仲裁机构的选择

国际贸易中的仲裁,可由双方当事人在仲裁协议中规定在常设的仲裁机构进行,也可以由当事人双方共同指定仲裁员组成临时仲裁庭进行仲裁。

(三)仲裁程序规则的适用

在买卖合同的仲裁条款中,应订明采用哪个国家和哪个仲裁机构的仲裁规则进行仲裁。适用我国的仲裁程序规则时,是指适用《中国国际经济贸易仲裁委员会仲裁规则》。其他国家的仲裁机构也都有自己的仲裁程序和规则。按照国际仲裁的一般做法,原则上采用仲裁所在地的仲裁规则,但在法律上也允许采用仲裁机构的仲裁规则进行仲裁。

(四)仲裁裁决的效力

仲裁裁决效力是指仲裁裁决是否具有终局性、对争议双方当事人有无约束力、能否向法院起诉等。我国对外贸易合同的仲裁条款,一般规定仲裁裁决是终局性的,对争议双方都有约束力,任何一方都不能再向法院提起诉讼。但有些国家则规定允许向上一级仲裁庭或法院上诉。即使向法院提起诉讼,法院一般也只是审查程序,即仲裁裁决在法律手续上是否完备,而不审查裁决本身是否正确。如果法院查出裁决在程序上有问题,才有权宣布裁决无效。尽管如此,为了明确仲裁裁决效力,承认与执行裁决,订立仲裁条款时仍应规定:仲裁裁决是终局性的,对双方都有约束力。

(五)仲裁费用

在仲裁条款中一般明确规定仲裁费用由败诉方承担,也有的规定由仲裁庭酌情决定。

四、仲裁条款格式

中国国际经济贸易仲裁委员会针对在中国仲裁、在被诉方所在国仲裁和在第三国仲裁三种不同情况,提出以下三类仲裁条款格式供选择使用。

(1)在中国仲裁的条款。条件如下:由于本合同或者由于违背本合同、终止本合同或者本合同无效而发生的或与此有关的任何争端、争议或要求,双方应通过友好协商解决;如协商不能解决,应提交北京中国国际贸易促进委员会中国国际经济贸易仲裁委员会,根据其仲裁规则进行仲裁,仲裁裁决是终局性的,对双方都有约束力。

(2)在被诉方所在国仲裁的条款。条件如下:由于本合同或者由于违背本合同、终止本合同或者本合同无效而发生的或与此相关的任何争端、争议或要求，双方应通过友好协商解决；如果协商不能解决，应提交仲裁。仲裁在被诉方所在国进行。如在中国由中国国际贸易促进委员会中国国际经济贸易仲裁委员会根据其仲裁规则进行仲裁。如在……（对方所在国名称），由……（对方所在国仲裁机构的名称）根据该仲裁机构的仲裁规则进行仲裁。仲裁裁决是终局性的，对双方都有约束力。

（3）在第三国仲裁的条款。条件如下：由于本合同或者由于违背本合同、终止合同或者本合同无效而发生的或与此有关的任何争端、争议或要求，双方应通过友好协商解决；如果协商不能解决，应提交……（某第三国某地名称及仲裁机构），根据该仲裁机构的仲裁规则进行仲裁。仲裁裁决是终局性的，对双方都有约束力。

五、仲裁程序

仲裁程序（Arbitration Procedure）是指双方当事人将所发生的争议根据仲裁协议的规定提交仲裁时应办理的各项手续。仲裁程序的主要内容大致如下：

（1）仲裁申请。申请仲裁时应提交仲裁协议、仲裁申请书、证据和证据来源并附清单、证人姓名和住所，以及申请人的身份证明文件。

（2）仲裁庭的组成。仲裁庭可以由三名仲裁员或一名仲裁员组成；由三名仲裁员组成的，设首席仲裁员。

（3）仲裁审理。仲裁庭依法组成后，按照仲裁法以及仲裁规则规定的程序和方式，对当事人之间发生争议并交付仲裁的争议案件进行审理并做出仲裁裁决的活动。仲裁审理的方式可以分为开庭审理和书面审理两种。

（4）仲裁裁决。仲裁裁决是仲裁庭审理案件后，根据事实和证据，对当事人提交的、请求的事项做出的书面决定。仲裁庭应当自组庭之日起 6 个月内做出裁决。做出裁决书的日期即为裁决发生法律效力的日期。

应知考核

一、单项选择题

1. 以仲裁方式解决贸易争议的必要条件是（　　）。

A. 双方当事人订有仲裁协议　　B. 双方当事人订有合同

C. 双方当事人无法以协商解决　　D. 一方因诉讼无果而提出

2.“离岸重量、到岸品质”是指（　　）。

A. 装运港检验　　B. 目的港检验

C. 出口国检验、进口国复验　　D. 装运港检验重量、目的港检验品质

3. 在我国出口贸易中，最常用的检验商品品质的方法是（　　）。

A. 装运港检验　　B. 目的港检验

C. 出口国检验、进口国复验　　D. 装运港检验重量、目的港检验品质

4. 我国某粮油食品进出口公司与美国田纳西州某公司签订进口美国小麦合同，数量为 100 公吨。麦收前田纳西州暴雨成灾，到 10 月份卖方应交货时小麦价格上涨。美方未交货。合同订有不可抗力条款，天灾属于该条款的范围，美方据此要求免责。此时，我方应认为（　　）。

A. 不可抗力，予以免责，并解除合同

B. 未构成不可抗力，坚持美方应按合同规定交货

C. 构成不可抗力,可以解除合同,但要求损害赔偿

D. 构成不可抗力,但不要求损害赔偿,也不解除合同,而要求推迟到下年度交货

5. 在国际货物买卖中,常采用的不可抗力事故范围的规定方法是(　　)。

A. 概括式规定　　B. 不规定　　C. 列举式规定　　D. 综合式规定

6. 争议是指(　　)。

A. 违约方对受害方所提赔偿要求的处理与受理

B. 遭受损害的一方在争议发生后,向违约方提出赔偿的要求

C. 交易的一方认为对方未能部分或全部履行合同规定的责任与义务而引起的纠纷

D. 受害方因对方违约而根据合同或法律提出予以补救的主张

7. 调解在性质上最接近于(　　)。

A. 协商　　B. 诉讼　　C. 仲裁　　D. 公断

8. 目前,我国常设的仲裁机构是(　　)。

A. 中国国际经济贸易仲裁委员会及其分会　　B. 中国海关

C. 劳埃德公司　　D. 中国银行

9. 解决国际贸易争议的途径有很多,其中对双方当事人相对不利的一种是(　　)。

A. 友好协商　　B. 调解　　C. 仲裁　　D. 诉讼

10. 某年9月我某外贸公司与外商签订一份农产品出口合同,规定当年10月至12月交货,后因10月份后价格猛涨,外贸公司因巨亏不能出口,经查8月份产地曾发生严重水灾,货源受损。因此,(　　)。

A. 我方可以利用不可抗力条款来免除责任

B. 我方不能利用不可抗力条款来免除责任

C. 只要当地贸促会能出具不可抗力证书,我方可以免除责任

D. 我方可以利用不可抗力条款,减少承担的责任

二、多项选择题

1. 进出口合同中的索赔条款的规定方式有(　　)。

A. 异议与索赔条款　　B. 罚金条款　　C. 保险条款　　D. 银行保证条款

2. 异议与索赔条款的内容包括(　　)。

A. 规定一方如违反合同,另一方有权索赔　　B. 索赔的依据

C. 索赔期限　　D. 赔偿损失的办法

3. 索赔期限的起算时间通常为(　　)。

A. 货物到达目的港后××天起算

B. 货物到达目的港卸离海轮后××天起算

C. 货物到达买方营业处后或用户所在地后××天起算

D. 货物经检验后××天起算

4. 买卖合同中关于不可抗力事故范围的规定方法有(　　)。

A. 概括式规定　　B. 口头规定　　C. 综合式规定　　D. 列举式规定

5. 仲裁协议的作用为(　　)。

A. 约束双方当事人只能以仲裁方式解决争议,不得向法院起诉

B. 排除法院对有关案件的管辖权

C. 使仲裁机构和仲裁员取得对有关争议案的管辖权

D. 处理问题及时

三、简述题

1. 检验证书有什么作用？
2. 援引不可抗力条款应注意哪些事项？
3. 简述进出口商品的检验程序。
4. 简述仲裁的特点和作用。
5. 简述《公约》、大陆法系、英美法系、我国《民法典》对违约的规定。

四、综合题

某年夏天，我国长三角地区发生特大洪水灾害，致使大片稻田受灾。在此之前，某外贸企业与外商订有三份大米合同，合同中的商品名称分别为"太湖大米""在某仓库存放的江苏大米""中国大米"，7、8月份交货。

1. "特大洪水灾害"，属于不可抗力中的（　　）条款。

A. 自然意外事故　　B. 自然灾害　　C. 政府的行动　　D. 社会异常事故

2. 我国出具不可抗力事件发生的证明文件的机构是（　　）和公证机关。

A. 商务部对外贸易司　　B. 中国国际经济贸易仲裁委员会

C. 中国人民保险公司　　D. 中国国际贸易促进委员会

3. 根据我国对不可抗力事件的法律后果的规定，此案例中，我外贸企业应要求（　　）。

A. 解除合同并免除全部责任　　B. 解除合同但应赔偿对方部分损失

C. 延期履行合同　　D. 免除部分义务

4. 本案中的（　　）的合同，可以以不可抗力为由向外商提出免责要求。

A. "太湖大米"+"在某仓库存放的江苏大米"

B. "太湖大米"+"中国大米"

C. "在某仓库存放的江苏大米"+"中国大米"

D. "太湖大米"+"在某仓库存放的江苏大米"+"中国大米"

应会考核

■ 观念应用

【背景资料】

1. 品质异议须于货到目的地口岸之日起30天内提出，数量异议须于货到目的地口岸之日起15天内提出，买方仅需提供当地检验机构的检验证明。卖方将根据具体情况解决异议。由自然原因或船方、保险商责任造成的损失，卖方将不予考虑任何索赔。信用证未在合同的指定日期到达卖方，在FOB条款下，买方未按时派船到指定港口，或信用证与合同条款不符，买方未在接到卖方通知所规定的期限内电改有关条款时，卖方有权提出索赔，但无权撤销合同或延迟交货。

2. 卖方如不能按合同规定如期交货，并同意支付罚金，买方可同意延期交货，付款银行相应减少议定的支付金额，但罚款不得超过迟交货物总额的150%。卖方如逾期10个星期仍不能交货，买方有权撤销本合同。尽管合同已撤销，但卖方仍应如期支付上述罚金。

【考核要求】

试分析上述出口贸易合同条款，指出其中错误或不合理之处。

■ 技能应用

1.我国某公司从国外进口一批货物,检验条款约定:由装运港海关出具的有关证书证明的品质和数量是终局性的。货到目的港后,我国海关检验发现部分货物霉变,且交货数量与合同不符。该公司持经当地海关出具检验证书向卖方提出索赔。但卖方以检验条款的规定为由拒赔。

【技能要求】

卖方是否有权拒赔?

2.有一份CIF合同,出售100公吨大米,单价为每公吨500美元,总值50 000美元。履行中,卖方只交货5公吨。在此种情况下,买方可主张何种权利?如果卖方交货90公吨,买方可主张何种权利?为什么?

【技能要求】

请结合索赔的相关内容回答。

3.某年5月我国南方一企业与日方签订一份大米出口合同,交货期为当年10～11月。该年夏季南方发生特大洪水灾害,我方以不可抗力为由,要求免除交货责任。但对方回电拒绝,称大米市场价格已上涨,因我方未交货已造成其损失,要求我方赔偿。双方因此产生争议。

【技能要求】

试运用不可抗力的相关内容分析此案。

4.在仲裁机构做出裁决后,如对裁决不服,可否向上一级仲裁机构提请仲裁?可否上诉法院要求重新裁决?

【技能要求】

请结合仲裁的相关内容回答。

■ 案例分析

1.我国A公司与美国B公司以CIF纽约的条件出口一批农产品。订约时,A公司已知该批货物要转销加拿大。该货物到纽约后,立即转运加拿大。货到加拿大后,B公司获知货物检验不合格,随即凭加拿大海关签发的证书,向我方提出索赔。

【分析要求】

我方A公司应不应该接受这次索赔?

2.我国A公司向意大利B公司进口机器一台,合同规定索赔期限为货到目的港后30天。货到目的港卸船后,因A公司厂房未建好,机器无法安装试机。半年后厂房完工试机发现不能正常运转。经检验部门检验证明该机器为旧货。于是,A公司向B公司提出索赔,但遭到拒绝,致使A公司遭受重大经济损失。

【分析要求】

试分析此案。

3.我国某出口公司向外商出口一批货物,合同规定凡发生争议,双方应通过友好协商解决;如协商不成,将争议提交中国国际经济贸易仲裁委员会在北京仲裁。后来在履约中双方就货物品质发生争议,对方在其所在地法院起诉我方,法院也发了传票传我方,要我方出庭应诉。

【分析要求】

我方应如何处理?

4.我方从某国进口一批粮食,合同规定9月交货,恰逢该国当年7、8月产地干旱,粮食歉收,外商以不可抗力要求免责。

【分析要求】

我方应如何处理?

5. 我国A公司与日本B公司以CFR横滨的条件出口一批陶瓷餐具。订约时，A公司被明确告知，该批货物要转销新加坡。该货物到大阪后，立即转运新加坡。货到新加坡后，B公司获知货物检验不合格，随即凭新加坡海关签发的证书，向我方提出退货。

【分析要求】

我方A公司应如何处理？

6. 我国某出口公司向外商出口某商品5 000箱，价格条件CIF大阪，合同规定允许有5%溢短装幅度，我方实装5 000箱，提单也载明5 000箱。货抵目的港后，买方即来电反映只收到4 800箱，并取得船公司的短少证明，向我方索赔。

【分析要求】

我方应如何处理？

7. 我方以CFR条件对德国出口一批小五金工具。合同规定货到目的港后30天内检验，买方有权凭检验结果提出索赔。我方按期发货，德国客户也按期凭单支付了货款。可半年后，我方收到德国客户的索赔文件，文件称上述小五金工具有70%已锈损，并附有德国某内地一检验机构出具的检验证书。

【分析要求】

对德国客户的索赔要求，我方应如何处理？

8. 某年6月，大连A公司与英国B公司成交小麦2 000公吨，每公吨300英镑CIF伦敦，交货期为当年的9月。签约后，东北发生水灾，小麦价格上扬，于是大连A公司以不可抗力为由，要求免除交货责任。但英国B公司回电拒绝，并称因价格上涨，A公司未交货致其损失20 000英镑，要求赔偿损失。双方因此引起争议，提交仲裁机构解决。

【分析要求】

如果你是仲裁员，你将如何裁决？大连A公司要求以不可抗力免除交货的理由是否充足？为什么？英国B公司要求的赔偿金额是否合理？为什么？

■ 专业技能题

1. 专业术语翻译

(1)离岸品质、重量(或数量)。

(2)到岸质量、重量(或数量)。

(3) 品质检验证书、数量检验证书、产地检验证书、卫生检验证书。

(4) Fundamental Breach，Non-Fundamental Breach。

(5) Discrepancy and Claim Clause，Penalty Clause。

2. 试翻译以下条款。

(1)以装运港中国海关签发的品质、重量/数量检验证书作为有关信用证项下议付所提交单据的一部分，买方对于装运货物的任何索赔，需于货物到达目的港20天内提出，并须提供经卖方同意的公证机构出具的检验证书。

(2) 由于不可抗力事故致使延期交货或不能交货，卖方概不负责。卖方在不可抗力事故发生后，应立即通知买方并在事发14天内，将事故发生所在地当局签发的证书航空邮寄给买方以作证据。即使在此情况下，卖方仍有责任采取必要的措施，尽快交货。

(3)Any dispute arising from or in connection with this contract shall be submitted to China International Economic and Trade Arbitration Commission for arbitration which shall be conduced in accordance with its arbitration rules effective. The arbitral award is final and binding upon both parties.

项目实训

【实训项目】

增强质量检验的意识。

【实训情境】

● 目标。该项练习帮助学生掌握质量检验方面的知识。

● 内容。到学校所在地的外贸商检部门,了解进口产品在质量方面存在的问题,以及出口产品在质量检验方面发生的纠纷。

● 时间。在学习完本项目课程后,利用双休日或节假日进行练习。

【实训任务】

1. 任务要求

(1)请"走进来"或"走出去"。

(2)请海关的领导或业务人员给学生做一次关于商检方面的讲座,介绍和分析进出口贸易中在商检环节发现的问题与原因。

(3)学生听完讲座后,围绕检验环节发现的问题,提出解决问题的对策。

(4)学生在班级进行交流,教师给予点评。

2. 撰写《增强质量检验的意识》实训报告。

《增强质量检验的意识》实训报告		
项目实训班级:	项目小组:	项目组成员:
实训时间: 年 月 日	实训地点:	实训成绩:
实训目的:		
实训步骤:		
实训结果:		
实训感言:		

项目九　国际货物交易的一般工作程序(一)

● 知识目标

理解:国际货物交易前的一系列准备工作。

熟知:国际货物交易的洽商,合同磋商的一般程序。

掌握:国际货物贸易合同签订的业务内容。

● 技能目标

学生能够认识到国际货物交易前的准备工作、国际货物交易的洽商和国际货物贸易合同的签订,是国际货物交易一般工作程序中的三个重要环节。

● 素质目标

学生能够认识到国际货物运输、保险和货款支付是国际货物买卖的主要交易条件,是实现买卖双方交易目的的关键。

● 思政目标

培养学生具备规则意识,树立大格局和国际视野,能结合我国国际贸易的发展现状,客观认识差距,肯定取得的成绩,激励学生脚踏实地、积极创新。具有较好的商务礼仪素养,守时践约、尊重对方风俗习惯等,体现中华民族优秀传统和文化自信。在国际贸易交易磋商中培养有理有据、不卑不亢的职业素养,以事实为依据,以法律为准绳,参照国际贸易惯例,勇于拒绝对方不合理要求。加强爱国主义思想教育,培养爱国意识,努力维护企业和国家的正当利益,国家利益高于一切。树立法制观念和创新意识,提升民族自信。坚守诚实守信的职业品格。

● 项目引例

一则发盘条件带来的外贸交易事件的思考

我国某公司于8月1日上午以电报向一伦敦商人就某项商品发出实盘,限8月3日复到有效。电报刚发出,收到总公司紧急通知:该商品自8月1日起提高价格20%。我方当即以电传通知对方撤回我方原发盘。2日上午我方收到对方发来的电传通知,表示无条件接受我方8月1日发盘。

● 引例讨论

根据国际惯例,我方是否只能以原发盘条件与对方达成交易。

【课程思政】通过本项目的学习,新生代大学生要不断提高学习兴趣,获得积极的情感体验,丰富心灵世界;形成踏实认真的学习态度、健康乐观的人生态度;树立严谨、求真的科学精神及正确的世界观、人生观、价值观;通过国际货物买卖合同的订立,具有爱国精神和家国情怀,提升社会责任感,提高职业素养,增强职业认同感,守正创新,开启经贸人才职业生涯发展新篇章。

- 知识支撑

任务一 交易前的准备工作

对外货物贸易情况复杂,要想做到知己知彼,在竞争中取胜,减少失误,就必须充分做好交易前的准备工作。交易前的准备工作是指在对世界市场进行调查研究的基础上,选择好客户,进行出口商品的广告宣传,制订进口商品经营方案,做好对外贸易谈判准备工作等活动。

一、国际市场调查

国际市场调查的内容很广,大致包括国别(地区)调查、商品市场调查、商品销售调查。

(一)国别(地区)调查

通过国别(地区)调查,主要是达到贯彻国别政策、选择适宜市场、创造有利条件发展贸易关系的目的。这方面调查的主要内容有:①一般概况调查;②政治情况调查;③经济情况调查;④对外贸易情况调查;⑤运输条件调查,包括港口及其设备、港口惯例、对外航线等。

(二)商品市场调查

调查目的是摸清适销市场,使我国的商品销售在有利的条件下进行。这方面调查的主要内容有:①市场适销商品调查;②市场竞争情况调查;③市场消费特点调查。

(三)商品销售调查

调查目的是学会做生意的技巧,运用有效的推销手段,扩大商品出口。这方面调查的主要内容有:①产品销售渠道调查;②广告宣传调查;③选择计价货币调查;④售前售后服务调查;⑤制定产品发展规划调查。

总之,通过综合调查,选择适当的商品、制定适当的价格、采用适当的手段将商品推销到适当的市场,扩大出口,这就是调查研究的目的。

二、国际客户的调查和选择

(一)对国际客户的调查

包括:①政治态度,包括客户的政治背景和对我国的政治态度;②社会地位,包括客户在社会、政治、经济组织中的头衔和地位;③经营能力,包括企业历史、企业规模(营销人员、办公设施、仓库、销售网点)、经营技能和经验、业务往来关系户等;④资信情况,包括注册资本大小、经营额大小、资产负债情况、客户信誉、经营作风、经营范围、企业性质等;⑤客户与我国贸易往来情况。

(二)国外客户的几种类型

(1)综合性大企业。这种企业大多是在某个市场经营某些大宗商品进出口业务的垄断商。其业务范围很大,在防止受其垄断销售的情况下,可与这种企业保持一定的买卖关系。

(2)进出口商。他们是专门从事进出口业务、自买自卖的商人。这些进出口商与当地批发商和实销户有一定的关系,与国外出口商或企业也有一定关系。其业务以某几项专业传统商品为主,也兼营其他商品。进出口商是我国出口业务中的主要往来对象之一。

(3)零售商。这主要是指自己进口的大百货公司、超级市场、连锁商店和购物中心。它们的销售额相当大，占市场零售量的比重也很大。在发达国家，它们是我国出口业务中需要沟通的重要渠道之一。

(4)经纪商。他们是从事进出口业务的代客买卖或从中撮合收取佣金的中间商。一般来说，他们经营能力薄弱、社会地位低。新商品初进入市场，可通过他们促成交易，商品量逐渐增大后，经纪商也就无力包揽了。

(5)制造商。他们主要是指自己进口一些原料用于生产的企业。他们是我国初级产品出口的实际用户。

(6)批发商。他们不是我国出口业务的主要对象，但在某些情况下，利用他们打开销路还是可取的。

(三)与国外客户建立关系的主要途径和了解客户的渠道

与国外客户建立关系的途径主要有：由我国驻外商务机构介绍；由原来老客户介绍；以国外出版的商行名录、进出口手册等为线索与客户联系；由贸易促进会和国外商会介绍；客户主动前来联系等。其中，第一种方式最为可靠。

了解客户的渠道一般有：我国驻外商务机构、中国银行国外分行或往来银行、与我国有业务往来的其他公司、国外咨询公司或商会等社会团体、专业信用调查机构、本公司的分支机构、代理销售代表等。

(四)对客户的选择

在全面详细了解的基础上，便可选择客户。一般要选择具有法律资格、资信好、经济实力强、对路的大客户做我们的经销、包销或代理商。必须注意，在签订协议后还要经常注意客户的新情况。对客户要建立档案，积累资料，便于经常沟通和了解。

三、商标注册和出口商品广告宣传

(一)商标注册

商标一经注册，注册人即取得对该商标的专用权，受国家法律保护。为维护我国出口商品的声誉，谨防假冒，对有条件或应注册的商品，应抓紧办理国内外商标注册工作，尤其对国家规定必须使用注册商标的商品，必须申请注册，否则不得在市场销售。使用注册商标应当标明“注册商标”字样，也可以在内销商品的商标上加注标识，在外销商品上加引号。

关于商标权的取得，各国的法律有不同的规定，可归纳为以下几类：①注册在先原则。②使用在先原则。③原则上以首先注册为准，但首先使用者可在一定期限内提出指控，请求撤销注册人的商标权。如在法定期限内无人提出指控，则该商标的首先注册人就可取得无可辩驳的专用权。④在确认商品注册人有权取得商标权的同时，也允许首先使用该商标但未办理注册手续的人继续使用该商标。

德国、日本、法国、意大利、比利时、卢森堡、荷兰、希腊、伊朗、埃及、墨西哥、秘鲁等国家采用第一种办法来决定商标权。美国、加拿大、澳大利亚、新西兰、印度、巴基斯坦、奥地利、西班牙、叙利亚、科威特等国家采用第三种办法来确定商标权。英国、斯里兰卡、沙特阿拉伯、冰岛等国家采用第四种办法来确定商标权。我国确定商标权的办法是：“经商标局核准注册的商标为注册商标，商标注册人享有商标专用权，受法律保护。”

我国企业在国外注册商标一般可委托中国国际贸易促进委员会(以下简称“贸促会”)办理。贸促会承办商标代理业务，办理我国企业在外国申请商标注册工作和涉外商标转让、许可及假冒、侵权案件等。

出口商品的商标，在商标设计上必须符合各国在商标方面的一些规定，要符合各销往国的风俗习惯,要结合产品的性质,要容易记忆,要考虑到译名的感情色彩和心理作用及效果;在国外已经成为众所周知的译名不应随意变动。

(二)出口商品广告宣传

(1)出口商品广告的种类。出口商品广告大致可分为四类:①倡导广告;②竞争广告;③提示广告;④公司声誉广告。前三类广告是以产品不同生命周期划分的,因此,它们是循序渐进的系列广告。这对于提高出口商品的竞争力大有益处。

(2)出口商品广告的策略。一般来说,出口产品广告策略有两种,即标准化策略和个性化策略。

(3)出口商品广告的媒介。广告效果的大小很大程度上取决于广告媒介的选择适当与否。广告媒介主要有报纸、杂志、电视、互联网、户外广告牌等。各种媒介各有长短,因此应在比较中权衡选择。选择广告媒介时,在考虑上述媒介特点的同时,还要特别注意媒介的可获得性、法律限制、适应性、成本等。

四、制订进出口商品经营方案

(一)进口商品的经营方案

(1)订购数量和时间安排。订购数量和时间安排要根据用货部门需要的缓急,结合国内外市场的情况进行适当的安排。在满足国内需要的情况下,既要争取有利的成交价格和良好的采购时机,又要合理安排,创造有利条件。

(2)采购国别(地区)的安排。对于采购国别(地区)的安排,既要实行国别(地区)政策,也要注意经济效果。如果有贸易顺差,则应安排好从对方进口。在组织安排进口国(地区)时,注意不要过于集中在几个国家(地区),要按照统筹兼顾的原则,既要从价格上考虑,也要从政治、对外关系上考虑。

(3)交易客商的选择安排。交易客商的选择,要优先考虑对我方友好的、态度积极的外商,并注意其资信和经营能力,以使我方进口合同订立在比较可靠的基础上。另外,要根据不同类型的企业和经营渠道,适当地加以利用。

(4)价格的掌握。价格是进口交易洽谈的主要内容。如对价格条件处理不当,将会带来不应有的损失。出价过低,完不成采购任务;出价过高,将导致利益的损失。根据国际市场价格的变动情况,参照近期的进口成交价格,结合我方的采购意图,拟定出价格幅度,以此作为进口洽谈的依据。

(5)贸易方式和交易条件的掌握。采用什么贸易方式,运用什么交易条件也是安排进口工作应注意的问题。这些问题,应结合不同商品的特点、交易地区和客户,根据进口计划的要求和经营意图,在经营方案中作出大体规定。对于各种交易条件的灵活运用,在经营方案中也可以提出一些原则性的意见。

(二)出口商品的经营方案

经营方案的主要内容有以下方面:

(1)货源情况。它包括国内生产和供应的可能,出口商品的品种、规格、包装等情况,以及需要解决的其他问题。

(2)国内市场情况。它包括对当前市场的分析和对今后一定时期内发展趋势的预测等。

(3)出口经营情况。它包括对前一时期出口销售情况和存在问题的综合分析,具体经营意见的提出。

(4)推销计划安排。它包括分国别(地区),按品种、数量或金额列明的推销计划进度。

(5)计划采取的措施。它包括对客户的维护,对贸易方式、收汇方式的运用,对价格、佣金与折扣的掌握等。

一般情况下，对大宗商品或重点推销的商品应逐个制订商品出口经营方案；对其他商品可以按商品大类制订经营方案；对一些中小商品，可以制订内容较简单的价格方案，仅对市场和价格提出分析意见，并规定对各个地区的出口价格及其掌握的原则和幅度。

经营方案应该是主观意图和客观实际的统一，但需要在实践中加以检验，如在执行中发现不符合实际情况时，应进行相应的修正。执行方案的过程，也是继续进行调查研究的过程。

五、做好对外贸易谈判准备

（一）谈判前要组织好谈判班子

谈判要有一个精干的谈判班子，其中包括管理、技术、商务、法律和翻译人员。这样的谈判班子，最好要从开始做可行性研究到签订合同，从头做到底，人员相对稳定，使班子成员清楚地了解到这笔交易的情况和要达到的目标，同时充分了解对方的情况。班子成员要有明确的分工，密切协作。有时，班子成员可分一线、二线。一线人员不宜过多，必须精明强干，要给予他们一定的权限。

（二）谈判前要做好技术、商务、法律方面的准备

谈判的项目如果技术性较强，那么有关技术专家要对该项技术在国际上所达到的水平情况做充分的调查，掌握其先进程度，做到心中有数，以便为技术和价格谈判做好准备。

谈判前做好商务准备，主要是对交易成本进行核算和对利润进行估算，以确定可以接受的最高支付金额和可以争取的最低价格，并可根据技术目标，拟订上、中、下几个谈判方案，以便在谈判中可进退回旋。同时，对合同中可能出现的一些不合理、限制性条款要有对策和打算。

谈判前要做好法律准备，这是因为贸易合同的各项条款均应按双方法律观点作出明确规定，以免日后在解释上出现分歧后产生纠纷，或造成对己不利的局面。因此，法律人员在谈判前务必弄清楚双方的有关法律规定，这样才能按照双方的法律，商议并签订合法有效的合同。谈判时，法律人员也应参加。合同最好由法律人员来起草。

（三）谈判前要拟订好谈判方案

为做到不打无把握之仗，那么谈判前必须拟订好谈判方案。包括谈判的总体设想、谈判策略、从开始谈判到计划成交的大体时间安排和具体步骤。谈判前对合同的主要条款要有一个原则性意见，也要有具体意见，内定好准备争取的最高要求和必要时可以让步接受的最低要求，并对一些重大问题预测对方的要求和自己的对策。有条件的可以搞模拟谈判，拟订几套可供选择、能进能退的谈判方案。

任务二 交易的洽商

一、合同磋商的形式

合同磋商的形式包括口头、书面和行为三种。

（一）口头磋商

口头磋商主要有面对面的谈判、双方通过国际长途电话进行的磋商、通过网络视频进行的磋商。面对面谈判的形式有参加各种交易会、洽谈会，以及贸易小组出访或邀请客户来华洽谈等。口头磋商方式由于是面对面的直接交流，便于及时了解对方的诚意和态度，以便有针对性地采取对策，并可根据进展情况及时调整谈判的策略，争取达到预期目的。这对于谈判内容复杂、涉及问题多的交易尤为适合。一场正规的对外贸易谈判，一般要经过以下几个阶段：

(1)导入阶段。主要是让参与谈判的人通过介绍与对方认识。较理想的形式是相互自我介绍。

通过相互介绍,可对参与谈判的人员基本情况有所了解。在该阶段,费时不宜多,最好能营造一个轻松愉快的氛围。

(2)概述阶段。其目的是想让对方了解自己的目标及想法,同时要隐藏不想让对方知道的有关详细内容。在该阶段应给对方留下一个良好的"第一印象"。

(3)明示阶段。在这个阶段,谈判双方必然会有一些不同意见,明智之举是及早提出这些问题,彻底解决。一般而言,谈判双方包含四种主要问题,即自己所求、对方所求、彼此相互之求及从外表看不出的内蕴需求。因此,要实现自己所求,也应适当地满足对方所求。

(4)交锋阶段。谈判的目的是为了获得自己所想要的东西。谈判双方真正的对立状态在这个阶段才明显展开。由于双方都想获得利益或占优势,因此彼此能感到如临大敌的紧张气氛。在这个阶段,首先要坚定自己的立场,有充分的心理准备,随时回答对方的质疑。在该阶段,双方都列举事实,希望对方了解并且接受己方的意见。在这个阶段,最重要的是要找到双方妥协的范围。

(5)妥协阶段。交锋结束,便是寻求妥协的时刻,妥协是谈判不可缺少的一部分。谁应先向对方妥协?这要视具体情况而定。妥协往往是相互的,在某些问题上妥协,便也可从其他方面得到补偿。如果得不到理想中的利益,最后必须让步的话,这就不是成功的谈判了。

(6)协议阶段。经过交锋和妥协,双方认为已基本达到自己的目标,由双方代表在协议书上签字,谈判至此基本告一段落。

(二)书面磋商

书面磋商是通过信函、电子邮件、传真机等通信方式来洽谈交易。随着现代通信技术的发展,书面洽谈也越来越简便易行,而且费用与口头谈判相比要低廉得多。它是日常业务中的通常做法。通过书面磋商,双方在交易条件方面达成协议后,即可制作正式书面合同。

【注意】以电子数据交换、电子邮件等方式能够有形地表现所载内容,并可以随时调取查用的数据电文,视为书面形式。

(三)行为磋商

行为磋商是指通过行为进行交易磋商,最典型的例子就是在市场上进行拍卖或购物。

【提示】我国《民法典》第469条规定:当事人订立合同,可以采用书面形式、口头形式或者其他形式。书面形式是合同书、信件、电报、电传、传真等可以有形地表现所载内容的形式。

二、合同磋商的内容

合同磋商的内容,涉及签订买卖合同的各项条件,其中包括品名、数量、重量、包装、价格、装运、保险、支付以及商检、索赔、仲裁和不可抗力等条款。从理论上讲,上述条款都要逐一磋商,全部达成一致后,方可签订合同。然而,在实际业务中,并非每次磋商都需要把这些条款一一列出,逐条商讨。这是因为在普通商品交易中,一般使用固定格式的合同,而上述条款中的商检、索赔、仲裁、不可抗力等通常作为一般交易条件出现在合同中,只要对方没有异议,就不必逐条重新协商。这些条件也就成为双方进行交易的基础。另外,跟许多老客户之间的交易,事先已就"一般交易条件"达成协议,或者双方在长期的交易过程中已经形成一些习惯做法,或者双方已订有长期的贸易协议。在这些情况下,就不需要在每笔交易中对各项条款逐一重新协商。

三、合同磋商的一般程序

合同磋商的程序可概括为询盘、发盘、还盘、接受(受盘)四个环节。其中,发盘和接受是每笔交易必不可少的两个基本环节。

(一)询盘

动漫视频

询盘

询盘(Enquiry or Inquiry)又称询价,是指交易的一方向另一方询问是否买进或卖出某种商品以及要求什么样的交易条件的口头或书面表示。询盘的内容可以涉及品名、价格、规格、数量、包装、交货期以及索取商品目录本、价目单、样本(或样品)等。因多数是询问价格,因而询盘又常称为询价。询盘可由买方发出,也可由卖方发出;可采用口头方式,也可采用书面方式。书面方式除包括书信、电子邮件、电传外,还常采用一种询价单进行询盘。电子邮件、电传询盘由于传递速度快,在业务中采用较多。

询盘按其询问内容的不同,可分为一般函询和具体询盘。一般函询是买主仅仅为了解情况向卖方索要商品目录本、价目单、样本(或样品)等。具体询盘是买主或卖主有买卖的要求,指定商品要求对方报盘。一般询价信应以简单、清楚和切题为原则,最好在信的开头就开门见山地写出想问的问题。如果内容很短,可以用明信片代替。向以前没有业务往来的出口商或供应商询价,称作首次询价。首次询价信一般要说明:是如何得到对方商行的名称和地址的,写信人是经营什么业务的,对什么商品感兴趣,一般的经营方针,要求对方提供些什么等。某些较大的商行,对经常需要的数量较大的商品,列表印制空白的询价单,需要时只要填上被询问商行的名称地址、所需数量等即可,这样可以节省人力和时间。询盘是一种内容不明确、不肯定、不全面或附有保留条件的建议。这种建议是邀约性质的,因此,对于询盘人没有法律约束力,它只起到邀请对方发盘的作用。询盘可同时向几处发出或向广大公众发出,以便从答复中择优成交。

询盘不是每笔交易必经的程序,如交易双方彼此都了解情况,不需要向对方探询成交条件或交易的可能性,则不必使用询盘,可直接向对方发盘。

在书写询价函时应注意开门见山、简明扼要、具体明了、合理有礼,语言不宜冗长和过分客气,更不可显得自卑。询价时常用的术语有:“interested in … please …”“please advise …”“please quote …”“please offer …”“please bid”等。表 9—1 是一则询价函的实例:

表 9—1 **Inquiry**

Dear Sirs   April 15, 2024

<u>Tin Foil Sheets</u>

We are desirous of having your lowest quotation for the above article on the terms and conditions mentioned below, to which your prompt attention is requested.

Description of Article: Tin Foil Sheets.

Quantity Required: About 50 long tons of 2 440 pounds.

Prices: CFR Shanghai, including cost of suitable packing for export.

Terms of Payment: By irrevocable L/C to be opened in your favour ten days after your acceptance of the order.

Time of Shipment: September/October, 2024.

We trust that you will send us your reply by return.

Yours faithfully,

(二)发盘

发盘(Offer)又称发价、报盘或报价,在法律上称为要约,是指交易的一方向另一方提出具体的交易条件,并表示愿意按这些条件达成交易的一种行为。发盘对发盘人来说具有法律约束力。发盘可以是应对方的邀请询盘做出的答复,也可以是在没有邀请的情况下直接发出的。发盘多由卖方发出,这种发盘称作售货发盘;也可以由买方发出,这种发盘称作购货发盘或递盘。从我国进出口业务的实践来看,发盘报价对磋商成败至关重要,对此必须慎之又慎。

1. 构成有效发盘的条件

(1)发盘应向一个或一个以上特定的人提出

在发盘中必须指定一个或多个可以对发盘表示接受的人，只有这些特定的人才可以对发盘表示接受并与发盘人签订合同。向特定的人提出，即向有名有姓的公司或个人提出。提出此项要求的目的在于，把发盘同普通商业广告及向广大公众散发的商品价目单等行为区别开来。对广大公众发出的商业广告是否构成发盘的问题，各国法律规定不一。大陆法规定，发盘需向一个或一个以上特定的人提出，凡向公众发出的商业广告，不得视为发盘。如北欧各国认为，向广大公众发出的商业广告，原则上不能作为发盘，而只是邀请看到广告的公众向登广告的人提出发盘。英美法的规定则与此相反，如英国有的判例认为，向公众做的商业广告，只要内容确定，在某些场合下也可视为发盘，《公约》对此问题持折中态度，该公约第 14 条第 2 款规定："非向一个或一个以上特定的人提出的建议，仅应视为邀请发盘，除非提出建议的人明确地表示相反的意向。"根据此项规定，商业广告本身并不是一项发盘，通常只能视为邀请对方提出发盘。但是，如商业广告的内容符合发盘的条件，并且登此广告的人明确表示它是作为一项发盘提出来的，如在广告中注明"本广告构成发盘"或"广告项下的商品将售给最先支付货款或最先开来信用证的人"等，则此类广告也可作为一项发盘。

【注意】我国《民法典》第 473 条规定：要约邀请是希望他人向自己发出要约的表示。拍卖公告、招标公告、招股说明书、债券募集办法、基金招募说明书、商业广告和宣传、寄送的价目表等为要约邀请。商业广告和宣传的内容符合要约条件的，构成要约。

鉴于《公约》对发盘的上述规定既原则又具体，且有一定的灵活性，加之世界各国对发盘又有不同的理解，因此，在实际应用时要特别小心。我方对外做广告宣传和寄发商品价目单，不要使对方理解我方有"一经接受，即受约束"的意思表示。在寄发商品价目单时，最好在其中注明"可随时调整，恕不通知"或"需经我方最后确认"等字样。

(2)发盘的内容必须十分确定

根据《公约》第 14 条第 1 款规定，发盘的内容必须十分确定(Sufficiently Definite)。所谓十分确定，是指在提出的订约建议中，至少应包括下列三个基本要素：①标明货物的名称；②明示或默示地规定货物的数量或规定数量的方法；③明示或默示地规定货物的价格或规定确定价格的方法。

凡包含上述三项基本因素的订约建议，即可构成一项发盘。如该发盘被对方接受，买卖合同即告成立。一项定约的建议应包括三个方面的主要交易条款。

我国的贸易习惯一般是明示或默示至少包括 6 项主要交易条件：品质、数量、包装、价格、交货和支付条件，并表明发盘的有效期。

在实践业务中，发盘人发盘时，如能明确标明要出售或要购买的货物的价格和数量，当然是最好的处理办法。但是，合同项下货物的数量，有时只能由当事人酌情处理或只能在交货时具体确定。订约建议中关于交货时间、地点及付款时间、地点等其他内容虽然没有提到，并不妨碍它作为一项发盘，因而也不妨碍合同的成立。因为，发盘中没有提到的其他条件，在合同成立后，可以双方当事人建立的习惯做法及采用的惯例予以补充，或者按《公约》中关于货物销售部分的有关规定予以补充。

构成一项发盘应包括的内容，各国的法律规定不尽相同。有些国家的法律要求对合同的主要条件，如品名、品质、数量、包装、价格、交货时间与地点以及支付办法等，都要有完整、明确肯定的规定，并不得附有任何保留条件，以便受盘人一旦接受即可签订一份对买卖双方均有约束力的合同。《公约》关于发盘内容的上述规定，只是对构成发盘的起码要求。在实际业务中，如发盘的交易条件太少或过于简单，会给合同的履行带来困难，甚至容易引起争议，因此，在对外发盘时，最好将品名、品质、数量、包装、价格、交货时间、地点和支付办法等主要交易条件一一列明。

(3)表明经受盘人接受,发盘人即受约束的意思

必须表明,发盘人的发盘一旦被受盘人接受,发盘人即受约束的意思。发盘是订立合同的建议,这个意思应当体现在发盘之中,如发盘人只是就某些交易条件建议同对方进行磋商,而根本没有受其建议约束的意思,则此项建议不能被认为是一项发盘。例如,发盘人在其提出的订约建议中加注诸如“仅供参考”“须以发盘人的最后确认为准”或其他保留条件,这样的订约建议就不是发盘,而只是邀请对方发盘。

在此需要指出,我国《民法典》对发盘及构成要件的规定同上述《公约》的规定与解释基本上是一致的。我国《民法典》第 472 条规定:要约是希望和他人订立合同的意思表示,该意思表示应当符合下列规定:内容具体确定;表明经受要约人承诺,要约人即受该意思表示约束。

(4)发盘生效的时间

发盘生效的时间有各种不同的情况:①口头方式做出的发盘,其法律效力自对方了解发盘内容时生效。②书面形式做出的发盘,关于其生效时间,主要有两种不同的观点与做法:一是发信主义,即认为发盘人将发盘发出的同时,发盘就生效;另一种是受信主义,又称到达主义,即认为发盘必须到达受盘人时才生效。根据《公约》的规定,发盘送达受盘人时生效。我国《民法典》关于发盘生效时间的规定同上述《公约》的规定是一致的,即也采取到达主义。我国《民法典》第 137 条规定:以对话方式作出的意思表示,相对人知道其内容时生效。以非对话方式作出的意思表示,到达相对人时生效。以非对话方式作出的采用数据电文形式的意思表示,相对人指定特定系统接收数据电文的,该数据电文进入该特定系统时生效;未指定特定系统的,相对人知道或者应当知道该数据电文进入其系统时生效。当事人对采用数据电文形式的意思表示的生效时间另有约定的,按照其约定。

以上是构成有效发盘的四个条件,也是考查发盘是否具有法律效力的标准。若不能同时满足这四个条件,就不是具有法律约束力的发盘。

2.明确发盘生效时间的意义

(1)关系到受盘人能否表示接受

一项发盘只有在送达受盘人时才能发生效力,即只有当受盘人收到发盘之后,也就是发盘生效之后,受盘人才能表示接受,从而引致合同的成立。在受盘人收到发盘之前,即使受盘人通过其他途径已经知道发盘的发出及发盘的内容,也不能做出接受的答复。

(2)关系到发盘人何时可以撤回发盘或修改其内容

一项发盘即使是不可撤销的,只要在发盘生效之前,发盘人仍可随时撤回或修改其内容,但撤回通知或更改其内容的通知,必须在受盘人收到发盘之前或同时送达受盘人。

【注意】 如发盘一旦生效,那就不是撤回发盘的问题,而是撤销发盘的问题。

3.发盘的有效期

对发盘有效期的规定有以下几种情况:

(1)在发盘中明确规定有效期。在明确规定有效期时,常见的一种做法是在发盘中规定一个最后时限。这时发盘人既要在发盘中规定最后时限的具体日期,也要说明受盘人的接受是在这一日期前发出,还是在这一日期前送达发盘人,另外还要说明以何处的时间为准,例如“本发盘限 3 月 2 日复到,以我方时间为准”。我国外贸企业对外发盘时,一般都采用这种方法规定发盘有效期,发盘在送达受盘人时生效,至规定的有效期满为止。

(2)在发盘中对有效期不作明确规定。这时,按国际惯例,发盘在合理时间内接受有效。对“合理时间”,国际上并没有统一规定,一般要依据发盘的方式、货物的行情等因素去掌握。这种对有效期的规定方法极易使交易双方产生争议,因此在实际操作中应尽量不用或少用。

(3)若发盘采用的是口头表达方式,则除非交易双方另有约定,受盘人必须立即表示接

受才有效。

发盘的有效期是指可供受盘人对发盘做出接受的时间或期限，也是发盘人对发盘承受约束的期限。发盘人在发盘的有效期内受其约束，超过有效期，发盘人则不再受其约束。因此，发盘的有效期既是对发盘人的限制，也是对发盘人的保障。

【提示】 在发盘的有效期内，发盘人不能够任意地撤销和修改其内容。发盘一经对方在有效期内接受就应受到该发盘的约束，就应承担按照发盘的条件跟对方订立合同的责任。

在通常情况下，发盘都会具体规定一个有效期，发盘的有效期并不是构成发盘不可缺少的条件，一项发盘可以明确规定有效期，也可以不明确规定。对发盘有效期的规定有以下几种情况：

(1)在发盘中明确规定有效期。在明确规定有效期时，常见的一种做法是在发盘中规定一个最后时限。这时发盘人既要在发盘中规定最后时限的具体日期，也要说明受盘人的接受是在这一日期前发出，还是在这一日期前送达发盘人，另外还要说明以何处的时间为准，例如“本发盘限 3 月 2 日复到，以我方时间为准”。我国外贸企业对外发盘时，一般都采用这种方法规定发盘有效期，发盘在送达受盘人时生效，至规定的有效期满为止。

(2)在发盘中对有效期不作明确规定。这时，按国际惯例，发盘在合理时间内接受有效。对“合理时间”，国际上并没有统一规定，一般要依据发盘的方式、货物的行情等因素去掌握。这种对有效期的规定方法极易使交易双方产生争议，因此在实际操作中应尽量不用或少用。

(3)若发盘采用的是口头表达方式，则除非交易双方另有约定，受盘人必须立即表示接受才有效。根据《公约》的规定，采用口头发盘时，除发盘人发盘时另有声明外，受盘人只能当场表示接受，方为有效。采用函电成交时，发盘人一般都明确规定发盘的有效期。

【提示】 作为对方表示接受的时间限制，超过发盘规定的时限，发盘人即不受约束，当发盘未具体列明有效期时，受盘人应在合理时间内接受才能有效。何谓“合理时间”，需根据具体情况而定。根据商品的品种、特性、市场行情不同，都有其合理的有效期。

在外贸实践中，发盘有效期的规定主要采用以下两种方法：①规定最迟接受的期限，如限 6 月 6 日复到有效；②规定一段接受的期限，如发盘有效期为 6 天。

按《公约》的规定，这个期限应从电报交发时刻或信上载明的发信日期起算。如信上未载明发信日期，则从信封所载日期起算。采用电话、电传发盘时，则从发盘送达受盘人时起算。如果由于时限的最后一天在发盘人营业地是正式假日或非营业日，则应顺延至下一个营业日。此外，当发盘规定有效期时，还应考虑交易双方营业地点不同而产生的时差问题。

4. 发盘的撤回与撤销

一项实盘发出后，在特定的受盘人作出接受以前，若受盘人未在发盘规定的有效期或合理时间内接受发盘，则该发盘自动失效。发盘后，发盘人想改变主意，要么将其撤回，要么将其撤销。

发盘的撤回(Withdrawal)与撤销(Revocation)是两个不同的概念。前者是指在发盘送达受盘人之前，将其撤回，以阻止其生效。后者是指发盘已送达受盘人，即发盘生效之后将发盘取消，使其失去效力。

(1)发盘的撤回

发盘的撤回是指发盘人将还没有被受盘人收到的发盘予以撤销的行为，即终止了一项还没有生效的发盘。

发盘发出后，发盘人是否可以撤回发盘或变更其内容，在这个问题上，英美法与大陆法两大法系之间存在着尖锐的矛盾。英美法认为，发盘原则上对发盘人没有约束力。发盘人在受盘人对发盘表示接受之前的任何时候，都可撤回发盘或变更其内容。而大陆法则认为，发盘对发盘人有约束力。如德国民法典规定，除非发盘人在发盘中订明发盘人不受发盘的约束，否则发盘人就要受到发盘的约束。

根据《公约》的规定，一项发盘（包括注明不可撤销的发盘），只要在其尚未生效以前，都是可以修改或撤回的，因此，如果发盘人发盘内容有误或因其他原因想改变主意，可以用更迅速的方法，将发盘的撤回或更改通知赶在受盘人收到该发盘之前或同时送达受盘人，则发盘即可撤回或修改。了解这一点，对我国从事进出口业务的工作人员具有实际意义。假如想撤回或修改已经发出的发盘，就必须要有准确的时间含义，例如发盘是何时发出的，预计何时可送达对方，然后再考虑采取最快的通信方法是否可以撤回或修改发盘。

视野拓展 9－1　对发盘能否撤销的不同分歧

关于发盘能否撤销的问题，英美法系国家与大陆法系国家存在着严重的分歧。

英美法系国家认为，在受盘人表示接受之前，即使发盘中规定了有效期，发盘人也可以随时予以撤销，这显然对发盘人片面有利。这种观点在英美法系国家中也不断受到质疑。有的国家在制定或修改法律时，实际上已在不同程度上放弃了这种观点。

大陆法系国家对此问题的看法相反，认为发盘人原则上应受发盘的约束，不得随意将其发盘撤销。例如，德国法律规定，发盘在有效期内，或没有规定有效期，则依通常情况在可望得到答复之前不得将其撤销（除非在发盘中注明不受发盘的约束）。法国法律虽规定发盘在受盘人接受之前可以撤销，但若撤销不当，发盘人应承担损害赔偿的责任。美国法律规定由商人签署的买卖货物的书面发盘，并且保证在一定时间内是不可撤销的话，即使没有对价，该发盘在规定时间不可以撤销，如无规定时间则合理时间内不可撤销。

为了调和上述两大法系在发盘可否撤销问题上的分歧，《公约》采取了折中的办法。《公约》第16条规定，在发盘已送达受盘人，即发盘已经生效，但受盘人尚未表示接受之前这一段时间内，只要发盘人及时将撤销通知送达受盘人，仍可将其发盘撤销。如一旦受盘人发出接受通知，则发盘人无权撤销该发盘。

（2）发盘的撤销

发盘的撤销是指发盘已到达收盘人并已经开始生效，发盘人通知受盘人撤销原发盘，解除其生效行为，即终止了一项已经生效的发盘。

【注意】一项发盘即使标明了不可撤销，也可以撤回，前提是撤回通知要提前送达或同时送达受盘人；撤回只适用于信件或电报方式，电传、传真、邮件等方式就不存在撤回的可能性。

此外，《公约》还规定，并不是所有的发盘都可撤销，下列两种情况下的发盘，一旦生效，则不得撤销：①在发盘中规定了有效期，或以其他方式表示该发盘是不可撤销的；②受盘人有理由信赖该发盘是不可撤销的，并本着对该发盘的信赖采取了行动。

【注意】一项发盘是否可以撤销，主要取决于受盘人是否可能因为撤销发盘而受到损害。

5. 发盘的失效

发盘的失效包括以下几种情况：①发盘人接到受盘人的拒绝通知后，原发盘即失效。《公约》第17条规定："一项发盘，即使是不可撤销的，于拒绝通知送达发盘人时终止。"②受盘人做出还盘。③发盘人在发盘到达受盘人之前撤回发盘。④发盘人依法撤销发盘。⑤发盘中规定的有效期届满。⑥人力不可抗拒的意外事故造成发盘的失效。⑦在发盘被接受之前，当事人丧失行为能力、死亡或法人破产等。

我国是《公约》的缔约国之一，我国在交存核准书时声明，对《公约》做出两项保留：一是不受《公约》第1条第1款(b)项约束，《公约》仅适用于在缔约国当事人间订立的合同；二是对《公约》第11条、第29条及有关规定提出保留，即在合同形式上不承认口头形式，合同的订立、修改和终止，必须采用书面形式。除此之外,我国外贸企业与其他缔约国的企业所签订的货物买卖合同,都适用该《公约》,除合同另有规定外。但鉴于当前世界各国对发盘的约束力存在着较大的分歧,为了避免在这个问题上产生误解,引起不必要的纠纷,我国各进出口公司根据外贸业务的实践经验,把发盘分为实盘和虚盘两种。

(1)实盘。是指在一定时期内对发盘人具有约束力的发盘。实盘一经受盘人在有效期内无条件地接受,即构成对双方均有约束力的合同。实盘必须同时具备这样的条件:实盘的内容必须是完整和明确的。所谓完整,是指主要交易条件是完备的;所谓明确,是指实盘的内容清楚确切。实盘的内容必须是肯定的,即发盘人愿意按照提出的各项交易条件同受盘人订立合同。实盘必须规定有效期限。在国际贸易中,实盘都有有效期,区别只在于有效期有明确规定和没有明确规定之分。不明确规定有效期的发盘,按惯例在合理时间内有效。

在对外贸易业务中,使用实盘应注意以下几个问题:按照国际贸易习惯,对外发出实盘时应注明"实盘"字样。在实际工作中,判断一个发盘内容是否完整,不能只从一函一电来看。有时,一个发盘在主要交易条件方面,从表面上看常常是不完整的,但实际上是完整的。这是因为,一是有的条件已包括在早被双方确认的"一般交易条件"之中;二是发盘中援引了以往的来往函电或合同,故省略了某些条款;三是老客户之间对一些交易条件已形成习惯做法,发盘中虽未说明,但已包括在其中了。

(2)虚盘。它是发盘人有保留地愿意按一定条件达成交易的一种表示。虚盘对发盘人没有约束力,发盘人可以随时撤回或修改其内容,受盘人即使无条件接受,也不能达成交易,只有经发盘人最后确认后,才能构成对双方有约束力的合同。虚盘的主要特点是:在发盘中附有保留条件,如注明"以我方最后确认为准""以未售出为准""仅供参考"等,没有规定有效期。因此,虚盘在法律上常被称为"邀请要约"。其实,它不是真正的发盘,而是一种询盘,其目的是吸引对方递盘,或用以试探行情或对方的诚意。

6. 发盘效力的终止

发盘的终止包括:①其法律效力的消失;②发盘人不再受该项发盘的约束;③受盘人无权再对该发盘表示接受。

任何一项发盘,其效力均可在一定条件下终止。发盘效力终止的原因,一般有以下几个方面:①在发盘规定的有效期内未被接受,或虽未规定有效期,但在合理时间内未被接受,则发盘的效力即告终止,即过了发盘的有效期。②发盘被发盘人依法撤销,即有效的撤销。③被受盘人拒绝或还盘之后,即拒绝或还盘通知送达发盘人时,发盘的效力即告终止。④发盘人发盘之后,发生了不可抗力事件,如所在国政府对发盘中的商品或所需外汇发布禁令等。在这种情况下,按出现不可抗力可免除责任的一般原则,发盘的效力即告终止。⑤发盘人或受盘人在发盘被接受前丧失行为能力,则该发盘的效力也可终止。

【注意】针对一项发盘,如果受盘人不同意发盘的交易条件,作出拒绝的表示,不论发盘的有效期是否到期,原发盘即告终止。

一封理想的发盘书信,通常应包括以下内容:①对对方的询盘表示感谢;②说明欲交易的商品的品质、数量、价格、交货、包装、支付条件等;③发盘的有效期限;④表示希望该发盘能为对方接受。发盘因撰写情况或背景不同,在内容、要求上也有所不同。但从总的情况看,其结构一般包括下列内容:

(1)感谢对方来函,明确答复对方来函询问事项。如 Thank you for your inquiry for…(感谢您对……的询盘)。

(2)阐明交易的条件(品名、规格、数量、包装、价格、装运、支付、保险等)。如:For the Butterfly

Brand sewing machine，the best price is USD79.00 per set FOB Dalian（蝴蝶牌缝纫机的最低价格为每台79美元，FOB大连）。

（3）声明发盘有效期或约束条件。如：In reply we would like to offer，subject to your reply reaching us before…（我方愿意报盘，但你方回复到达我方应在……之前）。

（4）鼓励对方订货。如：We hope that you place a trial order with us（我们希望你方能试订货）。

表9－2是一则发盘函的实例：

表9－2 Offer

May 20，2024

Dear Sirs

<u>Tin Foil Sheets</u>

We acknowledge receipt of your letter of April 15，2024 and confirm having cabled you today in reply，as per confirmation copy enclosed. You will note from our cable that.

We are in a position to offer you 50 long tons of Tin Foil Sheets at the attractive price of Stg. 235 per long ton CFR shanghai for delivery within one month after your placing an order with us. Payment of the purchase is to be effected by an irrevocable letter of credit in our favour，payable by draft at sight in Pounds Sterling in London.

This offer is firm subject to your immediate reply which should reach us not later than the end of this month. There is little likelihood of the goods remaining unsold once this particular offer has lapsed.

Yours faithfully，

案例应用9－1　一项因发盘而引发的争议

日本某中间商A就某商品向我方询盘，我方于2024年10月10日向A商发盘，并要求10月20日前复到。16日，我方突然收到美商B按我方发盘的规定开来的信用证。随后又收到A商的电报称："你方10日发盘已转B商。"当时，该商品的价格正在上涨。我方将信用证退回，又按调整后的价格直接向B商发盘。但B商来电称信用证于有效期内送到我方，是以行为表示的接受，所以，合同已经成立，并拒绝接受新的报价。就此，双方产生争议。

请问：本案例应如何解决？

案例精析

案例应用9－1

（三）还盘

还盘（Counter Offer）是指受盘人不同意或不完全同意发盘人在发盘中提出的条件，为了进一步协商，对发盘提出修改性意见。因此，还盘也可以理解为一项新的发盘。还盘可以采用口头方式或书面方式，一般与发盘采用的方式相同。还盘可以针对价格，也可以针对品质、数量、交货时间及地点、检验、支付方式等重要条件提出修改意见。

在国际贸易谈判中，特别是在大宗交易的谈判中，一方在发盘中提出的条件被对方无条件全部接受的情况是少见的。相反，一方在发盘中提出的条件不被对方完全接受的情况是常见的。因此，在实际业务中，还盘的情况有很多。有时，一项交易须经多次还盘，即讨价还价，最后才能达成协议、订立合同。

需要注意的是，还盘是对发盘的拒绝。还盘一经做出，原发盘即失去效力，发盘人不再受其约束。一项还盘等于是受盘人向原发盘人提出的一项新的发盘。还盘作出后，还盘的一方与原发盘方在地位上发生了换位变化，即还盘人由原来的受盘人变成了新发盘的发盘人，而原发盘人则变成了新发盘的受盘人。新受盘人有权针对还盘的内容进行考虑，决定接受、拒绝或再还盘。

还盘可以用口头方式或书面方式表达，一般与发盘采用的方式相符。表 9—3 为一封还盘函：

表 9—3 Counter Offer

May 30,2024

Dear Sirs

Tin Foil Sheets

We wish to thank you for your letter of the 20th inst. offering us 50 long tons of the captioned goods at Stg. 235 per long ton CFR shanghai, usual terms.

In reply, we very much regret to state that our end-users here find your price too high and our of line with the prevailing market level. Information indicates that some parcels of Japanese makert have been sold at the level of Stg. 228 per long ton.

Such being the case it is impossible for us to persuade our endusers to accept your price, as material of similar quality is easily obtainable at a much lower figure. Should you be prepared to reduce your limit by, say, 8%, we might come to terms.

It is in view of our long-standing business relationship that we make you such a counter-offer. As the market is declining, we hope you will consider our counter-offer most favorably and cable us acceptance at your earliest convenience.

We are anticipating your early reply.

Yours faithfully,

案例应用 9—2 更改主要交易条件引发的争议

我方于 2024 年 11 月 1 日向美商 A 发盘供应某商品，限时 11 月 10 日复到有效。11 月 3 日，我方收到美商表示接受的电传，但提出必须降价 5%。当我方正在研究如何答复时，由于该商品的国际市场发生对美商有利的变化，于是该商又在 11 月 7 日来电传表示无条件接受我方 11 月 1 日的发盘。我方未予置理，而是于 11 月 9 日把该批货物卖给另一美商 B。随后，双方就合同是否成立产生了争议。

请问：该项交易是否成立？为什么？

案例精析

案例应用9-2

学中做 9—1 正确理解发盘和还盘

我出口企业于 6 月 1 日向英商电传发盘销售某商品，限 6 月 7 日复到。6 月 2 日收到英商电传称："接受但价格减 5%"，我方对此未作答复。由于该商品市价剧涨，6 月 3 日英商又来电表示"无条件接受 6 月 1 日发盘，请告合同号码。"

请问：在此情况下，我方应如何处理，并分析其理由。

分析提示

学中做9-1

(四)接受

接受(Acceptance)，是指受盘人接到对方的发盘或还盘后，受盘人无条件地、完全同意发盘人所提出的全部交易条件，并同意按条件订立合同的一种表示。接受同发盘一样，既属于商业行为，也属于法律行为。接受产生的重要法律后果是交易达成、合同成立。

1. 构成接受的要件

构成一项有效的接受，必须具备下列各项要件：

(1)接受必须由特定的受盘人发出

发盘是向特定的人提出的，因此，只有特定的人才能对发盘做出接受。由第三者做出的接受，不能视为有效的接受，只能作为一项新的发盘。

(2)接受必须表示出来

如做出声明，或用实际行动，如卖方发货表示接受，买方付钱表示接受，或开立信用证。这种行动必须在发盘的有效期内或合理时间内根据发盘的内容或双方习惯做出。

(3)接受必须在发盘规定的时效内做出

当发盘规定了接受的时限时，受盘人必须在发盘规定的时限内做出接受方为有效。如发盘没有规定接受的时限，则受盘人应在合理时间内表示接受。对何谓“合理时间”，往往有不同的理解。为了避免争议，最好在发盘中明确规定接受的具体时限。

视野拓展 9—2　　对接受生效时间的不同分歧

接受是一种法律行为，这种行为何时生效，各国法律有不同的规定。在接受生效的时间问题上，英美法与大陆法存在着严重分歧。

英美法采用“投邮生效”的原则，即接受通知一经投邮或交电报局发出，则立即生效；接受通知在投邮过程中因某原因延误或发盘人根本没有收到接受通知，也不影响接受的效力（即合同的成立）。也就是说，传递延误或遗失的风险由发盘人承担。

大陆法系采用“到达生效”的原则，即接受通知必须送达发盘人时才能生效。《公约》第 18 条第 2 款明确规定，接受送达发盘人时生效。如接受通知未在发盘规定的时限内送达发盘人，或者发盘没有规定时限，且在合理时间内未曾送达发盘人，则该项接受称作逾期接受(Late Acceptance)。按各国法律规定，逾期接受不是有效的接受。由此可见，接受时间对双方当事人都很重要。

此外，接受还可以在受盘人采取某种行为时生效。《公约》第 8 条第 3 款规定，如根据发盘或依照当事人业已确定的习惯做法或惯例，受盘人可以做出某种行为来表示接受，并需向发盘人发出接受通知。例如，发盘人在发盘中要求“立即装运”，受盘人可做出立即发运货物的行为对发盘表示同意，并且这种以行为表示的接受，在装运货物时立即生效，合同即告成立，发盘人就应受其约束。

(4)接受必须是同意发盘所提出的交易条件

根据《公约》的规定，一项有效的接受必须是同意发盘所提出的交易条件，只接受发盘中的部分内容，或对发盘条件提出实质性的修改，或提出有条件的接受，均不能构成接受，而只能视作还盘。但是，若受盘人在表示接受时，对发盘内容提出某些非实质性的添加、限制和更改（如要求增加重量单、装箱单、原产地证明或某些单据的份数等），除非发盘人在不过分迟延的时间内表示反对其间的差异外，仍可构成有效的接受，从而使合同得以成立。在此情况下，合同的条件就以该项发盘的条件以及接受中所提出的某些更改为准。我国《民法典》第 488 条规定：“承诺的内容应当与要约的内容一致。受要约人对要约的内容作出实质性变更的，为新要约。有关合同标的、数量、质量、价款或者报酬、履行期限、履行地点和方式、违约责任和解决争议方法等的变更，是对要约内容的实质性变更。”

做中学 9—1　　有效接受的理解

我国某进口企业与某外商磋商进口机械设备交易一宗。经往来电信磋商，已就合同的基本条款达成协议，但在我方最后所表示接受的电传中列有“以签署确认书为准”的文字。事后，外商拟就合同书，要我方确认，但由于对某些条款的措辞尚待进一步商讨，同时又发现该商品的市场价格趋疲，因此，未及时给予答复，外商又连续来电催开信用证，我方拒绝开证。试分析这一拒绝是否合理？

分析提示

做中学9-1

(5)接受通知的传递方式应符合发盘的要求

发盘人发盘时,有的具体规定接受通知的传递方式,也有未作规定的。如发盘没有规定传递方式,则受盘人可按发盘所采用的,或采用比其更快的传递方式将接受通知送达发盘人。

需要强调的是,接受通知在规定期限内到达发盘人,对于合同的成立具有重要作用。因此,各国法律通常都对接受到达发盘人的期限作出了规定。我国《民法典》第 481 条规定:“承诺应当在要约确定的期限内到达要约人。要约没有确定承诺期限的,承诺应当依照下列规定到达:①要约以对话方式作出的,应当即时作出承诺;②要约以非对话方式作出的,承诺应当在合理期限内到达。”

我国《民法典》第 482 条规定:“要约以信件或者电报作出的,承诺期限自信件载明的日期或者电报交发之日开始计算。信件未载明日期的,自投寄该信件的邮戳日期开始计算。要约以电话、传真、电子邮件等快速通信方式作出的,承诺期限自要约到达受要约人时开始计算。”

2. 逾期接受

逾期接受(Later Acceptance)又称迟到的接受,是指接受通知超过了发盘规定的有效期或超过了合理的时间才送达到发盘人。虽然各国法律一般认为逾期接受无效,而只能视作一个新的发盘,但《公约》对这个问题作了灵活的处理。《公约》第 21 条第 1 款规定:“一项逾期接受只要发盘人毫不迟延地用口头或书面通知受盘人,认为该项逾期的接受可以有效,愿意承受逾期接受的约束,合同仍可于接受通知送达发盘人时订立。”

如果发盘人对逾期的接受表示拒绝或不立即向发盘人发出上述通知,则该项逾期的接受无效,合同不能成立。《公约》第 21 条第 2 款规定:“如果载有逾期接受的信件或其他书面文件显示,依照当时寄发情况,只要传递正常,它本来是能够及时送达发盘人的,则此项逾期的接受应当有效,合同于接受通知送达发盘人时订立。除非发盘人毫不迟延地用口头或书面通知受盘人,认为其发盘因逾期接受而失效。”以上表明,逾期接受是否有效,关键要看发盘人如何表态。

例如,中方对日方发盘,有效期是到 3 月 15 日,日方于 3 月 5 日表示接受,接受通知在 3 月 15 日前应当是能到达中方的手中的,但是由于邮递员在投递过程中失误,信件的时间延期了,到中方手中是 3 月 17 日——此接受即为逾期接受。我方从信件的日期上可看出是哪天的,也就是说,按理应是一份有效的接受,那么中方若不接受此项逾期接受,必须通知日方,若不做任何反应则认为是默认了。

案例应用 9—3　　对“逾期接受”的错误理解

我方某企业 10 月 1 日向日商发盘“阿托品每 100 盎司为一批,大连船上交货价为 5 美元一盎司,5 日内复到有效”。日商在 10 月 7 日回电表示接受。我方立即电告对方此接受有效,并着手备货。两天后,日商来电称,7 日的电传已超出了发盘的有效期,属于无效的接受,合同不成立,问日商的做法是否合理?为什么?

案例精析

案例应用9-3

3. 接受的撤回或修改

在接受的撤回或修改问题上,《公约》采取了大陆法“送达生效”的原则。《公约》第 22 条规定:“如果撤回通知于接受原发盘应生效之前或同时送达发盘人,接受得予撤回。”由于接受在送达发盘人时才产生法律效力,故撤回或修改接受的通知,只要先于原接受通知或与原发盘接受通知同时送达发盘人,则接受可以撤回或修改。如接受已送达发盘人,即接受一旦生效,合同即告成立,就不得撤回接受或修改其内容,因为这样做无异于撤销或修改合同。

【注意】接受没有撤销。在当前通信设施非常发达和各国普遍采用现代化通信的条件下，当发现接受中存在问题而想撤回或修改时，往往已来不及了。为了防止出现差错和避免发生不必要的损失，在实际业务中，应当审慎行事。

根据这一规定，受盘人发出接受之后，如想反悔，可撤回其接受，但必须采取比接受更加快速的传递方式，将撤回通知赶在接受通知之前送达发盘人，或者最迟与接受同时送达发盘人，才能撤回。如果撤回通知迟于接受送达发盘人，就不能撤回了。在国际贸易中，表示接受的可以是买方，也可以是卖方。如果是我方表示接受，一般应注意以下几个问题：

(1)接受时应慎重对洽商的函电或谈判记录进行认真核对，经核对认为对方提出的各项交易条件确已明确、肯定、无保留条件时，再予接受。

(2)接受可以简单表示，如“你 10 日电接受”，也可详细表示，即将洽商的主要交易条件再重述一下，表示接受。一般来讲，对一般交易的接受，可采用简单形式表示，但接受电报、电传或信函中需注明对方来电、信函的日期或文号；对大宗交易或交易洽商过程比较复杂的，为慎重起见，在表示接受时，应采用详细叙述主要交易条件的形式。

(3)表示接受应在对方报价规定的有效期之内进行，并严格遵守有关时间的计算规定。

(4)表示接受前，要详细分析对方报价，准确识别对方函件性质是发价还是询盘，以免使自己被动或失去成交的机会。

如果是国外客户表示接受时，应注意如下问题：

(1)收到国外客户接受后，要认真分析客户接受的有效性，根据客户接受情况及我方经营意图，正确处理把握合同成立与不成立的法律技巧。

(2)注意贯彻“重合同、守信用”的原则，只要对方接受有效，即使情况变化对我不利，我方仍应同客户达成交易、订立合同，维护我方信誉。

下面是一封表示接受的信函，如表 9—4 所示。

表 9—4　表示接受的信函

Declining a Counter Offer

June 5, 2024

Dear Sirs

Tin Foil Sheets

We note from your letter of May 30 that the price offered by us for the subject article is found to be on the high side.

While we appreciate your cooperation in giving us the information about the Japanese supply in your market, we regret to say that there is no possibility of your cutting the price to the extent you indicated, i. e. 8%. For your information, we have received a crowd of enquiries from buyers in other directions and expect to close business at something near our level. At present, we cannot see our way clear to entertain your counter-offer, as our price is quite realistic.

If later on you see any chance to do better, please let us know, In the meantime, please keep us posted of developments at your end. We assure you that all your enquiries will receive our prompt attention.

Yours faithfully,

续表

Confirming an Order

June 12, 2024

Dear Sirs

We are appreciative of your cable responses dated June 5 and June 12 to our request for an 8% reduction in price and through your full cooperation we have been able to confirm the following order with you at your revised price:

"Fifty long tons of Tin Foil Sheets at Sta. 224.20 per long to CFR shanghai for shipment during July" for which we enclose our Purchase Confirmation No. HXAS4748 in duplicate. Please sign and return one copy for our file at your earliest convenience.

We are arranging for the establishment of the relative L/C with the Bank of China, shanghai and shall let you know by cable as soon as it is opened.

As we are in urgent need of the goods, we find it necessary to stress the importance of making punctual shipment within the validity of the L/C; any delay in shipment would be detrimental to our future business.

Yours faithfully,

任务三 买卖合同的签订

一、合同的有效成立

一方的发盘一经对方有效接受,合同即告成立。但合同是否具有法律效力,还要视其是否具备了一定的条件。不具有法律效力的合同是不受法律保护的。一个具有法律效力的合同应具备哪些条件,各国的法律规定不尽相同。综合来看,主要应具备以下几项:

(一)当事人必须在自愿和真实的基础上达成协议

大多数国家的法律作了这项规定。我国《民法典》第 483 条规定:"承诺生效时合同成立,但是法律另有规定或者当事人另有约定的除外。"根据《民法典》第 483 条前半句"承诺生效时合同成立"的规定,一般而言,当事人对合同的主要条款达成合意,合同便告成立。此外,《民法典》第 483 条后半句还规定了"法律另有规定或者当事人另有约定的除外"的例外情形。《民法典》第 150 条规定:"一方或者第三人以胁迫手段,使对方在违背真实意思的情况下实施的民事法律行为,受胁迫方有权请求人民法院或者仲裁机构予以撤销。"

(二)当事人必须具有订立合同的能力

我国《民法典》第 141 条规定:"无民事行为能力人实施的民事法律行为无效。"第 145 条规定:"限制民事行为能力人实施的纯获利益的民事法律行为或者与其年龄、智力、精神健康状况相适应的民事法律行为有效;实施的其他民事法律行为经法定代理人同意或者追认后有效。"

(三)合同必须有对价和合法的约因

对价(Consideration)是英美法系的一种制度。它是指合同当事人之间所提供的"相互给付"(Counterpart),即双方互为有偿交换。例如,在货物买卖合同中,卖方交货是为了取得买方支付的货款,而买方支付货款是为了得到卖方提交的货物,这种买方支付货款和卖方提交货物就是买卖双方的"相互给付",即买卖合同的对价。约因(Cause)是法国法律所强调的。它是指当事人签订合同所追求的直接目的。买卖合同只有在有"对价"或"约因"的情况下,才具有法律效力。

（四）合同的标的内容必须合法

各国的法律都要求当事人所订立合同的标的和内容必须合法，凡是违反法律、违反公序良俗的合同，一律无效。我国《民法典》第 534 条规定："对当事人利用合同实施危害国家利益、社会公共利益行为的，市场监督管理和其他有关行政主管部门依照法律、行政法规的规定负责监督处理。"

（五）合同的形式必须符合法律规定的要求

《公约》对国际货物买卖合同的形式，原则上不加限制。无论采用书面方式还是口头方式，均不影响合同的效力。《公约》第 11 条明确规定："买卖合同无须以书面订立或证明，在形式方面不受任何其他条件的限制，买卖合同可以包括人证在内的任何方法证明。"但《公约》允许缔约国对该条的规定提出声明予以保留。

我国在核准该公约时，对这一条提出了保留，坚持订立国际货物买卖合同必须采用书面方式才具有法律效力。我国《民法典》第 469 条规定："当事人订立合同，可以采用书面形式、口头形式或者其他形式。书面形式是合同书、信件、电报、电传、传真等可以有形地表现所载内容的形式。以电子数据交换、电子邮件等方式能够有形地表现所载内容，并可以随时调取查用的数据电文，视为书面形式。"

一个合同只有符合了上述条件，才具有法律效力，才能得到法律的承认并得到法律保护。因此，我们在与外商商订合同时，对此要严格遵守，善加运用。

二、书面合同的签订

（一）签订书面合同的意义

我国《涉外经济合同法》规定，涉外经济合同的订立、更改或者解除，应当采用书面形式。这一规定具有十分重要的意义，主要表现在以下几个方面：

1. 书面合同是合同成立的有力证据

书面合同与口头合同相比，其合同成立的证据更为有力。口头合同往往是"空口无凭"，而书面合同却起到"立字为据"的作用。

2. 书面合同便于合同的履行

在实际业务中，买卖双方各自享受哪些权利和应承担哪些义务，用书面的形式一条一条地规定下来，这样就便于双方履行合同时对照执行。如果没有一份包括各项条款的书面合同，则会给合同的履行带来诸多不便。

3. 书面合同是解决双方争议的重要依据

在履行合同的过程中，双方当事人一旦发生争议，将争议提交仲裁或诉讼，仲裁员或法官首先要求当事人提供证据，而书面合同就是重要的证据。同时，书面合同又是仲裁员或法官裁决双方当事人谁是谁非的重要依据。如果没有书面合同，就会因证据不足或无据可依致使争议无法裁决。

4. 书面合同有时是合同生效的条件

我国《民法典》第 490 条规定："当事人采用合同书形式订立合同的，自当事人均签名、盖章或者按指印时合同成立。在签名、盖章或者按指印之前，当事人一方已经履行主要义务，对方接受时，该合同成立。法律、行政法规规定或者当事人约定合同应当采用书面形式订立，当事人未采用书面形式但是一方已经履行主要义务，对方接受时，该合同成立。"第 491 条规定："当事人采用信件、数据电文等形式订立合同要求签订确认书的，签订确认书时合同成立。当事人一方通过互联网等信息网络发布的商品或者服务信息符合要约条件的，对方选择该商品或者服务并提交订单成功时合同成立，但是当事人另有约定的除外。"

(二)书面合同的形式

在国际贸易中，当交易一方提出发盘，交易另一方做出有效接受之后，买卖双方之间即达成买卖合同关系。买卖双方在交易磋商过程中的往来函电即为双方买卖合同的书面证明。但为了明确，买卖双方一般还要在交易磋商的基础上，签订书面合同或确认书将双方的权利、义务及各项交易条件明文规定下来，经买卖双方签字后，就成为约束双方的法律文件。

买卖双方使用的货物买卖合同的形式及名称，没有特定限制。只要双方当事人同意，可采用正式的合同(Contract)、确认书(Confirmation)，也可采用协议(Agreement)、备忘录(Memorandum)等形式。我国对外贸易中，主要使用合同和确认书。

1. 合同

合同是交易中一种非常正式的货物买卖协议。它的内容比较全面、详细，除了交易的主要条件如品名、品质、数量、包装、价格、总值、交货、支付方式，还包括保险、商品检验、索赔、不可抗力、仲裁等合同的一般条件，同时对双方的权利、义务及发生争议的处理均有详细规定。由卖方根据磋商结果草拟的合同称"销售合同"(Sales Contract)；由买方根据协商条件拟订的合同称"购货合同"(Purchase Contract)，该合同适用于大宗交易或金额较大的交易。

2. 确认书

确认书是合同的简化形式，是一种内容比较简单的贸易合同。它与前面所说的合同相比，只包括买卖交易的主要条件，而不包括买卖交易的一般条件。其中，由卖方依据双方磋商条件草拟的确认书称"销售确认书"(Sales Confirmation)；由买方依据双方磋商条件草拟的确认书称"购货确认书"(Purchase Confirmation)。确认书适用于成交额不大、批次较多的轻工业产品、土特产品，或有包销、代理等长期协议的交易。

以上两种形式的合同，虽然在格式、条款项目和内容的繁简上有所不同，但在法律上具有同等效力。货物买卖合同或确认书，一般由我方根据双方磋商的条件缮制正本一式两份，我方签字后寄交给对方，经对方核查签字后，留存一份，另一份寄还我方，双方各执一份，作为合同。

在实际业务中，订立书面合同的意义在于：作为合同成立的证据、作为履行合同的依据、作为解决争议的依据。

(三)书面合同的结构和内容

一份完整的国际货物买卖书面合同一般包括三个部分，即约首、正文和约尾。

1. 约首

这部分主要载明合同的名称、编号，买方和卖方的名称、地址、传真号码，合同签订的时间和地点。除此之外，在合同序言部分常常写明双方订立的意愿和执行合同的保证。合同的序言对双方均具有约束力。因此，在规定序言时，应慎重考虑。

2. 正文

这是合同的主体部分，具体列明各项交易的条件或条款，体现双方当事人的权利和义务。合同中的条款主要包括：品名、品质、数量、价格、包装、运输、保险、支付方式、检验、索赔、不可抗力、仲裁等。这些条款在前面各项目中分别作了详细介绍，在这里只将这些条款简要地归纳概括如下：

(1)商品品名条款。在国际货物买卖合同中，都列有"商品名称"这一栏。在这一栏中，应列明缔约双方同意买卖的商品的准确名称。

(2)商品品质条款。该条款是合同的重要条款之一，它是构成商品说明的重要组成部分，又是买卖双方交接货物时对货物品质进行评价的依据，也是买卖双方容易发生争议的焦点。在国际贸易中，不同种类的商品有不同的表示商品品质的方法，常用的有：①以样品为依据；②以规格、等级或标准为依据；③以牌名或商标为依据；④以说明书为依据。

(3)商品数量条款。该条款主要是规定卖方交货的数量和计算单位。数量一经确定,卖方就有义务按合同规定的数量交货。买卖合同中的数量可以用重量、体积、面积、长度、个数等单位表示。

(4)商品价格条款。该条款是国际货物买卖合同的核心内容,买卖双方所承担的责任、风险和费用都要在价格条款中反映出来。价格条款一般包括计价单位、贸易术语、价格总额等,其中计价货币和贸易术语则是国际货物买卖所特有的。

(5)商品包装条款。进入国际流通领域的货物一般要经过长途运输,有的货物甚至还要经过多次转装和储存,因此,对出口货物包装的要求也就必然比国内贸易严格。有的国家还通过法律形式对包装的用料、尺寸、重量作出具体规定。买卖双方在签订合同时,除不需要包装的散货、裸装货外,一般都对包装问题作出具体规定。合同中包装条款一般包括:包装种类、包装材料、包装方式、包装费用、运输标志等。包装种类又分运输包装和销售包装两种。

(6)商品运输条款。按照各国法律,履行合同的交货义务是卖方的基本义务,在装运港交货的条件下,卖方必须按约定的时间和地点,将符合合同要求的货物装船以运交买方。因此,合同中的装运条款就成为合同的主要条款。装运条款主要规定装运时间、装运港、目的港和装运通知等事项。

(7)商品保险条款。保险条款的主要内容包括由谁负责投保和支付保险费,以及保险的险别与保险的金额等。保险条款的内容与合同所采取的贸易术语有密切关联。对 FOB 和 CFR 合同,由于货物保险由买方负责,货价中不含保险费,因此,合同的保险条款一般只简略地规定保险由买方自理。但对 CIF 合同,由于保险由卖方负责,货价中含有保险费,保险条款就要订得明确、具体。

(8)支付条款。支付货款是国际货物买卖合同中买方的基本义务,按什么条件支付货款,包括付款时间、付款方式和支付货币种类,与双方的利益相关,在订立合同时,应尽量明确。在国际贸易中,支付方式很多,主要有汇付、托收、信用证、分期付款、延期付款等。其中,信用证成为当今国际贸易中最常用、最有效的支付方式。

(9)检验条款。检验条款与品质条款、数量条款及包装条款关系密切,它的作用之一就是通过检验来判定卖方所交的货物是否符合合同的有关规定。检验条款一般涉及检验货物的时间和地点、检验机构、检验内容和方法等。

(10)索赔条款。索赔在作为独立条款时,一般应规定以下内容:索赔期限和索赔依据。按照国际贸易习惯,合同当事人就对方违约提出的索赔,必须在一定期限内进行,逾期提出的,对方有权拒绝受理。按照各国法律,合同当事人对提出索赔负有举证责任,一般应提供合同和法律的依据以及事实根据。

(11)不可抗力条款。该条款是国际货物买卖合同中普遍采用的免责条款,它的作用是在合同订立之后,如果发生了不可抗力的意外事故,以致不能履行合同或不能如期履行合同,遭受事故的一方可免除履行合同的责任或推迟履行合同,另一方无权要求其履行合同或要求赔偿损失。不可抗力条款包括不可抗力事故的含义、范围以及所引起的法律后果。

(12)仲裁条款。仲裁是解决国际贸易争议的一种习惯做法。仲裁条款一般包括仲裁机构、仲裁程序、仲裁规则和仲裁效力等。

3. 约尾

约尾一般列明合同的份数、使用的文字及其效力、订约的时间和地点及生效的时间。有时,有的合同将“订约时间和地点”放在约首订明。最后由具有法律资格的双方当事人在合同上签字。

三、签订合同应注意的问题

签订合同应注意以下一些问题:①签订合同的双方当事人必须具有相应的法律资格;②合同的内容必须符合法律要求;③双方当事人的意思表示必须完全一致和真实;④合同签订的内容与洽商

时达成协议的内容要一致,并明确双方的权利和义务等;⑤合同各项条款必须协调一致。

视野拓展 9—3

大连市××进出口公司

Dalian ×× Import & Export Corporation

表 9—5

销售合同

SALES CONTRACT

日期 DATE　　签约地点 PLACE OF SIGNATURE　　合同号 No.

卖　方:	买　方:
SELLER:	BUYER:
地　址:	地　址:
ADD:	ADD:
电话 Tel:	电话 Tel:
传真 Fax:	传真 Fax:
E-MAIL:	E-MAIL:

兹确认售与你方下列货品,成交条款如下:

We hereby confirm having soul to you the following goods on terms and conditions as specified below:

(1)货物名称、规格和装运唛头 Name of Commodity, Specifications and Mark	(2) 数量 Quantity	(3) 单价 Unit Price	(4)总值 Total Amount	(5)商标 Trade Mark
总　价 TOTAL				

(6)包　装:　　卖方有权在　　%内多装或少装

Packing:　　Shipment　　% more or less at Seller's option

(7)装运日期:

Time of Shipment:

(8)装运口岸:

Port of Loading:

(9)目的港口:

Port of Destination:

(10)付款条件:凭不可撤销的即期信用证,议付有效期延至装运后第 21 天在中国到期。信用证必须在此前到达卖方。

Terms of Payment: By irrevocable L/C available by sight draft, valid for negotiation in China until the 21st day after shipment, The L/C should reach the Seller before .

(11)保险:保综合险及战争险或者陆运综合险

Insurance:Covers all risks and war risks or overland transportation all risks.

由买方自理

To be effected by the Buyer

续表

(12)仲裁:凡因执行本合同所发生的或与本合同有关的一切争议,应由双方通过友好协商解决;如果协商不能解决,应提交北京中国国际经济贸易仲裁委员会根据该会的仲裁规则进行仲裁。仲裁裁决是终局的,对双方都有约束力。

Arbitration:All disputes arising from the execution of or in connection with this contract, shall be settled amicably through friendly negotiation. In case no settlement can be reached through negotiation, the case shall then be submitted to China International Economic & Trade Arbitration Commission, Beijing, for arbitration in accordance with its arbitration rules. The arbitration award is final and binding upon both parties.

备注

Remarks

(1)买方须于上述约定时间内,开出本批交易的信用证,否则,卖方有权不经通知解除本合同,或接受买方对本合同未履行的全部或一部分,或对因此遭受的损失提出索赔。

The Buyer shall establish the covering Letter of Credit before the above stipulated time, failing which the Seller reserves the right to rescind without further notice, or to accept whole or any part of this sales contract non-fulfilled by the Buyer, or to lodge a claim for direct losses sustained, if any.

(2)凡因 CIF 条件成交的业务,保额为发票价的 110%,投保险别以本合同中所开列的为限,买方如要求增加保额或保险范围,应于装船前经卖方同意,因此而增加的保险费由买方负责。

For transactions concluded on CIF basis, It is understood that the insurance amount will be for 110% of the invoice value against the risks specified in the sales contract. If additional insurance amount or coverage is required, the Buyer must have the consent of the Seller before shipment, and the additional premium is be borne by the Buyer.

(3)品质/数量异议:如买方提出索赔,凡属品质异议须于货到目的口岸之日起 30 天内提出,凡属数量异议须于货到目的口岸之日起 15 天内提出,并应在此约定期限内提交权威机构的检验报告。对所装货物所提任何异议属于保险公司、轮船公司、其他有关运输机构或邮递机构所负责者,买方不负任何责任。

Quality/Quantity Discrepancy: In case of quality discrepancy, claim should be filed by the Buyer within 30 days after the arrival of the goods at port of destination, while for quantity discrepancy, claim should be filed by the Buyer within 15 days after the arrival of the goods at port of destination, Both claims should be accompanied by inspection certificate issued by competent inspection authority. It is understood that the Seller shall not be liable for any discrepancy of the goods shipped due to causes for which the insurance company, shipped company, other transportation organization/or post office are liable.

(4)本合同内所述全部或部分商品,如因不可抗力致使不能履约或延期交货,卖方不负责任。

The Seller shall not be held liable for failure or delay in delivery of the entire lot or a portion of the goods under this sales contract in consequence of any Force Majeure incidents.

(5)买方于收到本合同后请立即签回两份,如买方对本合同有异议,应于收到后 5 天内提出,否则应认为买方已同意接受本合同所规定的各项条款。

The Buyer is requested to sign and return two copies of this sales contract immediately after receipt of the same, Objection, if any, should be raised by the Buyer within 5days after receipt of this sales contract, in the absence of which it is understood that the Buyer has accepted the terms and conditions of the sales contract.

卖方 Seller	买方 Buyer

表 9—6

售货确认书

SALES CONFIRMATION　　　　　　No.

商号 MESSRS
日期 DATE
签约地点 SIGNED AT

去函　　　　　　　　去电
OUR LETTER(S)/CABLE(S)

DEAR SIRS YOUR LETTER(S)/CABLE(S)

兹确认于　　　　按下列条件售予下述货物：

WE HEREBY CONFIRM HAVING SOLD TO YOU. THE FOLLOWING GOODS ON TERMS AND CONDITIONS AS SET FORTH BELOW.

货名：
COMMODITY：
规格：
SPECIFICATION：
数量：
QUANTITY：
单价：
UNIT PRICE：
总值：
TOTAL VALUE：
装运期：
SHIPMENT：

付款条件：保兑、不可撤销、全部发票金额的即期汇票信用证，在天津议付，有效期须延至装运日期后第十五天在中国到期。该信用证不得迟于　　开抵卖方。

TERMS OF PAYMENT：BY CONFIRMED AND IRREVOCABLE L/C FOR FULL INVOICE VALUE. AVAILABLE BY DRAFT AT SIGHT，NEGOTIABLE IN TIENTSIN VALID IN CHINA UNTIL THE 15TH (FIFTEENTH) DAY AFTER DATE OF SHIPMENT：THE L/C TO REACH SELLERS NOT LATER THAN .

包装：PACKING：　　　　　　　　唛头：MARK & NOS.：

保险：
INSURANCE：

备注：
REMARKS：

1. 装运品质及重量，以天津海关出具之检验证书为证明并作为最后依据。

SHIPPING WEIGHT AND QUALITY TO BE CERTIFIED BY AND SUBJECT TO THE INSPECTION CERTIFICATE ISSUED BY TIENTSIN CUSTOMS.

2. 许可较所订数量溢短装 5%依成交价格计算。

DELIVERY OF 5% MORE OR LESS THAN THE TOTAL CONTRACT QUANTITY SHALL BE ALLOWED AND SETTLED AT THE CONTRACT PRICE.

3. 全部交易条款以本售货确认书内所规定者为最后依据，信用证内规定的条款及词句必须与此确认书所规定者相符。

ALL THE TERMS CONTAINED IN THIS S/C ARE TO BE DEEMED AS FINAL AND THE TERMS AS WELL AS WORDINGS. TO BE SPECIFIED IN THE L/C SHALL BE STRICTLY IN CONFORMITY WITH THOSE AS DESIGNATED IN THIS SALES CONFIRMATION.

应知考核

一、单项选择题

1. 交易磋商的两个基本环节是（　　）。

A. 询盘、接受　　B. 发盘、签合同

C. 接受、签合同　　D. 发盘、接受

2. 某发盘人在其订约建议中加有“仅供参考”字样，则这一订约建议为（　　）。

A. 发盘　　B. 递盘　　C. 邀请发盘　　D. 还盘

3. 根据《公约》规定，合同成立的时间是（　　）。

A. 接受生效的时间　　B. 交易双方签订书面合同的时间

C. 在合同获得国家批准时　　D. 当发盘送达收盘时

4. 根据《公约》规定，下列（　　）为一项发盘必须具备的基本要素。

A. 品名、品质、数量　　B. 品名、数量、价格

C. 品名、价格、支付方式　　D. 品名、品质、价格

5. 发盘的撤回与撤销的区别在于（　　）。

A. 前者发生在发盘生效后，后者发生在发盘生效前

B. 前者发生在发盘生效前，后者发生在发盘生效后

C. 两者均发生在发盘生效前

D. 两者均发生在发盘生效后

6. 指出下列（　　）发盘有效。

A. 请改报装运期 10 日复到有效

B. 贵方 15 日电每公吨 30 英镑 20 日复到

C. 贵方 15 日电可供 100 件参考价每件 8 美元

D. 贵方 15 日电接受，但以 D/P 替代 L/C

7. 下列（　　）内容的修改不属于实质性变更发盘的内容。

A. 解决争端的办法　　B. 数量、支付方式

C. 交货时间和地点　　D. 要求分两批装运

8. A 公司 5 月 18 日向 B 公司发盘，限 5 月 25 日复到有效。A 公司向 B 公司发盘的第二天，A 公司收到 B 公司 5 月 17 日发出的、内容与 A 公司发盘内容完全相同的交叉发盘，此时（　　）。

A. 合同成立

B. A 公司向 B 公司或 B 公司向 A 公司表示接受且接受通知送达对方，合同成立

C. 合同无效

D. 必须是 A 公司向 B 公司表示接受且接受通知送达对方，合同成立

9. 我国某出口公司于 5 月 5 日以电报对德商发盘，限 8 日复到有效。对方于 7 日以电报发出通知，由于电信部门的延误，出口公司于 11 日才收到德商的接受通知，事后该出口公司也未表态，此时（　　）。

A. 除非发盘人及时提出异议，否则，该逾期接受仍有接受效力，合同成立

B. 不管我方是否及时提出异议，合同未成立

C. 只有发盘人毫不延迟地表示接受，该通知才具有接受效力，否则，合同未成立

D. 由电信部门承担责任

10. 我国某公司向欧洲某客户出口一批食品，该公司于 3 月 16 日发盘，限 3 月 20 日复到有效，

3月18日接对方来电称:“贵方16日电接受,希望在5月装船。”我方未提出异议。于是(　　)。

A. 这笔交易达成　　B. 需经该公司确认后交易地达成

C. 属于还盘,交易未达成　　D. 属于有条件的接受,交易未达成

二、多项选择题

1. 构成一项接受应具备的条件是(　　)。

A. 接受由特定的受盘人作出　　B. 接受的内容必须与发盘相符

C. 必须在有效期内表示接受　　D. 接受方式必须符合发盘的要求

2. 在实际的进出口业务中,接受的形式有(　　)。

A. 用口头或书面的形式表示　　B. 用缄默表示

C. 用广告表示　　D. 用行动表示

3. 构成一项发盘应具备的条件有(　　)。

A. 向一个或一个以上的特定人发出　　B. 表明发盘人受该发盘的约束

C. 发盘的内容必须十分确定　　D. 发盘必须规定有效期

4. 发盘中注明(　　),该发盘属于询盘性质。

A. 在发盘中规定了商品的品名和数量

B. 在发盘中规定了有效期,或以其他方式表示该发盘是不可撤销的

C. 受盘人有理由认为该发盘是不可撤销的,并本着对该发盘的依赖采取了行动

D. 在发盘中规定了商品的品名和价格

5. 发盘终止的原因主要有(　　)。

A. 发盘的有效期届满

B. 发盘被发盘人依法撤销或撤回

C. 受盘人对发盘的拒绝或还盘

D. 发盘人发盘后发生不可抗力事故或当事人丧失行为能力

三、简述题

1. 对国际客户的调查主要包括哪些方面?

2. 国际贸易谈判一般经过哪几个阶段?

3. 一份具有法律效力的合同应具备哪些条件?

4. 国际货物交易合同一般包括哪些主要条款?

5. 构成一项有效的接受必须具备哪些条件?

四、综合题

香港A商行于10月20日来电向上海B公司发盘出售木材一批,发盘中列明了各项必要条件,但未规定有效期限。B公司于当天(20日)收到来电,经研究后,于22日上午11时整向上海电报局交发对上述发盘表示接受的电报,该电报于22日下午1时整送达。香港A商行22日上午9时15分向香港电报局交发电报,其电文如下:“由于木材价格上涨,我10月20日电发盘撤销。”A商行的电报于22日上午11时20分送达B公司。

1. 发盘的撤销是指(　　)。

A. 发盘人在发盘之后,在其尚未到达受盘人之前,即在发盘尚未生效之前,将发盘收回,使其不发生效力的行为

B. 在发盘规定的有效期内未被接受,或虽未规定有效期,但在合理时间内未被接受

C. 发盘人在其发盘已经到达受盘人之后,即在发盘已经生效的情况下,将发盘取消,废除发盘的效力的行为

D. 发盘在被受盘人拒绝或还盘之后,即拒绝或还盘通知送达发盘人的行为

2. A 公司是否已成功地撤销了 10 月 20 日的发盘?(　　)。

A. 是　　　　B. 否

3. 撤销发盘的条件是(　　)。

A. 发盘已经生效

B. 发盘到达受盘人,但受盘人还没有做出接受的通知

C. 发盘中没有规定发盘的有效期

D. 发盘已经生效,受盘人接受通知的时间与撤销发盘通知的时间是相同的

4. 下列情况下,发盘不能撤销的是(　　)。

A. 在发盘中规定了商品的名称和数量

B. 在发盘中规定了有效期,或以其他方式表示该发盘是不可撤销的

C. 收盘人有理由信赖该发盘是不可撤销的,并本着对该发盘的信赖采取了行动

D. 在发盘中规定了商品的名称和价格

应会考核

■ 观念应用

【背景资料】

强生公司为什么放弃产品的开发

强生公司是一家国际知名的婴儿用品生产公司,公司想利用自身在婴儿用品市场的高知名度开发婴儿用的阿司匹林产品,但不知市场的接受程度如何。由于强生公司有一些关系较好的市场调查样本群体,且问题比较简单,但需由被调查者做出解释,故决定采用费用较低的邮寄方法进行市场调查。通过邮寄方法的调查分析,强生公司得出了这样一个结论:该公司的产品被消费者一致认为是温和的(该反馈和强生公司所做广告的宣传效果相一致),但温和并不是人们对于婴儿用阿司匹林的期望。婴儿用阿司匹林可能不具有很好的疗效。为此,强生公司认为如果开发这样一个产品,并做出适合产品的宣传会损坏整个公司的形象和多年努力的结果。如果按以往的形象做宣传又无法打开市场。因此,强生公司最终决定放弃这个产品的开发。

【考核要求】

该案例给你什么启示?

■ 技能应用

市场调查的应用

某鞋厂生产了一种海蓝色的涤纶坡跟鞋,在当地很受欢迎。鞋厂根据市场情况给外地的一家大型商场发货 5 000 双。时隔不久,商场来电要求退货。鞋厂很快派人赶赴这一城市,经初步调查,鞋厂所在地与这一消费地风俗习惯不同,该市市民认为这种鞋的颜色不太吉利,因此,鞋上市后几乎无人问津。鞋厂于是决定召回海蓝色的鞋,并委托调查机构对该市的鞋类消费市场进行调查。

【技能要求】

请结合本项目的内容，假如你是调查机构的一员，你将如何进行调查？调查内容大致包括哪些？

■ 案例分析

1. 我国某出口企业于3月5日用电传向英商发盘销售商品，限3月9日复到。3月6日收到英商发来电传称：如价格减10%可接受。我方尚未对英商做出答复，由于该商品国际市价剧涨，英商又于3月7日来电传表示：无条件接受贵方3月5日发盘，请告知合同号码。

【分析要求】

在此情况下，我方应如何处理？

2. A国商人将从别国进口的初级产品转卖，向B国商人发盘，B国商人复电接受发盘，同时要求提供产地证。两周后，A国商人收到B国商人开来的信用证，正准备按信用证规定发运货物，获海关通知，因该货非本国产品，不能签发产地证。经电请B国商人取消信用证中要求提供产地证的条款遭到拒绝，于是引起争议。A国商人提出，其对提供产地证的要求从未表示同意，依法无此义务，而B国商人坚持A国商人有此义务。

【分析要求】

请根据《公约》的规定，对此案做出裁决。

3. 我国某公司于周一上午9:00向美商以电报发盘。公司原定价为每公吨500美元CIF旧金山，但我方工作人员由于工作疏忽而误报每公吨500元人民币。

【分析要求】

请分析下述三种情况下应当如何处理较为妥当：①在当天下午发现问题；②在第二天上午9:00发现问题，客户尚未接受；③在第二天上午9:00发现问题，但客户已经接受。

■ 专业技能题

1. 专业术语翻译

(1)Enquiry　(2)In This Line　(3)Discount　(4)装运日期　(5)装运口岸
(6)目的港口　(7)Terms of Payment　(8)Insurance　(9)Sales Contract
(10)Purchase Contract

2. 试翻译以下条款

(1)An offer with engagement is also called "firm offer" or "irrevocable offer". In this kind of offer, the offerer's intention to make a contract is definitely indicated and the offerer cannot revoke or amend what he has offered during the validity of the offer. Once it is unconditionally accepted by the offeree within the validity, the transaction is completed and a contract is concluded right away. So it is binding on the offerer within its validity.

(2)您好：

我们想进口各类摩托车，请寄目录及贵方最新的报价单一份。

我们是美国最大的车辆经销商之一，在各主要城市都有分支机构。这里对各类摩托车，尤其是高质量、时尚的摩托车有着稳定的需求。如果质量令人满意且价格可接受的话，我们将长期向贵方订购。

回复时，请说明能否给予我方特别的折扣及具体支付方式。

静盼佳音。

(3)您好：

感谢贵方通过DHL寄给我方印花布的目录和剪样。

我方现在对贵方PS568和PS572两款产品感兴趣，请报CIF纽约最低价。同时，我方还需要其他信息，包括支付方式、包装、最早装运期、起订量以及贵方能给的折扣。如果贵方条款优惠，交货期能接受的话，我方将大量订购。

(4)您好：

感谢贵方1月10日的发盘：1 000辆自行车，每辆500美元，CIF纽约。

很遗憾，我方客户认为贵方价格过高，与当前行情不符，贵方应该也知道，有些日本商人正在降价10%。毫无疑问，市场竞争很激烈。

我们承认贵方的质量稍微好一点，但差价也不至于到5%，因此，代表我方客户，我方还盘如下："1 000辆自行车，每辆470美元，CIF纽约，其余条款不变。"

因为行情疲软，我方建议贵方立即接受。

(5)Provided your quality and prices are satisfactory, there are prospects of good sales in this area.

项目实训

【实训项目】

增强询盘、发盘、还盘、接受的能力。

【实训情境】

● 目标。该项练习帮助学生掌握询盘、发盘、还盘、接受方面的知识和方法，提高学生在这方面处理问题的能力。

● 内容。组织学生进行模拟询盘、发盘、还盘、接受过程的实训。

● 时间。在这方面的知识讲完之后，利用实训时间进行。

【实训任务】

1. 任务要求

(1)将本班学生分成对应的小组，每组确定1名负责人，每组代表一个公司。

(2)对应组之间进行模拟发盘、还盘、接受、违约方面的活动。

(3)模拟成立仲裁委员会，对发生的合同纠纷进行处理。

(4)教师给予策划、指导、点评。

2. 撰写《增强询盘、发盘、还盘、接受的能力》实训报告。

《增强询盘、发盘、还盘、接受的能力》实训报告		
项目实训班级：	项目小组：	项目组成员：
实训时间：　年　月　日	实训地点：	实训成绩：
实训目的：		
实训步骤：		
实训结果：		
实训感言：		

项目十　国际货物交易的一般工作程序(二)

● **知识目标**

理解:进出口业务的流转程序。
熟知:进出口业务操作的各个环节。
掌握:进出口业务中相关外贸单证的处理。

● **技能目标**

学生能够掌握国际货物交易中的出口合同和进口合同的履行过程以及其中的重要环节和注意事项,能熟练进行单证处理;具备履行国际货物交易中的出口合同和进口合同的实际业务操作能力。

● **素质目标**

学生能够理解国际贸易合同的履行,既是一种经济行为,又是一种法律行为;能够把握国际贸易合同履行的整体性和全局性。

● **思政目标**

进一步强化“重合同,守信用”的重要性,培养学生诚实守信的品质。本着诚实守信的原则,利用外贸人的职业素养和职业精神,善于运用法治思维和法律武器,灵活解决各个环节可能出现的问题。激发学生爱国情怀,强化商业伦理、价值塑造和社会责任感,加强专业知识学习兴趣,启发学生的思辨精神,开拓学生的学科视野,规划自身未来发展。

● **项目引例**

仲裁机构对买卖钢板的裁决

2024年2月,上海A公司与加拿大B客户按L/C方式签订了一份买卖钢板的合同。合同订立后,钢板价格上涨,A公司按约定开出了信用证,但B方拒不按约交货。A公司见信用证已过期,为减少损失,便从别的公司购买了相同品质的替代货物。之后,A公司以B违约为由,向B索赔差价损失。双方经协商未果,A公司遂向中国国际经济贸易仲裁委员会提请仲裁。仲裁庭开庭审理后,对A公司采取的补救措施予以支持,裁定B方应赔偿A公司购买合同替代货物所造成的货物差价损失。

● **引例讨论**

B方是否属于严重违约?应该采取什么措施?

【课程思政】通过本项目的学习，大学生今后从事财经商贸工作要树立诚实守信的职业品格，针对进出口贸易合同的履行，强化日常生活中知法守法的基本道德观念，了解道德与经济利益的冲突，体会在职业操守方面的"诚实守信"，认识严格遵守诚信原则的重要性，具备坚定正确的政治方向和爱国情怀，提升爱国主义思想和信念；掌握进出口合同履行的专业技能，不断提高与时代发展和事业要求相适应的素质和能力；在实践中学真知、悟真谛，不断增加知识储备、优化知识结构，在社会历练中增长本领、锤炼品格，以积极进取的精神、奋发有为的行动，直面风险挑战，勇担时代重任。

● 知识支撑

任务一 出口合同的履行

动漫视频

出口合同的履行

国际货物出口合同的履行主要是指在国际贸易中，出口商依据所签订的合同，为完成合同规定的义务而实施的行为。在履行出口合同时，卖方必须全面地按照合同规定，交付货物，移交一切与货物有关的单据并转移货物所有权，这是卖方的基本义务。

在我国出口贸易中，除大宗交易有时采用 FOB 条件成交外，多数采用 CIF 与 CFR 条件成交，并采用即期信用证付款。履行此类出口合同，涉及面广、工作环节多、手续繁杂，且影响履约的因素很多。程序一般包括备货、报验、催证、审证、改证、租船、订舱、装运、投保、报关、制单结汇、出口理赔等环节。在这些环节中，又以货（备货）、证（催证、审证、改证）、船（订舱）、款（制单结汇）四个环节最为重要，这四个环节之间有着密不可分的内在联系。为提高履约率，各出口企业必须加强与有关部门的协作和配合，力求把各项工作做得精确细致，尽量避免出现脱节情况，做到环环相扣、井然有序，防止出现有货无证、有证无货、有货无船、有船无货、单证不符或违反装运期等情况，以免影响合同的履行和安全收汇。

信用证支付方式的 CIF 出口合同履行程序，如图 10－1 所示。

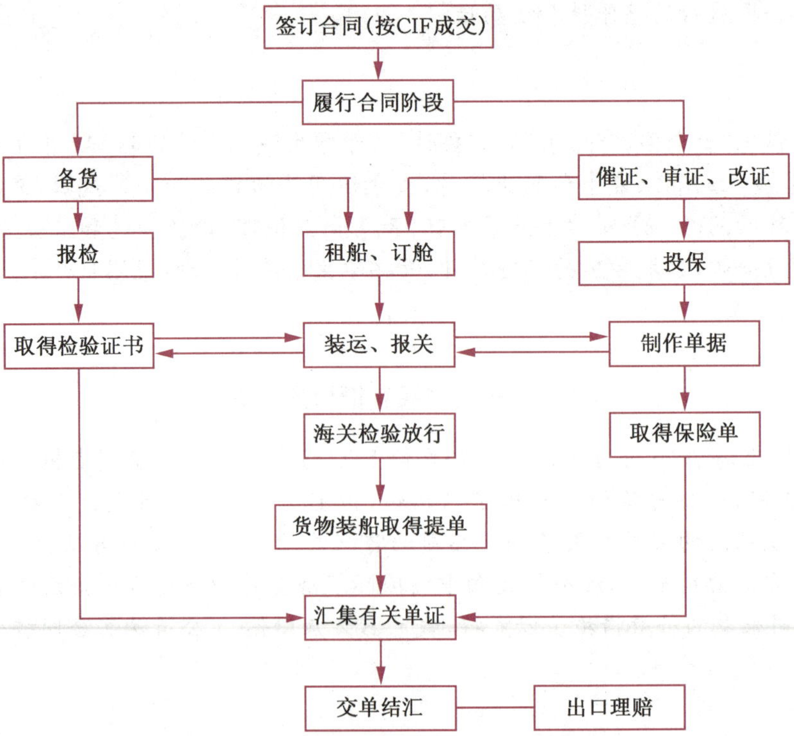

图 10－1 信用证支付方式的 CIF 出口合同履行程序

一、备货和报验

备货和报验是卖方全面履行出口合同的首要工作环节。

(一) 备货

备货是指出口方为保证按时、按质、按量地履行出口合同规定的交货义务,按照合同和信用证规定的品质、包装、数量和交货时间而进行的货物准备工作。备货工作的内容主要包括安排货源、加工及包装。出口方在备货过程中,应注意以下几个问题:

(1)货物的数量必须符合合同规定。出口商品的数量应留有余地,以备装运时可能发生的调换和适应舱容之用。

(2)货物的品质和包装要符合合同的明文规定。货物的品质要严格遵循合同的规定,如发现包装不良或破坏,应及时进行整修或换装。唛头(运输标志)应严格按合同规定的样式印刷。

(3)要严格按照合同规定的时间交货。

(二) 报验

对凡属法定检验或出口合同约定必须经中国海关检验的出口商品,在货物备齐后,应持买卖合同等有关单证向海关申请检验,只有取得海关发给的合格的检验证书之后,海关才准放行。凡检验不合格的货物,一律不得出口。

非法定检验、出口合同也未规定由海关出证的商品,则应视不同情况,委托海关、生产部门或供货部门进行检验,或由外贸企业自行检验,合格后装运出口。

凡属危险货物,其包装容器应由生产该容器的企业向海关申请包装容器的性能鉴定。包装容器经海关鉴定合格并取得性能鉴定证书后,方可用于包装危险货物。使用未经鉴定合格的包装容器的危险货物不准出口。

经海关检验合格的出口商品,发货人应当在检验证书或者放行单签发之日起 60 天内报运出关。逾期报运出关的,必须重新向海关报验,取得合格证书后方可出口。

视野拓展 10—1　　检验机构

世界各国为了维护本国的公共利益,一般都制定检疫、安全、卫生、环保等方面的法律,由政府设立监督检验机构,依照法律和行政法规的规定,对有关进出口商品进行严格的检验管理,这种检验称为法定检验、监督检验或执法检验。在国际贸易中,从事商品检验的机构多种多样,归纳起来,有下列四类:①官方机构;②非官方机构;③生产制造企业;④用货单位或买方。

目前,在国际上比较有声誉、权威的民间商品检验机构有:①瑞士日内瓦通用公证行(SGS);②英国英之杰检验集团(IITS);③日本海事检定协会(NKKK);④新日本检定协会(SK);⑤日本海外货物检查株式会社(OMIC);⑥美国安全试验所(UL);⑦美国材料与试验学会(ASTM);⑧加拿大标准协会(CSA);⑨国际羊毛局(IWS);⑩中国商品检验公司(CCIC)。

二、催证、审证和改证

在凭信用证支付的合同中,落实信用证是履行出口合同不可缺少的重要环节。落实信用证的工作直接关系到我国对外政策的贯彻和收汇的安全。落实信用证通常包括催证、审证和改证三项内容。

(一) 催证

催证是催开信用证的简称,是指在凭信用证支付的出口合同中,通过信件、电子邮件或传真催促国外进口人及时办理开立信用证手续并将信用证送达我方,以便我方及时装运货物出口,履行合同义务。通常在下列情况下有必要催开信用证：

(1)如出口合同规定的装运期限较长(如 6 个月)，而买方应在我方装运期前的一定时日(如 20 天)开立信用证，则我方应在通知对方预计装运日期的同时，催请对方开证。

(2)如买方在出口合同规定的期限内未开立信用证，我方可根据合同规定向对方要求损害赔偿或宣告合同无效。但如不需要立即采取这一行动时，仍可催促对方开证。

(3)如果我方根据备货和承运船舶的情况，可以提前装运时，则可商请对方提前开证。

(4)开证限期未到，但发现客户资信不好，或者市场情况有变，也可催促对方开证。

催证的方法，一般直接向国外客户发函电通知，必要时还可请银行或我驻外机构等有关机构或代理给予协助和配合，代为催证。

(二) 审证

信用证是开证银行根据开证人(进口人)的申请书开立的，而进口人的申请是根据买卖合同填写的，所以受益人(出口人)收到的信用证，其内容应当与买卖合同完全一致。对信用证内容的审核，大体可分为以下几个方面：

(1)从政策上审核。来证各项内容必须符合我国有关方面的方针政策。

(2)对开证银行资信情况的审核。凡是政策规定不能与之往来的银行开来的信用证，均应拒绝接受。对于资信较差的开证行，可采取适当措施(如要求银行加保兑等)，以保证我方收汇安全。

(3)对信用证不可撤销性的审核。我方能够接受的国外来证必须是不可撤销的。有的来证，虽然注明为“不可撤销的”，但是开证银行对其应负责任方面却附加了一些与“不可撤销”相矛盾的条款，使“不可撤销”名不副实。对此，均需要求对方按一般做法改正。

(4)对有无保留或限制性条款的审核。在信用证中规定有保留或限制性条款的情况，在实际业务中比较常见。受益人对此应当特别注意，提高警惕。

上述四点，是银行审证的要点，进出口公司只作复核性审查。

(5)支付货币及信用证金额的审查。信用证规定的支付货币应与合同规定相同，否则，原则上应要求开证人改正。信用证金额一般应与合同金额相符。信用证上金额总值的阿拉伯数字和大写文字必须一致，若两者不一致，应要求改正。

(6)有效期、交单期和最迟装运日期。未规定有效期的信用证是无效信用证，不能使用。凡晚于有效期提交的单据，银行有权拒收。信用证还应规定一个运输单据出单日期后必须向信用证指定的银行提交单据要求付款、承兑或议付的特定期限，即“交单期”。如信用证未规定交单期，按惯例，银行有权拒受迟于运输单据日期 21 天后提交的单据，但无论如何，单据也不得迟于信用证到期日提交。如信用证规定的交单期距装运期过近，运输单据出单日期后 2 天或 3 天，则应提前交运货物，或要求开证人修改信用证推迟交单期限，以保证能在装运货物后如期向银行交单。

最迟装运日期是指卖方将货物装上运输工具或交付给承运人接管的最迟日期。如国外来证晚，无法按期装运，应及时电请国外买方延展转运期限。信用证的到期日同最迟装运期应有一定的间隔，以便装运货物后能有足够的时间进行办理制单、交单议付等工作。

(7)开证申请人和受益人审查。开证申请人大多是买卖合同的对方当事人(买方)，但也可能是对方的客户(实际买主或第二买主)；受益人通常是我方出口企业，是买卖合同的卖方。

(8)付款期限及转运和分批装运。信用证的付款期限及转运和分批装运条款必须与买卖合同的规定相一致。

(9)对商品的名称、规格、包装、数量的审查。信用证中关于商品的名称、规格、包装、数量、价格(包括佣金、折扣)、保险金额、保险险别、单据种类和份数及填制方法等内容，均须作全面审核，必须与信用证相符。

上述是审证的要点。在实际工作中,还应按照买卖合同条款,参照国际商会《跟单信用证统一惯例》的规定和解释,逐条对照,详细审核。有时来证中加列许多特殊条款(Special Condition),如指定船公司、船籍、船龄、船级等不属于买卖合同规定之内的额外要求的条款,应格外认真并仔细地进行审查,必要时还应与有关部门联系研究以后方能决定是否可以接受。

(三)改证

关于信用证的修改规则,《跟单信用证统一惯例》(UCP600)第 9 条有详细和具体的规定:

(1)不可撤销信用证未经开证行、保兑行(若已保兑)及受益人同意,既不能修改也不能取消。

(2)自发出修改之时起,开证行即受该修改内容的约束,而且对已发出的修改不得撤销。如信用证经另一银行保兑,保兑行可对修改内容扩展其保兑;如保兑行对修改内容不同意保兑,可仅将修改通知受益人而不加保兑,但必须毫不迟延地告知开证行和受益人。

(3)直至受益人将接受修改的意见告知通知该修改的银行为止,原信用证的条款(包括先前已被接受的修改)对受益人依然有效。受益人应对该修改做出接受或拒绝的通知。如未作此通知,则当受益人向指定银行或开证行提交符合信用证和尚未被接受的修改的单据时,即视为受益人接受了该修改的通知,并自此时起信用证已被修改。

(4)对同一修改通知的部分接受是不允许的,因此是无效的。对于需经修改方能使用的信用证,原则上应在收到修改通知书并经审核认可后方可发运货物,除非确有把握,否则不可仅凭国外客户“已经照改”的通知就装运货物,防止对方言行不一而造成被动损失。对于可接受或已表示接受的信用证修改书,应将其与原证附在一起,并注明修改次数(如修改在 1 次以上),这样可防止使用时与原证脱节,造成信用证条款不全,影响及时、安全收汇。

案例应用 10—1　　合同与信用证不符时

某国际贸易公司出口一批花生仁,合同规定数量 600 吨,3—8 月每月各装运 100 吨,不可撤销即期信用证付款,装运月份开始前 20 天买方负责将信用证开至卖方。买方按约如期于 2 月 8 日将信用证开给卖方,经审查,信用证总量与总金额以及其他条款均与合同规定一致,但装运条款仅规定“允许分批”和“最后装运日期为 8 月 31 日”。由于出口企业备有库存现货,为争取早出口、早收汇,遂先后于 3 月 10 日和 6 月 12 日将货物分两批各 300 吨装运出口,由于提交的单据符合信用证条款规定,付款行及时履行了付款义务。但事后不久,收到国外进口人电传,声称我出口企业违反了合同,提出索赔。

案例精析

案例应用10-1

对此,你认为应如何处理?

三、租船、订舱和装运

(一)租船、订舱

在货、证备齐以后,出口企业需要办理租船、订舱手续。如果出口货物数量较大,需要整船载运的,则需要办理租船手续;若出口数量不大,不需要整船装运的,则安排洽订班轮或租订部分舱位运输。在履行 CIF 或 CFR 合同时,出口企业办理租船、订舱的工作步骤大致如下:

(1)填写出口货物托运单。外贸企业在备妥货物,收到国外开来的信用证经审核无误后,就应根据买卖合同和信用证条款规定填制海运出口托运单。所谓海运出口托运单,又称订舱委托书(Shipping Note),是外贸企业向外运机构所提供的出运货物的必要文件,也是外运机构向船公司订舱配载的依据。待海运出口托运单妥善填制完成后,应在规定日期送交外运机构,委托订舱。

(2)船公司或其代理人签发装货单。装货单(Shipping Order)又称关单,俗称下货纸,是船公司或其代理人签发给货物托运人的一种通知船方装货的凭证。其作用有三个:①意味着运输合同已经订立，船公司已接受这批货物的承运。装货单一经签发，承运、托运双方均受其约束。如货物因船方责任装不上船而被退关造成损失，船公司就要承担赔偿责任。②海关凭此查验出口货物，如准予出口，即在装货单上加盖海关放行章。这也是装货单被称作关单的由来。③通知船方装货，该单是船公司或其代理人发给船方的装货通知和指令。

（二）装运

外贸企业或外运机构根据有关方面的要求，将出口清关的货物存放于指定仓库，待轮船抵港装船完毕，即由船长或船上大副根据装货实际情况，签发大副收据，又称收货单，表明货物已装妥。外贸企业或外运机构可凭收货单向船公司或其代理换取海运提单。如装船货物外表不良或包装有缺陷，船长或大副就会在大副收据上加以批注，即所谓“不良批注”，以分清船货双方的责任。如这时外贸企业或外运机构向船公司或其代理换取提单，就只能凭此单据换取不清洁提单，会导致结汇出现麻烦。这时外贸企业或外运机构通常的做法是：及时更换货物，以获取清洁提单。

四、投保与报关

（一）投保

对于CIF出口合同，卖方在装船前，应按照买卖合同和信用证的规定，向保险公司办理投保手续，填制投保单。在办理投保手续时，通常应填写国外运输险投保单，列明投保人名称、货物的名称、标记、运输路线、船名或装运工具、开航日期、航程、投保险别、保险金额、投保日期、赔款地点等。保险公司接受投保后，即签发保险单据。

（二）报关

动漫视频

报关

报关(Customs Declaration)有出口和进口之分。下面仅介绍出口报关。出口报关是指出口货物的发货人或其代理人向海关申报交验有关单据、证件，申请验关并办理货物通关出境的手续。按照我国《海关法》规定：凡是进出国境的货物，必须经由设有海关的港口、车站、国际航空站进出，并由货物的所有人向海关申报，经过海关查验放行后，货物方可提取或装运出口。

出口报关时，发货人或其代理人必须通过“国际贸易单一窗口”妥善填写出口货物报关单，必要时还应提供出口合同副本、发票、装货单或重量单、商品检验证书、出口许可证以及其他所需有关证件，向货物出境地的海关办理报关手续。

五、制单结汇

（一）制作单据

1. 对出口单据的要求

在信用证业务中，开证银行只凭信用证和单据，不管合同与货物，对单据的要求十分严格，只有在单据与信用证完全相符后，才承担付款责任。因此，对于出口单据，必须要符合“单单一致、单证一致”和“正确、完整、及时、简明、整洁”的要求。

2. 常用的出口单据

出口单据的种类很多，下面对常用的出口单据及其制作进行简要介绍：

(1)汇票(Bill of Exchange, or Draft)。在信用证支付方式下缮制汇票时应注意以下几个问题：

①出票条款。出票条款又称出票根据，在信用证业务中，一般包含三个内容：开证行名称、信用证号码和开证日期。

②汇票金额和币别。在填制汇票金额和币别时，应注意：第一，除非信用证另有规定，应与发票

所列的金额和币别一致。第二,如信用证规定汇票金额为发票金额的百分比,例如98%,那么发票金额应为100%,汇票余额为98%,其差额2%一般为应付的佣金。这种做法通常适用于中间商代开信用证的场合。第三,如信用证规定,部分信用证付款,部分托收,则应分成两套汇票:信用证下支付的汇票按信用证允许的金额填制,其余部分为托收项下汇票的金额,两者之和等于发票金额。第四,汇票上的金额大、小写必须一致,汇票金额不得涂改。

③付款人。采用信用证支付方式时,应按照信用证的规定,以开证行或其指定的付款人为准;如果信用证中未指定付款人,应填写开证行。

④收款人。汇票的收款人应为银行。在信用证方式下,汇票的收款人通常为议付行,托收方式下的收款人应为托收行。汇票的出票人通常为信用证的受益人或出口人,在可转让信用证的情况下,也可能是信用证的第二受益人。

(2)发票(Invoice)。发票通常是指商业发票(Commercial Invoice)。此外,还有其他相关发票,如海关发票(Customs Invoice)、领事发票(Consular Invoice)和企业发票(Manufacturer's Invoice)等。

商业发票是出口方开立的载有货物名称、数量、价格等内容的清单,是买卖双方交接货物、结算货款的主要单证,也是进口方记账、报关、纳税必不可少的单据之一。商业发票也是出口人必须提供的各种单据的中心单据。商业发票并无统一格式,但其内容大致相同。

(3)提单(Bill of Lading)。提单是进口方提货的依据,是各项单据中最重要的单据之一,在缮制单据的过程中应注意下列事项:

①提单的种类。国外来证一般均要求提供"清洁、已装船提单"(Clean on Bord,B/L),若提供"不清洁"提单,银行将不予受理。按照国际惯例,对于联运提单或包括装运港至目的港全程的转船提单,银行也可以受理。

②托运人(Shipper)。托运人一般为信用证中的受益人,即出口商。如来证没有特别规定,银行也接受以信用证受益人以外的第三者(如外运机构)为发货人的海运提单。

③收货人(Consignee)。在信用证方式下,提单中收货人栏目大部分依照信用证的规定做成"凭指示"(To Order)或"凭托运人指示"(To Order of Shipper)抬头。这种提单必须经托运人背书,才可流通转让。

④提单的货物名称除信用证另有规定外,可以用概括性的商品统称,不必一一列举。

⑤运费和费用(Freight & Charges)。"运费和费用"一栏一般只填运费的支付情况:按CFR或CIF条件达成的交易,应填"运费已付"(Freight Prepaid);若成交价为FOB,除发货人代为支付运费外,应填"运费到付"(Freight to Collect)。

⑥正本提单份数。按信用证中规定填制,并用大写数字,如"一份"(ONE)、"两份"(TWO)、"三份"(THREE)。每份正本提单效力相同,但只要其中一份凭以提货,其他各份立即失效。如信用证中规定"全套提单"(Full Set or Complete Set B/L),就是指承运人在提单上注明的全部正本份数。

(4)保险单据(Insurance Policy)。出口人办妥投保手续后,由保险公司根据投保人所提供的国外运输险投保单缮制保险单。投保人应注意下列事项:

①在CIF或CIP合同中,保险单的被保险人通常是信用证的受益人,并加空白背书,便于办理保险单转让。

②保险单出单日期不得迟于提单上注明的日期。

③承保险别和保险金额应按照投保单填制,并与信用证规定相一致。如信用证未作规定,保险金额不应低于货物的CIF价或CIP价的110%;如不能确定CIF或CIP货值的,则不能低于银行付款、承兑或议付金额的110%,或发票金额的110%,以两者中金额较大者为保险金额。大、小写金

额应一致。

④保险货物名称须与提单等单据相一致，并不得与信用证中货物的描述相抵触。包装、数量、唛头、开航日期、船名、运输起讫地点等内容，应与提单内容相一致。

(5)产地证明书(Certificate of Origin)。它是一种证明货物原产地或制造地的重要文件，也是进口国海关执行差别关税和限制、控制或禁止某些国家(地区)进口货物的主要依据。

产地证一般分为普通产地证和普惠制产地证以及政府间协议规定的特殊原产地证等。它们虽然都用于证明货物的产地，但使用范围和格式不同。

①普通产地证，又称原产地证。签发产地证明书的机构很多：出口商、生产企业、海关或中国国际贸易促进委员会等，但在一般情况下，以使用海关或贸促会签发的产地证居多。

②普惠制产地证。普惠制产地证(Generalized System of Preference Certificate of Origin，G. S. P.)是普惠制的主要单据。凡是对给予我国以普惠制关税优惠待遇的国家出口的受惠商品，须提供这种产地证，作为进口国海关减免关税的依据。其书面格式名称为"格式 A"(Form A)。在我国，普惠制产地证书由出口人填制后连同普惠制产地证申请书和商业发票一份，送交海关签发。

(6)检验证书。它是用来证明出口商品的品质、数量、重量、卫生等条件的证书。检验证书一般由海关出具，如合同或信用证未作特别规定，也可由外贸企业或生产企业出具，证件的名称视检验的内容而定，但应注意证件名称及所列项目和检验结果应与出口合同和信用证规定相符。此外，还要注意检验证书是否在规定的有效期内，如果超过规定期限，应当重新报验。

(7)包装单据。它是商业发票的补充单据，是指一切记载或描述商品包装情况的单据。在向银行交单要求付款、承兑或议付时，除散装货外，一般均要求提供包装单据。

不同商品，有不同的包装单据，常用的有装箱单(Packing List)、重量单(Weight List)和尺码单(Measurement List)等。装箱单又称包装单，是表明出口货物的包装形式、包装内容、数量、重量、体积或件数的单据。重量单又称磅码单、码单，是用于以重量计量、计价的商品的清单。尺码单又称体积单，是记载货物的包装件的长、宽、高及总体积的清单，供买方及承运人了解货物的尺码，以便合理安排运输、储存及计算运费。

(二) 交单结汇

在我国出口业务中，使用信用证出口结汇办法主要有三种：收妥结汇、定期结汇和买单结汇。

(1)收妥结汇。收妥结汇又称先收后结，是指议付行收到受益人提交的单据，经审核确认与信用证条款的规定相符后，将单据寄给国外付款行索款；待议付行收到付款行划付的外汇后，即按当日外汇牌价结算成人民币交付给受益人。

(2)定期结汇。定期结汇是指议付行在收到受益人提交的单据经审核无误后，将单据寄给国外银行索款，并自交单日起预先在规定期限内将货款外汇结算成人民币交付受益人。

(3)买单结汇。买单结汇又称出口押汇或议付，是指议付行收到受益人单据，经审核无误后，按信用证的条款买入受益人的汇票和单据，并按照票面金额扣除从议付日到估计收到票款之日的利息，将余款按议付日外汇牌价折算成人民币，付给信用证的受益人。议付银行买入汇票和单据后，就成为汇票的善意持有人，即可凭汇票向信用证的付款行索取票款。买单结汇是议付行向信用证受益人的资金融通，可加速出口商资金周转，有利于扩大出口业务。

六、出口理赔

(一)认真审核

要认真细致地审核国外买方提出索赔的单证和出证机构的合法性，以防止其检验有误或恶意串通、弄虚作假。

(二)分清责任,分清事实

要会同生产、运输、保险等有关部门,对商品品质、数量、重量、包装、储存、运输等方面进行周密的调查,弄清造成事故的主要原因和不同部门应负的相关责任。但是,对于外方提出的不合理要求,我方应根据可靠资料,以理拒绝。

(三)合理赔偿

如果确实属于卖方的责任,要予以赔偿,但要合理确认损失的程度、金额和赔偿方法。按照国际惯例,买方在证实卖方所交货物与合同不符时,除采用替代、修补等补救措施外,还要求赔偿时,赔偿金数额的确定应遵循以下原则:①赔偿金应与因违约造成的损失相等;②赔偿金应以可预计的损失为限;③由于受害方未采取合理措施,致使可以减轻而未减轻损失的,应要求从损害赔偿中扣除可以减轻的损失数额。

学中做 10—1

中国某进出口公司与某国某公司签订了1亿条沙包袋出口合同,交货期限为合同成立后的3个月内,价格条款为1亿美元 CIF 香港,违约金条款为:如合同一方在合同履行期内未能履行合同规定的义务,则必须向另一方支付合同总价3.5%的违约金。中方公司急于扩大出口,赚取外汇,只看到合同利润优厚,未实际估计自己是否有能力履行合同,便与外商订立了合同。而实际上中方公司并无在3个月内生产1亿条该类沙包袋的能力。合同期满,能够向外方交付的沙包袋数量距1亿条还相差较多。中方无奈,只有将已有的沙包袋向外方交付并与之交涉合同延期。外方态度强硬,以数量不符合同规定拒收,并以中方公司违约而要求按合同支付违约金。双方协商未果,最后中方某进出口公司只得向对方支付违约金300多万美元,损失巨大。

分析提示

学中做10-1

请问:该案例带给我们的启示。

任务二　进口合同的履行

进口合同依法订立后,买卖双方都应本着重合同、守信用的原则,严格履行约定的义务。根据《联合国国际货物销售合同公约》规定,买方的主要义务是支付货物的价款和收取货物。为了确保进口合同的履行,买方还应随时注意卖方履约情况,并及时督促卖方按约定条件履行交付货物、有关单据并转移货物所有权的义务。

我国进口业务中,大多数采用 FOB 价格条件成交,少数零星商品交易采用 CIF 价格条件成交,并且绝大多数采用即期信用证支付方式。按 FOB 即期信用证支付条件签订的进口合同,其履行的一般程序包括开立信用证、租船订舱、货物装船、办理保险、银行审单付款、报关、报检、提货和进口索赔等。信用证支付方式的 FOB 进口合同履行程序如图 10—2 所示。

一、办理对外付款保证手续

国际货物进口合同签订后,进口企业应在合同规定的期限内办理对外付款手续。我国进口业务使用的付款方式有信用证支付方式、汇付、托收,也有同时使用两种或两种以上支付方式的(如凭银行保证书预汇货款)。下面介绍进口货物最常采用的一种方式——信用证付款方式的相关内容。

(一)申请开立信用证

开证申请人在向开证行申请开立信用证时,应填写开证申请书,连同所需附件交开证银行。开证申请人在填写开证申请书时,应做到信用证与合同相符,要注意下列问题:①信用证的种类,应符

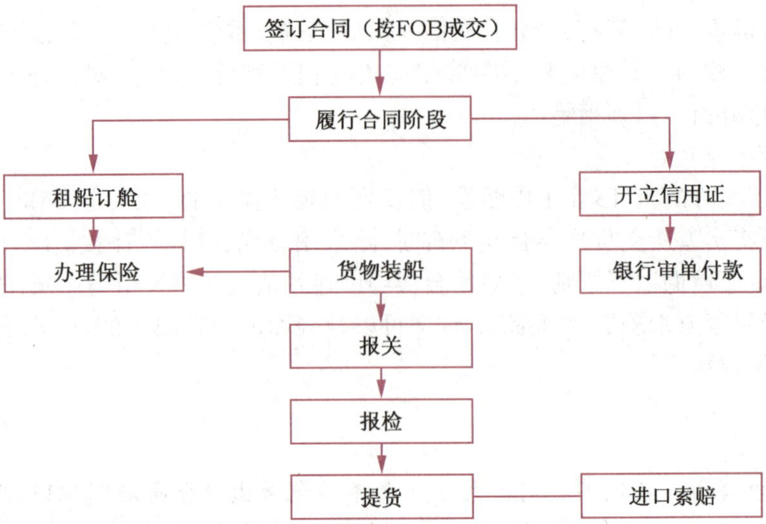

图 10-2 信用证支付方式的 FOB 进口合同履行程序

合合同规定。②信用证金额，即受益人可使用的最高限额。大小写金额要一致，除非确有必要，不宜在金额前加“约”“近似”或类似词语，否则，将可能被解释为允许有不超过 10% 的增减幅度。③汇票的付款人和付款期限，开证申请人不能规定为汇票的付款人，而应为开证行或信用证指定的其他银行。汇票应严格按照合同规定为即期或远期。④运输单据，如采用海洋运输，一般应要求提供全套凭开证行或申请人指示并经发货人空白背书的已装船清洁提单。⑤其他单据，如产地证书、品质证书、重量检验证书、化验证明书等证书的签发机构、形式、内容及证明事项等应作明确规定。⑥分批装运和转运，如信用证对此不作规定的，将被视为允许分批装运和转运。⑦有效期限和到期地点，信用证必须规定有效期和交单地点；否则，该信用证无效。⑧进口许可证号码，我国是外汇管制国家，信用证中应要求出口人在商业发票上记载进口许可证号码，以备进口通关时海关验货。

（二）信用证的修改

信用证开出后，如发现内容与开证申请书不符，或因情况发生变化，或其他原因，需对信用证进行修改，应立即向开证银行申请办理修改信用证的手续。如受益人收到信用证后，提出要求修改信用证中的某些条款的，则应区别不同情况分别对待：如同意修改，应及时通知开证行办理修改手续；如不同意修改，也应及时通知受益人，敦促其按原证条款履行合同义务。

进口企业对信用证的开立和修改应持慎重态度，应注意修改内容的正确，并应考虑到受益人有可能拒绝修改而仍按原证条款履行。为防止被动，必要时可在开立的信用证或签发的修改通知书中限定受益人表示拒绝修改通知的期限。

二、租船、订舱与办理保险

（一）租船、订舱

在货物进口业务中，凡以 FOB 或 FCA 贸易术语订立的合同，由我方安排运输，订立运输合同。货物采用海洋运输的，我方应负责租船、订舱工作。

卖方应在交货前一定时间内将预计货物备妥日期，货物的毛重、体积通知我方。我方在接到上述情况通知后，及时办理租船、订舱手续。进口企业在办妥租船、订舱手续，接到运输机构的配船通知后，应按合同规定期限将船名及船期通知卖方，以便卖方准备装货。装船后，国外卖方应及时向我方发出装船通知,以便我方及时办理保险和接货工作。

对 CIF 和 CFR 条件下的进口合同,是由卖方负责租船、订舱,安排装运。但我方应及时与卖方联系,掌握卖方的备货和装运情况。

(二)办理保险

FOB、FCA、CFR 和 CPT 条件下的进口合同,由进口企业负责向保险公司办理货物运输保险。进口货物运输保险一般有以下两种方式。

(1)预约保险。我国大部分外贸企业与保险公司签订了进口货物运输的预约保险合同,按照预约保险合同的规定,保险公司对有关进口货物负自动承保的责任。因此,外贸公司在接到外商的装运通知后,应按要求填制进口货物“装货通知”,将合同号、启运口岸、船名、启运日期、航线、货物名称、数量、金额等必要内容一一列明,送保险公司,作为投保凭证。货物一经启运,保险公司即自动按预约保单所订的条件承保。

(2)逐笔投保。在没有与保险公司签订预约保险合同的情况下,对进口货物就需逐笔投保。在一般情况下,外贸企业在接到卖方的发货通知后,必须立即填制“装货通知”交保险公司,办理投保手续。“装货通知”中必须注明合同号、启运口岸、运输工具、启运日期、目的口岸、预计到达日期、货物名称、数量、保险金额等内容。保险公司接受承保后给公司签发一份正式保单。

【注意】如果外贸公司不及时向保险公司投保,货物在投保之前在运输途中发生损失时,保险公司不负赔偿责任。

保险公司对海运货物保险的责任期限,一般是从货物在国外装上船时开始,到合同规定的国内目的地收货人仓库为止。保险公司对货物在卸货港港口的责任,以货物卸离海轮后 60 天为限,如在此期限内不能转运,可续申请最多 60 天延期。散装货物以及木材、化肥、粮食等货物,保险责任均至卸货港的仓库或场地终止,并以货物卸离海轮 60 天为限,不实行国内转运期间保险责任的扩展。少数货物如新鲜果蔬、活牲畜等在卸离海轮时,保险责任即告终止。

三、银行审单付款

国外卖方将货物交付装运后,将汇票和全套单据提交当地银行办理议付。我方开证银行收到国外议付行寄来的汇票和单据后,即按照信用证条件,核对单据的份数和内容,并就有关内容征求进口企业的意见以确定是否付款;待核对单证相符无误、企业无异议后,由银行对外付款。同时,进口企业按人民币当日外汇牌价,向开证行买汇赎单。

在通常情况下,开证行应在收到单据次日起的 7 个银行工作日内,审核和决定接受或拒绝接受单据,并相应地通知交单方。同时,按照我国习惯,进口企业在接到银行通知的 3 个工作日内没有提出异议,银行即视进口企业同意信用证规定条件,对外承担到期付款责任。

【提示】由于开证行一经履行付款、承兑或承担付款责任,即不能追索或撤销,因此,银行和进口企业对单据的审核都必须十分认真对待,不能疏忽。

四、报关、报验与提货

(一)报关

进口货物到港后,由进口人或其代理人填具“进口货物报关单”向海关申报,并附发票、提单、保险单、进口许可证、商品检验证等。海关在接受申报后,凭“进口许可证”和“进口货物报关单”对进口货物进行实际的核对查验。待确定无误后,由海关在货运单据上签字或盖章予以放行。未经海关放行的货物,任何单位或个人不得提取或发运。

（二）报验

进口货物在货物到港卸货时，港务局要进行卸货核对。如发现短缺，要及时填制“短缺报告”交由船方签认，并根据短缺情况向船方提出保留索赔权的书面声明。卸货时发现的残缺货物，应存放于海关指定的仓库，待保险公司会同海关检验后做出处理。对于法定检验进口商品，必须由海关进行检验。未报经检验的，不准销售、不准使用。

进口货物不需要全部在港口进行检验。凡属包装完整、货单相符并无异状的货物，不需在港口报验，而是在用货部门验收后，或在安装使用时发现问题后，在索赔期内就近向海关申请检验。只有下列货物需要在港口检验或鉴定：法定检验进口商品、合同规定在卸货港检验的商品、属验收付款条件的商品或索赔期已近的商品、在口岸卸货时已发现货物残损或短缺需要索赔的商品等。

（三）提货

港口商检完毕后，如订货或用货单位在装卸港所在地，则将货物就近转交；如订货或用货单位不在卸货地区，则委托货运公司代办提货并转交订货单位，至于进口关税和发往内地的运费，由货运代理人与进口公司结算，进口公司再与订货单位结算。

五、进口索赔

（一）责任划分

进口索赔原因众多，责任划分主要包括以下三个方面：

(1)向出口方索赔。凡交货与合同不符，应向出口方索赔，通常包括下列情况：进口货物的名称、品牌标号、品质、规格等与合同不符；原装数量不足；包装不良导致货物受损；未按期交货或拒不交货等。向卖方索赔时，应在合同规定的有效期内进行。合同没有规定有效期的，按《公约》规定，索赔权最长期限是自买方实际收到货物之日起不超过 2 年。

【注意】 我国《民法典》第 188 条规定：“向人民法院请求保护民事权利的诉讼时效期间为三年。法律另有规定的，依照其规定。诉讼时效期间自权利人知道或者应当知道权利受到损害以及义务人之日起计算。法律另有规定的，依照其规定。但是自权利受到损害之日起超过二十年的，人民法院不予保护；有特殊情况的，人民法院可以根据权利人的申请决定延长。”

(2)向承运人索赔。在进口业务中，凡因承运人未履行应尽责任造成的下列损失，应向承运人索赔：凡到货数量少于运输单据所载数量，提单清洁但由于承运人的过失造成货物残损、遗失等。向承运人提出索赔的期限为从货物到达目的港交货后 1 年内。

(3)向保险公司索赔。如进口货物在保险责任有效期内发生属于自然灾害、意外事故、外来原因或在运输装卸过程中发生其他事故致使货物受损，且在保险公司责任范围内的，不论合同中采用何种贸易术语，都应由进口人向保险公司提出赔偿要求。向保险公司提出海运货损索赔的期限为被保险货物在卸货港全部卸离海轮后 2 年内。

（二）办理索赔应注意的问题

(1)索赔证据。首先，应制备索赔清单，随附海关签发的检验证书、发票、装箱单、提单副本。其次，对不同的索赔对象要另附其他有关证件。向卖方索赔时，如果是属于 FOB 或 CFR 价格成交的合同，还要随附保险单一份；向承运人索赔时，还应另附由船长及港务理货员签证的理货报告及船长签证的短缺或残损证明；向保险公司索赔时，还应另附保险公司与买方的联合检验报告等。

(2)索赔金额。索赔金额应适当确定，除包括受损商品价值外，还应加上有关费用，如商品检验费、装卸费、银行手续费、仓租、利息等。索赔金额究竟是多少，其中应包括哪些费用，应视具体情况而定。

(3)索赔期限。向责任方提出索赔，应在规定的期限内提出，过期提出索赔无效。在买卖合同中，一般都规定了索赔期限，如向卖方索赔，则应在规定期限内提出。如合同未规定索赔期限，按《公约》规定，买方向卖方声称货物不符合合同规定的时限，是买方实际收到货物之日起两年；向船公司索赔的时限，按《海牙规则》的规定，是货物到达目的港交货后一年；向保险公司索赔的时限，按《中国人民保险公司海洋运输货物保险条款》的规定，是货物在卸货港全部卸离海轮后两年。

(4)卖方的理赔和补救。进口货物发生损失，除属于承运人和保险公司的索赔责任外，如属于卖方必须承担的责任，应直接向卖方要求索赔，防止卖方制造借口来推卸责任。除此之外，买卖双方还可以根据具体情况采取一些其他补救办法：由买方给予卖方一段合理时间，让卖方继续履行其义务；降低价格；交付替代货物；进行修理。

综上所述，履行进口合同需要经过各种工作环节，其中有些基本环节是不可缺少的。应当指出，履行进口合同的环节及其工作内容，主要取决于合同的类别及交易双方约定的支付条件。例如，在履行凭信用证付款的 FOB 进口合同时，上述许多业务环节是很重要的，甚至是不可缺少的，但是在履行凭其他付款方式和其他贸易术语成交的进口合同时，其工作环节有所区别。在采用汇付或托收的情况下，就不存在买方开证的工作环节；在履行 CFR 进口合同时，则买方不负责租船、订舱，此项工作由卖方办理；在履行 CIF 进口合同时，买方不仅不承担货物从装运港到目的港的运输任务，而且不负责办理货运投保手续，此项工作由卖方按约定条件代为办理。

案例应用 10—2　　不同违约情况下的索赔问题

某国公司以 CIF 鹿特丹出口食品 1 000 箱，即期信用证付款，货物装运后，凭已装船清洁提单和已投保一切险及战争险的保险单，向银行收妥货款，货到目的港后经收货人复验发现下列情况：①该批货物共有 10 个批号，抽查 20 箱，发现其中 2 个批号涉及 200 箱内含沙门氏细菌超过进口国的标准；②收货人只实收 998 箱，短少 2 箱；③有 15 箱货物外表情况良好，但箱内货物共短少 60 千克。试分析以上情况，收货人应分别向谁索赔，并说明理由。

案例精析

案例应用10-2

应知考核

一、单项选择题

1. 在托运、报检和报关的单证中，由出口商出具的有关单证有(　　)。

A. 发票、报关单、报检单和提单　　B. 发票、装箱单、报检单和通关单

C. 发票、报关单、装箱单和提单　　D. 发票、装箱单、报检单和托运单

2. 所谓单证相符的原则，是指受益人必须做到(　　)。

A. 单据与合同相符　　B. 单据与信用证相符

C. 信用证与合同相符　　D. 修改后的信用证与合同相符

3. 按惯例规定，银行开立信用证所产生的一切费用和风险应由(　　)承担。

A. 受益人　　B. 申请人　　C. 银行　　D. 第三方

4. 在实际业务中，由(　　)作为当事人承担审证任务。

A. 银行　　B. 银行和出口公司

C. 出口公司　　D. 进口公司

5. 信用证修改通知书的内容在两项以上者，受益人(　　)。

A. 要么全部接受，要么全部拒绝　　B. 可选择接受

C. 必须全部接受　　D. 只能部分接受

6. 进口时，海关对已报验的货物，应在(　　)内检验完毕，并出具相应的检验检疫证书。

A. 合同规定期限　　B. 索赔期限

C. 报验期限　　D. 海关规定期限

7. 象征性交货是指卖方交货义务是(　　)。

A. 不交货　　B. 既交单又实际交货

C. 凭单交货　　D. 实际交货

8. 按照《公约》的规定，如买卖合同中未规定索赔期限，买方行使索赔权的最长期限为自实际收到货物起不超过(　　)。

A. 1 年　　B. 60 天　　C. 2 年　　D. 30 天

9. 进口的货物，如发生残损或到货数量少于提单所载数量，而运输单据是清洁的，则应向(　　)提出索赔。

A. 卖方　　B. 承运人　　C. 保险公司　　D. 银行

10. 信用证中只规定了议付的有效期，而未规定装运期，则根据《公约》(第 600 号)的规定(　　)。

A. 装运的最终期限与信用证的到期日相同

B. 信用证必须经过修改才能使用

C. 该证无效

D. 装运期可视为与信用证有效期相差一个月

二、多项选择题

1. 因租船、订舱和装运而产生的单据有(　　)。

A. 托运单　　B. 装货单　　C. 收货单　　D. 提单

2. 审核信用证和审核单据的依据分别是(　　)和(　　)。

A. 开证申请书　　B. 合同　　C. 整套单据　　D. 信用证

3. 在信用证结算方式下，我国银行提供的结汇方式有(　　)。

A. 收妥结汇　　B. 定期结汇　　C. 预付结汇　　D. 议付结汇

4. 开证行拒付货款的理由可以是(　　)。

A. 单证不符　　B. 货物不符合同规定

C. 单单不符　　D. 货物未装运

5. 进口索赔对象主要有(　　)。

A. 卖方　　B. 买方　　C. 保险公司　　D. 承运人

三、简述题

1. 简述出口合同履行的主要程序。

2. 简述进口合同履行的主要程序。

3. 对信用证内容的审核，应从哪些方面进行考虑？

4. 简述进行催开信用证的情形。

5. 开证申请人在填写开证申请书时要注意哪些问题？

应会考核

■ 观念应用

【背景资料】

约定是否合适

某合同约定:“合同生效后30天内,乙方应向甲方支付3万美元的履约保证金。超过两个月如未能支付,合同自动失效。”

【考核要求】

试分析此约定是否合适,为什么。

■ 技能应用

根据信用证材料,完成下列操作:

信用证

ISSUING BANK: CYPRUS POPULAR BANK LTD, LARNAKA
ADVISING BANK: BANK OF CHINA, SHANGHAI BRANCH.

SEQUENCE OF TOTAL	*27: 1/1
FORM OF DOC. CREDIT	*40A: IRREVOCABLE
DOC. CREDIT NUMBER	*20: 186/04/10014
DATE OF ISSUE	31C: 20240105
EXPIRY	*31D: DATE 20240229 PLACE CHINA
APPLICANT	*50: LAIKI PERAGORA ORPHANIDES LTD., 020 STRATIGOU TIMAGIA AVE., 6046, LARNAKA, CYPRUS
BENEFICIARY	*59: SHANGHAI GARDEN PRODUCTS IMP. AND EXP. CO., LTD. 27 ZHONGSHAN DONGYI ROAD, SHANGHAI, CHINA
AMOUNT	*32B: CURRENCY USD AMOUNT 6 115.00
POS. / NEG. TOL. (%)	39A: 05/05
AVAILABLE WITH/BY	*41D: ANY BANK BY NEGOTIATION
DRAFT AT …	42C: AT SIGHT
DRAWEE	*42D: LIKICY2NXXX *CYPRUS POPULAR BANK LTD *LARNAKA
PARTIAL SHIPMENT	43P: ALLOWED
TRANSSHIPMENT	43T: ALLOWED
LOADING IN CHARGE	44A: SHANGHAI PORT
FOR TRANSPORT TO…	44B: LIMASSOL PORT
LATEST DATE OF SHIP.	44C: 20240214
DESCRIPT. OF GOODS	45A: WOODEN FLOWER STANDS AND WOODEN FLOWER POTS AS PER S/C No. E03FD121. CFR LIMASSOL PORT, INCOTERMS 2020
DOCUMENTS REQUIRED	46A: + COMMERCIAL INVOICE IN QUADRUPLICATE ALL STAMPED AND SIGNED BY BENEFICIARY CERTIFYING THAT THE GOODS ARE OF CHI-

	NESE ORIGIN. +FULL SET OF CLEAN ON BOARD BILL OF LADING MADE OUT TO ORDER OF SHIPPER AND BLANK ENDORSED, MARKED FREIGHT PREPAID AND NOTIFY APPLICANT. +PACKING LIST IN TRIPLICATE SHOWING PACKING DETAILS SUCH AS CARTON NO. AND CONTENTS OF EACH CARTON. + CERTIFICATE STAMPED AND SIGNED BY BENEFICIARY STATING THAT THE ORIGIAL INVOICE AND PACKING LIST HAVE BEEN DISPATCHED TO THE APPLICANT BY COURIER SERVISE 2 DAYS BEFORE SHIPMENT.
ADDITIONAL COND.	47A: +EACH PACKING UNIT BEARS AN INDELIBLE MARK INDICATING THE COUNTRY OF ORIGIN OF THE GOODS. PACKING LIST TO CERTIFY THIS. +INSURANCE IS BEING ARRANGED BY THE BUYER. +A USD 50.00 DISCREPANCY FEE, FOR BENEFICIARY'S ACCOUNT, WILL BE DEDUCTED FROM THE REIMBURSEMENT CLAIM FOR EACH PRESENTATION OF DISCREPANT DOCUMENTS UNDER THIS CREDIT. +THIS CREDIT IS SUBJECT TO THE U. C. P. FOR DOCUMENTARY CREDITS (2007 REVISION) I. C. C., PUBLICATION No. 600.
DETAILS OF CHARGES	71B: ALL BANK CHARGES OUTSIDE CYPRUS ARE FOR THE ACCOUNT OF THE BENEFICIARY.
PRESENTATION PERIOD	48: WITHIN 15 DAYS AFTER THE DATE OF SHIPMENT BUT WITHIN THE VALIDITY OF THE CREDIT.
CONFIRMATION	*49: WITHOUT
INSTRUCTION	78: ON RECEIPT OF DOCUMENTS CONFIRMING TO THE TERMS OF THIS DOCUMENTARY CREDIT, WE UNDERTAKE TO REIMBURSE YOU IN THE CURRENCY OF THE CREDIT IN ACCORDANCE WITH YOUR INSTRUCTIONS, WHICH SHOULD INCLUDE YOUR UID NUMBER AND THE ABA CODE OF THE RECEIVING BANK.

相关资料:

发票号码:04SHGD3029　　发票日期:2024年2月9日

提单号码:SHYZ042234　　提单日期:2024年2月12日

集装箱号码: FSCU3214999　　集装箱封号:1295312

1×20'FCL, CY/CY

船名:LT USODIMARE

航次:V. 021W

木花架,WOODEN FLOWER STANDS, H. S. CODE: 44219090.90。

QUANTITY:350 PCS, USD 8.90/PC, 2pcs/箱,共175箱。纸箱尺码:66×22×48cms。

毛重:11 KGS/箱,净重:9 KGS/箱。

木花桶,WOODEN FLOWER POTS, H. S. CODE:44219090.90。

QUANTITY: 600 PCS,USD 5.00/PC, 4 pcs/箱,共150箱。纸箱尺码:42×42×45cms。

毛重:15 KGS/箱,净重:13 KGS/箱。

唛头:L. P. O. L.

DC No. 186/04/10014

MADE IN CHINA
No. 1-325

1. 请分别回答此信用证的开证日、最后装运日、有效期、到期地点和交单期。
2. 请将提单做完整。

表 10—1　　　　　　　　　　　　　　提　单

Shipper (1)		(10)B/L No. DE-WELL CONTAINER SHIPPING CO. LTD.	
Consignee (2)			
Notify Party (3)		For delivery of goods please apply to: ABC Worldwide Logistics 5th Floor, No. 66, 999 RST Street, Limassol, Cyprus. TEL: 00357—24—345678	
Pre-carriage by	Place of Receipt	Port of loading (4)	Freight Payable at
Ocean Vessel (5)	Port of Discharge (6)	Port of delivery LIMASSOL PORT	No. of Original B/L 3/THREE
Marks and numbers　Number and kind of packages　Description of goods　Gross weight　Measurement (7)　WOODEN FLOWER STANDS AND WOODEN FLOWER POTS(8)　(9) 325 CTNS FREIGHT PREPAID SAY THREE HUNDRED AND TWENTY FIVE CARTONS ONLY. According to the declaration of the merchant			
Freight details, charges, etc.		RECEIVED apparent good order and condition except as otherwise noted the total number of containers or other packages or units enumerated below(*) for transpotation from the place of receipt to the place of delivery subject to the terms hereof. (Terms of Bill of Lading continued on the back hereof)	
LADEN ON BOARD THE DATE 12 FEB. 2024 BY DE-WELL CONTAINER SHIPPING CO. LTD. As carrier　程佩芳		Place and date of issue (10) Signed by DE-WELL CONTAINER SHIPPING CO. LTD. As Carrier　程佩芳	

3. 请将汇票填写完整。

表 10—2 汇 票

BILL OF EXCHANGE

凭
Drawn under(1)
信用证 第 号
L/C No. (2)
日期： 年 月 日
Dated：(3)
按 息 付款
Payable with interest @ % per annum
号码 汇票金额 中国 杭州 年 月 日
No. (4) Exchange for (5) Hangzhou，China
见票
At (6) sight of this FIRST of Exchange (Second of exchange being unpaid)
Pay to the order of BANK OF CHINA ，SHANGHAI BRANCH 或其指定人
金额
The sum of (7)
此致
To：(8)

SHANGHAI GRADEN PRODUCTS
IMP. AND EXP. CO. ，LTD.

4. 请将发票填写完整。

表 10—3 发 票

<table>
<tr><td colspan="2">Issuer：
SHANGHAI GARDEN PRODUCTS IMP. AND EXP. CO.，LTD.
No. 27 EAST ZHONGSHAN No. 1 ROAD，SHANGHAI CHINA</td><td colspan="3">上海园林用品进出口有限公司
SHANGHAI GARDEN PRODUCTS
IMP. AND EXP. CO.，LTD.
No. 27 East Zhongshan No. 1 Road，Shanghai，China</td></tr>
<tr><td colspan="2" rowspan="2">To：(1)</td><td colspan="3">INVOICE</td></tr>
<tr><td colspan="2">No. (2)</td><td>DATE (3)</td></tr>
<tr><td colspan="2" rowspan="2">Transport details：(4)</td><td colspan="2">Terms of Payment (5)</td><td>L/C No. (6)</td></tr>
<tr><td colspan="3">Country of Origin CHINA</td></tr>
<tr><td>Marks & Nos</td><td>Description of Goods</td><td>Quantity</td><td>Unit Price</td><td>Amount</td></tr>
<tr><td>(7)</td><td colspan="4">WOODEN FLOWER STANDS AND WOODEN FLOWER POTS
CFR LIMASSOL PORT，INCOTERMS 2000
WOODEN FLOWER STANDS (8)

WOODEN FLOWER POTS ____________________
TOTAL：
SAY U. S. DOLLAR SIX THOUSAND ONE HUNDRED AND FIFTEEN ONLY.
AS PER S/C NO. E03FD121. TOTAL PACKED IN 325 CARTONS.
GROSS WEIGHT：4 175.00KGS.
WE HEREBY CERTIFY THAT THE GOODS ARE OF CHINESE ORIGIN.

SHANGHAI GARDEN PRODUCTS IMP. AND EXP. CO.，LTD.
Signature</td></tr>
</table>

5. 请将装箱单填写完整。

表 10—4 装 箱 单

<table>
<tr><td rowspan="2">Issuer:
SHANGHAI GARDEN PRODUCTS IMP. AND EXP. CO., LTD.
No. 27 EAST ZHONGSHAN Do. 1 ROAD, SHANGHAI
CHINA</td><td colspan="2">上海园林用品进出口有限公司
SHANGHAI GARDEN PRODUCTS
IMP. AND EXP. CO., LTD.
No. 27 East Zhongshan Dongyi Road, Shanghai, China
装箱单
PACKING LIST</td></tr>
<tr><td colspan="2"></td></tr>
<tr><td rowspan="1">To: (1)</td><td>No. (2)</td><td>DATE (3)</td></tr>
<tr><td colspan="3">Transport details:
From: SHANGHAI PORT To: LMASSOL PORT By Vessel</td></tr>
<tr><td colspan="3">Marks & Nos | No. & kinds of Pkgs Description of Goods | Gross Wt. Kilos | Net Wt. Kilos | Measurement. M3

(4) WOODEN FLOWER STANDS AND WOODEN FLOWER POTS
WOODEN FLOWER STANDS (5)
TOTAL: THREE HUNDRED TWENTY FIVE CARTONS ONLY.
TOTAL QUANTITY: 950PCS.
EACH PACKING UNIT BEARS AN INDELIBLE MARK INDICATING THE COUNTRY OF ORIGIN OF THE GOODS.

SHANGHAI GARDEN PRODUCTS IMP. AND EXP. CO.,LTD.

Signature</td></tr>
</table>

【技能要求】

请结合本项目及前述项目的内容,把上述单据填写完整。

■ 案例分析

1. 我国某公司向韩国出口一批大豆,双方签订的合同规定:数量 2 000 公吨,单价 150 美元/公吨,允许 10%的数量增减。对方如期开来了信用证,证中规定:总金额 300 000 美元,数量 2 000 公吨。我方未要求改证,直接发货 2 100 公吨。

【分析要求】

请问我方能否安全收汇?为什么?

2. 我国 A 公司对英国出口一批货物,国外开来信用证中对发票只规定,"Commercial Invoice in Duplicate"。A 公司交单后被拒付,理由是商业发票上受益人漏掉了签字盖章。A 公司经检查发现的确漏掉了签字盖章,立即补寄签字完整的发票。但此时信用证已过期,故又遭拒付。A 公司与买方再三交涉,最后以降价处理才收回货款。

【分析要求】

本案中的拒付有无理由?为什么?A 公司的处理是否妥当?为什么?

3. 我国某公司与德商签订一份出口合同,德商按时开来了信用证,证中规定的装运条款为:1 月装 100 公吨,2 月装 150 公吨,3 月装 150 公吨。我公司 1 月份按规定如数装运并顺利收到货款。考虑到货源分散,经与船公司协商同意,货船于 2 月 10 日在烟台、2 月 11 日在青岛共装运 150

公吨。当我方持单据到银行要求付款时，遭到开证行的拒绝。

【分析要求】

请问开证行的拒付是否合理？为什么？

4. 飞达服装公司从韩国某企业进口该厂生产的飞燕牌服装 5 000 套，交货期为 2023 年 12 月底，该厂无存货。8 月份，工厂准备生产，因资金困难，未购进生产服装必需的新的流水线，9 月份工厂工人开始要求增加工资，随后罢工达 2 个月。按该厂的生产能力，在余下的时间里显然不能生产 5 000 套服装。

【分析要求】

(1)韩方不能按时完成交货应负什么责任？

(2)我方应如何处理？

■ 专业技能题

1. 专业术语翻译

(1)合同，(2)订单，(3)约首，(4)备忘录，(5)Sales Confirmation，(6)Law Application，(7)Signed in。

2. 试翻译以下条款

(1)本合同用中、英文两种文字写成，两种文字具有同等效力。本合同共四份，自双方代表签字(盖章)之日起生效。

(2)本合同使用的贸易术语是根据国际商会的《2020 年国际贸易术语解释通则》。

(3)The Seller and the Buyer agree to conclude this Contract subject to the terms and conditions stated below.

(4)Additional clause: Conflicts between Contract clause hereabove and this additional clause, if any, it is subject to this additional clause.

项目实训

【实训项目】

增强通关能力。

【实训情境】

● 目标。该项练习旨在帮助学生了解和熟悉进出口货物的整个通关程序，提高学生报关业务的能力。

● 内容。

(1)先在校内模拟进出口货物通关程序；

(2)联系进出口企业，派学生帮助企业完成进出口货物报关业务。

● 时间。在学习完本项目课程后，利用实训时间进行校内模拟实训，然后根据企业报关工作的需要，安排学生帮助企业完成报关业务。

【实训任务】

1. 任务要求

(1)把学生分成企业和海关配对的小组。

(2)设计虚拟货物进出口有关单证。

(3)按通关程序模拟填单和审批工作。

(4)派学生到有关进出口企业开展实际的报关工作。

2. 撰写《增强通关能力》实训报告。

<table>
<tr><th colspan="3">《增强通关能力》实训报告</th></tr>
<tr><td>项目实训班级:</td><td>项目小组:</td><td>项目组成员:</td></tr>
<tr><td>实训时间: 年 月 日</td><td>实训地点:</td><td>实训成绩:</td></tr>
<tr><td colspan="3">实训目的:</td></tr>
<tr><td colspan="3">实训步骤:</td></tr>
<tr><td colspan="3">实训结果:</td></tr>
<tr><td colspan="3">实训感言:</td></tr>
</table>

项目十一　国际贸易方式

● 知识目标

理解:各种国际贸易方式的要领和特征。

熟知:各种国际贸易方式的基本做法及对当事人的利弊;跨境电子商务。

掌握:能够运用不同国际贸易方式进行实际业务操作;正确把握协议中的内容及注意事项。

● 技能目标

学生熟知不同国际贸易方式的基本做法与运用中的注意事项;具备掌握运用不同国际贸易方式进行实际业务操作的能力;熟知跨境电子商务的流程。

● 素质目标

学生能够以全局性的观念选择国际贸易的多种贸易方式;理解和掌握各种国际贸易方式的适用范围。

● 思政目标

培养学生严谨规范的工作态度;树立精益求精的工匠精神;通过贸易方式的选择注意风险责任意识,正确认知,善于反思,求真务实;教育学生国家利益高于一切,尊重规则,尊重权利,追求公正,维护国家的利益和形象。

● 项目引例

寄售方式引起的思考

大连某实业有限公司拟向南亚某国出口一批轻工产品。由于该批货物在其仓库搁置很久,属于积压物资,因此双方当事人通过多次协商,决定以寄售方式在国外销售。货物经由我方运到目的地后,由于同类商品在当地市场竞争激烈,虽经代销商多方努力,货物销售情况非常不理想,最后只得再装运回国内。

● 引例讨论

请分析:这一寄售案例带来的的经验和教训。

【课程思政】通过本项目的学习,体会财经商贸从业人员应该具备和坚持的“敬业奉献”“真诚友善”“诚实守信”等职业素养和道德品质。具备从业人员在劳动态度、社会品质等方面的“敬业”

“真诚”“友善”。通过国际贸易方式内容的融合学习，在具备专业能力的基础上，达到相应的思想道德要求，扩大贸易视野，增强整体素质，为今后从事相关工作打下坚实的基础。

● 知识支撑

任务一 经销、代理与寄售

一、经销

（一）经销的概念及分类

经销（Distribution），是指出口商（即供货商，Supplier）通过经销协议把某一种或者某一类商品在某个地区和一定期限内的购销权给予国外进口商（即经销商，Distributor），以“款、货两讫”的买断形式达成的一种商品买卖关系。根据经销商权限的不同，经销可以分为总经销、独家经销和一般经销三种类型。

（1）总经销。总经销（General Distribution），是指出口供货方（只限于出口生产企业）赋予进口中间商在规定的时间和区域内（可以是全部市场，也可以是某个大区域或某个国家范围内），对指定商品享有独家分销权、最低进价权和优先进货权的一种方式。而出口生产企业在此期间和区域内则不能再向任何其他商人分销该指定商品，想在该地区销售该指定商品的商人均需向总经销商处进货。总经销商在享有指定商品的独家分销权的同时也必须承担一定的义务方面的限制，这些限制往往在特许协议中有明确规定。

（2）独家经销。独家经销（Sole Distribution）又称包销（Exclusive Sales），是指出口人（即供货商）通过包销协议把某一种或某一类货物在某一个地区和期限内的独家专营权给予国外商人（即进口商、包销商）的贸易做法。包销方式下，双方当事人通过包销协议建立起一种较为稳固的购销关系。在协议所规定的时间和区域内，该指定商品除由独家经销商销售外，该区域内任何其他商人均不得销售此种商品。此外，独家经销商一般也要承担一定数量的销售、维护授权商品的知识产权、承担生产企业委托的商品促销活动和部分商品的售后服务等义务。

动漫视频

包销

（3）一般经销。一般经销（Common Distribution）又称定销，是指出口供货方对挑选经销商的条件不苛刻，不强调经销商要承担过多的义务，也不对经销商授予任何特权。只要经销商有进口积极性，能满足供货方的交易条件，及时付足货款，即可得到出口供货方提供的货物。在这种方式下，供货方与经销方之间存在的只是相对长期、稳定的买卖关系，实质上与一般的国际货物买卖并无区别。

（二）经销的性质和特点

经销的性质和特点包括以下方面：①经销关系实际上是一种买卖关系，供货商是出口方，经销商是进口方；②经销商承担在规定的期限和地域内购销指定商品的义务，且自筹资金、盈亏自负、风险自担；③从法律上讲，供货商与经销商之间是个人对个人的关系，经销商以自己的名义购进货物并转售。购买商品的当地客户与供货商之间不存在协议关系。

（三）经销协议的内容

经销协议（Distribution Agreement）是供货商和经销商订立的确定双方法律关系的合同，其内容的繁简可根据商品的特点、经销地区的情况以及双方当事人的意图加以确定。在实际业务中，我国一般只在协议中规定双方当事人的权利、义务和一般交易条件，以后每批货的交付要依据经销协议订立具体的买卖合同，明确价格、数量、交货期限甚至支付方式等具体交易条件。通常，经销协议主要包括以下几方面的内容。

(1)经销商品的范围。经销商品可以是供货商经营的全部商品,也可以是其中的一部分,因此,在协议中要明确指明商品的范围,以及同一类商品的不同牌号和规格。确定经销商品的范围要与供货商的经营意图和经销商的经营能力、资信状况相适应。如商品范围规定为供货商经营的全部商品,为避免争议,最好在协议中明确经销商品停止生产或有新产品推出时对协议是否适用。

(2)经销地区。经销地区是指经销商行使经营权的地理范围。它可以是一个或几个城市,也可以是一个甚至几个国家。其大小的确定,除应考虑经销商的规模、经营能力及其销售网络外,还应考虑地区的政治区域划分、地理和交通条件以及市场差异程度等因素。经销地区的规定也并非一成不变,可根据业务发展的具体情况由双方协议后加以调整。

【提示】在包销方式下,供货商在包销区域内不得再指定其他经销商经营同类商品,以维护包销商的专营权。为维护供货商的利益,有的包销协议规定包销商不得将包销品越区销售。

(3)经销数量和金额。经销协议还应规定经销商在一定时期内的经销数量和金额,在包销协议中这更是必不可少的内容之一。此项数量和金额的规定对协议双方具有同等的约束力,它也是卖方应当供应的数量和金额。经销金额一般采用最低承购额的做法,规定一定时期内经销商应承购的金额下限,并明确经销金额的计算方法。为防止经销商订约后拖延履行,可以规定最低承购金额以实际装运数为准。规定最低承购金额的同时,还应规定经销商未能完成承购金额的处罚办法,这是卖方的权利。

(4)作价方法。经销商品可以在规定的期限内一次作价,结算时以协议规定的固定价格为准。这种方法出于交易双方要承担价格变动的风险,故采用较少。在大多数经销协议中采用分批作价的方法,也可由双方定期根据市场情况加以商定。

(5)经销商的其他义务。对经销商来说,要负责做好广告宣传、市场调研和维护供货人权益等事项。协议通常规定,经销商有促进销售和广告宣传的义务;有的协议也规定,供货商应提供必要的样品和宣传资料;对于广告宣传的方式以及有关费用的负担问题,也应明确规定,一般多由经销商自己承担。在协议中,还可规定经销商承担市场调研的义务,以供出口商参考制定销售策略和改进产品质量。有的包销协议还规定,如在包销地区内发现供货商的商标权或专利权受到侵害,包销商要及时采取保护性措施。

(6)经销期限。经销期限即协议的有效期,可规定为自签字生效起一年或若干年。一般还要规定延期条款,可以经双方协商后延期,也可规定在协议到期前若干天如没有发生终止协议的通知,则可延长一期。经销期限届满协议即终止,但为了防止一方利用对方履约中的一些微不足道的差异作为撕毁协议的借口,在协议中还应规定终止条款,明确在什么情况下才可以解除协议。

除上述主要内容外,还应规定不可抗力及仲裁条款等一般交易条件,其规定方法与一般买卖合同大致相同。采用经销方式应注意的问题:①慎重选择经销商和经销方式;②适当规定经销商品的范围、地区及最低承购数量和金额;③为防止出现经销商销售不力的情况,应在协议中规定终止条款和索赔条款。

学中做 11-1

浙江 A 公司与台湾地区 B 公司签订了独家经销协议,授予该公司 W 产品独家经销权,但该产品并非 A 公司自产商品,而是由浙江 C 公司生产、由 A 公司销往台湾地区 B 公司。C 公司在向 A 公司供货的同时,也自营进出口业务,向台湾地区 D 公司授予了该产品独家经销权。这样,在台湾地区就有了同种产品的两个独家经销商,这两家经销商得知该情况后,都向 A 公司和 C 公司提出索赔要求。

分析提示

学中做11-1

请问：这起案件应如何处理？

二、代理

（一）代理的概念

代理（Agency）是以委托人（Principal）为一方，接受委托的代理人为另一方达成协议，规定代理人（Agent）在约定的时间和地区内，以委托人的名义与资金从事业务活动，并由委托人直接负责由此产生的后果。

（二）代理的性质

代理商与出口商之间的关系，因不是买卖关系，故代理商不垫资金、不担风险和不负盈亏，只获取佣金。代理人在代理业务中只是作为委托人的代表行事。双方通过代理协议建立的是委托代理关系。

（三）代理的特点

代理方式具有下列基本特点：①代理人只能在委托人的授权范围内，代理委托人从事商业活动；②代理人一般不以自己的名义与第三者签订合同；③代理人通常是运用委托人的资金从事业务活动；④代理人不管交易中的盈亏，只取佣金；⑤代理人只居间介绍生意、招揽订单，但不承担履行合同的责任。

（四）代理的种类

1. 按委托人授权大小分类，分为总代理、独家代理和一般代理

（1）总代理（General Agency），是指委托人在指定地区的全权代表。总代理有权代表委托人从事一般商务活动和某些非商务性的事务。

（2）独家代理（Sole Agency or Exclusive Agency），是指在指定地区和期限内单独代表委托人行事，从事代理协议中规定的有关业务的代理人。委托人在该地区内，不得委托其他代理人。在出口业务中采用独家代理的方式，委托人须给予代理人在特定地区和一定期限内代销指定商品的独家专营权。

（3）一般代理（Agency）又称佣金代理（Commission Agency），是指在同一地区和期限内委托人可同时委派几个代理人代表委托人行为，代理人不享有独家专营权。佣金代理完成授权范围内的事务后按协议规定的办法向委托人获收佣金。

学中做 11—2

分析提示

学中做11-2

我方某公司与马来西亚 ABC 公司签订一份独家代理协议，把公司经营的净水器在马来西亚的代理权授予了 ABC 公司，期限为两年。两年来，由于 ABC 公司销售不利，致使我方公司蒙受很大损失。我方公司为什么受损？从中应汲取什么教训？

2. 按行业性质不同分类，分为销售代理、购货代理、货运代理、船方代理和保险代理

（1）销售代理，是代理方式中常见的一种，是指代表出口商或制造商为其商品在国际市场上的销售提供服务的代理人。

（2）购货代理，又称采购代理，即代理人受进口人的委托，为其在国际市场上采购商品提供服务。

（3）货运代理，一般是以货主的受托人身份为货主办理有关货物的报关、交接、仓储、调拨、检验、包装、转运、订舱等项业务。

（4）船方代理，是指承运人的代理人，包括外轮代理，为承运人承揽货载提供服务。

（5）保险代理，是指保险人的代理，代表保险人与被保险人打交道。还有一种代理称作保险经

纪人(Broker),是作为被保险人的代理,为其办理投保手续服务。

除以上五种以外,业务中还有广告代理、诉讼代理、仲裁代理等。

(五)独家代理与独家经销的异同

独家代理与独家经销有其相同点,均是给国外客户在特定地区和一定期限内以销售指定商品的专营权。但两者又有不同点,独家经销是售定性质,买方自负盈亏,以赚取利润为主;独家代理则是委托代销,中间商一般可垫付资金,以赚取佣金为主。

案例应用 11-1　一起销售代理纠纷案

案例精析

案例应用11-1

大连A公司是一家生产运动鞋的企业。为拓展国际业务,扩大销售渠道,2024年3月,A公司与大连某轻工进出口B公司签订委托代理合同,委托B公司代其联系国外客户。美国M公司与B公司有长期的贸易往来,于是,B公司向M公司介绍了A公司的生产销售业务情况。2024年6月,M公司派员在B公司人员的陪同下考察了A公司业务流程和生产线等情况。同年8月,M公司通过B公司同意将一笔加工7万双运动鞋的订单下给A公司。但由于A公司不具有自营进出口经营权,因此,在签订进出口合同中,买方为M公司,卖方为B公司。A公司与B公司另行签订了代理协议。其后,M公司将运动鞋的式样图纸通过特快专递直接寄给A公司。2024年10月,由于A公司不能按期交货,双方发生纠纷,M公司作为本案的申请人,按进出口合同中规定的仲裁条款,拟向中国国际贸易仲裁委员上海分会提出仲裁申请。但在谁是被申请人的问题上发生了争议。试问:①本案的被申请人是A公司,还是B公司?为什么?②该案将如何处理?

(六)代理协议

1. 代理协议的概念

代理协议也称代理合同,是用以明确委托人与代理人之间权利和义务的法律文件。协议内容由双方当事人按照合同自由的原则,根据双方的意愿加以规定。

2. 代理协议的内容

国际贸易中的代理种类繁多,代理协议的形式和内容也各不相同。业务中常见的销售代理协议主要包括以下内容:

(1)代理的商品和区域。应在代理协议中明确、具体地规定代理商品的名称、品种、花色、规格等,以及代理权行使的地区范围。

(2)代理人的权利与义务。这是代理协议的核心部分,一般应包括下述内容:①明确代理人的权利范围,以及是否享有专营权;②规定代理人在一定时期内应推销商品的最低销售金额(按FOB价或CIF价计);③代理人应在代理权行使的范围内,保护委托人的合法权益;④代理人应承担市场调研和广告宣传的义务。

(3)委托人的权利与义务。委托人的权利主要体现在对客户的订单有权接受,也有权拒绝。委托人有义务维护代理人的合法权益,保证按协议规定的条件向代理人支付佣金。

(4)佣金的支付。这需要明确以下四点:①代理人有权索取佣金的时间;②佣金率;③计算佣金的基础;④支付佣金的方法。

除上述基本内容外,还可以在协议中规定不可抗力条款、仲裁条款以及协议的期限和终止办法等条款。这些条款的规定办法与包销协议的办法大致相同。

(七)我国的外贸代理制

在我国的实际业务中,外贸代理有三种不同情况:①国内享有外贸经营权的企业之间的代理,代理人以被代理人(委托人)的名义对外签订进出口合同。②国内享有外贸经营权的企业之间的代理,代理人以自己的名义对外签订进出口合同。③享有外贸经营权的企业受国内不享有外贸经营权的企业的委托,以自己的名义对外签订进出口合同。

三、寄售

(一)寄售的概念和性质

动漫视频

寄售

寄售(Consignment)是一种委托代售的贸易方式。它是指委托人(货主,Consignor)先将货物运往寄售地,委托国外一个代销人(受托人,Consignee),按照寄售协议规定的条件,由代销人代替货主进行销售,在货物出售后,由代销人向货主结算货款的一种贸易方式。寄售具有委托代售的性质。

(二)寄售业务的特点及优缺点

1. 寄售业务的特点

寄售业务的特点包括:①寄售人与代销人是委托代售关系;②寄售是凭实物进行的现货交易;③寄售方式下,代销人不承担任何风险和费用。

2. 寄售的优缺点

(1)寄售的优点:①寄售货物出售前,寄售人持有货物的所有权,有利于随行就市;②寄售是凭实物买卖,货物与买主直接见面,利于促进成交;③代销人不负担风险与费用,一般由寄售人垫资,代销人不占用资金,可以调动其经营的积极性。

(2)寄售的缺点:①出口方承担的风险较大,费用较大;②寄售货物的货款回收缓慢。

(三)寄售协议的主要内容

寄售协议(Agreement of Consignment)是委托人与代销人为明确双方的权利、义务和有关寄售的条件签订的协议。

(1)协议双方的关系条款。寄售人与代销人之间的关系,是一种委托代理关系。货物在出售前所有权仍属寄售人。

(2)关于寄售商品的价格条款。该条款主要规定寄售商品的作价办法,通常有规定最低售价、随行就市、销售前征求寄售人意见。

(3)佣金条款。规定佣金的比率,有时还可增加佣金比率增减额的计算方法。通常,佣金由代销人在货款中自行扣除。

(4)协议双方当事人的义务条款。①代销人的义务:提供储存寄售商品的仓库,雇用工作人员,取得进口商品的许可证;努力保证货物在仓库存放期间,品质和数量完好无损;代垫寄售商品在经营、仓储期内所产生的有关费用;代垫费用,对寄售商品办理保险;宣传广告、展示商品或提供售后服务;及时向委托人进行市场行情反馈。②委托人的义务:按质、按量、按期提供寄售商品;偿付代销人在寄售过程中所代垫的费用。

视野拓展 11—1　　采用寄售方式应注意的事项

(1)选好寄售地和代销人。在寄售前,必须对寄售地的市场情况、当地政府的有关对外贸易政策和法令、运输和仓储条件以及拟委托的代销人的资信情况、经营作风等做好调查研究。

(2)对寄售货物的存放地点做好安排。一般有这样四种办法:①直接运交代销人存栈出售;②先存入关栈,随售随取;③将货物运进自由港或自由贸易区存放,确定买主后再运出;④直接将货物发往国外资信好的银行,由银行负责售货收款。

(3)寄售货物存放海关仓库时应注意存放期限。一般海关仓库的存放期限比较短,逾期有被拍卖的风险。

(4)签好寄售协议,保证货、款安全。在协议中对货物所有权与代销人的责任和义务、决定售价的办法、货款的结算、各项费用的负担、佣金的支付等都应作出明确的规定。

视野拓展 11－2　　包销、寄售、代理三种方式的比较

表 11－1

贸易方式	当事人	合同性质	特　点
包销	供货人和包销人	买卖	包销人自担风险、自负盈亏获取商业利润
寄售	寄售人和代销人	行纪	代销人以自己的名义推销商品,行为后果自负,一般以佣金作为报酬
代理	委托人和代理人	委托	代理人以委托人的名义从事商业活动,后果由委托人承担,以佣金作为报酬

任务二　招标与投标、拍卖

一、招标与投标

(一)招标与投标的概念

招标与投标常用在政府机构、国有企业或公用事业单位采购物资、器材或设备的交易中,也多用于国际承包工程。目前,国际上政府贷款项目和国际金融机构贷款项目,往往在贷款协议中规定,接受贷款方必须采用国际竞争性招标来采购项目物资或发包工程。

招标(Invitation to Tender)是指招标人发出招标通告,提出拟购或拟销商品的具体交易条件,邀请投标人在规定的时间、地点,按照一定的程序进行投标,然后招标人择优取标,达成商品交易的一种方式。

投标(Submission of Tender)是指投标人应招标人的邀请,按照招标的要求和条件,在规定的时间内向招标人递价、争取中标的行为。

(二)招标的分类

(1)国际竞争性招标。国际竞争性招标是指招标人在世界范围内邀请几个乃至几十个投标人参加投标,通过多数投标人竞争,选择其中对招标人最有利的投标人达成交易。它属于竞卖的方式。

(2)谈判招标。谈判招标又称议标,是非公开的、非竞争性的招标。这种招标由招标人物色几家客商直接进行合同谈判,谈判成功,交易达成。它不属于严格意义上的招标方式。

(3)两段招标。两段招标是指无限竞争招标和有限竞争招标的综合方式,采用此类方式时,则先用公开招标,再用选择性招标,分两段进行。

(三)招标与投标的特点

(1)招标的组织性。招标的组织性是指有固定的招标组织机构、招标场所。

(2)招标与投标的公开性。招标机构要通过招标公告广泛通知有兴趣、有能力投标的供货商或承包商,并向投标人说明交易规则和条件,以及招标的最后结果。

(3)投标的一次性。投标人只能应邀作一次性投标,没有讨价还价的权利。标书在投递之后,一般不得撤回或修改。

(4)招标与投标的公平性。在招标公告发出后，任何有能力履行合同的卖方都可以参加投标。招标机构在最后取舍投标人时，要完全按照预定的招标规则进行。招标所具有的组织性和公开性本身，也是招标与投标公平和合理的有效保证。

(四)招标与投标的一般程序

(1)招标前的准备工作。招标前的准备工作包括发布招标公告、资格预审、编制招标文件等。

(2)投标。当投标人参加投标之前，需做许多准备工作。其中，包括编制投标资格审查表、分析招标文件、寻找投标担保单位等。投标人一旦决定参加投标，就要根据招标文件要求的规定编制和填报投标文件。招标人通常要求投标人提供投标保证金或投标保证函。最后，投标人将投标文件在投标截止日期之前送达招标人，逾期失效。

(3)开标、评标与决标。招标人在指定的时间和地点将全部投标寄来的投标书中所列的标价予以公开唱标，使全体投标人了解最高标价和最低标价。开标后，有些可以当场决定由谁中标，有的还要由招标人组织人员进行评标。参加评标的人员原则上要坚持评标工作的准确性、公开性和保密性。经过评标，最终选定中标人。

(4)中标与签约。中标是从若干投标人中选定交易对象，中标即为得标。中标者必须与招标人签约，否则保证金予以没收。但为了确保中标人签约后履约，招标人仍然要求中标人缴纳履约保证金或保证函。

此外，根据国际招标惯例的有关规定，招标人在评标过程中，认为不能选定中标人，可以宣布招标失败，拒绝全部投标，这种行为称为拒绝投标。

二、拍卖

(一)拍卖的概念及分类

拍卖(Auction)是一种较为古老的交易方式，至今仍被广泛采用。拍卖为现场实物交易，是由专营拍卖业务的拍卖行接受货主的委托，在一定的时间和地点，按照一定的规则，以公开叫价竞购的方式，把货物卖给出价最高的买主的一种现货交易方式。拍卖的分类主要有以下四种：

(1)增价拍卖。增价拍卖又称淘汰式拍卖，是指拍卖时，由拍卖人宣布预定的最低价格，然后由竞买者相继叫价，竞相加价，直到拍卖人认为无人再出更高的价格时，则用击槌动作表示竞买结束，将这批商品卖给最后出价最高的人。在拍卖人击槌前，竞买者可以撤销出价。

(2)减价拍卖。减价拍卖又称荷兰式拍卖，这种方法先由拍卖人喊出最高价格，然后逐渐减低叫价，直到有某一竞买者认为已经低到可以接受的价格，表示买进为止。减价拍卖常用于拍卖易腐和鲜活商品，如水果、花卉、蔬菜、鲜鱼等。

动漫视频

荷兰式拍卖

【提示】增价拍卖和减价拍卖，都是公开竞买并当场成交。

(3)密封递价拍卖。密封递价拍卖又称招标式拍卖，采用这种方法时，先由拍卖人公布每批商品的具体情况和拍卖条件等，然后由各买方在规定时间内将自己的出价密封递交拍卖人，以供拍卖人进行审查比较，决定将该货物卖给哪一个竞买者。

(4)网上拍卖。网上拍卖又称网上竞拍，是指商品所有者或某些权益所有人利用互联网通信传输技术，有偿或无偿使用网络供应商或拍卖网站(通称网络服务提供者)提供的互联网技术平台，展示所有产品或所具有的使用权益，通过不断变换的标价，向网上竞买人(包括自然人和法人)销售产品或有偿转让权益，竞买人通过上网竞买，购买商品或某些权益的一种商业贸易形式。

(二)拍卖的特点

拍卖的特点包括以下四个方面：

(1)拍卖是在一定的机构内有组织地进行的。拍卖一般是在拍卖中心按规定的时间和规则由拍卖行统一组织进行的。

(2)拍卖具有自己独特的法律和规章。许多国家的货物买卖法中对拍卖业务有专门的规定，各个拍卖行一般也有自己的章程和惯例，这些使得拍卖方式具有自己的特色。

(3)拍卖的货物须由买主事先看货，一经成交，卖主不负品质和赔偿责任。

(4)拍卖的商品一般是非标准规格化的商品。

(三)拍卖的程序

(1)准备阶段。参加拍卖的货主先要把货物运到拍卖地点，存入仓库。在规定的时间内，允许参加拍卖的买主到仓库查看货物，有些还可抽取样品。查看货物的目的是按质论价。

(2)正式拍卖。拍卖会在规定的时间和地点开始，并按照拍卖目录规定的先后顺序进行。从法律上讲，拍卖过程中也包含有发盘和接受两个环节。买方喊价相当于发盘，主持人落槌则属于接受。按照拍卖业务的惯例，在主持人的木槌落下之前，买主可以撤回其出价，这类似于一般买卖活动中，发盘人在受盘人表示接受前撤销其发盘。

【注意】 货主在货物出售前也可以撤回要拍卖的货物。如果竞买者喊出的最高价仍低于货主所拟定的最低可接受价，货主无法接受，他可以要求主持人不敲木槌，将货物撤下。

(3)成交与交货。拍卖以其特有的方式成交后，拍卖行的工作人员即交给买方一份成交确认书，由买方填写并签字，表明交易正式达成。在买方付清货款后，买方凭拍卖行开出的栈单或提货单到指定的仓库提货。提货也必须在规定的期限内进行。

任务三 对销贸易

一、对销贸易的概念

对销贸易(Counter Trade)，是指在互惠的前提下，由两个或两个以上的贸易方达成协议，规定一方的进口产品可以部分或者全部以相对的出口产品来支付。对销贸易实质上是进口和出口相结合的方式，一方商品或劳务的出口必须以进口为条件，体现了互惠的特点。在对销贸易方式下，一方从国外进口货物，不是用现汇支付，而是用相对的出口产品来支付。这有利于保持国际收支的平衡。

对销贸易有多种形式，如易货贸易(Barter Trade)、补偿贸易(Compensation Trade)、互购贸易(Counter Trade)、转手贸易(Switch Trade)和抵销贸易(Offset Trade)。但在我国对外经贸活动中采用较多的是易货贸易和补偿贸易。对销贸易源自易货，它包含的各种交易形式都具有易货的基本特征，但又不是易货的简单再现，而是具有时代的烙印和新的经济内涵。如抵销贸易，即是商品交换和资本流动融为一体，贸易活动和投资活动结合进行。

二、易货贸易

动漫视频

易货贸易

易货(Barter)的原意是以物易物，它本是一种非常古老的贸易方式，是把进口与出口结合起来组成相互联系的整体交易。在目前的国际贸易中，易货有狭义易货和广义易货两种方式。狭义的易货是纯粹的以货换货方式，不用货币支付。其特征是交换商品的价值相等或相近，这种易货方式具有很大的局限性，在现代国际贸易中很少采用。现代的易货贸易大多采用比较灵活的方式，即所谓广义的易货。这种易货方式主要有以下两种不同的做法。

(一)记账易货贸易

记账易货贸易,是指一方用一种出口货物交换对方出口的另一种货物,双方都将货值记账,互相抵冲,货款逐笔平衡,无须使用现汇支付,或者在一定时期内平衡(如有逆差,再以现汇或商品支付)。采用这种方式时,进出口可以同时进行,也可以先后进行。

(二)对开信用证方式

对开信用证方式,是指进口和出口同时成交,金额大致相等,双方都采用信用证方式支付货款,也就是双方都开立以对方为受益人的信用证,并在信用证中规定一方开出的信用证,要在收到对方开出的信用证时才生效。

三、补偿贸易

(一)补偿贸易的概念

动漫视频

补偿贸易

补偿贸易(Compensation Trade),是指在信贷基础上进口设备,然后以回销产品或劳务所得价款,分期偿还进口设备的价款及利息。与上述的产品回购相比,我国的补偿贸易内涵更广,做法更灵活。

(二)补偿贸易的种类

(1)直接产品补偿。这是基本的补偿,即设备、技术进口方不用现汇支付价款,而以进口设备、技术所生产的直接产品按双方约定分期偿还。

(2)间接产品补偿。间接产品补偿是指进口设备、技术的价款不用现汇支付,也不用设备、技术所生产的产品偿还,而用双方约定的其他产品在设备投产后分期偿还。

(3)劳务补偿。劳务补偿是指进口方接受对方委托加工业务,用所得的劳务费分期摊还进口设备的价款。这种做法多为与来料加工和来件装配结合进行的中小型补偿贸易。

在上述三种基本的补偿方式基础上,实际交易中还常常采用一些灵活变通的做法,如部分补偿,即部分用直接产品补偿,部分用现汇偿还;或综合补偿,即直接产品补偿、间接产品补偿、现汇补偿等相互结合、综合运用的补偿方式;或多边补偿,即由第三方接受或者提供补偿产品。

(三)补偿贸易的特征

(1)信贷是进行补偿贸易必不可缺的前提条件。在实际业务中,信贷可以表现为多种形式,但大多是商品信贷,即设备的赊销。

(2)设备供应方必须同时承诺回购设备进口方的产品或劳务。这是构成补偿贸易的必备条件。在信贷基础上进行设备的进口并不一定构成补偿贸易。例如,在延期付款方式下,进口所需的大部分货款是分期摊付本金及利息的,货款的偿还与产品的销售本身没有直接的关系,所以,并不构成补偿贸易。可见,补偿贸易不仅要求设备供应方提供信贷,还要承诺回购对方的产品或劳务,以使对方用所得货款偿还贷款。这两个条件必须同时具备,缺一不可。

(四)补偿贸易的作用

(1)对设备进口方的作用。对设备进口方的作用包括:①通过这种方式,可以利用国外资金。②通过补偿贸易,可以引进先进的技术和设备,发展和提高本国的生产能力,加快企业的技术改造,使产品不断更新及多样化,增强出口产品的竞争力。③通过对方回购,还可在扩大出口的同时,得到一个较稳定的销售市场和销售渠道。

(2)对设备供应方的作用。对设备供应方的作用包括:①对于设备供应方来说,进行补偿贸易,有利于突破进口方支付能力不足,扩大出口。②在当前市场竞争日益激烈的条件下,通过承诺回购义务加强自己的竞争地位,争取贸易伙伴。

案例应用 11－2　　拒绝补偿贸易赔偿案

案例精析

案例应用11-2

非洲某国A公司与我国B公司双方签订协议，我国以补偿贸易方式向A公司出口一条纺织机械生产线，A公司须在投入生产后补偿给B公司30吨毛线制品。但是当生产线开工后，国际市场毛线制品价格直线上升。在这种情况下，A公司拒绝补偿B公司30吨毛线，只愿意支付生产线的市场价格。请根据上述案例进行分析。

四、互购贸易

互购贸易（Counter Purchase）又称互惠贸易（Reciprocal）、平行贸易（Parellel Trade），是指出口的一方向进口的一方承担购买相当于它出口货值一定比例的商品。即交易中，双方签订两份既独立又有联系的合同，一份是约定先由进口的一方用现汇购买对方的货物；另一份则由先出口的一方承诺在一定的期限内购买对方的货物。顾名思义，就是交易双方互相购买对方的产品。

互惠贸易的特点是，两笔交易都用现汇，一般是通过即期信用证或即期付款交单，有时也采用远期信用证付款。因此，先出口的一方除非接受远期信用证，否则不会出现垫付资金的问题，相反，还可以在收到出口货款到支付回头货款这段时间里，利用对方资金。

互购贸易在使用过程中，一般是先由发达国家提供设备。这对进口国家来说，要先付一笔资金，并且还可能承担汇率变动的风险。但它的好处是可以带动本国货物的出口。

【提示】互购贸易与一般交易的不同之处在于，先出口的一方在第一份合同中做出回购对方货物的承诺，从而把先后两笔不一定等值的现汇交易结合在一起。

五、转手贸易

转手贸易（Switch Trade）又称三角贸易（Triangular Trade），是专为从事这种贸易的交易方取得可自由兑换的硬通货而产生的。

在实践中，转手贸易的内容比较复杂，往往需要涉及许多方面，需要环环扣紧。因此，这种贸易通常不是一般商人可以完成的，而要通过专门从事转手贸易的转手商（Switcher）来进行。它们往往是资本雄厚、在许多国家和地区有分支机构或专门网络的大贸易商，有的甚至是跨国公司的某一特定部门。

六、抵销贸易

抵销（Offset）贸易目前多见于军火和大型设备，如飞机等的交易。它可分为两种类型：直接抵销和间接抵销。

在直接抵销的情况下，先出口的一方同意从进口方购买在出售给进口方的产品中所使用的零部件或与该产品有关的产品。有时，先出口方对进口方进行生产这些零部件会提供技术或进行投资。这种直接抵销有时也被称为工业参与（Industrial Participation）或工业合作（Industrial Cooperation）。

在间接抵销的情况下，先出口方同意从进口方购买与其出口产品不相关的产品。

进入20世纪80年代后，西方国家将它作为一种争夺大型工厂设备和技术许可交易的方法。它还可为西方国家的公司提供长期有保证的能源产品、原料或工业制成品。同时，一些国家之间的军火、飞机等类巨额交易也常用这种方式。

其基本做法是：军火出口方承诺购买进口方的有关零部件，或承诺将进口货款转化为资本，在进口国开办零部件工厂或其他工业，然后以分红的形式取得利润。如东道国实行外汇管制，也可以用利润购买当地产品出口取得外汇的方式实现利润汇回。从本质上看，这种方式已突破商品交换的范围，成为直接投资、通过贸易进一步推动生产国际化进程的一种特殊方式。

视野拓展 11—3　　补偿贸易与易货贸易比较

从交易双方相互交换产品的特征看，补偿贸易与易货贸易相似，但它们之间又有重要区别：

(1)易货贸易中双方互换商品应等值或基本等值，补偿贸易中提供设备一方所承担的回购义务不以贷款金额为限，在进口方还清贷款后，补偿产品仍然可以在一定时期返销。

(2)易货贸易中，双方商品之间没有联系，补偿贸易不仅可以进出口相结合，而且补偿产品与进口设备也有一定联系。

(3)补偿贸易是与信贷相结合的贸易方式，进口方是在出口方提供信贷的基础上购进设备，有时有银行介入。这既是一种贸易方式，又是一种利用外资的形式。

(4)补偿贸易与生产相联系，因为出口方要接受直接产品作为补偿，所以关心进口方工程进展和生产情况及产品质量，不仅对所提供设备、技术承担责任，还往往承担提供零件、技术协助、培训进口方人员的义务。

(5)补偿贸易中进口方分期偿付货款，执行期比较长，有的长达一二十年，在买卖双方之间形成长期合作关系。

任务四 对外加工装配贸易

一、对外加工装配贸易的概念、特点及作用

(一)对外加工装配贸易的概念

对外加工装配是来料加工和来件装配的总称。

(1)来料加工(Processing with Customer's Materials)贸易，是指外商提供原材料、辅料和包装物料等，由国内的承接方按外商的要求加工为成品提交给对方，并按双方约定的标准收取工缴费(加工费)的一种贸易方式。

(2)来件装配(Assembling with Customer's Parts)贸易，是指由外商提供零部件、包装物料等，由国内的承接方按其工艺设计需求装配为成品提交给对方，并按双方约定的标准收取工缴费的一种贸易方式。

三来一补是指来料加工、来样加工、来件装配和补偿贸易。其中，来样加工是由外商提供样品、图纸，间或派出技术人员，由中方工厂按照对方质量、样式、款式、花色、规格、数量等要求，用中方工厂自己的原材料生产，产品由外商销售，中方工厂按合同规定的外汇价格收取货款。

动漫视频

三来一补

(二)对外加工装配贸易的特点

1. 对外加工装配业务不同于通常的商品进出口贸易

通常的商品进口或出口业务，进口和出口体现出两笔交易，而加工装配贸易是一项有进有出、进口和出口紧密结合的交易。即承接方将进口的料、件按要求加工装配使之成为合格成品而出口，加工装配的过程就是使用技术和投入劳务的过程。因此，加工装配业务实质上是劳务出口的一种形式，加工费可看作是劳务出口的货币表现。同时，加工装配业务中所需的料件是由国外委托方提供的，承接方对所加工或装配的料件等只有使用权，而没有所有权。所以不存在所有权的转移问题，当然，也就无须承担因市场价格涨落所带来的经营风险。

2. 对外加工装配贸易不同于补偿贸易

补偿贸易形式虽然不需要筹集大笔资金，机器设备或技术由外商提供，不需现汇支付，仅是加工生产的产品或其他商品以返销或回购的方式作抵偿，但事实上已发生了买卖关系，机器设备的所

有权在成交之初已经转移，后期作价抵偿仍受国际市场价格波动的影响，设备进口方要承担生产经营的风险。而对外加工装配贸易只承接外商来料、来件，不构成商品买卖行为，不承担产成品的销售风险，只按规定收取一笔工缴费。

3. 对外加工装配贸易不同于国际租赁贸易

国际租赁贸易虽然商品所有权不曾转移，也不属商品买卖关系，承租之初也不承诺回购商品的义务，但租赁者并不承担商品经营的责任，也不承诺回购商品的义务，只限于收取一定的租赁费。相反，承租者必须自主经营、自负盈亏、自担商品经营的风险。而对外加工装配贸易的承租方并不承担商品经营的风险，只要加工装配合格按期交货，即可按事先约定的标准收取工缴费。

（三）对外加工装配贸易的作用

开展对外加工装配业务，无论是对国内承接方还是对外商都有积极作用。对承接方来说，可以克服国内生产能力有余而原材料不足的矛盾；可以充分利用国内劳动力资源，增加就业机会；有利于扩大出口，增加外汇收入。对外商即委托方来说，可降低其产品的成本，从而增强其产品在国际市场上的竞争力；有利于外商所在国的产业结构调整，这主要是指一些工业发达国家通过委托加工方式将一些劳动密集型产品的生产转移到发展中国家。当然，对外加工装配贸易也并非完美无缺，也存在着不少缺陷，诸如业务范围较窄、规模效益有限以及承接方往往处于被动地位等。

二、对外加工装配贸易的基本做法

（一）对外加工装配贸易的业务程序

对外加工装配贸易的业务程序与一般进出口贸易的基本程序相比，既有相同之处，如确定商品、选择客户、洽谈条件、合同签订及其履行等，也有不同之处，如对来料和来件的验收、加工中的损耗定额、费用核算、交货期限、工缴费的确定及支付方式等都不是一次性行为，而必须按交货的次数连续多次才能完成。

对外加工装配业务的具体做法比较灵活多样。就承接业务的机构来说主要有三种形式：①外贸（工贸）企业直接对外承接业务，然后交由本企业加工装配生产；②外贸企业对外承接来料来件加工装配业务，对内提供料、件委托工厂加工装配；③接受加工装配业务的工厂参加对外谈判、对外交流技术、同外贸公司一起对外签订合同。工厂在生产和交货方面直接承担交货责任，外贸公司只收取一定的手续费。

不管采取哪种形式，加工装配贸易一般要经过加工装配项目的确定、交易磋商、合同签订、报批及履行几个基本步骤。其中，交易磋商和合同签订是关键。

（二）订立对外加工贸易装配合同要注意的问题

1. 来料、来件要求和到货时间条款

来料、来件是开展加工装配业务的物质基础，来料、来件能否及时均衡供应关系到加工装配生产业务能否顺利进行。因此，在合同中必须就来料、来件的质量要求、具体数量和到达时间作出明确规定。为防止不必要的争端，一般应同时规定来料、来件的验收办法和来料、来件不符合要求而造成承接方停工、生产中断的补救措施。

2. 成品交付要求和时间条款

按规定要求保质、保量地交付加工装配成品是承接方的义务，它关系到委托方的销售经营。因此，对成品的质量规格要求及交付时间、交付数量，必须在合同中作出明确规定。

3. 工缴费条款

工缴费是合同的核心问题，直接涉及合同双方当事人的利益。因此，工缴费的核定既要合理又要有竞争性。

4. 工缴费支付方法条款

工缴费支付方法有两种：①对来料、来件和成品均不计价，由委托方按装配进度或成品交付进度支付；②对来料、来件和成品分别计价，两者之间的差额即属工缴费。对于后者，必须坚持先收后付的原则，用成品的货款来偿付来料、来件的款项，以避免我方垫付外汇。

5. 运费、保险费条款

加工装配的工缴费是净收入，因此来料、来件及成品的运费应由委托方负责。如委托方委托承接方代办运输事宜，一切有关费用应在工缴费以外另行计算。委托人若提供设备，设备的运输由哪一方负担可经协商后在合同中订明。至于保险，目前我国的做法是：来料、来件及设备的进口由委托人在国外办理保险，成品出口由承接方代为办理保险但费用由委托人负担。在工厂内加工装配期间的保险费究竟由哪一方负担，经由双方协商后在合同中订明。

6. 担保和责任条款

对外加工装配贸易是按委托方提供的品质、规格、式样等要求生产的，委托方必须保证其所提供的产品和外观设计没有侵犯第三者的权益。如果发生侵权事件，则由委托方承担一切法律和经济责任。对此，必须在合同中明确规定。

（三）加工装配贸易须办理的手续

就我国来说，要接受对外加工装配业务须办理以下手续：①来料、来件进口前的申报手续；②办理来料、来件进口和成品出口手续；③海关的核销结案手续。

视野拓展 11—4　　开展加工装配贸易应注意的问题

我国的加工装配贸易起步虽晚，但发展较快，已成为对外经贸合作的一种行之有效的方式，日益受到广泛的重视。根据我国的实践，为更好地开展这项业务，需注意以下问题：

(1)要有全局观念，防止影响正常出口。对外加工装配贸易虽是我国增收外汇的一种途径，但与出口贸易相比，它毕竟是次要的。因此，开展这项业务时，必须要有全局观念，使之服从产业结构调整和生产力布局的需要，符合国家的规定要求，并注意处理好与正常出口的关系。

(2)要注意做好经济核算，提高经济效益。对我方来说，工缴费的多少直接体现了经济效益的大小。由于我国国内加工成本低于国外，因此在确定工缴费时，不仅要考虑本单位是否合算，还要对国际市场条件、加工水准进行核算，防止各加工单位自相竞争，任意降低收费标准，使外商得益。

(3)注意发挥企业现有的生产条件，逐步扩大采用国产料件的比重。

(4)对外加工装配合同期限不宜订得过长。合同期限一般以 3～5 年为宜，以免造成被动。

(5)加强监督管理。严格审批制度，加强海关对来料、来件进口和成品出口的监督，严禁以开展加工装配业务之名行走私、偷漏税和套汇之实。

任务五　跨境电子商务

一、跨境电子商务概述

动漫视频

跨境电子商务

（一）跨境电子商务的概念和特点

跨境电子商务(Cross-border E-commerce)有狭义和广义两种不同的理解。狭义的跨境电子商务，又称为在线国际贸易(Online International Trade)，是指分属不同关境的交易主体，在互联网上达成交易并完成支付、办理运输等一系列过程的跨境商品交换活动。广义的跨境电子商务，是指分属不同关境的交易主体，通过电子商务手段从事各种商业活动的行为。

国际上更多的是从狭义的角度来理解跨境电子商务。狭义的跨境电子商务具有如下特点：①交易双方分处不同的经济体(国家或地区)；②在互联网上以网络形式交易；③在网上完成支付、办理运输等一系列业务流程；(4)从事的是实物买卖活动。

实际上，目前能够实现网络形式跨境交易的主要是针对个人物品买卖的跨境网络零售(Cross-border Online Retailing)。跨境电子商务与国内电子商务的不同主要体现在政府监管上，因为跨境电子商务要通过海关、商检、外汇管理、退税等环节。跨境网络零售的发展给各国外贸监管提出了新挑战。

【提示】跨境电子商务既包含狭义的跨境网络零售，也包含广义的与国际贸易各环节相关的电子商务应用，还包括无纸贸易。

(二)跨境电子商务的种类

1. 按经营主体来划分，分为企业自营平台、独立销售平台、第三方服务平台和代运营平台

(1)企业自营平台是指自己生产也自己销售的企业，一般是指生产商本身。

(2)独立销售平台是指独立销售平台运营商与生产企业签订协议，或由供应商提供产品进行统一定价销售的独立跨境电商平台。独立销售平台一般直接对接海外终端消费者或者海外零售商。

(3)第三方服务平台是独立于供需双方，而向供需者或者买卖者提供一系列服务的服务运营平台。

(4)代运营平台是指建立自己的网络销售渠道或者销售管理中心，承揽网络销售的外包业务，替生产厂家或者外贸经营者从事网上销售的服务商。

2. 按贸易流程来划分，分为跨境网络零售、跨境 B2B 业务和跨境海外仓业务

(1)跨境网络零售是指针对跨境或海外消费者以小批量或者单个商品进行网上销售。网络零售通常是在网上达成交易，完成支付，并通过邮政或快递方式将货物配送给海外的消费者。

(2)跨境 B2B 业务是指通过互联网方式，在不同国家或经济体的企业之间进行的贸易活动。

(3)跨境海外仓业务是指出口商为了给在进口国的客户或者消费者提供更方便的采购体验，而先通过一般贸易方式把货物运交处于进口国的海外仓，等一旦达成交易后，即可从海外仓进行快速配送的业务。

(三)跨境电子商务的商业模式

(1)跨境网上商店模式。跨境网上商店模式是最基本的商业模式，也是最广泛存在的商业模式，制造企业或者经销商可以开设自己的独立销售网站或平台，也可以注册成会员依附在第三方服务平台上，成为一个网上商店。

(2)跨境网络信息撮合模式。跨境网络信息撮合模式也被通俗地称为黄页模式，是指跨境电子商务中基于第三方平台的商业模式的一种。

(3)跨境交易市场模式。跨境交易市场模式是指企业提供交易平台，买卖双方通过交易平台进行交易。跨境交易市场模式也是基于第三方平台的商业模式，它与黄页模式最大的不同在于，买卖双方不仅可以在网上进行信息撮合，而且可以在线达成交易。目前提供交易服务的平台，一般都提供信息撮合服务。

(4)综合服务平台模式。综合服务平台模式是指为了某一个特定的目的，通过网络整合不同市场主体的业务流程，从而实现最小成本规模化服务的第三方平台模式。

(5)跨境供应链管理模式。跨境供应链管理模式是指企业通过电子商务的手段进行行业垂直整合，即把供应链上下游的价值创造活动连接起来的模式。这种模式的具体表现有两种：一种是大型企业自身建立的供应链管理体系，另一种是为企业提供服务的第三方平台。

(6)跨境价值链整合模式。跨境价值链整合模式是指为了更大限度体现供应链上企业的核心优势，对供应链的价值创造进行重新整合。它是对行业纵向与横向的重新整合。

(7)跨境协同商务模式。跨境协同商务模式是指为了达到最佳的市场效率或市场效果，企业通

过技术手段，将不同市场主体的服务整合到一个平台上，以便能够产生协同效应。协同的商务模式一般都是在服务领域。

二、无纸贸易及其运行模式

无纸贸易是指在国际贸易链各个参与方(供应商、采购商、海关、行政机构、银行、物流公司等)之间利用信息技术手段，实现参与方应用系统间标准化的业务数据传输和处理，以完成贸易活动的交易全过程。

无纸贸易具有以下几种运行模式：

1. 点对点模式

点对点模式(Point to Point)是指贸易双方，或者进出口一方与相关的贸易服务方之间进行的一对一的电子数据交换。这种方式的电子数据交换，只是在双方之间进行数据共享，通常没有经过第三方认证机构对数据传输进行认证。传递商业数据的双方最主要的目的是进行数据的共享。

2. 外联网模式

外联网模式(Extranet)是指企业基于其与外界各方当事人之间(包括贸易伙伴和贸易服务商等)的商业往来所实施的一对多的电子商业数据交换。在通常情况下，只有大企业才有实力建立自己的外联网模式，以利于有关的供应商、下游的经销商、物流服务商和银行等进行数据交换。

3. 增值网络模式

增值网络模式(Value Added Network)是在社会网络增值服务体系比较健全的情况下，全社会的商业数字交换有效整合的结果。此种模式通常是在政府的推动下，建立一家或者若干家统一标准的增值网络服务机构。无论是大企业还是小企业，都可以利用增值网络服务机构进行有效的电子商业数据交换。

4. 单一窗口模式

单一窗口模式(Single Window System)是指企业在与不同贸易伙伴和不同的贸易相关方进行数据交换时，通过单一的数据交换渠道就可以一次性地完成所有的数据提交，完成数据传输和无纸贸易运行。该模式是将企业外联网模式的优势与增值网络模式的优势结合起来的、效率最高的无纸贸易模式。

动漫视频

单一窗口

三、跨境电子商务的流程

跨境电子商务流程主要有直邮模式和保税模式两种，如图 11—1 所示。

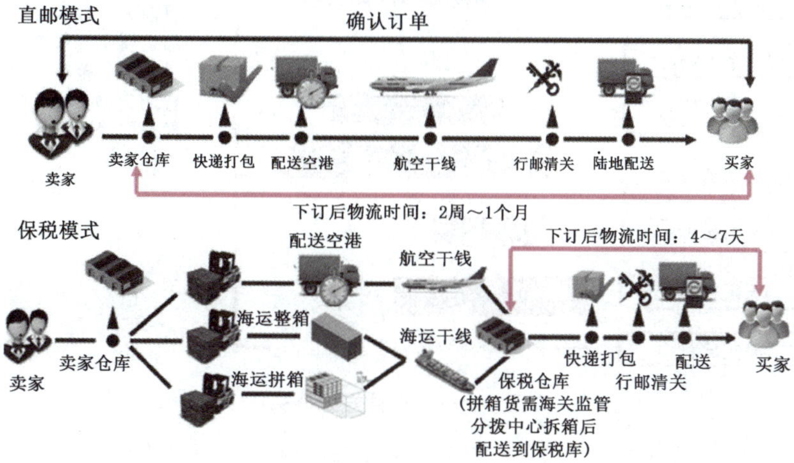

图 11—1　直邮模式和保税模式

(一)直邮模式

直邮模式指的是卖家直接通过邮件、快件的方式将商品卖给个人买家，大多采用航空方式承运。这种方式适应小规模零碎的 B2C 模式对物流的需求，速度快，物流方便，过程相对简单，适合不愿意操心的小卖家。缺点是价格贵，先下订单后发货模式导致全程物流时间长，另外清关速度的变化导致物流时间的不可控，货物数量、品类存在课税风险，甚至退运，售后服务存在“瓶颈”。

(二)保税模式

保税模式也称自贸模式，即境外商品入境后暂存保税区内，消费者购买后以个人物品清关出区，包裹通过国内物流的方式送达境内消费者。跨境电子商务阳光化的监管要求需要平台订单、物流、支付环节单证凭证的“三单合一”，相对于零散的快件邮件清关，保税模式下的监管便捷度相对较高，未来是最佳选择。

四、跨境电子商务清关模式

(一)货物方式清关

我国进出口企业与外国批发商和零售商通过互联网线上进行产品展示及交易，线下按一般贸易完成的货物进出口，即跨境电子商务的企业对企业进出口，本质上仍属传统贸易，该部分以货物贸易方式进出境的商品，已经全部纳入海关贸易统计。此外，有一些通过创建电子平台为外贸企业提供进出口服务的公司，所实现的中小企业商品进出口，在实际过境过程中都向海关进行申报，海关全部纳入贸易统计。以货物方式通关的商品，由于是按传统的一般贸易方式完成的货物进出口，在通关商检、结汇和退税等方面运作相对成熟与规范。

(二)快件方式清关

快件方式清关是指跨境电子商务成交的商品通过快件的方式运输进境或者出境。海关总署对国内 5 家最大的快件公司进行的调查，结果显示，其中 95%以上的快件商品是按照进出口货物向海关进行报关，海关纳入货物统计范畴内，仅有不到 5%的比例是按照个人自用物品向海关申报。根据现行海关统计相关制度，这部分暂时还没有纳入海关贸易统计。快件方式清关如图 11—2 所示。

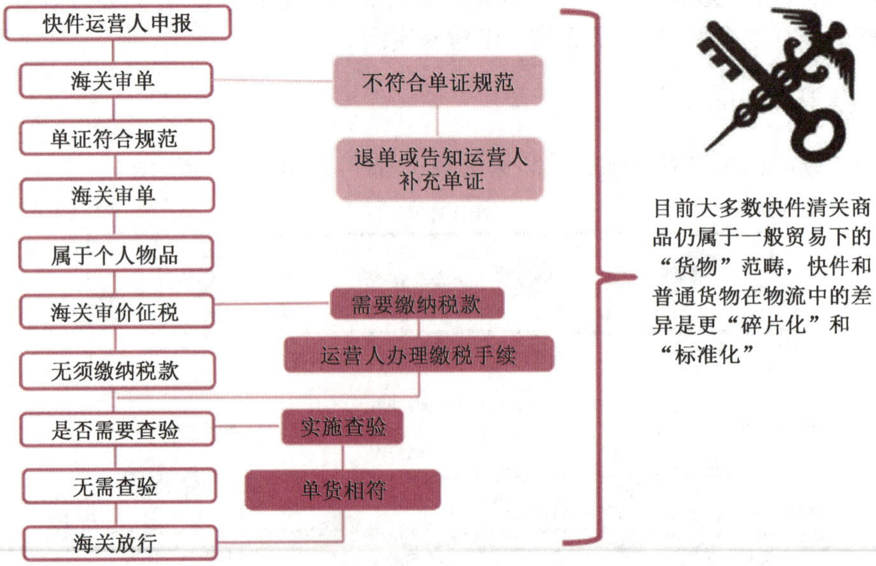

图 11—2 快件方式清关

（三）邮件方式清关

邮件方式清关是指通过邮局的邮政渠道，邮寄进出口跨境电子商务成交的商品，这部分主要是消费者所购买的日常消费用品，供自己使用。按照我国《海关法》和国务院颁布的《海关统计条例》规定，个人自用的商品在自用合理数量范围内的实行建议报关的制度，不纳入海关的统计。邮件方式清关如图 11－3 所示。

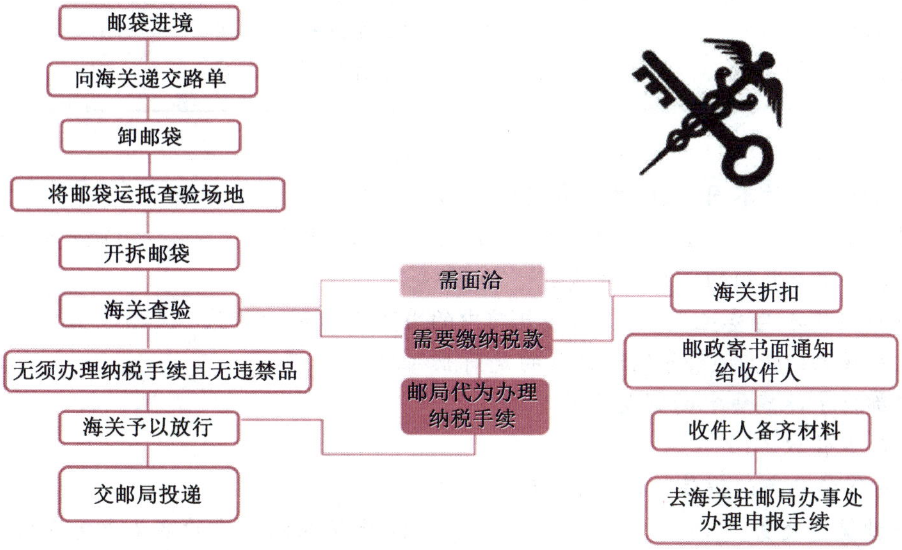

图 11－3　邮件方式清关

应知考核

一、单项选择题

1. 包销业务中，包销商和出口商之间是一种（　　）。

A. 买卖关系　　B. 委托代理关系　　C. 互购关系　　D. 代销关系

2. 包销协议从实质上说应该是一份（　　）。

A. 买卖合同　　B. 代理合同　　C. 寄售合同　　D. 招标合同

3. 代理业务的两个基本当事人之间的关系是（　　）。

A. 买卖关系　　B. 委托代理关系　　C. 委托寄售关系　　D. 代销关系

4. 代理人所获得的收入为（　　）。

A. 工资　　B. 奖金　　C. 佣金　　D. 利润

5. 不享受独家专营权的代理是（　　）。

A. 总代理　　B. 独家代理　　C. 一般代理　　D. 指定代理

6. 寄售人与代销人之间的关系为（　　）。

A. 委托代理　　B. 买卖　　C. 委托受托　　D. 雇用

7. 寄售方式中，寄售人要承担（　　）为止的一切风险和费用。

A. 货物出运前　　B. 货物出售前

C. 货物到达寄售地点前　　D. 货物交付前

8. 下列商品中，适合采用寄售方式的是（　　）。
A. 粮食　B. 电视机　C. 书籍　D. 汽车配件
9. 如果寄售货物未售出，将货物运回寄售人的费用应该由（　　）承担。
A. 代销人　B. 寄售人
C. 代销人和寄售人　D. 代销人或寄售人
10. 投标人发出的标书应该被视为一项（　　）。
A. 不可撤销的发盘　B. 可撤销的发盘
C. 可随时修改的发盘　D. 有条件的发盘

二、多项选择题

1. 按照行业性质的不同，代理的形式有（　　）。
A. 销售代理　B. 购货代理　C. 独家代理　D. 一般代理
2. 对独家代理与包销的正确说法有（　　）。
A. 代理中当事人为委托代理关系，而包销中的当事人为买卖关系
B. 代理人赚取的是佣金，包销商赚取的是商业利润
C. 两者都属于逐笔售定的贸易方式
D. 两者的专营权不同
3. 下列对寄售业务的说法中，正确的有（　　）。
A. 是一种现货交易　B. 代销人以自己的名义出售货物
C. 代销人拥有寄售货物的所有权　D. 代销人要承担寄售货物售出前的风险
4. 补偿贸易的分类包括（　　）。
A. 以直接产品补偿　B. 以间接产品补偿
C. 以劳务补偿　D. 以外汇补偿
5. 无纸贸易的运行模式有（　　）。
A. 点对点模式　B. 外联网模式
C. 增值网络模式　D. 单一窗口模式

三、简述题

1. 简述经销的性质和特点。
2. 简述独家代理与独家经销的异同。
3. 简述寄售协议的主要内容。
4. 简述跨境电子商务的特点。
5. 简述对外加工装配贸易的特点。

应会考核

■ 观念应用

【背景资料】

招标业务带来的深刻教训

巴基斯坦某公司公开招标购买电缆20千米，我方S公司收到招标文件后，为了争取中标，即委

托招标当地的一家代理商代为投标。开标后,S公司中标,除支付代理商佣金外,立即在国内寻找生产电缆的厂家,以便履行交货任务。几经寻找没有一家工厂能提供中标产品,因为中标产品的型号和规格在国内早已过时,要生产这种过时的产品需要重新安装生产线,涉及的费用较大,且仅生产20千米,势必造成极大的亏损。但是,如果S公司撤销合同,即要向招标方支付赔款。

【考核要求】

我方S公司应从这笔招标业务中吸取什么教训?

■ 技能应用

撤销订单引发的仲裁案

某工厂与一港商洽谈购进美国一家公司生产的一种价值几万美元的特殊规格的机械设备。该港商声称他是美国公司的代理人,并与该工厂签约。该工厂按合同规定马上投入建设。可是接近完工时,港商来电通知,由于美国客户撤销订单,合同无法履行。该工厂立即电告港商:工程已接近完工,合同必须执行。最后,该案递交仲裁,在仲裁过程中,港商表示愿意承担责任,但调查结果显示,其注册资本只有几千港元,难以进行赔偿。

【技能要求】

请结合本项目的内容,从本案可以吸取哪些教训?

■ 案例分析

1. 某公司在拍卖行经竞买获得精美瓷器一批。在商品拍卖时,拍卖条件中规定:“买方对货物的过目与不过目,卖方对商品的品质概不负责。”该公司在将这批瓷器通过公司所属商行销售时,发现有部分瓷器出现网纹,严重影响这部分商品的销售。卖方因此向拍卖行提出索赔,却遭到拍卖行的拒绝。

【分析要求】

拍卖行的拒绝是否有道理?为什么?

2. 我国某外贸公司从日本进口一艘渔轮,其具体做法为先出口鱼品积存外汇,达到一定金额后,再用以购买渔轮。该公司报请主管部门给予补偿贸易的优惠待遇遭到拒绝。

【分析要求】

为什么主管部门会拒绝?

3. 我国某公司与国外一公司订有包销某商品的包销协议,期限为一年。年末临近,因行情变化,包销商“包而未销”,要求退货并索赔广告宣传费用。

【分析要求】

包销商有无权利提出此类要求?为什么?

项目实训

【实训项目】

熟悉代理业务。

【实训情境】

- 目标。该项练习帮助学生掌握国外代理业务方面的知识,提高国外代理业务的能力。
- 内容。选择学校所在地的国外代理企业进行调研。
- 时间。在有关课程内容教学完成后,利用双休日或节假日进行调研。

【实训任务】

1. 任务要求

(1)将班级学生分成若干调研小组,每组确定正、副组长各1名。

(2)分别对不同形式的代理进行调研。

(3)了解每种形式代理的优劣势和存在的问题。

(4)各小组把调研的情况写成报告,并在班级进行交流。

(5)教师进行指导和点评。

2. 撰写《熟悉代理业务》实训报告。

《熟悉代理业务》实训报告		
项目实训班级:	项目小组:	项目组成员:
实训时间: 年 月 日	实训地点:	实训成绩:
实训目的:		
实训步骤:		
实训结果:		
实训感言:		

参考文献

[1] 高祥主编:《国际贸易术语解释通则 2020》,中国海关出版社 2021 年版。

[2] 中国国际商会、国际商会中国国家委员会:《国际贸易术语解释通则 2020》,对外经济贸易大学出版社 2020 年版。

[3] 金泽虎主编:《国际贸易学》(第 4 版),中国人民大学出版社 2022 年版。

[4] 余庆瑜:《国际贸易实务》(第 3 版),中国人民大学出版社 2021 年版。

[5] 吴百福等主编:《进出口贸易实务教程》(第 8 版),格致出版社 2020 年版。

[6] 李左东、张若星编著:《国际贸易理论、政策与实务》(第 5 版),高等教育出版社 2022 年版。

[7] 陈岩编著:《国际贸易理论与实务》(第 5 版),清华大学出版社 2021 年版。

[8] 傅龙海等主编:《国际贸易理论与实务》(第 6 版),对外经济贸易大学出版社 2022 年版。

[9] 盛洪昌主编:《国际贸易理论与实务》(第 5 版),上海财经大学出版社 2022 年版。

[10] 冷柏军、张玮编著:《国际贸易理论与实务》(第 3 版),中国人民大学出版社 2022 年版。

[11] 李贺主编:《外贸单证实务》(第 4 版),上海财经大学出版社 2023 年版。

[12] 李贺主编:《国际贸易实务》(第 3 版),上海财经大学出版社 2024 年版。

[13] 郑光贵主编:《国际贸易理论与实务》(第 7 版),东北财经大学出版社 2022 年版。

[14] 李贺主编:《国际货物运输与保险》(第 5 版),上海财经大学出版社 2024 年版。

[15] 李贺主编:《国际结算》,上海财经大学出版社 2016 年版。

[16] 缪东玲主编:《国际贸易理论与实务》(第 4 版),北京大学出版社 2022 年版。

[17] 王峰、赵登峰主编:《国际贸易理论与实务》(第 3 版),北京大学出版社 2020 年版。

[18] 范爱军主编:《国际贸易学》(第 4 版),科学出版社 2021 年版。

[19] 黎孝先、石玉川主编:《国际贸易实务》(第 7 版),对外经济贸易大学出版社 2020 年版。

[20] 李贺、王俊峰主编:《国际贸易理论与实务》(第 2 版),上海财经大学出版社 2020 年版。